国学院大学久我山中学校
（一般・CC）

〈収録内容〉

便利な DL コンテンツは右の QR コードから

解答用紙　過去年度　国語の問題は紙面に掲載

※データのダウンロードは 2025 年 3 月末日まで。
※データへのアクセスには、右記のパスワードの入力が必要となります。 ⇒ 651652

〈合格最低点〉

	第 1 回	第 2 回
2024年度	197点／192点	208点／189点
2023年度	191点／175点	212点／195点
2022年度	203点／182点	196点／195点
2021年度	219点／200点	196点／192点
2020年度	207点／200点	200点／192点
2019年度	210点／200点	192点／200点
2018年度	205点／194点	192点／197点

※点数の内訳は、男子／女子

本書の特長

実戦力がつく入試過去問題集

- 問題 …………… 実際の入試問題を見やすく再編集。
- 解答用紙 …… 実戦対応仕様で収録。
- 解答解説 …… 詳しくわかりやすい解説には、難易度の目安がわかる「基本・重要・やや難」の分類マークつき（下記参照）。各科末尾には合格へと導く「ワンポイントアドバイス」を配置。採点に便利な配点つき。

入試に役立つ分類マーク

基本 確実な得点源！
受験生の 90%以上が正解できるような基礎的、かつ平易な問題。
何度もくり返して学習し、ケアレスミスも防げるようにしておこう。

重要 受験生なら何としても正解したい！
入試では典型的な問題で、長年にわたり、多くの学校でよく出題される問題。
各単元の内容理解を深めるのにも役立てよう。

やや難 これが解ければ合格に近づく！
受験生にとっては、かなり手ごたえのある問題。
合格者の正解率が低い場合もあるので、あきらめずにじっくりと取り組んでみよう。

合格への対策、実力錬成のための内容が充実

- 各科目の出題傾向の分析、合否を分けた問題の確認で、入試対策を強化！
- その他、学校紹介、過去問の効果的な使い方など、学習意欲を高める要素が満載！

解答用紙ダウンロード 解答用紙はプリントアウトしてご利用いただけます。弊社ＨＰの商品詳細ページよりダウンロードしてください。トビラのＱＲコードからアクセス可。

UD FONT 見やすく読みまちがえにくいユニバーサルデザインフォントを採用しています。

国学院大学久我山 中学校

男女別学でそれぞれの魅力を追求 独自のカリキュラムで 有名大学に多数進学

URL	https://www.kugayama-h.ed.jp/

生徒数　987名
〒168-0082
東京都杉並区久我山1-9-1
☎03-3334-1151
京王井の頭線久我山駅　徒歩12分
京王線千歳烏山駅　バス10分

プロフィール
「きちんと青春」で生き抜く力を

1944年創立。1952年國學院大學と合併。1985年中学校(男子)を再開と共に、高校に女子部を開設。1991年中学校に女子を迎え入れ、男女の特性を伸ばす別学的環境のもと、中高一貫体制が整う。勉学を軸足として、行事に部活動にのびのびと学園生活を謳歌する姿には、「きちんと青春」の気概がみなぎっている。

トピックス
中学女子部「Cultural Communication Class」

2018年度より中学女子部「一般クラス」に変わり、「CCクラス」を新設。國學院大學が掲げる「もっと日本を。もっと世界へ。」のコンセプトのもと、文化交流に光を当て、「日本の文化・伝統を学び世界に発信できる人、他国の文化・伝統を相互に尊重し合える人、英語を意欲的に学びフレンドシップを深められる人になる」ことを目標にしたクラス。Math in English や留学生との交流など「Global Studies」の時間を設け、4技能を中心に「英語力」を伸ばしていく。また、ここ数年来、希望者対象で実施してきたプログラムを中心に、日本文化探究研修やニュージーランドへの修学旅行など、充実した行事が体験できる。

多様化する価値観の中で、生き抜く力を身につけます。

環境
天体観測ドームもある充実した設備

天体ドームを屋上に持つ理科会館や、芸術関連の授業に利用される文科会館。図書館・CALL教室・自習室やカフェテリア・ラウンジなどを備えている学習センター。また部室・合宿所・シャワールームを備えた錬成館や、4つのフロアを持つ体育館に4つのグラウンドなど、そのすべてが武蔵野の薫り深き久我山台上に集まっている。

カリキュラム
真のグローバルの探究&自己実現

男子部では礼節を知るために武道を、女子部では日本の伝統文化である華道、茶道、能楽、日本舞踊などを体験する。その日本文化の根底にある感謝と思いやりの精神を学び、英語で世界に発信できる、すぐれた国際感覚を育んでいく。

また、生徒一人ひとりの可能性を見つけ出すため、生徒に合わせた指導を行う。中学段階では、基本的な学習習慣を身につける。中学1年から高校3年まで、自ら能動的に学ぶ姿勢を培っていく。加えて、勉強合宿や教科を越えた総合学習・修学論文など、夢を叶えるために多彩で緻密なプログラムを実施している。

学校生活
全国規模で活躍の活発な部活動

久我山には高校47部、中学29部の部活動がある。過去春3回、夏3回甲子園出場経験のある野球部が2022年度夏も出場。在校生、OB、OG大勢が応援にかけつけた。また全国大会準優勝経験のあるバスケットボール部やサッカー部、全国優勝5回・花園出場43回のラグビー部、全国高校駅伝大会25回出場の陸上競技部など実力あるクラブが目白押しだ。また、コンクールで常に上位を占める合唱・ダンス・吹奏楽など、その活躍は目覚ましいものがある。

2022 高校ラグビー全国大会出場

進路
難関大へ多数進学 系列大へ優先入学も

東大4名、一橋大3名をはじめとする国公立大59名や、早稲田大63名、慶應義塾大50名、上智大64名、医学部医学科24名など、難関大へ多くの合格者を出している。系列の國學院大學へは「優先入学推薦制度」がある。

2024年度入試要項

試験日　2/1午前・午後(一般・CC第1回・ST第1回)
2/2午前(一般・CC第2回)
2/3午後(ST第2回)
2/5午前(ST第3回)

試験科目　国・算・理・社(第1・2回一般・CC、第3回ST)
国・算(第1・2回ST)

2024年度	募集定員	受験者数	合格者数	競争率
第1回	45/30	162/93	52/33	3.1/2.8
第2回	75/40	277/186	77/75	3.6/2.5
ST1回	40/20	469/189	116/53	4.0/3.6
ST2回	25/20	301/143	37/22	8.1/6.5
ST3回	約15/約10	153/79	26/12	5.9/6.6

※人数はすべて男子/女子
※第1・2回の女子はCCクラスのみ

過去問の効果的な使い方

① **はじめに**　ここでは，受験生のみなさんが，ご家庭で過去問を利用される場合の，一般的な活用法を説明していきます。もし，塾に通われていたり，家庭教師の指導のもとで学習されていたりする場合は，その先生方の指示にしたがって，過去問を活用してください。その理由は，通常，塾のカリキュラムや家庭教師の指導計画の中に過去問学習が含まれており，どの時期から，どのように過去問を活用するのか，という具体的な方法がそれぞれの場合で異なるからです。

② **目的**　言うまでもなく，志望校の入学試験に合格することが，過去問学習の第一の目的です。そのためには，それぞれの志望校の入試問題について，どのようなレベルのどのような分野の問題が何問，出題されているのかを確認し，近年の出題傾向を探り，合格点を得るための試行錯誤をして，各校の入学試験について自分なりの感触を得ることが必要になります。過去問学習は，このための重要な過程であり，合格に向けて，新たに実力を養成していく機会なのです。

③ **開始時期**　過去問との取り組みは，通常，全分野の学習が一通り終了した時期，すなわち6年生の7月から8月にかけて始まります。しかし，各分野の基本が身についていない場合や，反対に短期間で過去問学習をこなせるだけの実力がある場合は，9月以降が過去問学習の開始時期になります。

④ **活用法**　各年度の入試問題を全問マスターしよう，と思う必要はありません。完璧を目標にすると挫折しやすいものです。できるかぎり多くの問題を解けるにこしたことはありませんが，それよりも重要なのは，現実に各志望校に合格するために，どの問題が解けなければいけないか，どの問題は解けなくてもよいか，という眼力を養うことです。

算数

どの問題を解き，どの問題は解けなくてもよいのかを見極めるには相当の実力が必要になりますし，この段階にいきなり到達するのは容易ではないので，この前段階の一般的な過去問学習法，活用法を2つの場合に分けて説明します。

☆偏差値がほぼ55以上ある場合

掲載順の通り，新しい年度から順に年度ごとに3年度分以上，解いていきます。

ポイント1…問題集に直接書き込んで解くのではなく，各問題の計算法や解き方を，明快にわかるように意識してノートに書き記す。

ポイント2…答えの正誤を点検し，解けなかった問題に印をつける。特に，解説の 基本 重要 がついている問題で解けなかった問題をよく復習する。

ポイント3…1回目にできなかった問題を解き直す。同様に，2回目，3回目，…と解けなければいけない問題を解き直す。

ポイント4…難問を解く必要はなく，基本をおろそかにしないこと。

☆偏差値が50前後かそれ以下の場合

ポイント1～4以外に，志望校の出題内容で「計算問題・一行問題」の比重が大きい場合，これらの問題をまず優先してマスターするとか，例えば，大問[2]までをマスターしてしまうとよいでしょう。

理科

理科は[1]から順番に解くことにほとんど意味はありません。理科は，性格の違う4つの分野が合わさった科目です。また，同じ分野でも単なる知識問題なのか，あるいは実験や観察の考察問題なのかによってもかかる時間がずいぶんちがいます。記述，計算，描図など，出題形式もさまざまです。ですから，解く順番の上手，下手で，10点以上の差がつくこともあります。

過去問を解き始める時も，はじめに1回分の試験問題の全体を見通して，解く順番を決めましょう。得意分野から解くのもよいでしょう。短時間で解けそうな問題を見つけて手をつけるのも効果的です。くれぐれも，難問に時間を取られすぎないように，わからない問題はスキップして，早めに全体を解き終えることを意識しましょう。

社会

社会は[1]から順番に解いていってかまいません。ただし，時間のかかりそうな，「地形図の読み取り」，「統計の読み取り」，「計算が必要な問題」，「字数の多い論述問題」などは後回しにするのが賢明です。また，3分野(地理・歴史・政治)の中で極端に得意，不得意がある受験生は，得意分野から手をつけるべきです。

過去問を解くときは，試験時間を有効に活用できるよう，時間は常に意識しなければなりません。ただし，時間に追われて雑にならないようにする注意が必要です。“誤っているもの”を選ぶ設問なのに“正しいもの”を選んでしまった，“すべて選びなさい”という設問なのに一つしか選ばなかったなどが致命的なミスになってしまいます。問題文の“正しいもの”，“誤っているもの”，“一つ選び”，“すべて選び”などに下線を引いて，一つ一つ確認しながら問題を解くとよいでしょう。

過去問を解き終わったら，自己採点し，受験生自身でふり返りをしましょう。できなかった問題については，なぜできなかったのかについての分析が必要です。例えば，「知識が必要な問題」ができなかったのか，「問題文や資料から判断する問題」ができなかったのかで，これから取り組むべきことも大きく異なってくるはずです。また，正解できた問題も，「勘で解いた」，「確信が持てない」といったときはふり返りが必要です。問題集の解説を読んでも納得がいかないときは，塾の先生などに質問をして，理解するようにしましょう。

国語

過去問に取り組む一番の目的は，志望校の傾向をつかみ，本番でどのように入試問題と向かい合うべきか考えることです。素材文の傾向，設問の傾向，問題数の傾向など，十分に研究していきましょう。

取り組む際は，まず解答用紙を確認しましょう。漢字や語句問題の量，記述問題の種類や量などが，解答用紙を見て，わかります。次に，ページをめくり，問題用紙全体を確認しましょう。どのような問題配列になっているのか，問題の難度はどの程度か，などを確認して，どの問題から取り組むべきかを判断するとよいでしょう。

一般的に「漢字」→「語句問題」→「読解問題」という形で取り組むと，効率よく時間を使うことができます。

また，解答用紙は，必ず，実際の大きさのものを使用しましょう。字数指定のない記述問題などは，解答欄の大きさから，書く量を考えていきましょう。

算数　出題傾向の分析と合格への対策

●出題傾向と内容

今年度の出題数は第1回，第2回ともに大問4題，小問にして20題前後でほぼ例年通りであった。【1】が四則計算，【2】は第1回が方陣算，割合，時計算，相当算，売買算，平面図形，面積，立体図形など，第2回が年令算，仕事算，平均算，図形と比，立体図形などの小問群で，【3】・【4】は導入問題(1)から段階を踏んで(2)以下へと発展していく応用問題である。小問群は基本的なものがほとんどだが，応用問題は思考力を試す途中の考え方も書くことが求められているものである。落ちついて筋道をたてて考えれば十分対応できる。近年多く出題されている「速さ」，「濃度」，「規則性」，「過不足算」に限らず偏りなく練習を重ねよう。

✔学習のポイント

どの分野についても基本を身につけるとともに，「速さ」・「濃度」・「規則性」などの問題を中心にじっくりとり組んでおこう。

●2025年度の予想と対策

来年度も同じような出題傾向・量であると予想される。四則計算に関しては，分数や小数の計算を中心に，計算の工夫が必要なもの，(　)，{　}を多用しているものなども練習しておこう。また，小問群で確実に解答するため，各分野の基礎はムラなく身につけておきたい。

日頃から定型以外のパターンの問題に触れるようにしておくと，柔軟な思考力を養うよいトレーニングにもなる。

また，大問の初めの答えが違うと，後続の答えにもひびき，合否を大きく左右することになるので，日頃から見直しの習慣もつけておこう。

▼年度別出題内容分類表

※　よく出ている順に☆，◎，○の３段階で示してあります。

出題内容			2022年 1回	2022年 2回	2023年 1回	2023年 2回	2024年 1回	2024年 2回
数と計算		四則計算	☆	☆	☆	☆	☆	☆
数と計算		概数・単位の換算	○					○
数と計算		数の性質		○		◎	☆	
数と計算		演算記号						
図形		平面図形	○	○	◎	○	○	○
図形		立体図形	○	○	○	☆	☆	○
図形		面積	○	☆	◎	◎	○	◎
図形		体積と容積	☆			☆	☆	
図形		縮図と拡大図						
図形		図形や点の移動	○	☆				☆
速さ		三公式と比			☆		☆	
速さ	文章題	旅人算			○			
速さ	文章題	流水算	○			○		
速さ	文章題	通過算・時計算		○			○	
割合		割合と比	○	○	◎	○	◎	☆
割合	文章題	相当算・還元算					○	
割合	文章題	倍数算			○			
割合	文章題	分配算						
割合	文章題	仕事算・ニュートン算						○
文字と式								
2量の関係(比例・反比例)			☆					
統計・表とグラフ			☆			☆		
場合の数・確からしさ			☆					
数列・規則性			○		☆	☆	☆	
論理・推理・集合				☆				
その他の文章題		和差・平均算		○				○
その他の文章題		つるかめ・過不足・差集め算	○	○		○		○
その他の文章題		消去・年令算						○
その他の文章題		植木・方陣算			○		○	

算数 ――グラフで見る最近３ヶ年の傾向――

最近３ヶ年に出題されたすべての問題を内容別に分類・集計し，全体に対して何パーセントくらいの割合になっているかを示しました。

（網掛け）…… 50校の平均　　（黒）…… 国学院大学久我山中学校（一般・CC）

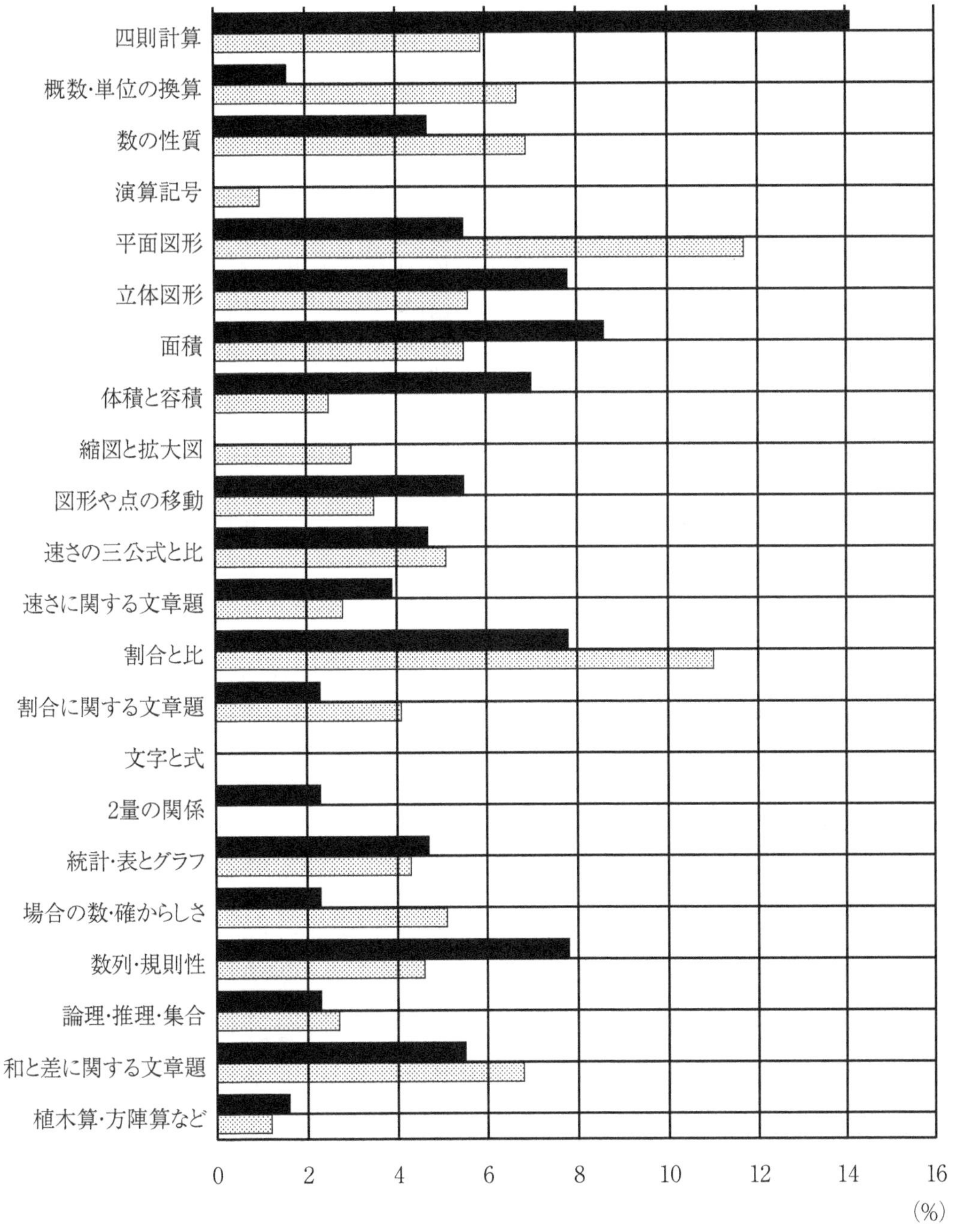

理科　出題傾向の分析と合格への対策

●出題傾向と内容

試験時間は40分で，問題数は大問が5題から4題となり，小問が30題程度であった。

問題は各分野から出題されており，基礎的な知識を広く求められる。出題の分野は特に生物・地学分野で広くなっている。【1】の総合的な小問集合の出題がなくなった。

実験や観察から，表から数値を読み取ったり，表やグラフを理解する力を必要とする問題や計算問題が出題されていた。類題の練習を問題集などで行い，慣れておくことが必要である。

生物，地学分野からも広く出題されており，偏りのない学習が必要である。

独特な出題で問題文の文章が多少長いことも特徴であり，文章読解力も合わせて重要になる。

✔学習のポイント

基本的な問題をしっかり解いて、得点を重ねるようにしよう。間違えた問題については自分で説明できるようにしよう。

●2025年度の予想と対策

物理，化学分野では実験の結果から考察する計算問題が出題される。特定の分野に偏らないバランスの取れた力を身につけることが大切である。また，実験や観察に基づいた問題や総合問題も出題されるので，与えられた数値や観察結果からどんな結論が導けるかを普段からよく考え，思考力を訓練するようにしたい。そのためにも，教科書に加え，参考書などの総合問題を解くなどしておくとよい。

第1回の小問集合や各大問の基本問題を確実に得点することが重要である。

気象や環境問題に関する時事などについて知識をまとめておこう。

▼年度別出題内容分類表

※　よく出ている順に☆，◎，○の３段階で示してあります。

出題内容		2022年		2023年		2024年	
		1回	2回	1回	2回	1回	2回
生物	植物	○	☆	◎	☆	☆	
	動物	☆	☆	☆	○		☆
	人体			○	◎		
	生物総合						
天体・気象・地形	星と星座		○	○	○		☆
	地球と太陽・月	◎			○		
	気象		☆	○	☆		
	流水・地層・岩石	☆	○	☆	○	☆	
	天体・気象・地形の総合				☆		
物質と変化	水溶液の性質・物質との反応	○	○		○	○	
	気体の発生・性質	○	◎	◎	○	☆	
	ものの溶け方			☆			
	燃焼						☆
	金属の性質				☆		
	物質の状態変化	☆	☆				
	物質と変化の総合						
熱・光・音	熱の伝わり方						
	光の性質				○		
	音の性質					☆	
	熱・光・音の総合						
力のはたらき	ばね						☆
	てこ・てんびん・滑車・輪軸	○					
	物体の運動	☆	☆	☆			
	浮力と密度・圧力						
	力のはたらきの総合						
電流	回路と電流				☆		
	電流のはたらき・電磁石			◎	○		
	電流の総合						
実験・観察		☆	◎	◎	◎	☆	☆
環境と時事／その他		○		○	○	○	○

国学院大学久我山中学校（一般・CC）

理科

――グラフで見る最近３ヶ年の傾向――

最近３ヶ年に出題されたすべての問題を内容別に分類・集計し，全体に対して何パーセントくらいの割合になっているかを示しました。

▒…… 50校の平均　　■…… 国学院大学久我山中学校（一般・CC）

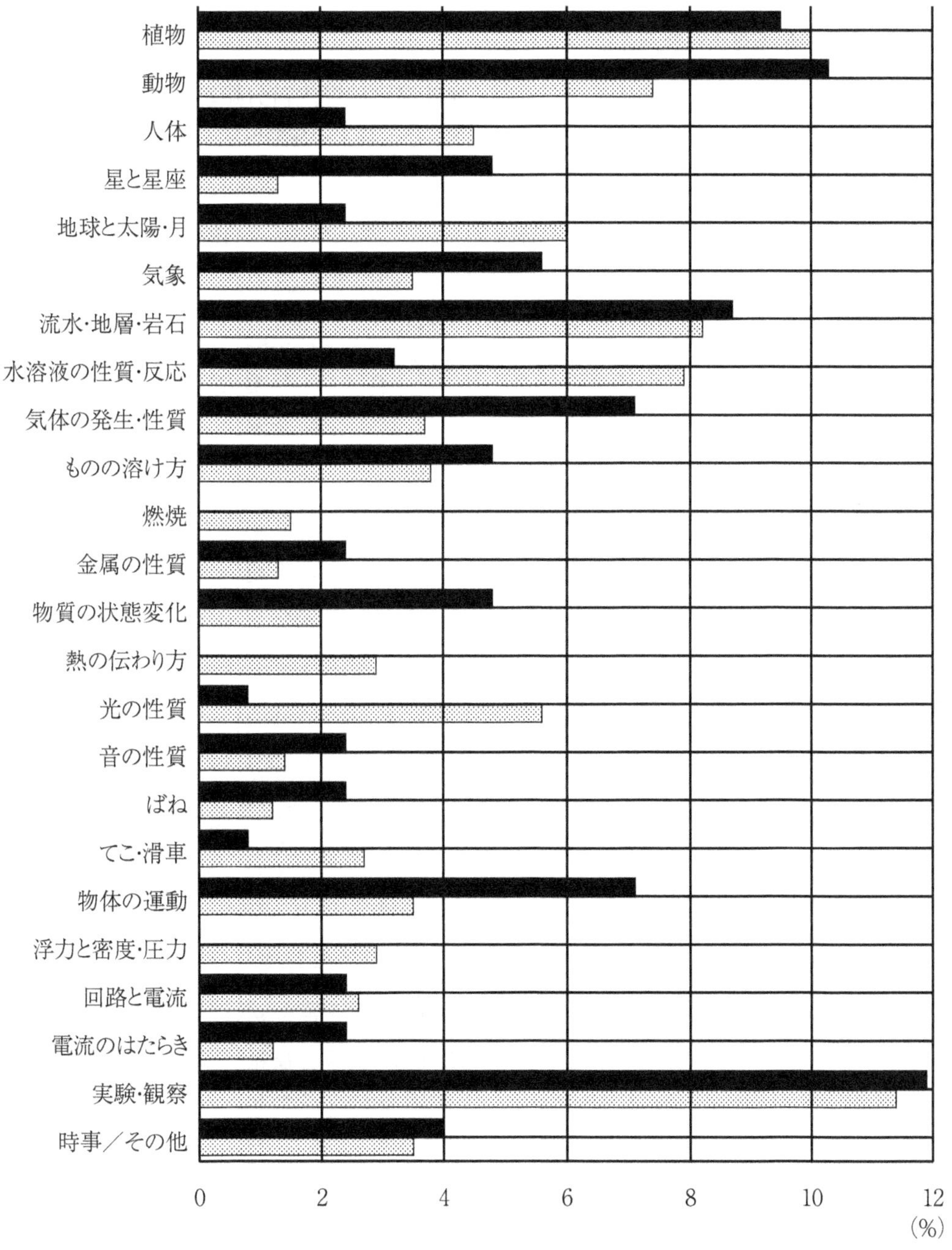

社会　出題傾向の分析と合格への対策

●出題傾向と内容

第1回，第2回ともに大問数は3題，小問数は約30題であるが，1～2行の短文説明の問題が複数含まれている。さらに複数の図表・グラフ・地図・画像などを活用した設問もあり，全て解答するには時間的余裕はない。

地理・歴史からの出題が大半を占めており，政治からの出題は少ない。地理では，日本の国土と自然を中心に，産業や運輸・通信・貿易などが出ている。歴史では全時代にわたって，政治・経済・文化・外交などに関する出題がされている。政治では国際社会などが出題されている。また，三分野に関連する総合問題・時事問題や今日的課題や日常生活の状況に関する思考・判断力が必要な設問が多く出題されている。

✔学習のポイント

地理：日本の国土と自然の特色をおさえよう！
歴史：時代別・テーマ別にまとめてみよう！
政治：時事問題などを考察しておこう！

●2025年度の予想と対策

基本的な知識をもとに，応用力を試す問題が増えている。また，時事問題や今日的課題や普段の生活などを資料をもとに分析して，意見を文章で解答させるなど，思考・判断力や資料活用能力が問われる。資料や文章を分析して考えを記述や絵で，まとめられるよう演習をしておきたい。地理は，最新の資料などを地図帳や統計資料で確認しながら学習を進めたい。歴史は，年表で各時代の流れや重要事項同士の因果関係を考察して，テーマ別にも整理しておく。政治は，身のまわりの話題や国際社会などの基本を整理しておく。時事問題等の対策は，日頃からインターネットなどの主な報道に関心をもち，世論を分析しながら意見をまとめる練習をしておこう。

▼年度別出題内容分類表

※　よく出ている順に☆，◎，○の３段階で示してあります。

出題内容			2022年		2023年		2024年	
			1回	2回	1回	2回	1回	2回
地理	日本の地理	地図の見方			○		○	○
		日本の国土と自然	◎	○	◎	◎	◎	◎
		人口・土地利用・資源		○	○	◎	○	○
		農業	○	◎	○	○	○	○
		水産業				○		○
		工業	○		○	○	○	○
		運輸・通信・貿易	○	○		○	○	
		商業・経済一般	◎	○				
	公害・環境問題		☆		◎	○		
	世界の地理			○				
日本の歴史	時代別	原始から平安時代	☆	◎	◎	◎	◎	◎
		鎌倉・室町時代	◎	◎	◎	◎	◎	◎
		安土桃山・江戸時代	☆		○	◎	◎	◎
		明治時代から現代	○	☆	◎	◎	☆	◎
	テーマ別	政治・法律	◎	◎	◎	◎	◎	◎
		経済・社会・技術	◎	◎	◎	◎	◎	◎
		文化・宗教・教育	○		○	◎	○	○
		外交		○	○	○	○	○
政治	憲法の原理・基本的人権							
	政治のしくみと働き							
	地方自治							
	国民生活と福祉							
	国際社会と平和		○	○		○		
時事問題			○	○	○	◎		○
その他			☆	☆	☆	☆	☆	☆

国学院大学久我山中学校（一般・CC）

社会 ――グラフで見る最近３ヶ年の傾向――

最近３ヶ年に出題されたすべての問題を内容別に分類・集計し，全体に対して何パーセントくらいの割合になっているかを示しました。

（網かけ）…… 50校の平均　　（黒）…… 国学院大学久我山中学校(一般・CC)

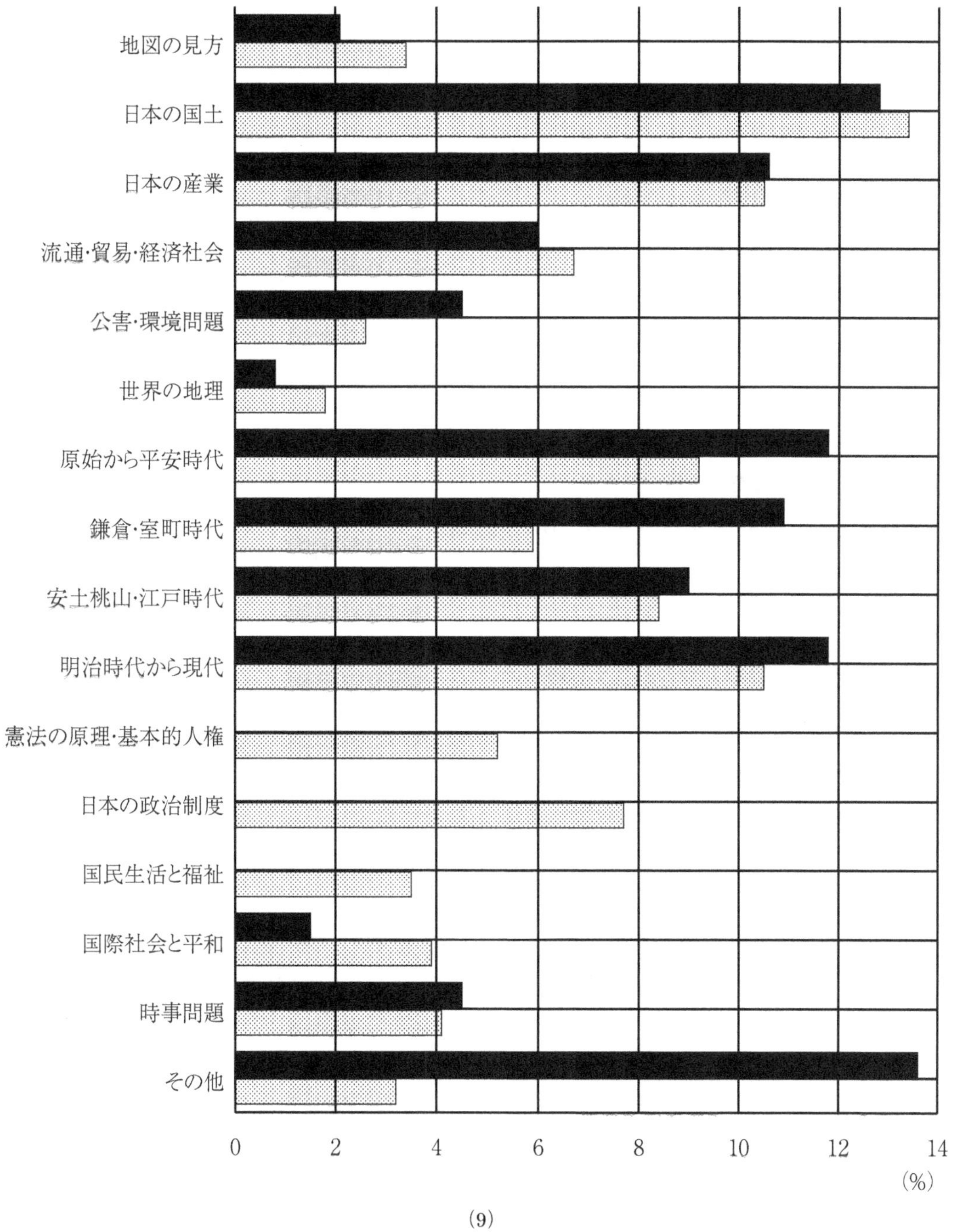

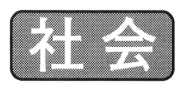

国語　出題傾向の分析と合格への対策

●出題傾向と内容

出題内容は第1回，第2回とも，読解問題2題，知識問題1題の計3題であった。読解問題はいずれも長文で，質・量ともかなり読みごたえがあるが，設問数は少なめである。第1・2回とも小説文は，会話中心であるがかなりの長文であった。

設問内容は，文脈を正確につかみ心情や論旨などを理解できるかが問われ，解答形式は抜き出し，選択，記述問題など様々である。特に記述問題は読み取りの力，記述力が要求されるものであった。知識問題は漢字を中心に慣用句，敬語も出題された。基礎的な知識はしっかりおさえておきたい。

学習のポイント

読解問題は全体を通して内容の流れをつかめるようにしよう。
漢字や文法などの知識もおさえておこう。

●2025年度の予想と対策

本校の読解力重視という出題傾向に対してはやはりふだんの読書量がものをいう。知識を増やし，問題演習を反復すると同時に，日頃から読書の習慣を身につけるように努めよう。

問題文は決して難しい内容ではないが，含み，深みのある表現を的確に把握する感性は要求される。子ども向けの本を読むよりは，一般向けのやさしいエッセイや科学読みもの，新聞などに読みなれていく方がよいだろう。

漢字は基本的なものからやや難しいもの，熟語の成り立ちやことわざ，簡単な文法や敬語など知識問題では幅広い知識が要求されるので，日頃から着実に力をつけておこう。

▼年度別出題内容分類表

※　よく出ている順に☆，◎，○の３段階で示してあります。

出題内容			2022年		2023年		2024年	
			1回	2回	1回	2回	1回	2回
内容の分類	読解	主題・表題の読み取り						
		要旨・大意の読み取り	○		○	○	○	○
		心情・情景の読み取り	◎	◎	◎	◎	◎	◎
		論理展開・段落構成の読み取り						
		文章の細部の読み取り	☆	☆	☆	☆	☆	☆
		指示語の問題	○	○				
		接続語の問題		○	○			
		空欄補充の問題	◎	◎	◎	◎	◎	☆
	知識	ことばの意味	○		○			
		同類語・反対語		○		◎		
		ことわざ・慣用句・四字熟語	◎	◎	◎	◎	◎	◎
		漢字の読み書き	☆	☆	☆	☆	☆	☆
		筆順・画数・部首						
		文と文節						
		ことばの用法・品詞						
		かなづかい						
		表現技法						
		文学作品と作者						
		敬語	○	○	○	○	○	○
	表現	短文作成						
		記述力・表現力	◎	◎	◎	◎	◎	◎
文の種類	論説文・説明文		○	○	○	○	○	○
	記録文・報告文							
	物語・小説・伝記		○	○	○	○	○	○
	随筆・紀行文・日記							
	詩（その解説も含む）							
	短歌・俳句（その解説も含む）							
	その他							

国語 ――グラフで見る最近３ヶ年の傾向――

最近３ヶ年に出題されたすべての問題を内容別に分類・集計し，全体に対して何パーセントくらいの割合になっているかを示しました。

（網掛け）…… 50校の平均　　（黒）…… 国学院大学久我山中学校（一般・CC）

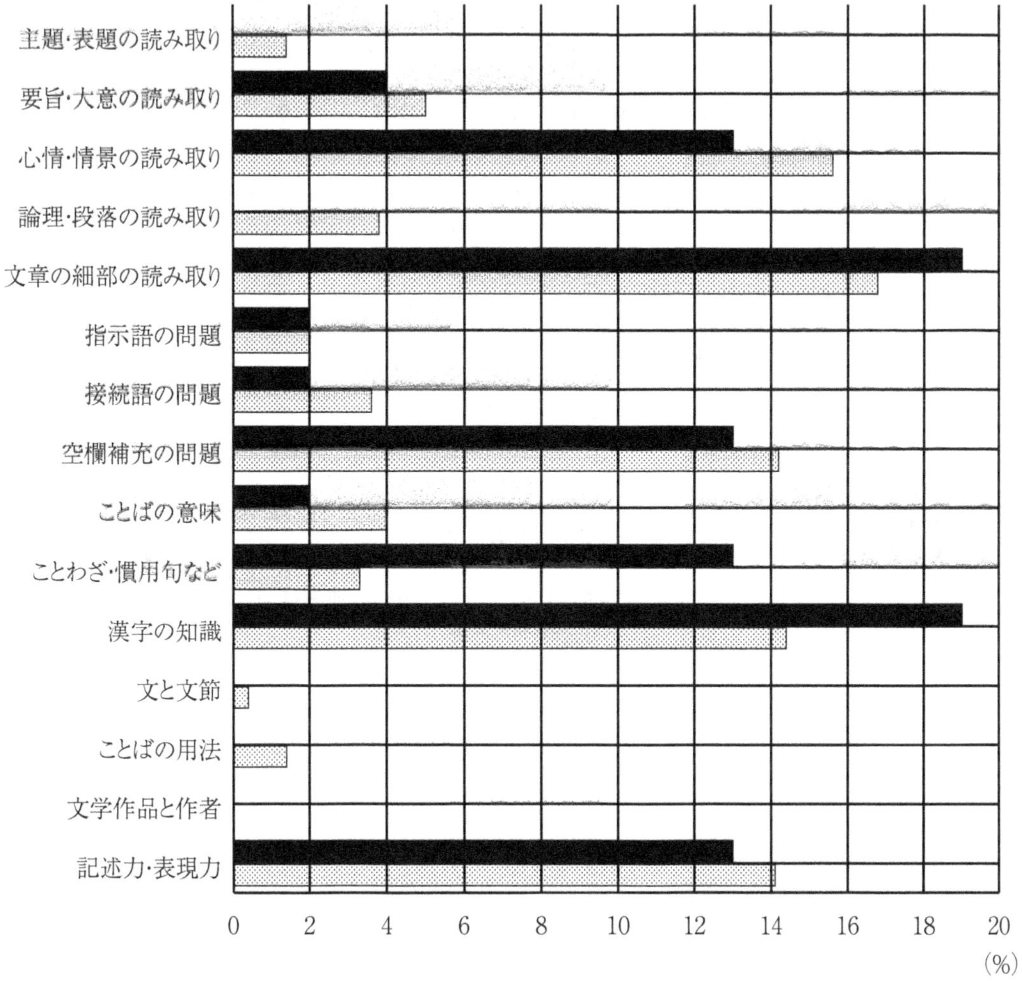

	論説文 説明文	物語･小説 伝記	随筆･紀行 文・日記	詩 （その解説）	短歌･俳句 （その解説）
国学院大学 久我山中学校	50%	50%	0%	0%	0%
50校の平均	47.0%	45.0%	8.0%	0%	0%

2024年度 合否の鍵はこの問題だ!!

(第1回)

算 数 【3】

このような大設問では小問を順に取り組むことで，前の小問で考えたことを利用したり，ヒントにして次の問題を考える。前の小問でなぜそれを求めさせたのか考え，情報を整理して，新しい情報を作る。まず，問題文に書かれていることから読み取れることを書き出す。　(1)　この問題の導入の基礎知識を問う問題。素数がわかっているか問われている。　(2)　素数を加えて数列を作る。10番目を求めるので，書いて調べる。　(3)　10番目から先も書いて調べてみる。「2つの素数をかけてできる数」というキーワードより，数列を2つの数の積の形で書いてみる。①2×2，②2×3，③3×3，④3×4，⑤3×5，⑥4×5，⑦5×5，⑧5×6，⑨5×7，⑩6×7，⑪7×7，⑫7×8，⑬7×9，⑭7×10，⑮7×11，⑯8×11，⑰9×11，⑱10×11，…積の形にしてみると，素数×素数になったところで，加える数が変化することに気づく。　(4)　素数の積にした時，初めて23が出てくる場面を考える。19×23である。　(5)　素数×素数で2500の近くになる場合を考える。2500＝50×50なので，50あたりの素数を考えてみる。

問題文が長い場合，小問がいくつかある場合は，問題を解き進めながら，大切な情報，与えられた条件を見落とさないよう気を付けよう。

理 科 【2】

ボーリング調査の柱状図の問題である。柱状図では各地点の地表面の標高から柱状図の地層の標高を考えることがポイントである。標高を比較して同じ標高であれば地層は傾いていないことがわかる。

(5)ではA地点とD地点のの真ん中にあるE地点の地層の柱状図を考える問題である。A地点とD地点では地層に傾きがあることから火山灰の地層の位置で考える。

(6)では火山灰の地層が西から東に向かって低くなっていることを考えて，火山灰の地層の標高から考える。

(7)2つの 火山灰の地層A・Bと断層の断面図を考える問題で，上記の問題同様に各地層の標高を算出し，比較して考える。

どの問題も標高を算出して考える方法を理解していれば正解を導けるので，演習しておこう。

社 会 2 問13

本校は記述問題も出題される。基本的な知識事項の丸暗記だけでは対応できない「思考力」が試される問題が多いといえる。自分自身で持っている知識をいかに活用したり，組み合わせたりするかという視点が大切になる。このような力は一朝一夕では身につかないものなので，日々の継続的なトレーニングの積み重ねが不可欠となってくる。また自身で作成した記述答案を添削してもらいながら，解答のポイントをおさえる訓練を行うことが望ましい。設問が変わっても，「記述問題で評価される答案を作成するには」という視点は汎用性があるといえる。

2問13の設問は，以上のような出題傾向を象徴している問題であり，過去問演習等で対策してきた受験生とそうでない受験生とではっきり差がつくことが予想される。「関門トンネルの性格」について説明させる問題であるが，一定時間内に正確にできるかどうかがポイントとなる。本校の社会の問題は全体的に設問数が多く，この問題に必要以上に時間を割いてしまうと，制限時間切れになってしまう危険性もある。このような形式の問題に不慣れな受験生にとっては負担のある設問であろう。リード文を解読・解釈する力や答案内容の論理の一貫性や説得力も採点のポイントとなる。

この設問の配点が他の設問と比べて高いわけではないが，合格ラインに到達するためにはこのような問題で確実に得点することが求められ，「合否を左右する設問」といっても過言ではない。

国 語 一 問三

論説文の記述問題で，使う語が指定される設問はよく出題される。多くの場合は，使う語が本文中にもあり，どのように説明されているかをとらえることで解答の手がかりにすることができる。しかし，この問題のように指定された語が本文中にない場合はどこに着目して解答の要素を集め，どうまとめればよいかにとまどってしまうものである。そのような記述問題でしっかりと得点することが合否の鍵なのである。

まず，「善」「損」という語が表す意味を本文中の話題と照らし合わせる。「善」はよいことであるから，ここで話題となっているヨーロッパの難民政策にあてはめると「難民を受け入れること」と判断できる。次に「損」はどのようなことを指すのかと考える。すると，「財政的な負担増」「暮らしへの影響」「難民は犯罪を犯すなどといった必ずしも根拠のないイメージ」とあって，難民を受け入れること自体が「損」であると考える状況を指していると判断できる。つまり，「善」「損」は対比の関係にあることを押さえることが重要である。

この,「善」と「損」の内容を30字以内にまとめるのだが，解答のまとめ方としては「難民の受け入れ」と受け入れる側の「自分たち」の関係を示すことがポイントになる。解答例からもわかるように，「難民の受け入れは善」，しかし「それは自分たちには損」という対比でまとめるとわかりやすい。

本文中に示された筆者の考え方の筋道をふまえ，対比という形でまとめることに気をつけよう。

MEMO

大切なことはメモしておこうネ！

2024年度

★★★★★★★★★★★★★★★★★★★★★★

入　試　問　題

2024年度

国学院大学久我山中学校入試問題（一般・ＣＣ第１回）

【算　数】（50分）　＜満点：100点＞

【注意】　1．分度器・コンパスは使用しないでください。
　　　　　2．円周率は3.14とします。

【１】 次の計算をしなさい。

⑴　$121 \div 11 + 7 \times (4 + 8)$

⑵　問題不成立により受験生全員に加点

⑶　$1\frac{2}{3} \times \frac{4}{11} \times 2\frac{1}{5} - \frac{27}{28} \div 1\frac{2}{7}$

⑷　$3\frac{1}{4} + \left\{\frac{3}{8} \div \frac{4}{9} + \left(\frac{1}{4} - 0.125\right)\right\} \times 8$

【２】 次の問いに答えなさい。

⑴　同じ大きさの円形の石を正方形の周上にすき間なく並べたところ，正方形の１辺にある石の数は21個でした。並べられた石は全部で何個ですか。

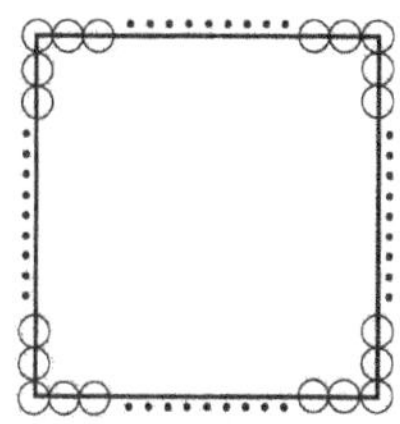

⑵　スープＡの量を10％減らしたスープをＢとし，Ｂの量を11％増やしたスープをＣとします。Ｃの量はＡの量の何％ですか。

⑶　６時から７時の間で，時計の長針と短針が重なることが１回あります。その時刻は，６時20分から何分後ですか。

⑷　あるケーキを１日目は全体の$\frac{1}{7}$を食べ，２日目は残りから68ｇを食べたところ，全体の$\frac{1}{4}$が残りました。ケーキは残り何ｇありますか。

⑸　原価600円の品物を仕入れ，それに10％の利益を見込《みこ》んで定価をつけて売ったところ，40個余りました。余った40個を定価の１割引ですべて売ったところ，9360円の利益を得ました。品物は全部で何個仕入れましたか。

⑹　１辺の長さが１㎝の正方形を25個，右の図のようにすき間なく並べました。
斜線《しゃせん》部分の面積は何cm^2ですか。

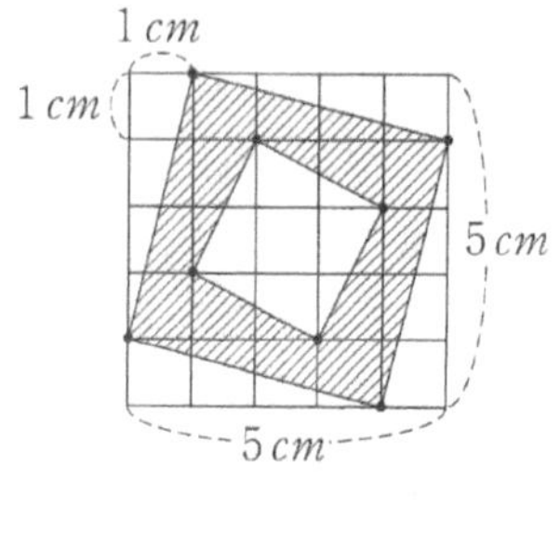

⑺　右の図は，底面の半径が５㎝の円柱をある平面で切った立体Ａと，底面の半径が10㎝の円柱を，底面の中心を通り底面に垂直な平面で切った立体Ｂです。
　立体Ｂの体積は，立体Ａの体積の何倍ですか。

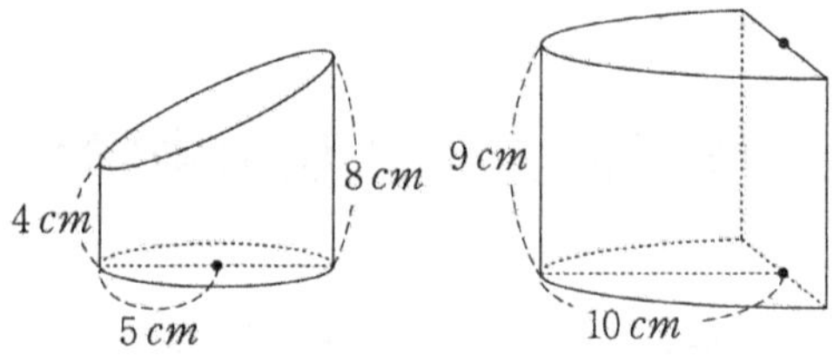

立体Ａ　　立体Ｂ

【３】　１とその数以外に約数をもたない数を素数《そすう》といいます。
例えば，３の約数は１と３なので，３は素数です。
　　　　４の約数は１と２と４なので，４は素数ではありません。
また，１は素数ではありません。次の問いに答えなさい。
⑴　２けたの素数で，一番小さい数はいくつですか。

　１番目の数を４として，その数の約数のうち一番大きい素数をその数に加えて次の数をつくって並べていきます。
　４の約数は１と２と４で，その中で一番大きい素数は２なので，２番目の数は４＋２＝６で６となります。
　６の約数は１と２と３と６で，その中で一番大きい素数は３なので，３番目の数は６＋３＝９で９となります。
　このようにして次々と数をつくって並べていくと下のようになります。

4, 6, 9, 12, 15, 20, …………

この数の並びをＡとします。次の問いに答えなさい。
⑵　Ａの10番目の数はいくつですか。
⑶　Ａにある数で，２つの素数をかけてできる一番大きい２けたの数はいくつですか。
⑷　Ａにある数で，一番小さい23の倍数はいくつですか。
⑸　Ａにある数で，2500に一番近い数はいくつですか。

【４】　右の図のように，直方体を組み合わせた形の空《から》の水そうがあります。
　給水管Ａは，栓《せん》を開くとアの部分の上から一定の割合で水を入れることができます。
　また，イの部分には排水管《はいすいかん》Ｂがあり，毎秒２㎤の割合で排水されます。
　はじめにＡの栓を開いて水を入れ始めたところ，水を入れ始めてから16秒後にアの部分の水面の高さが３㎝となりました。

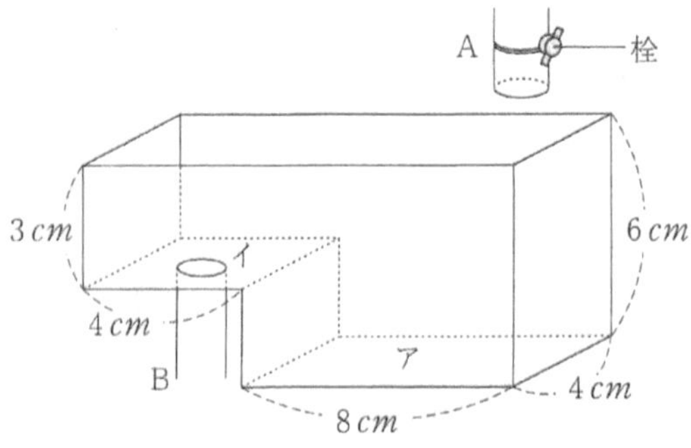

　このとき，次の問いに答えなさい。ただし，⑵，⑶，⑷は途中《とちゅう》の考え方も書きなさい。
⑴　Ａから入れることのできる水の量は毎秒何㎤ですか。
⑵　水そうが満水になるのは，水を入れ始めてから何秒後ですか。

水そうが満水になってから，Ａの栓を閉じて水を入れるのをやめ，アの部分に穴を開《あ》けました。穴からは一定の割合で排水され，水そうが空になるまでにＢから排水された水の量と穴から排水された水の量の比が１：７でした。

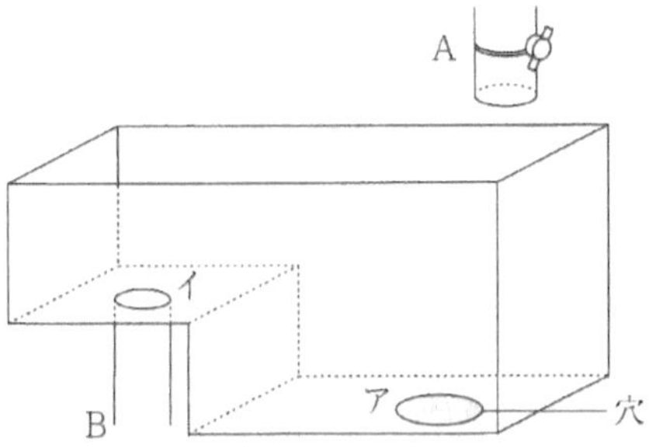

⑶　Ｂから排水されなくなるのは，水そうが満水になってから何秒後ですか。

⑷　穴から排水される水の量は毎秒何cm^3ですか。

⑸　水そうが空になるのは，水そうが満水になってから何秒後ですか。

【理　科】（40分）　＜満点：50点＞

【１】 音の高さに関するあとの各問いに答えなさい。

図１のモノコードを使って，弦《げん》の中央をはじいたときに出る音の高さを調べる実験をしました。モノコードは図２のように，こまを動かして弦の長さを変えたり，おもりの数を変えたりすることができます。実験で使うおもり１個の重さはすべて同じです。

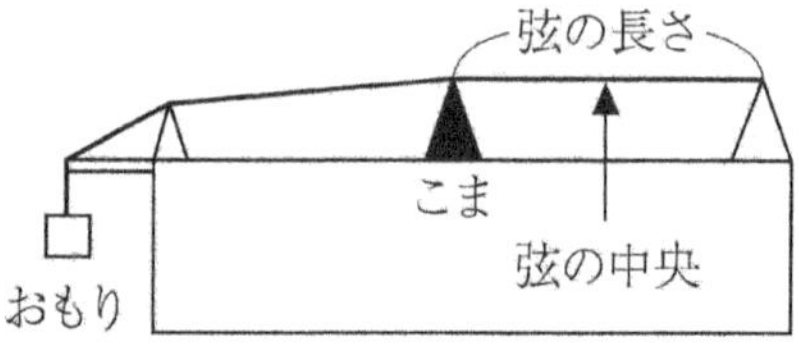

図 1

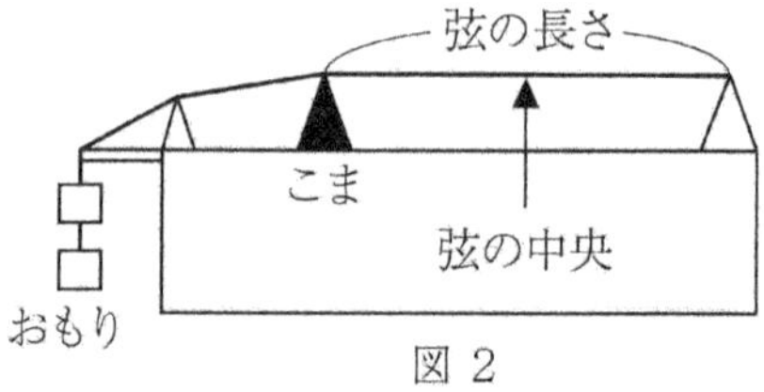

図 2

〔実験１〕 太さの異なる３本の弦を用意し，それぞれの弦をはじいたときに出る音の高さを調べました。

弦の中央を同じしんぷくではじき，はじいたときに出る音の高さが同じになるように，弦の太さごとに弦の長さやおもりの数を調節しました。その組み合わせが表１のＡ～Ｋです。

表１

	A	B	C	D	E	F	G	H	I	J	K
弦の太さ（mm）	0.2	0.2	0.2	0.4	0.4	0.4	0.4	0.4	0.8	0.8	0.8
弦の長さ（cm）	24	48	72	12	☆	36	48	72	6	12	18
おもりの数	1	4	9	1	4	9	16	★	1	4	9

⑴ モノコードと同じように弦をはじいて音を出す楽器を次の①～④の中から１つ選び，番号で答えなさい。

① カスタネット　② ギター　③ リコーダー　④ トライアングル

⑵ 表１の☆に入る数値を答えなさい。

⑶ 表１の★に入る数値を答えなさい。

１秒間で弦のしん動する回数をしん動数といいます。弦の太さと弦の長さ，おもりの数の組み合わせと，しん動数には次のア～ウの関係があることが分かっています。

ア 弦の長さとおもりの数が同じとき，弦の太さを２倍，３倍，４倍…にすると，しん動数は$\frac{1}{2}$倍，$\frac{1}{3}$倍，$\frac{1}{4}$倍…になる。

イ 弦の太さとおもりの数が同じとき，弦の長さを２倍，３倍，４倍…にすると，しん動数は$\frac{1}{2}$倍，$\frac{1}{3}$倍，$\frac{1}{4}$倍…になる。

ウ 弦の太さと弦の長さが同じとき，おもりの数を４倍，９倍，16倍…にすると，しん動数は２倍，３倍，４倍…になる。

次に，弦の太さと弦の長さ，おもりの数の組み合わせを表２のＬ～Ｓのように変えて，実験１と同じしんぷくで弦をはじいたときに出る音の高さを考えます。

表２

	L	M	N	O	P	Q	R	S
弦の太さ（mm）	0.4	0.8	0.8	0.8	1.2	1.2	1.2	1.2
弦の長さ（cm）	24	36	36	36	18	24	48	72
おもりの数	1	1	4	16	4	1	4	4

⑷　表２のM，N，Oの中で弦が出す音の高さが最も高い組み合わせを表２のM，N，Oの中から１つ選び，記号で答えなさい。

⑸　表２のNのしん動数はLのしん動数の何倍になりますか。最もふさわしいものを次の①～⑥の中から１つ選び，番号で答えなさい。

①　0.34　　②　0.45　　③　0.56　　④　0.67　　⑤　0.78　　⑥　0.89

⑹　表２のMと同じ音の高さになる組み合わせを表２のL，N，O，P，Q，R，Sの中からすべて選び，記号で答えなさい。

⑺　表２のL～Sの組み合わせの中で音の高さが最も高い弦のしん動数は，最も低い弦のしん動数の何倍になるか答えなさい。ただし，答えが割り切れない場合は小数第一位を四捨五入して整数で答えること。

【２】　図１の地形図に示した山について地下の地層のようすを調べるためにボーリング調査をしました。この山の山頂は標高（海面からの高さ）が105mほどです。図１のA～Dの４地点で調査をした結果を示したものが図２（次のページ）です。調査の結果より，A地点の地下，地表からの深さ10mのところに火山灰の層があることがわかります。なお，この地域の地層は曲がっていません（しゅう曲していない）。

あとの各問いに答えなさい。

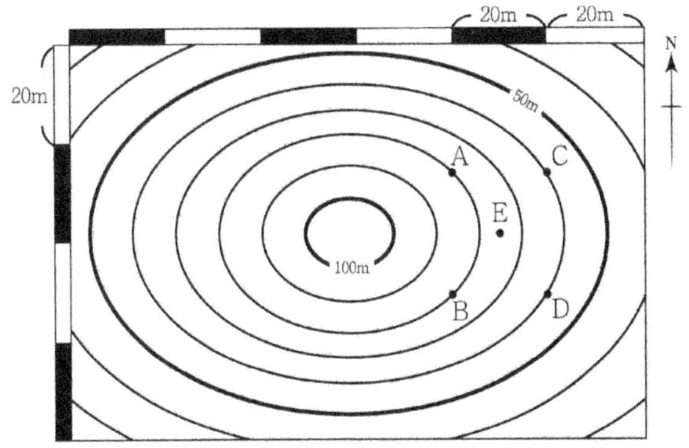

図 1

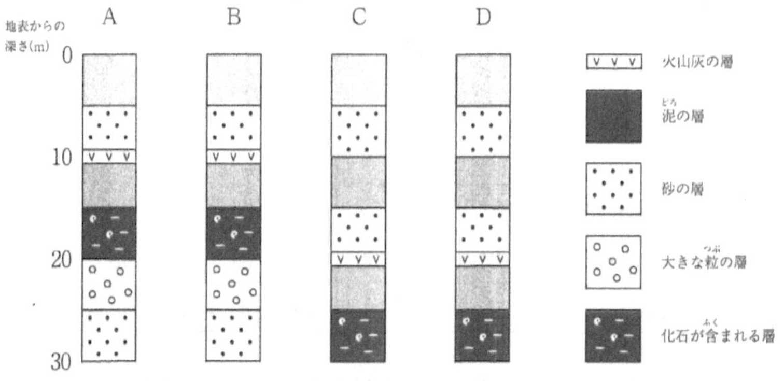

図 2

⑴　図２の大きな粒《つぶ》の層は２㎜以上の大きさの粒が多く含《ふく》まれている層でした。このような粒の名前を答えなさい。

⑵　図２の化石が含まれる層からは右図のような化石が見つかりました。この化石の名前を答えなさい。

⑶　Ａ地点の真下にある火山灰の層は標高何ｍにあるか，答えなさい。

⑷　Ｄ地点の真下にある火山灰の層は標高何ｍにあるか，答えなさい。

⑸　図１のＥ地点でボーリング調査をしました。その結果を示したものとして最もふさわしいものを次の①～④の中から１つ選び，番号で答えなさい。

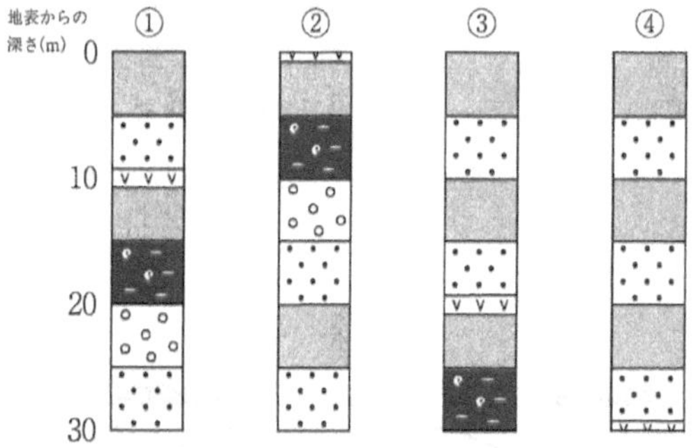

⑹　火山灰の層が地表で見られる場所としてふさわしい地点を，図１の一部を大きくした右図のア～カの中からすべて選び，記号で答えなさい。ただし，Ａ～Ｅ地点は黒点のみ示しています。また，火山灰の層は地表で観察できるように露出《ろしゅつ》しているものとします。

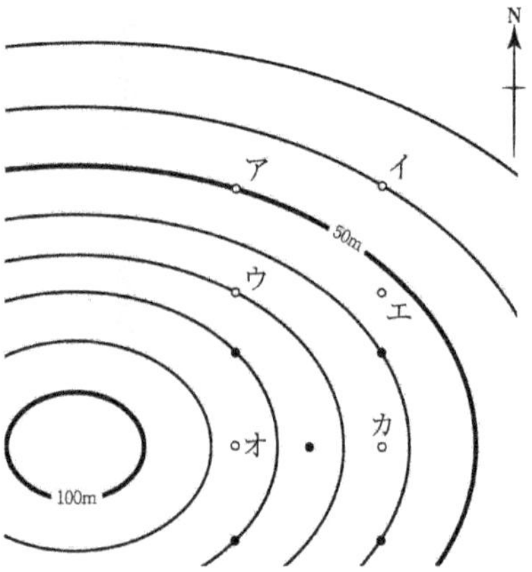

次に，図１とは別の山である図３の地形図に示した山で同じような調査をしました。このふたつの山はほとんど同じ形をしており，図３のＦ～Ｉ地点でボーリング調査をしました。その調査をした結果を示したものが図４です。また，この地域ではしゅう曲はありませんが，地層がずれる断層は見つかりました。

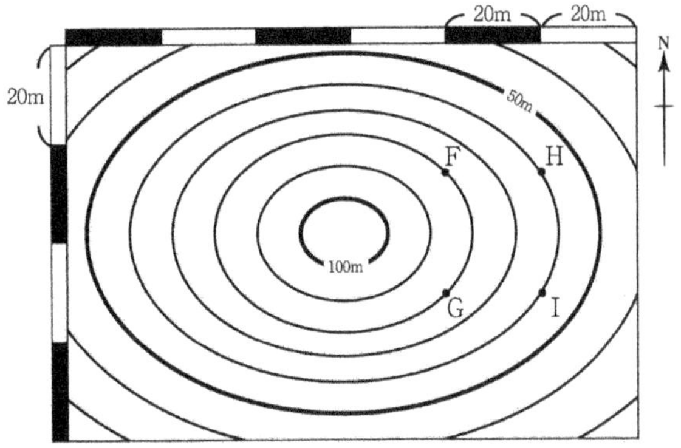

図３

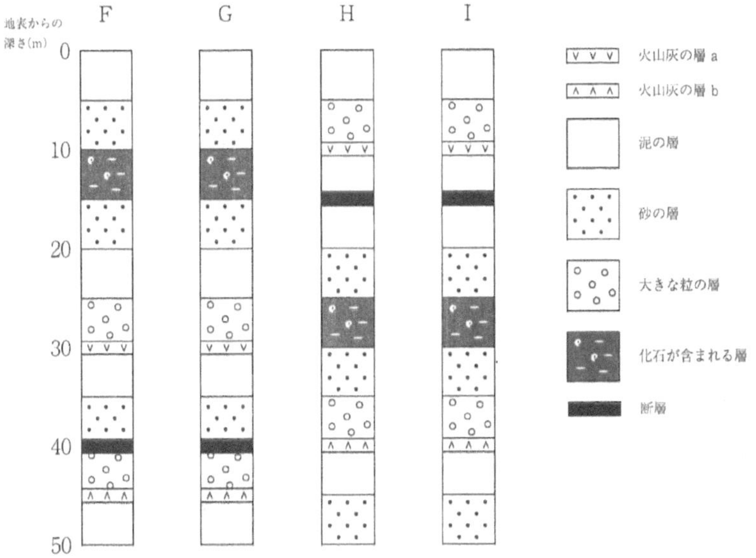

図４

(7)　この山の地質（地層や断層のようす）を東西方向で切り，南側から見た断面図のようすを示したものとして最もふさわしいものを，次の①～⑧の中から１つ選び，番号で答えなさい。ただし，この断面図には火山灰の層と断層しか示していません。

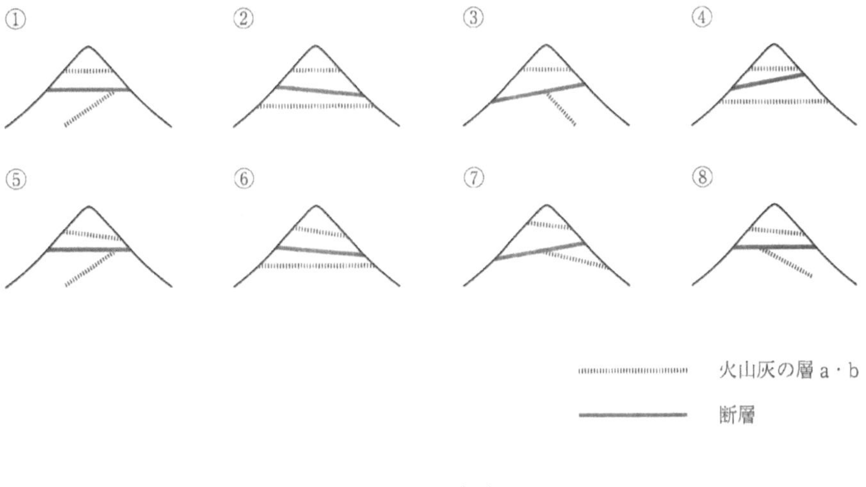

【３】 わさびは香辛料《こうしんりょう》の一つで，アブラナのなかまであるワサビという名前の日本原産の植物が原料です。天然のワサビは，山間の渓流《けいりゅう》など，光があまり当たらない涼《すず》しい場所に生えています。

食用のワサビは静岡県の中伊豆《なかいず》，長野県の安曇野《あづみの》など，低温の地下水が豊富にわき出ている場所にわさび田をつくって栽培《さいばい》します。中伊豆では，図１のように大きさの異なる石や砂を層状につみ重ね，その上を水が流れ続けるようにわさび田をつくっています。わさび田の水は底の石や砂の層を通って不純物などが取り除かれ，そこよりも下にある次のわさび田にもきれいな水が流れていきます。

ワサビのからだのつくりを図２に示します。そばやさしみにそえられる薬味《やくみ》としてのわさびは，根茎《こんけい》とよばれる茎《くき》の部分をすりおろして使っています。わさび田では，ワサビは水底に根を張り，根茎は水面下で成長していきます。このようにして育てられたワサビを沢《さわ》わさびといいます。

一方で，わさび田ではなく陸地でワサビを育てることもできます。陸地で育てられたワサビは畑わさびといいます。

あとの各問いに答えなさい。

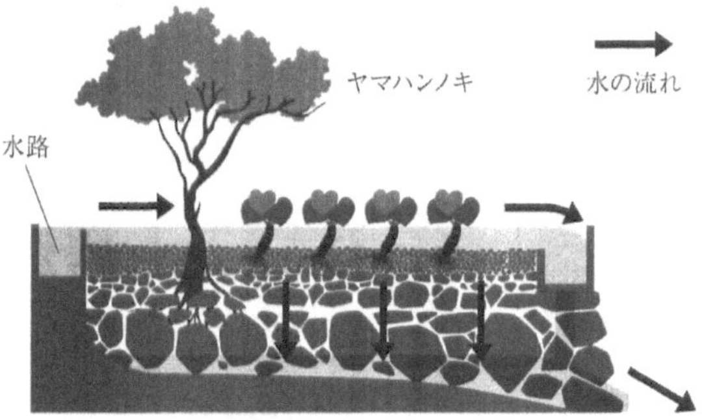

図１

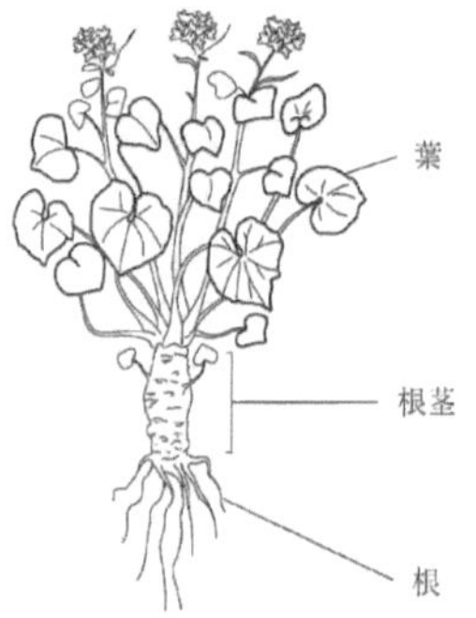

図２

⑴　ワサビと同じアブラナのなかまを次の①～⑤の中から１つ選び，番号で答えなさい。

①　タンポポ　②　ダイコン　③　サクラ　④　ヘチマ　⑤　アサガオ

⑵　ワサビのように，日本ではおもに水を張った場所に苗《なえ》を植えて栽培する植物としてふさわしいものを次の①～⑤の中から１つ選び，番号で答えなさい。

①　ニンジン　②　レタス　③　トウモロコシ　④　イネ　⑤　エンドウ

⑶　図１に示したわさび田と，⑵で答えた植物を栽培するようすについて，最もふさわしいものを次の①～⑤の中から１つ選び，番号で答えなさい。

①　わさび田ではため池の水を流し入れているが，⑵で答えた植物を栽培するところではため池からの水を流し入れることはない。

②　わさび田では水の流れがあるが，⑵で答えた植物を栽培するところでは水の流れがほとんどないかあっても遅《おそ》いことが多い。

③　わさび田では根だけが水中にあるように浅く水を張るが，⑵で答えた植物を栽培するところでは葉のすべてが水に浸《つ》かるように深く水を張る。

④　わさび田ではわさび田を通った水は別のわさび田に利用しないが，⑵で答えた植物を栽培するところでは水を別の場所でふたたび利用している。

⑤　わさび田では地下水の水量により水が流れなくなることがあるが，⑵で答えた植物を栽培するところでは用水路を利用しているので水が無くなることはない。

⑷　図２に示された根茎と同じ植物のからだの部分をおもに食用としているものとして，最もふさわしいものを次の①～⑤の中から１つ選び，番号で答えなさい。

①　ジャガイモ　　②　サツマイモ　　③　ダイズ　　④　イチゴ　　⑤　リンゴ

⑸　図１のわさび田のヤマハンノキは，河原や湿地《しっち》など，木が生えにくい場所で大きく育つことができます。わさび田のヤマハンノキについて説明した次の文章の（ア）～（ウ）に当てはまる語句の組み合わせとしてふさわしいものを下の①～⑧の中から１つ選び，番号で答えなさい。

> ヤマハンノキは，他の木のなかまが大きく育つために必要な（　ア　）があまりなくても大きく育つのでわさび田に植えることできます。そして，ヤマハンノキの葉が（　イ　）をつくることで，わさび田の温度が（　ウ　）ならないようにしています。

	（ア）	（イ）	（ウ）		（ア）	（イ）	（ウ）
①	土	日かげ	低く	⑤	水	日かげ	低く
②	土	日かげ	高く	⑥	水	日かげ	高く
③	土	日なた	低く	⑦	水	日なた	低く
④	土	日なた	高く	⑧	水	日なた	高く

ワサビの根茎が水の中にあると，そこから出る芽が成長しづらいため，根茎は芽の成長に必要な養分をたくわえることで太くなります。しかし，わさび田をつくるためには，豊富な地下水があることや土地の水はけがよいことなどの条件があり，そのような場所は限られます。

栽培に水を使わず，大きな根茎の収かくを目的としない畑わさびは，日のあまり当たらない涼しい場所であれば，沢わさびよりも簡単に栽培することができます。畑わさびはおもに茎や葉を加工してつくるわさびの原料にします。

⑹　畑わさびの畑のようすとして最もふさわしいものを次の①～⑤の中から１つ選び，番号で答えなさい。

①

②

③

④

⑤

わさびと似た香辛料としてからしがあります。からしの原料はカラシナというアブラナのなかまで，私たちに辛《から》いと感じさせる成分は，わさびに含《ふく》まれている物質と同じです。また，大根おろしを辛いと感じるのも同じ物質です。

ヒトや多くの動物は，「あまさ」，「しょっぱさ」，「すっぱさ」など，いくつかの味がわかります。これらを味覚といい，それぞれの味覚を生じさせる決まった物質によって，その味を感じています。一方で，わさびやからしを口に入れたときに感じる「辛さ」は，これらの味覚とは異なり，「痛さ」に近いものです。また，ワサビやダイコンはすりおろしたとき，カラシナはその種《たね》をすりつぶしたときに辛さが強くなります。

(7) ワサビやカラシナなどの植物が，からだの中に辛いと感じさせる物質をたくわえる目的を説明した次の文の（ア），（イ）に当てはまる語句の組み合わせとして最もふさわしいものを次の①～⑥の中から１つ選び，番号で答えなさい。

> ワサビやカラシナは，動物に（　ア　）物質によって（　イ　）と感じさせることで，その動物から食べられないようにする。

	（ア）	（イ）
①	かみくだかれることで出てくる	しょっぱい
②	かみくだかれることで出てくる	痛い
③	飲みこまれたものに入っている	しょっぱい
④	飲みこまれたものに入っている	すっぱい
⑤	ふみつけられたときに動物のからだにつく	痛い
⑥	ふみつけられたときに動物のからだにつく	すっぱい

【４】 十分な量の塩酸に炭酸カルシウムの粉末を加えたとき，炭酸カルシウムの重さと発生する気体の重さには，以下の表１の関係があることが分かっています。

表１

炭酸カルシウムの重さ（g）	1.0	2.0	3.0	4.0	5.0
発生する気体の重さ（g）	0.44	0.88	1.32	1.76	2.20

ハマグリとホタテとカキの貝殻《かいがら》のおもな成分は炭酸カルシウムであり，貝の種類によってその貝に含《ふく》まれる炭酸カルシウムの割合が異なります。これらの貝殻に含まれる炭酸カルシウムの割合を

調べるために，以下の実験を行いました。

あとの各問いに答えなさい。ただし，以下の実験では塩酸は炭酸カルシウムのみと反応するものとします。

〔実験１〕

1．ある濃《こ》さの塩酸を，重さの異なるビーカーＡ～Ｄに入れた。

2．それぞれのビーカーについて，ビーカーと塩酸を合わせた重さをはかった。

3．ハマグリ，ホタテ，カキの貝殻を細かく砕《くだ》いて粉末にした。

4．図１のようにビーカーＡ～Ｃにそれぞれの貝殻の粉末を10.0ｇずつ，ビーカーＤに炭酸カルシウムの粉末を10.0ｇ入れて反応させ，気体の発生が止まるまで放置した。

5．ビーカーを含めた全体の重さをそれぞれはかったところ，結果は表２のようになった。

6．反応後のビーカーＡ～Ｄの溶液を青色リトマス紙につけたところ，いずれも赤くなった。

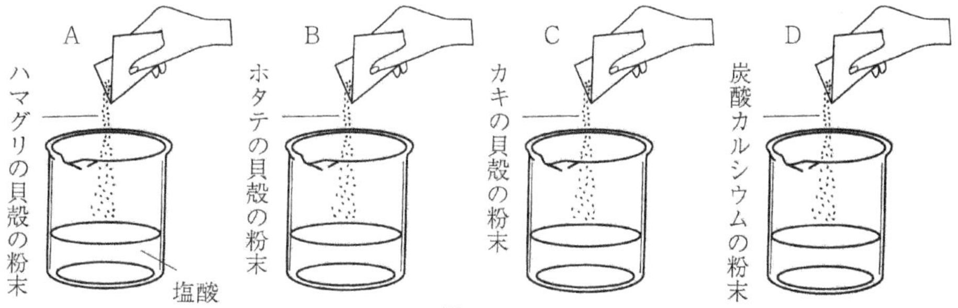

図 1

表２

		A	B	C	D
反応前	ビーカーと塩酸の重さ(ｇ)	97.2	97.9	97.4	98.5
	加えた粉末の重さ(ｇ)	10.0	10.0	10.0	10.0
反応後	ビーカーを含めた全体の重さ(ｇ)	103.2	103.7	103.5	104.1

⑴　実験１の６より，反応後のビーカーＡ～Ｄの溶液は何性であることが分かりますか。ふさわしいものを次の①～③の中から１つ選び，番号で答えなさい。

①　酸性　　②　中性　　③　アルカリ性

⑵　炭酸カルシウムの割合が最も多い岩石としてふさわしいものを次の①～⑤の中から１つ選び，番号で答えなさい。

①　凝灰岩《ぎょうかい》　　②　石灰岩　　③　玄武《げんぶ》岩　　④　チャート　　⑤　花崗《かこう》岩

⑶　実験１の４で発生した気体の名前を答えなさい。

⑷　実験１の結果から分かることとして，次のページの文章の（ア）に当てはまる数値を答えなさい。

いずれのビーカーにおいても，反応後の全体の重さは，反応前の全体の重さに比べて軽くなっていることが分かる。これは，反応によって発生した気体が空気中に出ていったためであり，発生した気体の重さは，反応の前後における全体の重さの差に等しい。

したがって，それぞれのビーカーで発生した気体の重さは，ビーカーＡで（　ア　）g，ビーカーＢで4.2 g，ビーカーＣで3.9 g，ビーカーＤで4.4 gであることが分かる。

⑸　ハマグリ，ホタテ，カキの貝殻のうち，貝殻に含まれる炭酸カルシウムの割合が最も大きいものを答えなさい。

⑹　カキの貝殻に含まれる炭酸カルシウムの割合（％）を答えなさい。ただし，答えは小数第一位を四捨五入して整数で答えること。

ホタテの貝殻はチョークの原料としても使用されており，このようなホタテの貝殻の使用は産業《さんぎょう》廃棄物《はいきぶつ》として処理されるホタテの貝殻の有効な活用方法として注目されています。ホタテの貝殻を原料としたチョークは，ホタテの貝殻の粉末と炭酸カルシウムの粉末を混ぜてつくられており，ホタテの貝殻の割合によってチョークの書き味が変わることが知られています。

ホタテの貝殻を原料としたチョークに含まれるホタテの貝殻の割合を調べるために，このチョーク50.0 gを砕いて粉末にし，十分な量の塩酸を加えたところ，21.9 gの気体が発生しました。反応後の溶液を青色リトマス紙につけたところ，赤くなりました。

⑺　このチョーク50.0 gをつくるために使用されたホタテの貝殻の重さ（g）を答えなさい。ただし，このチョークの原料はホタテの貝殻と炭酸カルシウムのみであったものとします。

【社　会】（40分）　＜満点：50点＞

1　次の会話は，生徒Ａさんと K 先生の会話です。これを読んで，問いに答えなさい。

Ａさん：　先生，今年は新しい①お札が発行されるので，「お札と切手の博物館」に行ってきました。そこで，お札ができるまでの映像や日本最古の印刷機も見ることができました。

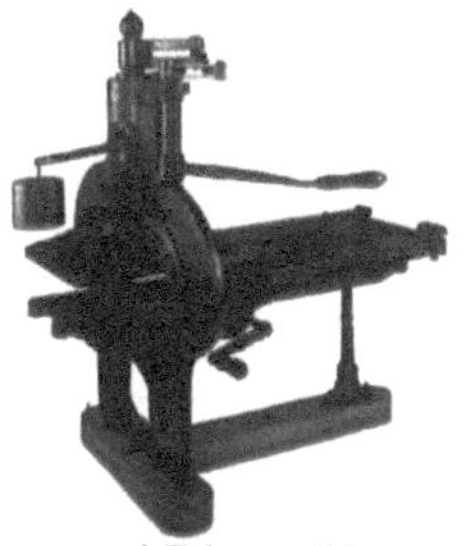
日本最古の印刷機
（お札と切手の博物館HPより）

K 先生：　歴史上多くの功績《こうせき》を残した３人の肖像《しょうぞう》画も一新されますね。

Ａさん：　博物館の２階にはたくさんの種類の切手が展示されていました。

K 先生：　現在，日本では，普通切手をはじめ，特殊《とくしゅ》切手と呼ばれるものがあります。②国家的行事やイベントなどが印刷された記念切手，観光名所や地域振興《しんこう》をモチーフとしたふるさと切手，春夏秋冬の季節ごとに発行されるものやお祝い事の挨拶《あいさつ》に用いられるグリーティング切手，新年の挨拶状に用いられる年賀切手，その他シリーズ切手など，さまざまな種類があります。

Ａさん：　調べてみたら，昨年，普通切手を除く切手の新しいデザインは394種類あり，発行枚数は約13億6356万枚だったそうで，驚《おどろ》きました。また，その博物館には，古くて珍《めずら》しい切手もありました。

K 先生：　ではここで，切手の始まりについて触《ふ》れてみましょう。世界初の切手は，1840年，[redacted]で誕生しました。黒色の１ペニー切手「ペニー・ブラック」，青色の２ペンス切手「ペンス・ブルー」の２種類が発行されました。遅《おく》れること30年，1871年（明治４年）に日本で初めて発行された切手は竜《りゅう》の図柄《ずがら》が描かれていることから「竜文《りゅうもん》切手」と呼ばれ，48文，100文，200文，500文の４種類がありました。

ペニーブラック
（郵政博物館HPより）

Ａさん：　江戸時代には③飛脚による書状の配達がなされていたのですよね。日数《にっすう》が掛《か》かる上に，費用も高く，一般庶民《しょみん》はなかなか利用することができなかったと勉強しました。

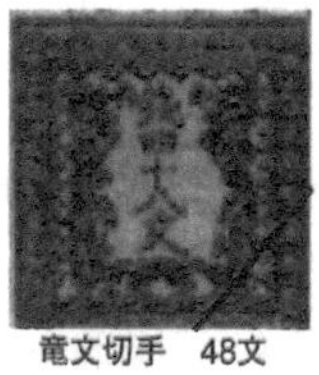
竜文切手　48文
（切手の博物館HPより）

K 先生：　そうですね。しかし，切手の誕生により，誰《だれ》もがより便利により安く，手紙を送ることが可能となりました。この４種類の切手を発行し，郵便制度をととのえた前島密は，「日本近代郵便の父」と呼ばれています。彼は，全国郵便料金の均一制の実施《じっし》，万国郵便連合に加盟，他にも功績をおさめました。1947年に発行されてから，変わることのない１円切手の肖像画が，前島密の偉業《いぎょう》を長く称《たた》えているのです。

1円普通切手
（郵便局HPより）

Ａさん：　あまり深く考えていませんでしたが，どんなに離《はな》れているところでも，同じ料金で送ることができることはとても便利なことですね。④普段はあまり郵便を出すことはありませんが，博物館で「すかし入りの⑤はがき」を作るイベントに参加しました。とても楽しかったので，今度は，⑥家で使用済みの牛乳パックを再利用し，手作りのはがきを作ることに挑戦《ちょうせん》してみたいと思います。敬老の日には遠くにいるおじいちゃんとおばあちゃんにはがきを出しているので，今度は，手作りのはがきを送ろうと思います。

Ｋ先生：　とてもいい体験ができましたね。そのはがきにグリーティング切手を貼《は》って，ぜひ投函《とうかん》してみてください。直筆で書いたはがきは，きっと気持ちが伝わり喜んでもらえると思います。Ａさん，機会があったときには切手が物語る過去のできごとや珍しい景色に触れてみてください。

Ａさん：　これからは切手を通して，色々なことを考え，学んでみたいと思います。

問１　下線部①に関連して，日本で唯一《ゆいいつ》，紙幣《しへい》を発行している機関を漢字４字で答えなさい。

問２　下線部②に関連して，次の切手Ⅰ～Ⅳが発行された年を古い順に並びかえたものとしてふさわしいものを選び，記号で答えなさい。

Ⅰ　Ⅱ　Ⅲ　Ⅳ

Ⅰ ペリー来航150周年　Ⅱ 国際連合加盟50周年　Ⅲ 国連PKO協力20周年　Ⅳ 日本国憲法発布（戦後50年メモリアル）

（公益財団法人　日本郵趣協会HPより）

ア．Ⅰ→Ⅳ→Ⅱ→Ⅲ
イ．Ⅱ→Ⅰ→Ⅳ→Ⅲ
ウ．Ⅲ→Ⅳ→Ⅰ→Ⅱ
エ．Ⅳ→Ⅰ→Ⅱ→Ⅲ

問３　空欄《らん》■■■■には，19世紀には「世界の工場」と称《しょう》され，1851年に第１回万国博覧会が開催《かいさい》された国が入ります。解答欄に合うようにその国名を答えなさい。

問４　下線部③による配達は，現代における運送業のはじまりと言われています。その運送業界を始め，医療《いりょう》，建設業界において，数年前から問題視され始めたのが「2024年問題」です。その中でも，運送業界では残業時間の上限が年間960時間までに規制されることによって，さまざまな問題が起こることと予想されています。

次のページのグラフを参考にして，どのような問題が起こると考えられているか答えなさい。

●宅配便取扱個数と貨物自動車運送事業者数

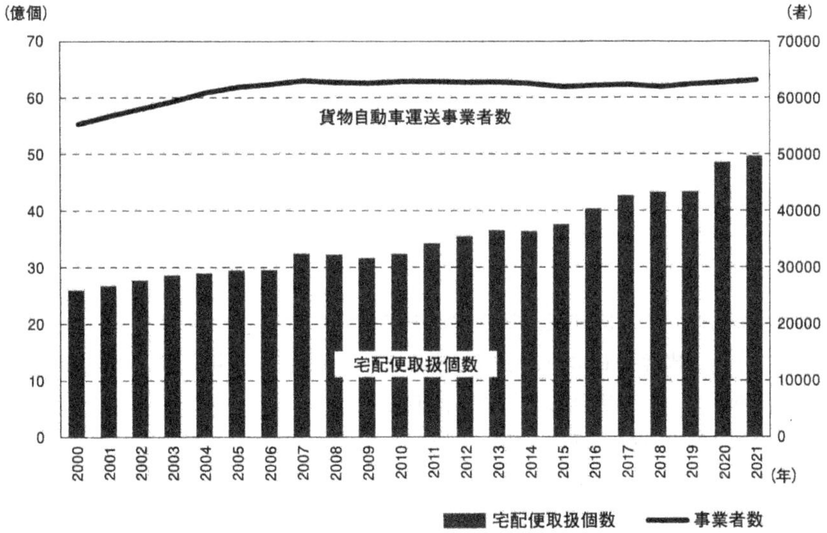

（国土交通省HPより作成）

問５　下線部④に関連して，次の表とグラフから考えられることとして，ふさわしくないものを選び，記号で答えなさい。

●郵便物数の推移

年	郵便物数（億個）
1990	223
1991	234
1992	238
1993	239
1994	235
1995	243
1996	250
1997	253
1998	255
1999	257
2000	261
2001	262
2002	257
2003	249
2004	236
2005	227
2006	224
2007	220
2008	212
2009	206
2010	198
2011	191
2012	189
2013	186
2014	182
2015	180
2016	177
2017	172
2018	168
2019	164
2020	152
2021	149
2022	144

（総務省 情報通信統計データベースHPより作成）

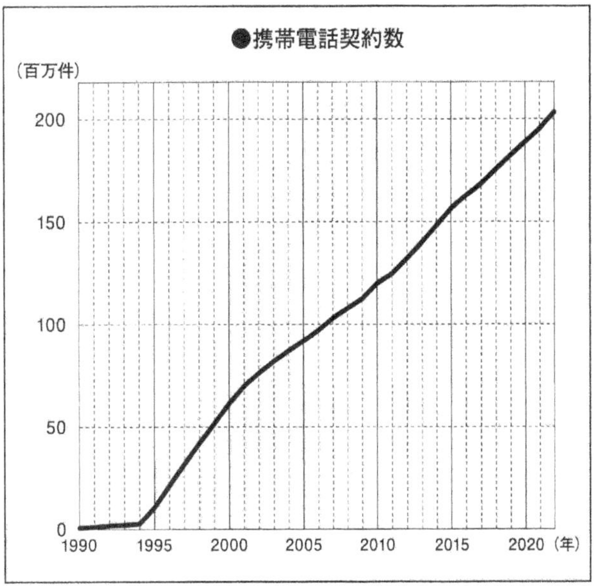

（(社)電気通信事業者協会HPより作成）

ア．2000年ごろから，携帯電話での電子メール等の使用が増えて，情報伝達手段として，郵便を利用することが少なくなった。

イ．2020年以降，郵便物数がさらに減った原因の一つは，新型コロナウイルスの感染拡大によって急激に進んだデジタル化が影響《えいきょう》していると考えられる。

ウ．2002年から20年間で携帯電話契約《けいやく》数が２倍以上に増加したのに対し，郵便物数は約55％ほどに減少している。

エ．2022年の携帯電話契約数は約２億件となり，一人あたり２台以上の携帯電話を持っていることになる。

問６　下線部⑤に関連して，国学院大学久我山中学高等学校では昨年「書き損じはがきを寄付するプロジェクト」の呼びかけを実施しました。回収したはがきはお金にかえた後，「ある団体」に寄付します。この団体は，世界の各国が協力して困難な状況《じょうきょう》にある子どもたちを守るために活動しており，日本では1956年から，小・中学校を通じて募《ぼ》金《きん》活動が始まりました。

国連に属する「ある団体」とは何か，カタカナで答えなさい。

●「ある団体」の活動分野ごとの支出割合（2021 年度）

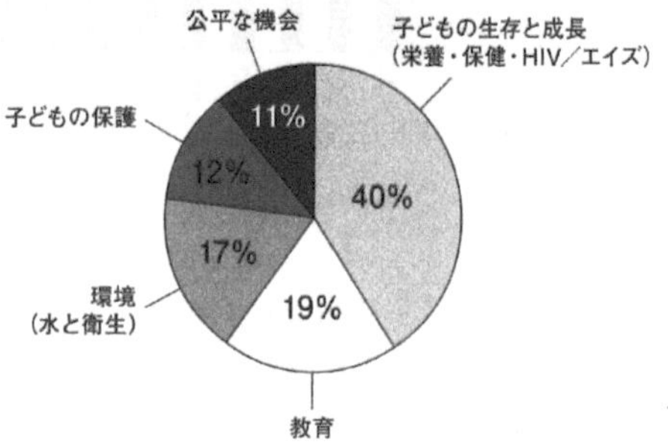

問７　下線部⑥のように「生産」から「廃棄《はいき》」まで環境《かんきょう》への負荷が少なく保全に役立つと認められた商品に表示されるのがエコマークです。

現在，使用量は国内で年間約２億個と推定されるインクカートリッジの再資源化に向けて，郵便局では「インクカートリッジ里帰りプロジェクト」を行っています。製造元と協力し，窓口での回収箱の設置，物流におけるしくみの提供を行い，回収率の向上に取り組んでいます。

今はインクカートリッジのように回収して再利用するものが多いですが，リユース・リサイクルできないものの例を１つあげなさい。

２　鉄道などが，いつ，どの駅を出発して運行しているのかを示している本が「時刻表」です。次に挙げるのは，1925年に日本で初めて出版された鉄道時刻表（当時は「汽車時間表」）です。これに関連した問いに答えなさい。

（『時刻表復刻版1925年4月号創刊号』より
次ページ以降の［地図１・２・３］も同じ）

問１　この時刻表が出版された1925年についての説明として，ふさわしいものを選び，記号で答えなさい。

ア．この50年前に，江戸幕府15代将軍徳川慶喜が大政奉還を行なった。

イ．前年にヨーロッパで第一次世界大戦が起こると，日本は好景気をむかえた。

ウ．翌年に大正天皇がなくなり，年号が「大正」から「昭和」となった。

エ．この50年後に，大阪で日本万国博覧会が開かれて多くの人でにぎわった。

問２　次の表は，1925年の鉄道の輸送人員について示しています。この表から読み取れることとしてふさわしいものを選び，記号で答えなさい。

●1925年の鉄道の旅客輸送人員と旅客輸送人キロ

輸送機関別国内旅客輸送人員（単位：百万人）		輸送機関別国内旅客輸送人キロ（単位：百万人キロ）	
国鉄	民鉄	国鉄	民鉄
677	1954	18741	2132

（『数字でみる日本の100年改訂第7版』より作成）

※国鉄…政府が運営する鉄道。　※民鉄…企業《きぎょう》が運営する鉄道（私鉄）。
※輸送人キロ…旅客の人数（輸送人員）に各旅客の乗車した距離《きょり》を乗じて（かけ算をして）全部を合計したもので、旅客の輸送総量を示す。

ア．国鉄に乗車した人は民鉄より多く，その平均乗車距離は民鉄より短い。
イ．民鉄に乗車した人は国鉄より多く，その平均乗車距離は国鉄より長い。
ウ．国鉄に乗車した人は民鉄より少なく，その平均乗車距離は民鉄より長い。
エ．民鉄に乗車した人は国鉄より少なく，その平均乗車距離は国鉄より短い。

［地図１］

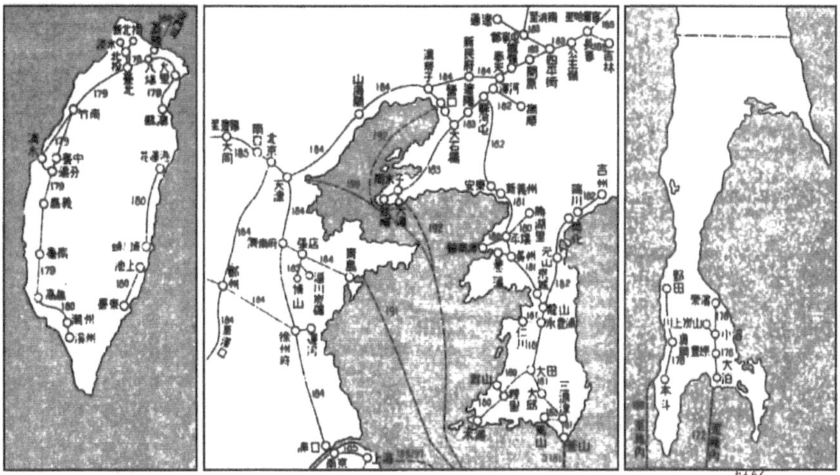

※地図中の太線は鉄道省線（政府が運営する鉄道）、細線はそれ以外の鉄道（私鉄など）、海上の- - -線は、連絡《れんらく》船などの航路を示している。また一部を問題のために修正している。（［地図１・２・３］ともに同じ）

問３　この本にある路線図では，［地図１］のように日清・日露戦争以後に日本が支配を進めた台湾や朝鮮半島，樺太（サハリン）の南部についても掲載《けいさい》しています。これに関して，次のうち日清・日露戦争について述べた文として，ふさわしいものを選び，記号で答えなさい。

ア．1904年，リャオトン（遼東）半島で起きた内乱に対して，日本と清がそれぞれ軍隊を送ったことをきっかけに，日清戦争が始まった。

イ．清に勢力を伸《の》ばそうとしていたアメリカは，ドイツやロシアとともに日本の動きに干渉《かんしょう》し，日本が日清戦争で手に入れた領土の一部を清に返させた。

ウ．日露戦争では，東郷平八郎がロシア艦隊《かんたい》を破るなどしたこともあり日本が勝利したが，戦争の費用負担など日本国民の間には不満が残った。

エ．「君死にたまふことなかれ」は，樋口一葉が日露戦争の戦場に向かった弟を思ってつくった詩であり，戦争に反対する気持ちが描《えが》かれている。

問４　［地図１］には，中国の中心部から東北部にかけても描かれています。1925年より後に日本が政治の実権をにぎった中国東北部を何と呼びますか，答えなさい。

問５　［地図１］の樺太の中部には国境線が描かれています。この国境線付近の緯度としてふさわしいものを次より選び，記号で答えなさい。

ア．北緯35度　　イ．北緯40度　　ウ．北緯45度　　エ．北緯50度

［地図２］

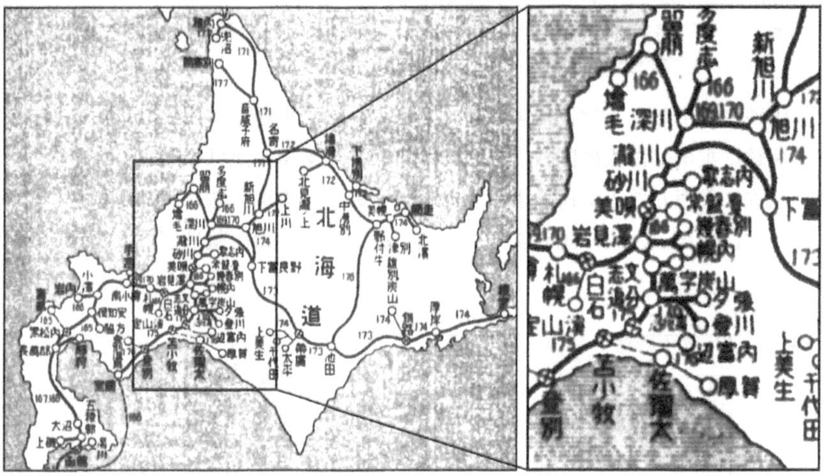

問６　［地図２］は，この時刻表に掲載された北海道の鉄道路線図です。右図は中央部を拡大したものですが，いくつもの短い路線が細かく描かれています。これについて次の問いに答えなさい。

⑴　これらの路線は，この地域で採れる「ある鉱産資源」を運ぶことを主な目的として建設されました。当時の主要なエネルギーであった「ある鉱産資源」とは何ですか。次の表も参考にして答えなさい。

●「ある鉱産資源」の日本国内の産出量　（単位　千トン）

1925 年	1960 年	1990 年	2018 年
31459	52607	7980	1041

（『数字でみる日本の100年改訂第7版』より作成）

⑵　現在までの間に，これらの路線の多くは廃止《はいし》となり，なくなってしまいました。その理由について，⑴の表および⑴で解答した鉱産資源と，次の表に関連させて説明しなさい。

●この地域の主な市の人口

市名	歌志内市	夕張市
1925 年の人口	14028 人	48697 人
2020 年の人口	2989 人	7334 人

（歌志内市・夕張市HPより作成）

問7　下の図は，北海道中央部にある旭川市を起点として，主な都市である稚内市，釧路市，札幌市を結んで作成した，地形の断面図です。このうち，旭川市と札幌市の間の断面図を選び，記号で答えなさい。なお，断面図の左端《はし》はどれも旭川市を示し，右端はそれぞれ稚内市，釧路市，札幌市を示しています。

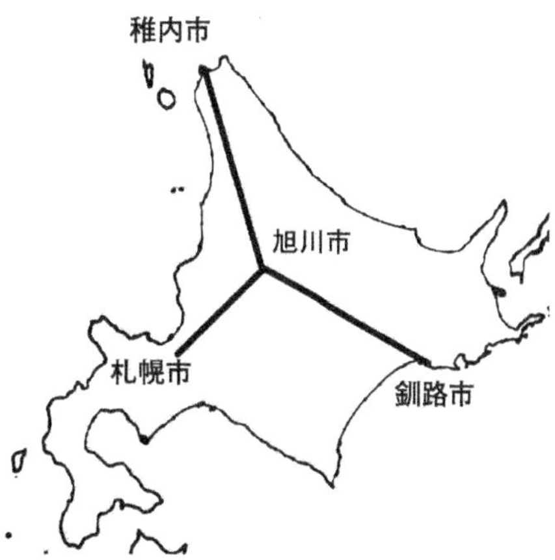

ア．

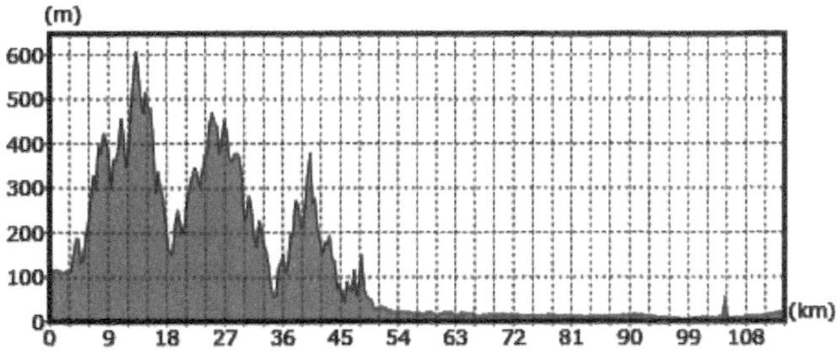

イ．

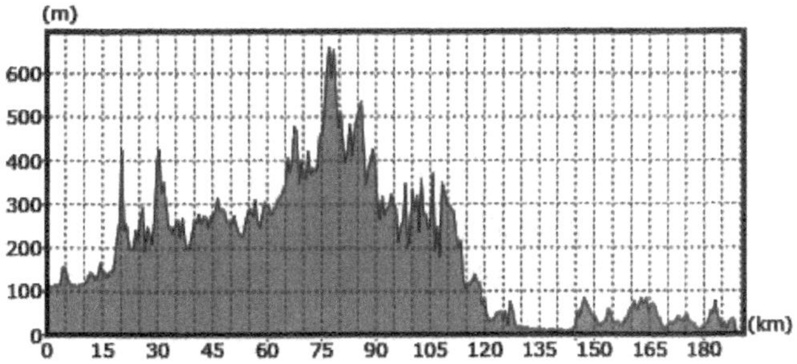

ウ．

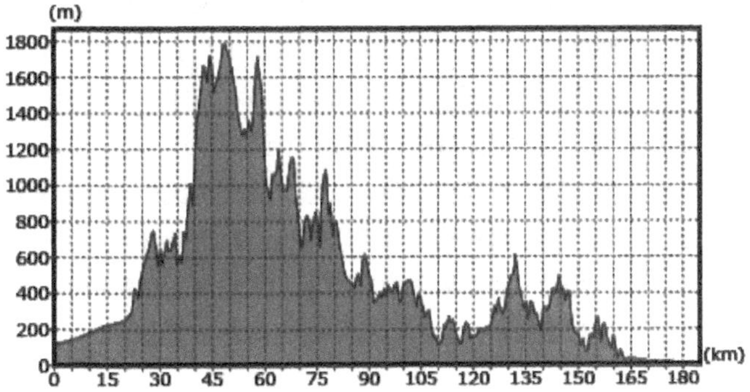

(国土地理院「地理院地図」HPより作成)

［地図３］

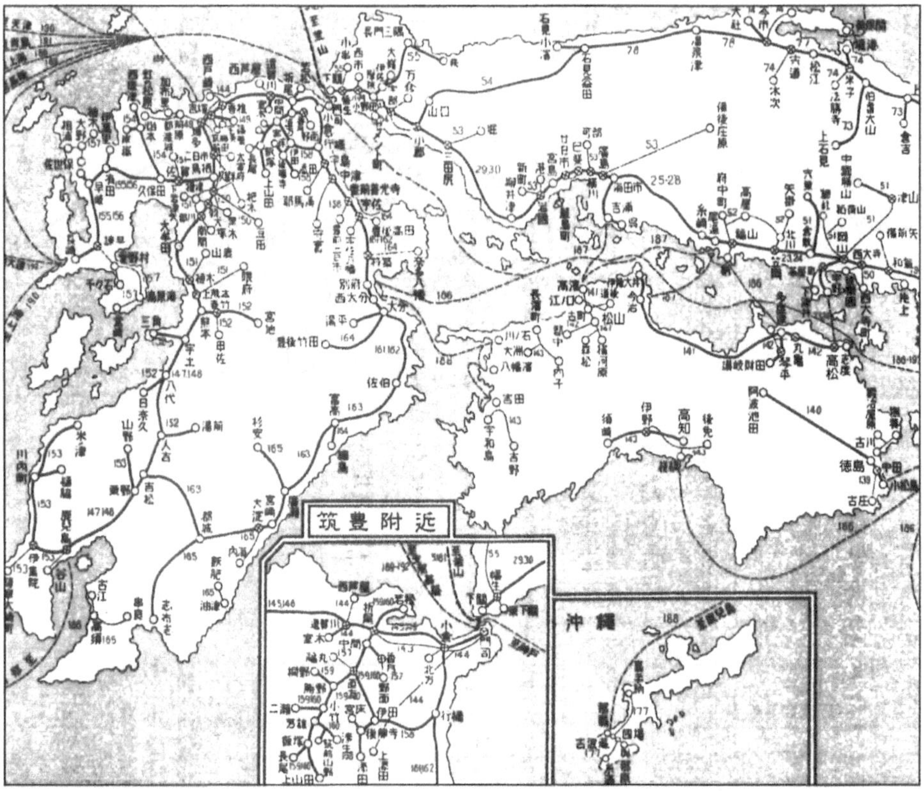

問８　［地図３］の四国地方について述べた文として，ふさわしいものを選び，記号で答えなさい。

ア．鉄道のみを利用して，四国の海沿いを一周することができる。

イ．本州や九州との航路が接続する都市を中心に，鉄道が建設されている。

ウ．現在の４つの県の県庁所在地の間は，すべて鉄道でつながっている。

エ．瀬戸内海側よりも太平洋側のほうが，鉄道の整備が進んでいる。

問９　［地図３］には，「徳島」駅から内陸部の「阿波池田」駅に向かって走る鉄道があります。この鉄道が走る地域は，ある大きな河川の流域と考えられます。この河川の名称を答えなさい。

問10　瀬戸内地方では，源氏と平氏の戦いが各所で起こりました。源義経たちに率いられた源氏は，一ノ谷の戦いや屋島の戦いを経て，ついに壇ノ浦で平氏を滅《ほろ》ぼしました。これらのできごとは，何世紀に起こりましたか。解答欄に合うように，整数で答えなさい。

問11　次のページの表は，九州・沖縄地方の福岡市，宮崎市，那覇市の月別の降水量，日照時間，雪（降雪）日数を示したものです。このうち，福岡市としてふさわしいものを選び，記号で答えなさい。

	ア			イ			ウ		
	降水量（mm）	日照時間（時間）	雪日数（日）	降水量（mm）	日照時間（時間）	雪日数（日）	降水量（mm）	日照時間（時間）	雪日数（日）
1月	74.4	104.1	6.3	72.7	192.6	1.3	101.6	93.1	0.0
2月	69.8	123.5	4.0	95.8	170.8	1.1	114.5	93.1	0.0
3月	103.7	161.2	1.4	155.7	185.6	0.1	142.8	115.3	0.0
4月	118.2	188.1	0.0	194.5	186.0	0.0	161.0	120.9	0.0
5月	133.7	204.1	0.0	227.6	179.7	0.0	245.3	138.2	0.0
6月	249.6	145.2	0.0	516.3	119.4	0.0	284.4	159.5	0.0
7月	299.1	172.2	0.0	339.3	198.0	0.0	188.1	227.0	0.0
8月	210.0	200.9	0.0	275.5	208.6	0.0	240.0	206.3	0.0
9月	175.1	164.7	0.0	370.9	156.5	0.0	275.2	181.3	0.0
10月	94.5	175.9	0.0	196.7	173.6	0.0	179.2	163.3	0.0
11月	91.4	137.3	0.1	105.7	167.0	0.0	119.1	121.7	0.0
12月	67.5	112.2	3.9	74.9	183.9	1.0	110.0	107.4	0.0
年間計	1686.9	1889.4	15.6	2625.5	2121.7	3.6	2161.0	1727.1	0.0

（1991～2020年の平均値。国立天文台「理科年表プレミアム」HPより作成）

問12　次の表とグラフ（次のページ）は，［**地図３**］の範囲《はんい》にある島根県，愛媛県，高知県，大分県の現在の農業産出額構成割合と製造品出荷額構成割合を示したものです。これについて述べた文として，ふさわしいものを選び，記号で答えなさい。

●農業産出額構成割合（2021年）

	米（%）	野菜（%）	果実（%）	畜産（%）	その他（%）	農業産出額（億円）
❶	11.1	15.0	44.5	22.3	7.1	1244
❷	14.5	27.0	11.4	37.9	9.2	1228
❸	9.4	63.2	10.3	7.9	9.2	1069
❹	26.8	16.2	7.0	44.2	5.8	611

（農林水産省「生産農業所得統計」より作成）

●製造品出荷額等割合（単位％）と製造品出荷額等（2019年）

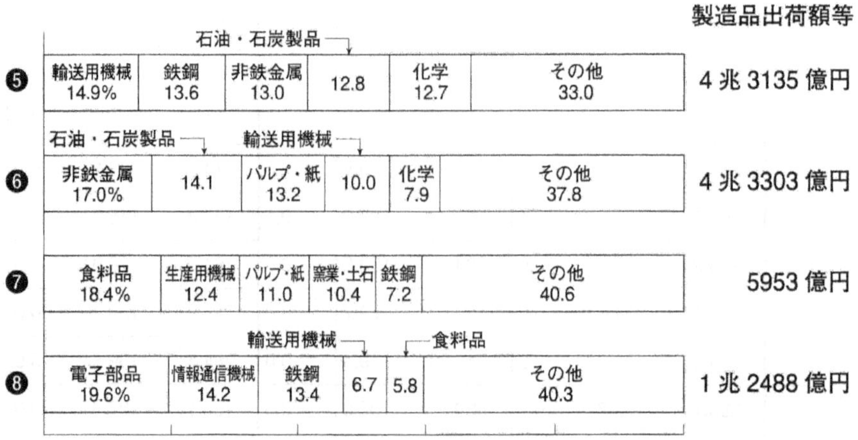

（『データでみる県勢2023』より作成）

ア．島根県を示すものは，関西や九州の大都市に出荷する野菜の生産がさかんな❸と，水産物が豊富で食料品工業がさかんな❼である。

イ．愛媛県を示すものは，みかん類の生産がさかんな❶と，瀬戸内工業地域に含《ふく》まれて重化学工業が発達し，パルプ・製紙業もさかんな❻である。

ウ．高知県を示すものは，温暖な気候を利用してさまざまな作物を生産している❷と，臨海部に輸出を中心とした重工業地帯があることから❺である。

エ．大分県を示すものは，平野部で米の生産，山間部では畜産がさかんな❹と，瀬戸内海航路を利用して出荷する電子部品の生産がさかんな❽である。

問13 1925年当時，本州と北海道や四国，九州を結ぶトンネルや橋はまだありませんでした。そのうち本州と九州を結ぶ関門トンネルは，1942（昭和17）年に開業しました。これについて述べた次の文章から，この筆者が考える，当時の「関門トンネルの性格」とはどのようなものか，読み取れることを時代背景を含《ふく》めて具体的に答えなさい。

> 九州と本州を海底トンネルによって「陸続き」にしようとする着想は，すでに明治29年，博多商業会議所が採り上げ，伊藤博文内閣に持ちこんだ時にはじまると言われる。その後，（中略）昭和10年に関門トンネル計画が発表され，翌11年10月に着工したのであった。
>
> この頃《ころ》までは，より速く便利に快適にを目指しての関門トンネル計画であったかもしれない。けれども，もしそれだけならば，昭和17年という時期に開通することはなかったであろう。他の新線計画と同様，工事中止になっていたにちがいない。関門トンネルは，※日中事変から太平洋戦争へと進むにつれて，その目的を平時型から戦時型へと変えつつ掘《ほ》り進まれ，最後は突貫《とっかん》工事となって昭和17年に開通したのである。貨物列車が走り始めたのは，ミッドウェイ海戦直後の６月11日，旅客列車の運転開始は，ガダルカナル島の死闘《しとう》が終局に近づいた11月15日であった。この，貨物列車と旅客列車の運転開始時に５ヶ月の差があることは，関門トンネルの性格をよくあらわしているように思う。
>
> ※日中事変…日中戦争のこと
>
> （宮脇俊三著『時刻表昭和史』より。漢数字を算用数字にするなど一部改変したところがあります。）

問14　この時刻表にある［**地図１**］から［**地図３**］のような地図は，国土地理院の地形図などとは異なり，方位や距離などが正確に表現されていません。それはなぜですか。［**地図１**］から［**地図３**］と，次に挙げるこの時刻表の表紙にある使い方（「時間表の引き出し方」）を参考にして，説明しなさい。

時間表の引き出し方

この表には必要の時間を容易に見出しうるよう『目次』の外に三つの便法が設けてありますからどれからでも引き出せます

一　『目次』（第一―七ページ）によれば各線各航路の分が引き出せます

二　『線路略図』（巻頭）には赤文字でその線の時間表のページ数を示してありますからこの図面からも引き出せます

三　駅名から引き出すには（第二百六―二一八ページ）のいろは別『駅名索引《さくいん》』を御《ご》覧《らん》下さい

四　『国有鉄道線路名称及《およ》び汽船航路表』（目次第八・九ページ）にもその線の時間表のページ数を示してあります

（『時刻表復刻版1925年4月号創刊号』より。旧字体を新字体にするなど一部改変したところがあります。）

3　次の文章を読んで，以下の問いに答えなさい。

2021年時点で，日本国内で犬を飼育している世帯は，全世帯の11.3%にのぼります。歴史をひも解いてみても，犬は古来より人間と長い歴史をともに過ごしてきました。現代社会においても警察犬や盲導犬《もうどうけん》など，さまざまな役割を担っています。

問１　縄文時代の貝塚である千葉県の加曽利《かそり》貝塚では，犬の骨が発掘《はっくつ》されました。加曽利貝塚博物館の展示である次の【**写真**】や【**文章**】を参考にして，加曽利貝塚の周辺に住んでいた人々が，犬をどのような目的で飼育していたか，考えて答えなさい。

【写真】

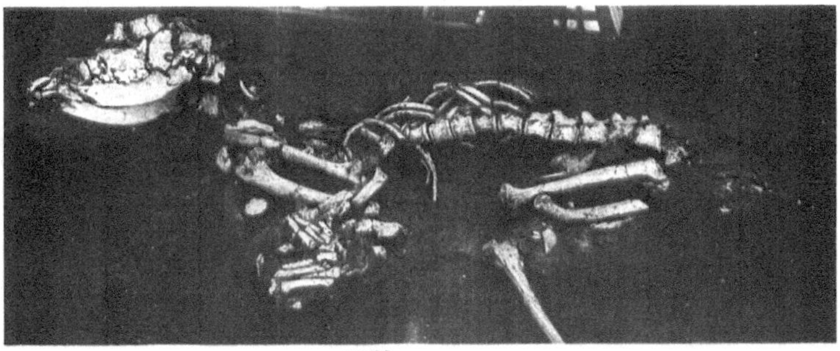

埋葬《まいそう》された犬

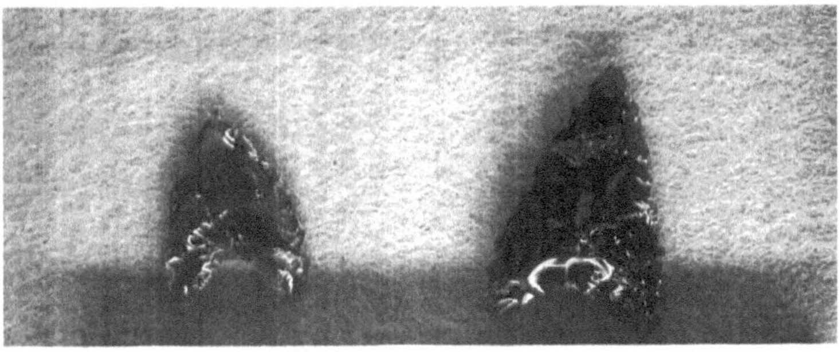

矢の先端《せんたん》に装着する石の矢じり

【文章】

・発掘された犬には若年でありながら歯が抜《ぬ》けていた例がある。
・骨折した野犬は死に至る可能性が非常に高いが，骨折後に治った痕《あと》のある犬の骨が発掘された。
・犬の排泄物《はいせつぶつ》である糞《ふん》の化石が発掘され，中から未消化の魚の骨がたくさん見つかっている。

問２　奈良時代，三河国では犬頭絲《けんとうし》と呼ばれる生糸が納められていました。奈良時代の税制について説明したものとして，ふさわしいものを選び，記号で答えなさい。

ア．税は現物を納めることがほとんどで，労働が課されることはなかった。
イ．調とは織物や地方の特産物を納めるもので，都に納められた。
ウ．現在の北海道から沖縄県に至るまで，幅広《はばひろ》い地域から税が納められた。
エ．この時期から日本では稲作が始まり，租として納められるようになった。

問３　平安時代の文学である『枕草子』の第六段には，「翁丸」という名の犬が登場し，当時の宮廷《きゅうてい》にはかなり多くの犬が棲《す》みついていた様子が読み取れます。この作品の筆者は誰か，答えなさい。

問４　鎌倉時代の武士は，さまざまな武芸の訓練を行っていて，中には犬が用いられるものもありました。次の**【文章】**を読み，**【資料１】**～**【資料３】**に描かれている武芸の名称の組み合わせとしてふさわしいものを選び，記号で答えなさい。

【文章】

犬追物とは馬場に放された犬を，馬上から追い射るものである。
流鏑馬《やぶさめ》とは馬場に平行して数間《すうけん》おきにおかれる的を，馬上から鏑矢《かぶらや》で射るものである。
笠懸とは馬上から遠距離にある射手の笠を懸《か》けて的として射るものである。

【資料１】（e国宝HPより）

【資料２】（鶴岡八幡宮HPより）

【資料３】（『日本史図録』より）

ア．【資料１】犬追物　【資料２】流鏑馬　【資料３】笠懸

イ．【資料１】犬追物　【資料２】笠懸　【資料３】流鏑馬

ウ．【資料１】笠懸　【資料２】流鏑馬　【資料３】犬追物

エ．【資料１】笠懸　【資料２】犬追物　【資料３】流鏑馬

オ．【資料１】流鏑馬　【資料２】笠懸　【資料３】犬追物

カ．【資料１】流鏑馬　【資料２】犬追物　【資料３】笠懸

問５　江戸幕府５代将軍徳川綱吉は生類憐《あわれ》みの令を発布し，犬公方とも呼ばれました。また，綱吉は大名を統制するために武家諸法度も出しています。武家諸法度は２代将軍徳川秀忠の時代にも出されており，秀忠の時代のものは「元和令」，綱吉の時代のものは「天和令」と呼ばれています。以下の史料から読み取れる内容としてふさわしくないものを選び，記号で答えなさい。

なお，史料の文章は現代のわかりやすい表記に書き改めています。

●武家諸法度「元和令」

・学問と武道はつねに心がけてはげむべきである。

・諸大名の居城は，補修をする時でも幕府に届け出てすること。また新たに城を造営することは禁止されている。

・幕府の許可なく結婚《けっこん》してはいけない。

（『新日本史史料集成』より）

●武家諸法度「天和令」

・学問と武芸，忠孝の道徳を励行《れいこう》し，礼儀《れいぎ》を正しくするようにせよ。

・主人の死のあとを追って自殺することは禁止とする。

（『新日本史史料集成』より）

●生類憐みの令

・飼い主のいない犬に，近ごろ食べ物を与《あた》えないといううわさを聞く。つまり食べ物を与えると，その人の犬のようになってしまってあとがめんどうだと思って，犬をいたわらないと聞く。ふとどきなことである。以後，そのようなことのないよう気をつけること。

・犬ばかりでなく，すべての生き物に対して，人々は慈悲《じひ》の心をもととして，憐みいつくしむことが大切である。

（『グラフィックワイド歴史』より）

ア．秀忠が将軍の時代に出された武家諸法度には，居城の補修にも幕府の許可が必要なことが書かれ，幕府の権力の強さをうかがうことができる。

イ．綱吉が将軍の時代に発布された法令には犬だけでなく，魚類や鳥類などの命も重んじる考えをみることができる。

ウ．秀忠と綱吉の時代に出された武家諸法度を比べると，武士に対して求められていることが，学問にかわって忠孝の道徳を重んじることへと変化した。

問６　現在，日本では６種類の犬種が天然記念物に指定されています。以下の表の，秋田犬が指定されてから，北海道犬が指定された年までに起きたできごととして，ふさわしいものを選び，記号で答えなさい。

●天然記念物となった日本在来犬種

犬種	指定年月
秋田犬	1931（昭和 ６）年 ７月
甲斐犬	1934（昭和 ９）年 １月
紀州犬	1934（昭和 ９）年 ５月
柴犬	1936（昭和 11）年 12 月
土佐犬	1937（昭和 12）年 ６月
北海道犬	1937（昭和 12）年 12 月

（『犬の日本史』より作成）

ア．アメリカ軍が沖縄県に上陸し，激しい地上戦がおこなわれた。

イ．国際連盟の決議に反対した日本はこれを脱退《だったい》した。

ウ．アメリカの海軍基地があるハワイの真珠湾を攻撃《こうげき》した。

エ．政治や社会を変えようとする運動などを取《と》り締《し》まる治安維持法が制定された。

問７　犬は現代社会においてもさまざまな役割を担い，社会に貢献《こうけん》しています。兵庫県南部地方を中心に起きた阪神・淡路大震災では災害救助犬が活躍《かつやく》しました。この震災が起きたのは西暦《せいれき》何年のことですか，算用数字で答えなさい。

⑤カンラン車から東京の街を一望する。

⑥どの説明もスイソクの域を出ない。

問二 次の①②の□に共通して入る漢字一字を答えなさい。

①隊列が一□乱れず行進している。

②目的のためにはお金に□目をつけない。

問三 次の四字熟語と同じような意味を持つものとして最も適当なものをア～エから選び、記号で答えなさい。

【一所懸命】

ア 一念発起　イ 言行一致　ウ 一意専心　エ 一日千秋

問四 次の□にはそれぞれ漢数字が入ります。すべて足した答えを漢数字で答えなさい。

□里霧中

（どうすべきか判断に迷い、方針や見込みが全く立たないこと。）

□人□色　（好みや考えは人によってそれぞれ違うということ。）

□差□別

（いろいろな種類があり、その違いが様々であるということ。）

問五 次の①②それぞれにおいて、熟語の構成が他の三つと異なるものをア～エから選び、記号で答えなさい。

①ア 投網　イ 読経　ウ 造園　エ 賃貸

②ア 永久　イ 訪問　ウ 欲望　エ 名実

問六 誤った敬語の使い方がなされている文を次の中から一つ選び、記号で答えなさい。

ア 先輩《せんぱい》の自宅に招待され、料理をいただいた。

イ 両親が運動会にお越しになった。

ウ 市長が会議のはじめに挨拶《あいさつ》をなさった。

エ お客様の要望をうかがった上で、方針を決める。

母は、同情《どうじょう》していた。春だけで、恵子の家は焼きいも屋をやめた。

（今井美沙子『少女ミンコの日記』による）

問一　――線①からは、ミンコのどのような心の動きがうかがえますか。最も適当なものを次の中から選び、記号で答えなさい。

ア　みんなを驚《おどろ》かそうと思っていたが、すぐにあきらめた。

イ　みんなに対してひけめを感じたが、それをふりきった。

ウ　幸子の気づかいを感じつつも、気づかないふりをしようとしている。

エ　幸子への対抗《たいこう》意識がめばえつつも、それをおさえこもうとしている。

問二　次の脱落《だつらく》文は、文中の【A】～【E】のどこに入りますか。最も適当な箇所《かしょ》を記号で答えなさい。

いつも恵子と仲よしなのに、ほんとうは、自分のことしか考えてなかった、と思いあたったのだった。

問三　――線②とあるが、ミンコがほっとしたのはなぜですか。最も適当なものを次の中から選び、記号で答えなさい。

ア　覚悟《かくご》して正直に謝《あやま》ったことが、姉たちの朗《ほが》らかな笑いをさそったから。

イ　姉たちにこっぴどく叱られると思っていたが、わずかな小言だけですんだから。

ウ　深く反省している態度を見せたことが、うまく功を奏して、姉たちをなごませたから。

エ　叱られることなくむしろ、謝るようなことはしていない、と姉たちにとりなしてもらえたから。

問四　文中の［　　］に入ることばとして最も適当なものを次の中から選び、記号で答えなさい。

ア　うそをいった　　イ　冗談《じょうだん》めかした

ウ　うやむやにした　　エ　隠《かく》さずにいった

問五　――線③とありますが、「母のあたたかい心づかい」とは、どのようなことをさしているのですか。「ごちそう」ということばを必ず用いて、35字以内で答えなさい。

問六　次の文は、――線④について、一つの解釈《かいしゃく》を述べたものです。後の設問Ⅰ・Ⅱに答えなさい。

今しがた、［A］ような気がしたのは、やはりまちがいであって、恵子ちゃんの［B］に気づいてあげられなかった自分は、恵子ちゃんにほんとうにかわいそうなことをしてしまったのだ、と思いあたり、ミンコは胸をいためている。

Ⅰ　［A］に入ることばを、文中から15字以上20字以内で抜《ぬ》き出《だ》しなさい。

Ⅱ　［B］に入ることばをひらがな4字で答えなさい。ただし、文中のことばを名詞のかたちにして記すこと。

［三］　次の問いに答えなさい。

問一　次の①～⑥の――のカタカナを、漢字に直しなさい。

①台風で運動会がエンキになった。

②宝物をヒミツの場所にしまう。

③美しい光景が私のノウリに焼き付いている。

④希望したジョウケンに合うもの見つけられて満足する。

重たい重箱が、カタカタとゆれた。

　家に着くと、ミンコはまず、姉たちにあやまった。【E】

「姉ちゃん、ごめん。朝、いわれとったとに《〈ていたのに〉》、泣いて母ちゃんにせがんだとよ《〈のよ〉》」

「ミンコ、よかとよ《〈いいのよ〉》。母ちゃんに聞いた。せがんでも、いもの天ぷらなら、せがんだうちに入らんもん《〈入らないもの〉》、ね」

　姉たちは、顔を見あわせていった。②ミンコは、ほっとして、重箱を母にわたした。母は重箱の引き出しをあけると、

「あらよー《〈あらまぁ〉》、ごちそうばい」

　感嘆《かんたん》の声をあげた。

「ミンコよい《〈よ〉》、せっかく、みんなと田んぼへ行ったとじゃけん、あが《〈あなた〉》が全部食べてくれればよかったとに《〈のに〉》……」

「うんにゃ《〈いいや〉》、おらぁ、腹いっぱい田んぼで食べてきたけん、おなかいっぱいたい」

　ミンコは、□。

「さあ、さあ、淑子《よしこ》に智子《ともこ》、小皿ば《〈を〉》六枚出してくれろ。ごちそうば、わけるけんね《〈からね〉》。ミンコは食べたっち《〈て〉》いうちょるばってん《〈けれども〉》、またおなかがすくかわからんけん、ミンコにもわけるけんね。家族みんなと食べるのも、またよかもん《〈いいもの〉》じゃけん」

　と、いったあと、急に思いだしたように、

「ミンコ、恵子ちゃんは？」

　と、聞いた。

「うんにゃ、いっちょらん《〈いっていない〉》」

「やっぱりね。昼間、うらであの子の声がしたけん《〈から〉》、ひょっとしたら、っち《〈って〉》、思うちょった《〈思っていた〉》ら、やっぱり、いかれんじゃったとじゃんね」

　母は、自分の分の皿を持つと、うらへ出ていった。ミンコは、すこしホッとした。そして心の中で、

（やっぱり、ミンコの母ちゃんばい）

　と、③母のあたたかい心づかいが、うれしかった。しばらくすると、母は、小皿に焼きいもをのせて帰ってきた。

「売れ残りじゃばってん《〈だけれども〉》、ちいうて《〈って〉》、くれたとよ。さあ、ミンコが食べろ」

　母が、ミンコの前に小皿をおいた。ミンコは、おなかがすいていたので、大口をあけて、パクパク食べた。冷《ひ》えたイモを食べていると、今日の自分のうらぎりが、ゆるされたような気がした。

「ミンコ、これからは、どっかへいくときにゃ、かならず恵子ちゃんば《〈を〉》、さそえよ！　ごちそうが作れる、作れんは二の次じゃけんね。あん《〈あの〉》子はすなおな子じゃけん、ひがまんばってん《〈ひがまないけれども〉》、やっぱ、さそわれんじゃったら、さびしかけんね」

　やさしくさとすようにいったが、④母のことばは、ミンコの胸に強くこたえた。

　恵子の家の焼きいも屋は、あまり売れていなかった。その原因を、

「愛想《あいそ》が悪かもん《〈悪いもの〉》。どうせお客さんで《〈お客さんとして〉》買うと《〈の〉》なら、愛想の良かとこ《〈良いところ〉》がよか《〈よい〉》もんね」

　と、ミンコの家へやってきたおとなたちが、いっていた。

「ふたりとも性分《しょうぶん》じゃけん《〈だから〉》、急に愛想よう《〈よく〉》できんとじゃろね。つんだひかね（かわいそうだね）」

　田んぼへ着くなり、重箱を開いた。友だちの重箱には、えびやいか、色とりどりのかまぼこ、卵焼き、たけのこ、れんこん、煮《に》まめが、色どりよくつめられていた。そのごちそうを見て、ミンコはびっくりした。こんなごちそうを見たのは、はじめてだった。ミンコがおどろいて見ていると、

「ミンコちゃんのには、何が入っとる《てる》？」

と、幸子《さちこ》が聞いた。

「うん、今、あけるばい《よ》」

　①ミンコは、いさぎよく重箱を四段あけた。黄色のいもの天ぷらばかりが、顔を出した。

「ワァー!!　おいしそうじゃ！」

　みんなが、ミンコの重箱に歓声《かんせい》をあげた。

「ミンコちゃん、えびとかえてくれろ」

「ゆで卵とかえてくれろ」

「かまぼことかえてくれろ」

「煮しめとかえてくれろ」

　いもの天ぷらに、人気が集中した。みんなにたりよったりの重箱の中味だったので、いもの天ぷらがめずらしかった。ミンコは、喜んで交換《こうかん》した。帰りぎわには、ミンコの重箱は、ごちそうではみ出さんばかりになった。

　ミンコは、ひとりで食べようとは思わなかった。姉たちの朝のことばを思い出していた。

「ミンコ、ごちそうば《を》作ってくれっちいうたらいけんぞ《ていったらいけないよ》。ミンコは、かしこかけん《かしこいから》、いわんね《いわないね》。かしこかもんね」

　姉たちは、きっと学校から帰ってきても、いもの天ぷらさえねだらずに、またそうけ《竹製のざる》を持って、田んぼへ、せり採《と》りに行っているだろう。

（おりゃあ《わたしは》、食べんでもよか《よい》、持って帰って、兄ちゃんや姉ちゃんどん《たち》が食べたらよか。うんまかっち《うまいねえって》、いうじゃろうなあ。はよう《はやく》持って帰って食べさせんば《なければ》）

　そう思うと、ミンコの胸は、喜びで、はちきれそうだった。

　宗念寺《そうねんじ》の坂道を、ワァーッと、みんなでかけおりるときになって、ミンコは、恵子が仲間にくわわっていないことに気がついた。【B】

「ああ、どげん《どう》しよう」

と、ミンコは思って、立ちどまった。

「ミンコちゃん、どげんしたと？」

友だちも立ちどまって、心配そうに聞いた。

「うん、恵子ちゃんば《を》さそうとば《のを》、わすれた」

と、ミンコは答えた。

「また来年、さそうたらよかじゃん《いいじゃない》」

友だちはこともなげにいったけれど、ミンコは恵子をうらぎったようで、心が暗くなった。【C】

家が近くなった。

「おみやげ三つ、たこ三つ」

　やす子が、ミンコの背中をたたいた。ミンコも、たたきかえした。幸子にも邦子《くにこ》にもおもいきりたたかれて、ミンコの心はすこし明るくなった。【D】

（こん《この》ごちそうば見たら、みんなびっくりするばい）

　そう思うと、はやくごちそうを見せたくて、ミンコは、また走った。

問五　Y　に入ることばとして最も適当なものを次の中から選び、記号で答えなさい。

ア　若者　　イ　雇用　　ウ　評判　　エ　未来

問六　本文の内容に合っているものを次の中から２つ選び、記号で答えなさい。

ア　具体的な数値が示されることによって、シリア難民の置かれた厳しい経済事情が分かるようになっている。

イ　シリア難民の開いた菓子屋に刺激されて、ヨルダン人はそれよりもおいしいお菓子を作れるようになった。

ウ　難民の受け入れは、彼らに公共サービスや雇用を提供することだけでなく、自国民への配慮《はいりょ》が不可欠である。

エ　日本はヨーロッパ諸国に比べて難民認定率は低いが、在留許可によって社会で活躍《かつやく》できる機会を与えている。

オ　難民登録されている以上に人々がヨルダンへ流入しているが、経済の活性化に貢献《こうけん》して失業率は低下した。

二　次の文章を読んで、後の問いに答えなさい。〈問題は問一から問六まであります。〉

なお、本文の改行において、設問の都合上、原文と異なる部分があります。また、方言を用いた部分ついては、適宜《てきぎ》、本文の左側（　）内に共通語による表現をそえてあります。

《ここまでのあらすじ》

舞台《ぶたい》は長崎県五島《ごとう》列島、福江島福江《ふくえじまふくえ》の新栄町《しんえいまち》。町の外れに、家族７人で暮らすミンコ（美沙子《みさこ》）は６歳《さい》。終戦の翌年に生まれた。戦地から帰った父は不慣れな船乗りになり、家はどん底の生活が一年近く続いている。一家の裏手には、仲良しの恵子《けいこ》の家がある。恵子の父は元軍人。誇《ほこ》り高く、周囲から「軍人さん」と呼ばれ、母も「奥《おく》さま」と呼ばれていた。しかし敗戦で職業がなくなり、家財道具も売り尽《つ》くして、生活のために焼《や》き芋屋《いもや》を始めた。

春、３月３日の朝。家の事情がわかっている姉たちは、ひな祭りだからといって母にごちそうを作ってくれなどとねだってはいけない、とミンコに念をおして登校していった。姉たちが出て行った後、繁盛《はんじょう》している町内の子どもたちがミンコを誘《さそ》いに来た。お寺の下の田んぼ（この季節はれんげ畑になっている）で去年のようにひな祭りのごちそうを食べよう、という。ミンコは、田んぼに行きたくて、ごちそうをねだった。母親は困り果て、なおもねだるミンコを叱《しか》りながら、目には涙《なみだ》が光った。ミンコは思いついて、いもの天ぷらでいい、という。母親は、それならばといって、山盛りのいもの天ぷらを揚《あ》げ、重箱を用意した。玄関《げんかん》のわきで、着飾った子どもたちが待っている。母親は、姉からのお下がりの着物をミンコに着せ送り出した。

ミンコたちは、表へ走り出た。ミンコはうれしくて、そのうれしさが、ミンコの小さいからだからはみ出しそうだった。約束どおり、みんなと田んぼへいけるのがうれしかった。いもの天ぷらだけでもうれしかった。あまりにも心がはずみすぎて、なかよしの恵子がその仲間にくわわっていないことを、すっかりわすれていた。**【Ａ】**

「わぁーい、わぁーい」

方針を出した。それまで非正規だったシリア人の菓子屋も、正式にビジネスとして認められるようになったのだ。お菓子がおいしいからシリア人はウェルカムというだけの話でなく、政策的にも、シリア人を社会の一員として受け入れ、共生する道を築こうとしているのだ。

ところで、わが日本の難民受け入れ状況《じょうきょう》をご存じだろうか。ヨーロッパの国々が、軒並《のきな》み十数パーセント以上の認定《にんてい》率のところ、日本は０・７パーセント（２０２１年）。認定数で言うと３桁《けた》少ない74人だ。この圧倒的《あっとうてき》な認定率の低さには、難民認定基準の厳しさがあるといわれる。難民として認められなくても、一時的な在留特別許可が与《あた》えられることもあるものの、社会の一員として受け入れていこうというステージにはまだない。ヨルダンのシリア難民のことも心配だが、自分が生きるこの国の［Ｙ］も心配だ。

（岡根谷実里『世界の食卓《しょくたく》から社会が見える』による）

※　ＵＮＨＣＲ…国連難民高等弁務官事務所。
雇用…働いて生きていけるようにすること。
潤沢…たくさんあること。
軋轢…争いが生じて、仲が悪くなること。
サマルが英語を教える家庭教師先の家…ヨルダン人の家。
マクドゥース…シリアやレバノンの家庭料理。茹《ゆ》でたナスにパプリカペーストやクルミを挟《はさ》み、オイルに漬《つ》けた保存食。
うぶ…ういういしいこと。
緩和…ゆるめること。
正規雇用…正社員として働けること。
脆弱…弱い。

問一　筆者は［　］の中で――線①をくり返し説明している。それを簡潔に示した次の一文について、後の設問（１）（２）に答えなさい。

シリアでは、［Ⅰ］が［Ⅱ］化して出口の見えない状態に陥《おちい》った結果、［Ⅲ］となって現在も故郷に戻《もど》れずにいる状況が背景にある。

（１）［Ⅰ］［Ⅱ］に入ることばを、文中の［　］からそれぞれ漢字２字で抜《ぬ》き出《だ》して答えなさい。

（２）［Ⅲ］にあてはまることばを、文中の［　］から15字で抜き出して答えなさい。

問二　次の脱落《だつらく》文は、文中の【Ａ】～【Ｄ】のどこに入りますか。最も適当な箇所《かしょ》を記号で答えなさい。

それくらい生活の中に当たり前に「難民」がいるわけだ。

問三　［Ｘ］にふさわしい内容の文を「善」と「損」という語を必ず入れて、30字以内で答えなさい。

問四　――線②とありますが、なぜ筆者は励まされたのですか。最も適当なものを次の中から選び、記号で答えなさい。

ア　ヨルダン人が国の政策に満足し、難民による不利益を言い立てなくなったのを目《ま》の当《あ》たりにしたから。

イ　軋轢をはらみながらも、ヨルダン人がシリア人のもたらしたものに感謝する姿に、共存の兆《きざ》しが感じられたから。

ウ　自分も気に入っているシリア菓子の評判が、彼らのイメージアップになっていることに気が付いたから。

エ　シリア菓子がシリアとヨルダン両国の架《か》け橋《はし》になっているのを見て、それが紛争をも解決すると確信したから。

その上、ヨルダンには１９４８年の第一次中東戦争以降発生したパレスチナ難民も、２３０万人ほどいる。イラク戦争による難民６・５万人などもいて、すべて合わせて単純計算すると、人口の3割ほどが難民ということになる。ものすごい数だ。小学校に行ったら、クラスの１０人くらいは難民ということなのだろうか。「ヨルダンに住んでいる人の7割くらいはパレスチナ系なんだよ」と教えてくれた人もいる。結婚《けっこん》などによって同化が進んでいるからだろうか、本当の数字はわからないし、見ためで区別することもほぼできない。【C】

単純に難民受け入れ人数だけ聞くと、「大勢の難民を受け入れていてえらい」と言いそうになるけれど、受け入れ国の負担は大変なものだ。医療《いりょう》・社会保障・教育などの公共サービスを難民にも提供しなければいけないし、砂漠《さばく》気候なので飲料水の確保も問題だ。そしてそれらには大きな財政支出が伴《ともな》う。また、シリア内戦前のヨルダンの失業率は12パーセント程度だったが、２０１４年頃《ごろ》から急上昇《きゅうじょうしょう》して２０２１年には19・3パーセントにのぼっている。難民の就業機会も重要なテーマだが、その前にヨルダン人の※雇用《こよう》を守らなければいけない。しかしシリア人の就業を制限して十分な生活費を支給し続けられるほど※潤沢《じゅんたく》な資金があるはずもない。結果、２０１８年現在ヨルダンに住むシリア難民の85パーセントは貧困《ひんこん》ライン以下の生活をしている。【D】

財政的な負担増や、もともと生活する人々の暮らしへの影響《えいきょう》に加えて、難民は犯罪を起こすなどといった必ずしも根拠《こんきょ》のないイメージによって、多くの国で難民受け入れは※軋轢《あつれき》を生む。ヨーロッパでは難民政策が選挙の争点の一つになるくらい、身近な関心事だ。それはそうだ、[X]と思うと、気持ちよく納得《なっとく》はできない。

ヨルダンの場合はどうなのか。もちろん、軋轢がないわけではない。しかも、シリア人の約80パーセントは難民キャンプの外に暮らし、街で生活を共にしているのだから、社会インフラを分け合わなければいけない機会も多い。けれど、ヨルダンに住むヨルダン人たちに話を聞いて印象的だったのが、「シリア人はおいしいものをもたらしてくれたから」という言葉だった。特に、シリア人が営《いとな》むお菓子屋さんは素晴《すば》らしいという。「シリア人が来て街の菓子屋のレベルが上がった」という話も聞いた。さらっと発されたその言葉に、②なんだかすごく励《はげ》まされた。また、※サマルが英語を教える家庭教師先の家で※マクドゥースをお裾分《すそわ》けしたら、その方は顔をほころばせて喜んでいた。こちらまでうれしくなった。

もちろん、どんなにシリア菓子が評判でも、紛争《ふんそう》は解決しないし、ヨルダンの財政問題が解決するわけではない。「シリア菓子はおいしいからヨルダン人は難民を歓迎《かんげい》している」というのはあまりに※うぶだろう。

しかし政策的にも、ヨルダンがシリア人を受け入れる一歩を踏《ふ》み出《だ》しているのは注目したい。２０１６年、ヨルダン政府はシリア難民の就労許可基準を※緩和《かんわ》した。医療等の外国人就労が認められない分野を除いて、複数の分野で※正規雇用の申請《しんせい》ができるようになった。これはかなり異例の政策で、難民というのは普通《ふつう》、正規の仕事につけずに非正規の仕事で身を立て、※脆弱《ぜいじゃく》な立場に置かれる。キャンプ内に住んでいても物売りなどではなく正規の仕事につけるというのはすごいことなのだ。

実際、これによって就労許可者は、２０１５年12月から２０１６年12月の1年間で４０００人から4万人に急増した。加えて、すでにシリア人が行っていたビジネスを正式に認めたり新規の開業を認めたりする

【国　語】（五〇分）〈満点：一〇〇点〉

【注意】句読点（、や。）その他の記号（「や〃など）は1字分として数えます。

一　次の文章を読んで、後の問いに答えなさい。〈問題は問一から問六まであります。〉設問の都合上、本文の表現を一部改めた箇所《かしょ》があります。

筆者は、世界各地の家庭の台所を訪《おとず》れて一緒《いっしょ》に料理をし、料理を通して見える暮らしや社会の様子を発信している。筆者はヨルダンで、「料理上手な方だ」と、サマルさん（シリア難民）一家を紹介《しょうかい》された。彼女の家庭を訪問した後で、シリア難民をめぐる社会事情を記したものが以下の文章である。

その後ヨルダンで過ごす中でも、ヨルダン人から「シリア菓子《がし》はおいしい」という話をたびたび聞いて、シリアへの憧《あこが》れがずんずんと募《つの》っていった。

しかし、①シリア菓子屋がなぜヨルダンにあるのかという事情を知ると、今すぐ行ける状態でないという現実が身に沁《し》みる。ヨルダンもスーダンも、街角の菓子屋を動かしているのは、シリアからの難民だ。２０１１年に端《たん》を発するシリア内戦は10年以上経《た》っても終わりが見えず、住んでいた人々の半数以上が難民として国内外に逃《のが》れた。今世紀最大とも言われる難民の発生は、どうして起きたのだろうか。

シリア内戦は、中東諸国に波及《はきゅう》した民主化運動「アラブの春」が発端《ほったん》だった。シリアでも40年間続いていた独裁政権に対する不満が高まっており、２０１１年に抗議《こうぎ》デモがはじまった。これが、周辺国からの武力支援《しえん》を得るなどして内戦へと発展。政府側・反政府側両陣営《じんえい》に過激派組織が参戦したことなどで泥沼化《どろぬまか》し、出口の見えない内戦が２０２３年現在も続いている。

その間に、安心して暮らせる場所を求めて、多くの人が家を離《はな》れた。シリア国外に逃れた国外避難民《ひなんみん》は６８０万人、国内の別の場所に避難した国内避難民は６９０万人。あわせるとその数約１３７０万人におよぶ（※ＵＮＨＣＲ、２０２１年12月時点）。国連統計では、内戦直前の２０１１年の人口が２２７０万人ほどだから、そこに生活していた人の半分以上の数が難民になったということだ。１３００万人というのは、東京都の人口に匹敵《ひってき》する。テレビのニュースで、荒廃《こうはい》した街の様子を見たことがあった気がするけれど、改めて数字で知ると途方《とほう》もない規模で人々が住む場所を失ったという現実に呆然《ぼうぜん》とする。今世紀最悪の人道危機ともいわれる内戦の犠牲《ぎせい》は、あまりに大きい。【Ａ】

そして、国外に逃れた６８０万人の難民を受け入れたのは、隣接《りんせつ》する国々だ。一番多いのはトルコで、次いでレバノン、ヨルダンも66万人以上の難民を受け入れている。ただしこれは難民登録されている人数で、ヨルダンの人口統計によると１３０万人ほど住んでいるとされる。ヨルダンの人口が約１０００万人だから、その約7パーセントにあたる人々が流入してきたことになる。なかなかな割合だ。【Ｂ】

2024年度

国学院大学久我山中学校入試問題（一般・ＣＣ第２回）

【算　数】（50分）　＜満点：100点＞

【注意】　１．分度器・コンパスは使用しないでください。

　　　　　２．円周率は3.14とします。

【１】 次の計算をしなさい。

⑴　$(6\times 3+1)\times 5-19\times(8\div 2-1)$

⑵　$1.7+0.3\times 4-1.2\div 6$

⑶　$1.875-\left(1\frac{1}{3}+\frac{1}{2}-\frac{1}{6}\right)\times 0.375$

⑷　$4\frac{3}{13}\times\left(2\frac{5}{11}-1\frac{7}{11}\right)-\left(1\frac{17}{18}+\frac{1}{6}\right)\div 1\frac{4}{9}$

【２】 次の問いに答えなさい。

⑴　縮尺《しゅくしゃく》が$\frac{1}{25000}$の地図で，20㎝の長さは実際には何㎞ですか。

⑵　１個130円の商品Ａと１個210円の商品Ｂがあります。ＡをＢより４個多く買ったところ，合計金額は1540円でした。Ａを何個買いましたか。

⑶　現在，父の年令は子の年令の４倍です。４年後は，父の年令は子の年令の３倍になります。現在の父の年令は何才ですか。

⑷　ある仕事をするのに，Ａ君が１人で働くとちょうど24日かかります。この仕事を，はじめの15日はＡ君が１人で働き，残りをＢ君が１人で働いたところ，ちょうど６日で終わりました。この仕事をＢ君が１人で働くと何日かかりますか。

⑸　300人が算数のテストを受験しました。受験者全体の平均点は65.06点で，男子の平均点は71点，女子の平均点は60点でした。このテストを受験した男子は何人いますか。

⑹　下の図の三角形ABCは，ADとDBの長さの比が３：２で，点Ｅは辺BCの真ん中の点です。AEとCDの交わった点をＦとすると，AFとFEの長さの比が３：１になります。三角形ABCの面積が10cm^2のとき，三角形ADFの面積は何cm^2ですか。

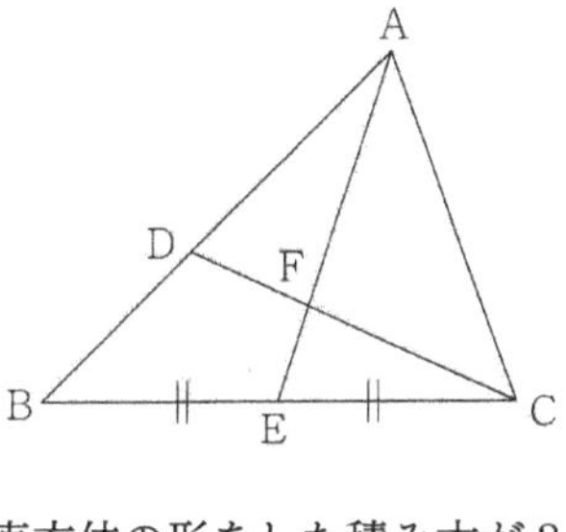

⑺　次のページの図１のような，直方体の形をした積み木が３つあり，(あ)，(い)，(う)の面の面積はそ

れぞれ，49cm^2，31cm^2，29cm^2です。この３つを下の図２のように積み重ねました。斜線《しゃせん》部分の面積は何cm^2ですか。

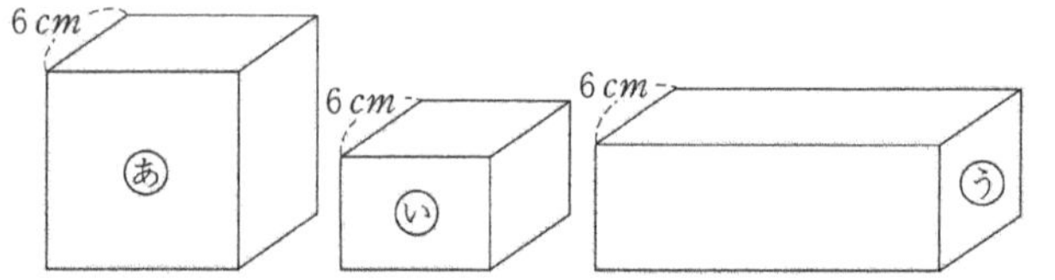

図１

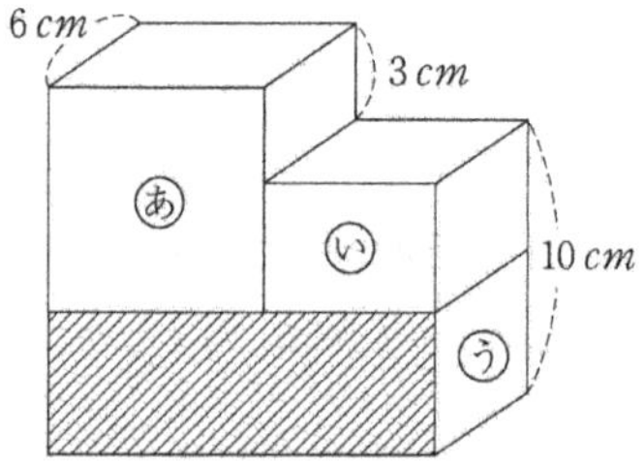

図２

【３】 直方体を組み合わせた形の容器があり，仕切り板Ａ，Ｂで㋐，㋑，㋒の３つの部分に分けられています。また，仕切り板Ａ，Ｂは取り外すことができます。

図１のように容器の㋐，㋑，㋒の部分には水が入っていて，それぞれの水面の高さは10cmです。図２はその容器を真上から見た図です。

水１cm^3の重さは１ｇとし，仕切り板は水も食塩も通さず，容器や仕切り板の厚さは考えないものとして，次の問いに答えなさい。

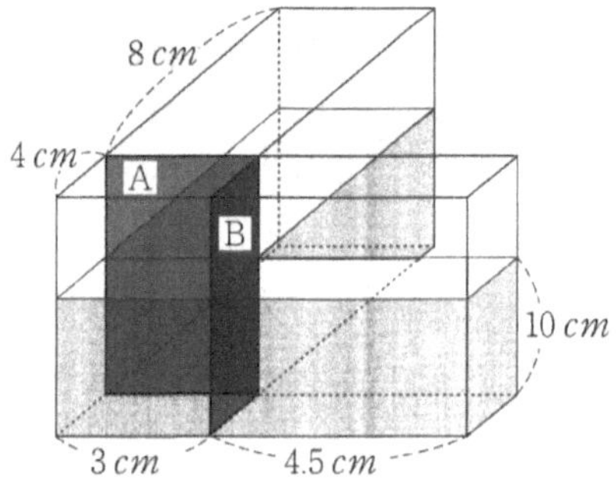

図１

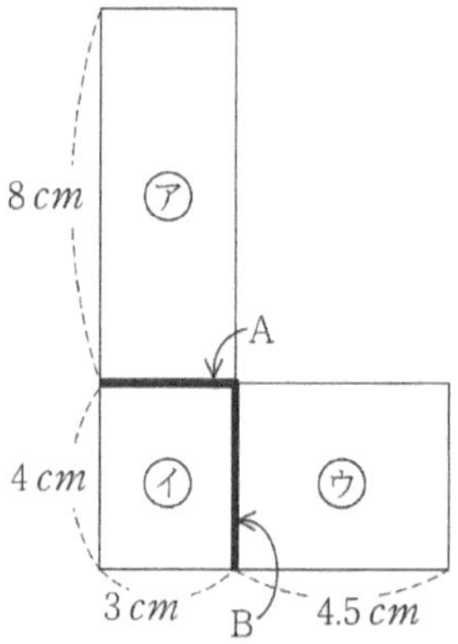

図２

はじめに，仕切り板Ａ，Ｂをつけたまま㋐の部分に食塩を60ｇ入れ，よくかき混ぜます。

⑴ ㋐の部分の食塩水の濃度《のうど》は何％になりますか。

次に，仕切り板Ａを取り外し，㋐と㋑の部分をよくかき混ぜてから仕切り板Ａをもとに戻《もど》します。

⑵ ㋐の部分と㋑の部分に溶《と》けている食塩の量の比を，最も簡単な整数の比で答えなさい。

続けて，仕切り板Ｂを取り外し，㋑と㋒の部分をよくかき混ぜてから仕切り板Ｂをもとに戻します。

⑶ ㋒の部分に入っている食塩水の濃度は何％になりますか。

⑷ ㋐の部分に水を加えたところ，㋒の部分に入っている食塩水の濃度と同じになりました。㋐の部分には水を何ｇ加えましたか。

【４】 直線上に２点Ｐ，Ｑがあり，PQ間は２ｍ10cmです。そこに図１のように，１辺の長さが20cmの正方形Ａを，Ａの１つの頂点が点Ｐと重なるように置き，半径10cmの円Ｂを，直線とＢが点Ｑでぴったりくっつくように置きます。

Ａは毎秒５cmの速さで，Ｂは毎秒３cmの速さで，どちらも回転しないように直線上をすべって動きます。

次の問いに答えなさい。ただし，⑴②，⑵②は途中《とちゅう》の考え方も書きなさい。

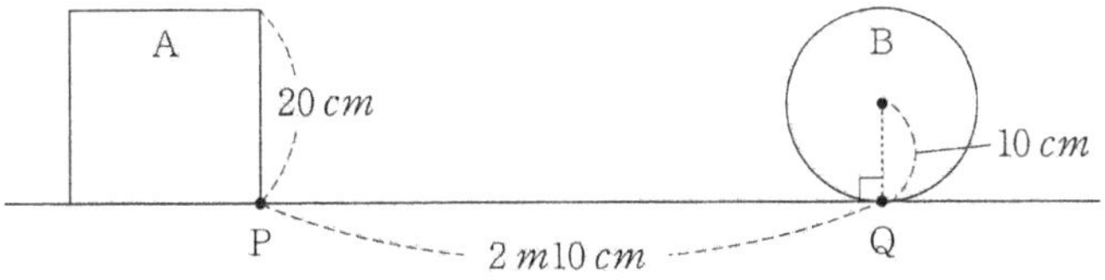

図１

⑴ ＡはＰからＱの方向へ，ＢはＱからＰの方向へ同時に動き始めます。

① ＡとＢが重なり始めるのは，動き始めてから何秒後ですか。

② ＡとＢが重なった部分の面積が157cm^2になるのは２回あります。それぞれ動き始めてから何秒後ですか。

⑵ 図２のように，ＡもＢも，ＰからＱの方向へ同時に動き始めます。

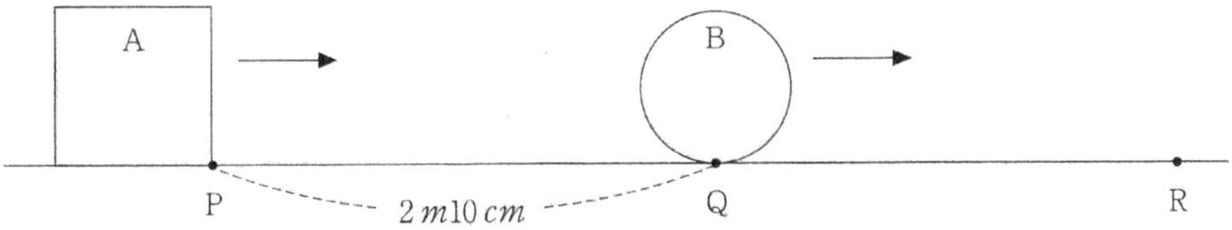

図２

① ＡがＢを完全に追い抜くのは，動き始めてから何秒後ですか。

② 図２の直線上の点Ｒで，ＡとＢが右の図３のようにぴったり重なりました。QR間は何cmですか。

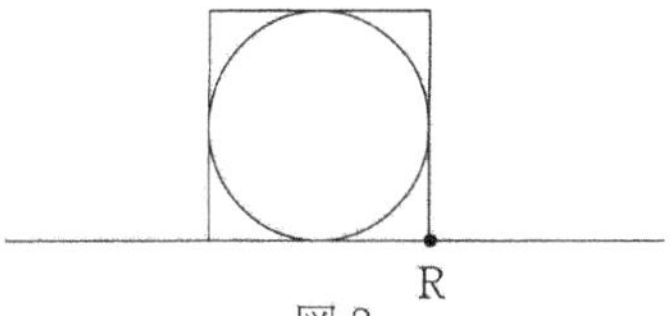

図３

【理　科】（40分）　＜満点：50点＞

【１】 筋肉は，動物のからだ全体にあって，からだを動かすためのつくりです。動物は筋肉を縮めたり緩《ゆる》めたりすることで，からだを動かしています。１つの筋肉は，筋線維《きんせんい》とよばれる細長いものが多く集まってできています。この筋線維には，遅筋《ちきん》と速筋《そっきん》の２種類があり，縮み（収縮）のようす，運動の持久力にちがいがあります。

２種類の筋線維の特ちょうについて，表１にまとめました。

表１

	収縮のようす	運動の持久力	筋線維の色
遅筋	ゆっくり	高い	赤色
速筋	強くて速い	低い	白色

魚はからだやひれを動かすことで水中を泳いでいます。魚がからだやひれを動かすための筋肉には，図１のように普通筋《ふつうきん》と血合筋《ちあいきん》という２種類があります。普通筋は速筋，血合筋は遅筋がそれぞれ集まってできています。

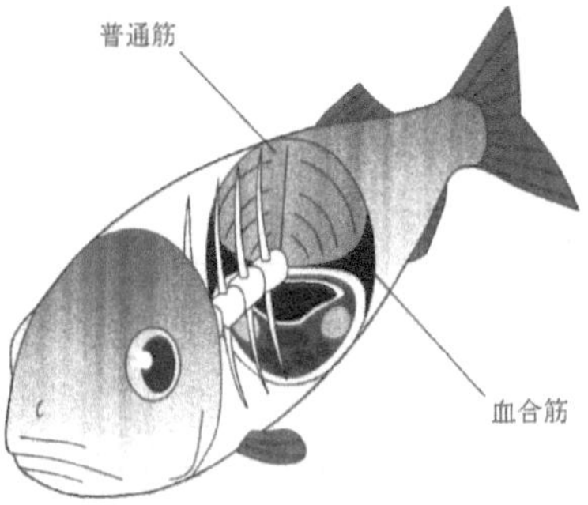

図１

２種類の筋肉の割合は魚のなかまによって異なります。図２はそれぞれの魚のなかまのからだの断面を示しています。外洋（岸から離《はな》れたところ）で止まることなく常に前に向かって泳ぎ続けているマグロやカツオなどは血合筋の割合が多く，岸近くで泳ぎ回らず動かないでいることが多いタイやヒラメなどは血合筋の割合が少なくなっています。

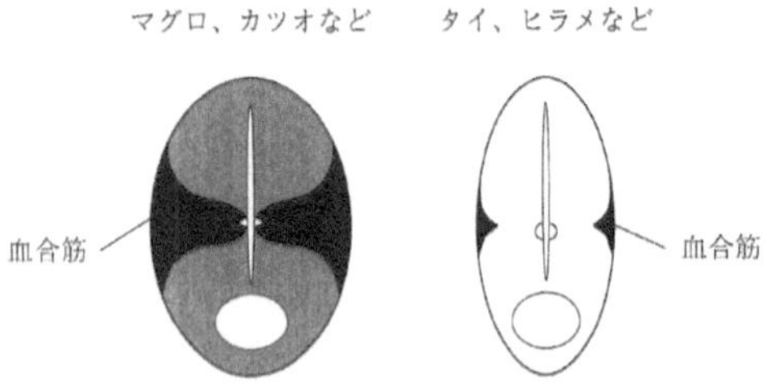

図２

次の各問いに答えなさい。

(1)　次のページの図のマグロのひれア～オから，胸びれ，背びれ，尾《お》びれをそれぞれ１つずつ選び，ア～オの記号で答えなさい。

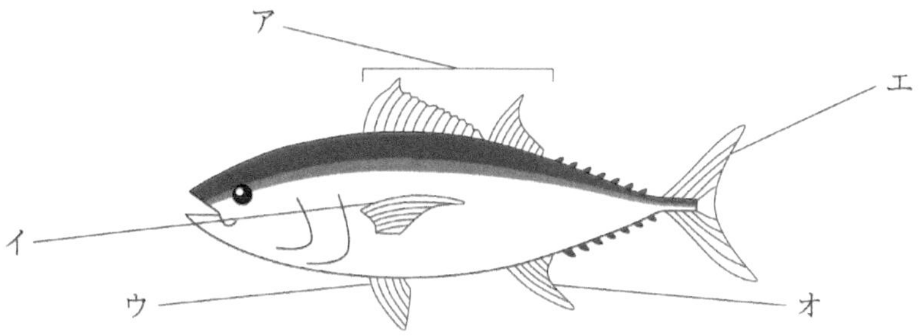

⑵　マグロのひれア～オの使い方として最もふさわしいものを次の①～⑤の中から１つ選び，番号で答えなさい。

①　アを前後に振《ふ》ることで後退する。　②　イをからだにはりつけることで止まる。
③　ウを動かすことで海底を歩く。　④　エを左右に振ることで速く進む。
⑤　オを使って海底の砂を掘《ほ》る。

⑶　血合筋の割合が多い魚が生活する場所と生活のようすを説明した文として，最もふさわしいものを次の①～⑤の中から１つ選び，番号で答えなさい。

①　外洋で生活し泳ぎ続ける。　②　岸近くで生活しあまり移動しない。
③　陸に上がり短い距離《きょり》をゆっくり歩く。　④　海底で砂にからだを埋《う》めてかくれる。
⑤　海面をただよう海藻《かいそう》の中にいて離れないように泳ぐ。

筋肉を収縮させるためにはエネルギーが必要であり，そのエネルギーをつくるために酸素を使います。遅筋は，ミオグロビンという酸素を蓄《たくわ》えるはたらきのある物質が多く含《ふく》まれており，その物質の色により赤く見えます。速筋は遅筋に比べてミオグロビンが少ないため遅筋に比べて白く見えます。

⑷　血合筋を説明した文として最もふさわしいものを次の①～⑥の中から１つ選び，番号で答えなさい。

①　ミオグロビンが多い遅筋でできており，長時間泳ぎ続ける魚に発達している。
②　ミオグロビンが多い速筋でできており，瞬間的《しゅんかんてき》に速く泳ぐ魚に発達している。
③　ミオグロビンが少ない遅筋でできており，長時間泳ぎ続ける魚に発達している。
④　ミオグロビンが少ない速筋でできており，瞬間的に速く泳ぐ魚に発達している。
⑤　ミオグロビンがない遅筋でできており，長時間泳ぎ続ける魚に発達している。
⑥　ミオグロビンがない速筋でできており，瞬間的に速く泳ぐ魚に発達している。

私たちがふだん食べている魚は，生身（さしみ）の色から赤身と白身の２つに分けられています。食材としての赤身・白身の区別は，普通筋の色のちがいです。マグロやカツオは普通筋にもミオグロビンが多く含まれ赤く見えるので赤身の魚，タイやヒラメはミオグロビンをほとんどもたず赤く見えないので白身の魚となります。

魚のなかまには，生身の色がうすい赤色で，赤身か白身かの判断が難しいものがいます。食材としての魚では，筋肉100ｇあたりのミオグロビン量が10㎎（１㎎は１ｇの1000分の１）になるところを境目として，赤身か白身かを分けています。

⑸　サケとアジについて，筋肉に含まれるミオグロビンの量を調べたところ，表２のような結果になりました。それぞれの魚が赤身か白身かを答えなさい。解答は，赤身の魚と判断できるなら「赤」，白身の魚と判断できるなら「白」とそれぞれ解答らんに書きなさい。

表２

	測定にもちいた筋肉（g）	ミオグロビン（mg）
サケ	125	11.2
アジ	62	7.3

ヒトなど陸上で生活しているほ乳類のなかまも，魚と同じように遅筋と速筋がありますが，魚とは異なり，１つの筋肉の中に遅筋と速筋の両方の筋線維があります。そして，筋肉の使い方や鍛《きた》え方によって，２種類の筋線維の割合が変わり，より適した動きをすることができます。

⑹　ほ乳類の筋肉に関する文として，最もふさわしいものを次の①～④の中から１つ選び，番号で答えなさい。

①　からだを支えるために使う脚《あし》の筋肉はからだの大きい動物ほど速筋の割合が多い。

②　短時間で一瞬《いっしゅん》のうちに力を出し切って勝敗が決まる相撲取りは遅筋の割合が多い。

③　マラソン選手は短距離選手と比べて長時間走り続けるため遅筋の割合が多い。

④　チーターは速く走れるが長い時間走り続けられないため遅筋の割合が多い。

【２】　水と食塩を使った実験について，あとの各問いに答えなさい。ただし，以下の実験で水および水溶《よう》液の温度はすべて20℃であったものとします。また，答えが割り切れない場合は小数第一位を四捨五入して整数で答えなさい。

〔実験１〕　100ｇ，200ｇ，300ｇの水に溶《と》けることができる食塩の最大の重さ（ｇ）を調べたところ，表１のような結果になった。

表１

水の重さ（g）	100	200	300
食塩の重さ（g）	36	72	108

〔実験２〕　水100ｇが入ったビーカーＡに㈠ある重さの食塩を加え，ガラス棒でよくかき混ぜたところ，食塩はすべて溶けた。

〔実験３〕　実験２で得られたビーカーＡの水溶液に食塩をさらに10ｇ加えてガラス棒でよくかき混ぜたところ，食塩は溶け残った。

〔実験４〕　実験３で溶け残った食塩を㈡ろ過して取り除いた。取り除かれた食塩の重さをはかったところ，２ｇであった。

〔実験５〕　実験４で得られた水溶液のろ液から水をすべて蒸発させて，㈢溶けていた食塩を取り出した。取り出された食塩の重さをはかったところ，36ｇであった。

⑴　実験２の下線部㈠で，ビーカーＡに加えた食塩の重さ（ｇ）を答えなさい。

⑵　実験４の下線部㈡で，ろ過の方法として最もふさわしいものを次のページの①～④の中から１つ選び，番号で答えなさい。

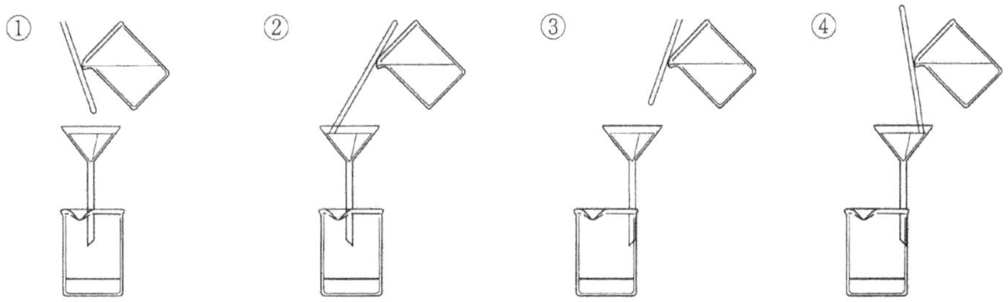

⑶　実験５の下線部(う)について，食塩の結晶《けっしょう》の形として最もふさわしいものを次の①～④の中から１つ選び，番号で答えなさい。

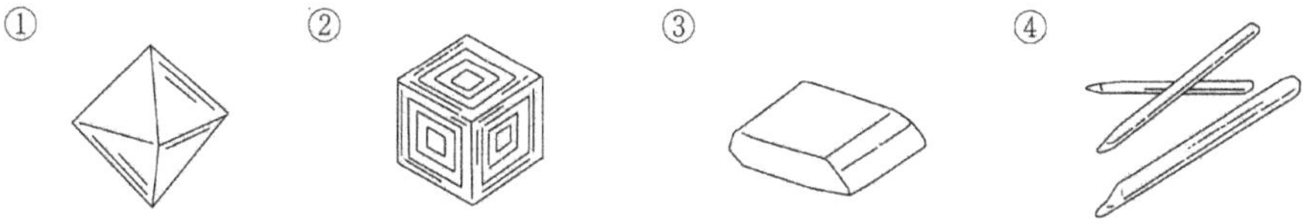

〔実験６〕　水100ｇが入ったビーカーＢと，水50ｇが入ったビーカーＣにそれぞれ食塩を15ｇずつ加え，ガラス棒でよくかき混ぜたところ，それぞれのビーカーの食塩はすべて溶けた。

〔実験７〕　実験６で得られたビーカーＢとビーカーＣの水溶液にそれぞれ食塩をさらに10ｇずつ加えてガラス棒でよくかき混ぜたところ，ビーカーＢには食塩は溶け残らず，ビーカーＣには食塩は溶け残った。

〔実験８〕　実験７で得られたビーカーＣの水溶液に，実験７で得られたビーカーＢの水溶液をすべて加えてガラス棒でよくかき混ぜたところ，ビーカーＣに溶け残っていた食塩はすべて溶けた。

⑷　実験６で得られたビーカーＢの水溶液の濃《こ》さ（％）を答えなさい。

⑸　実験８で得られた水溶液にさらに溶かすことができる食塩の最大の重さ（ｇ）を答えなさい。

水溶液は，水に溶けているものやその量によって，同じ体積でも重さが異なります。水溶液１mLあたりの重さ（ｇ）を，水溶液の密度（ｇ/mL）といいます。表２は，食塩水の濃さと密度の関係を表したものです。

表２

濃さ（％）	0	5	10	15	20	25
密度（g/mL）	1.00	1.03	1.07	1.11	1.15	1.19

〔実験９〕　水100ｇが入ったビーカーＤに(え)ある重さの食塩を加え，ガラス棒でよくかき混ぜたところ，食塩はすべて溶けた。

〔実験10〕　ビーカーＤの水溶液を20mLはかりとり，重さをはかったところ23ｇであった。

⑹　実験９の下線部(え)で，ビーカーＤに加えた食塩の重さ（ｇ）を答えなさい。

⑺　実験９で得られた水溶液を30ｇはかりとり，水をさらに10ｇ加えました。この水溶液の体積（mL）を答えなさい。

【３】 ばねに関するあとの各問いに答えなさい。

おもりをつるしていないときの長さが20㎝のばねＡとばねＢがあります。ばねの重さは考えないものとします。

〔実験１〕 図１のようにばねＡを天井に固定し，重さの異なるおもりをつるしてばねの長さを調べました。ばねＢでも同じようにおもりをつるしてばねの長さを調べました。その結果が表１です。

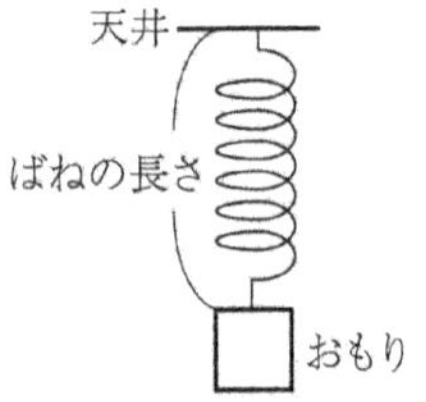

図１

表１

おもりの重さ(g)	10	20	30	40	50	60	70	80	90	100
ばねAの長さ(cm)	22	24	26	28	30	32	34	36	38	40
ばねBの長さ(cm)	23	26	29	32	☆	38	41	44	47	50

⑴ ばねの伸《の》びの長さは，つるしたおもりの重さに比例します。この法則名としてふさわしいものを次の①～④の中から１つ選び，番号で答えなさい。

① フックの法則　② ニュートンの法則　③ ノーベルの法則　④ エジソンの法則

⑵ 表１の☆に入る数値を答えなさい。

ばねＡ，ばねＢとおもり（重さ30ｇ）を図２のように組み合わせました。

⑶ 図２のばねＡとばねＢの長さ（㎝）をそれぞれ答えなさい。

⑷ 図２のばねＡの伸びの長さと，ばねＢの伸びの長さの比としてふさわしいものを次の①～④の中から１つ選び，番号で答えなさい。

① ２：３　② 12：13　③ 16：19　④ 26：29

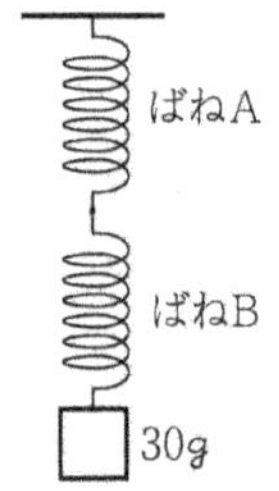

図２

〔実験２〕 図３のように，ばねが曲がらないように床《ゆか》に固定して，ばねＡに重さの異なるおもりをのせてばねの長さを調べました。ばねＢでも同じようにおもりをのせてばねの長さを調べました。その結果が表２です。

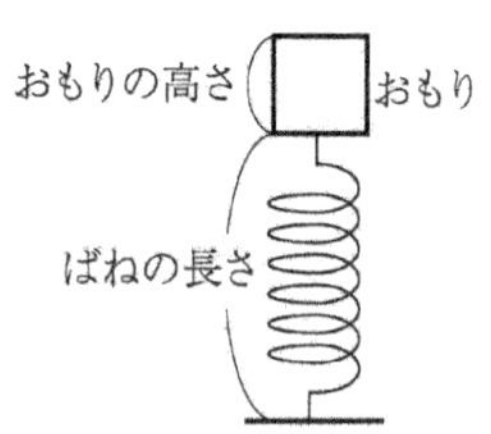

図３

表２

おもりの重さ(g)	10	20	30	40	50
ばねAの長さ(cm)	18	16	14	12	10
ばねBの長さ(cm)	17	14	11	8	5

ばねＡ，ばねＢとおもり（重さ30ｇ，高さ４㎝）を図４（次のページ）のように組み合わせました。全体の長さは，ばねＡの長さとばねＢの長さとおもりの高さを合わせた長さとします。手で全体の長さを変えることができます。

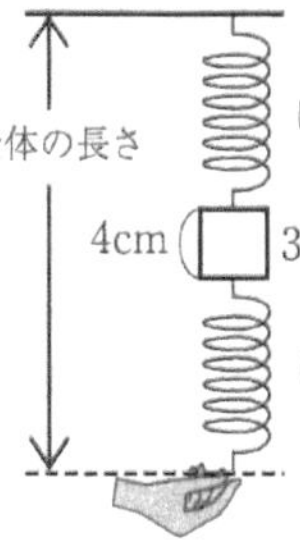

図 4

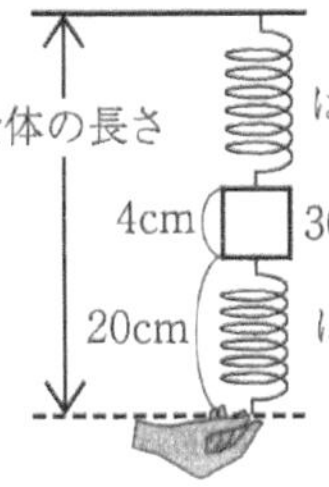

図 5

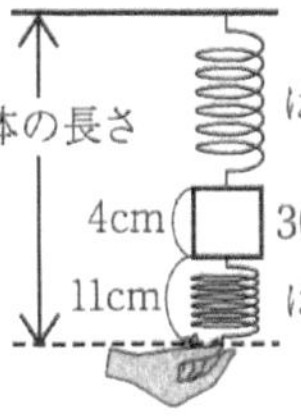

図 6

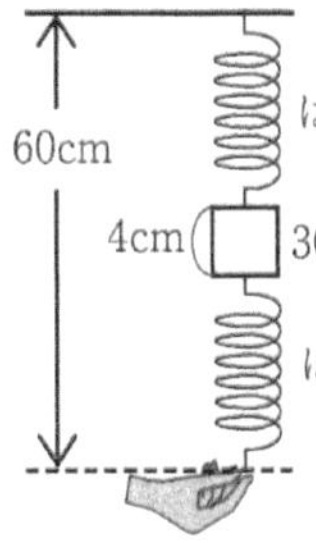

図 7

⑸　図５のようにばねＢの長さを20㎝にしました。全体の長さ（㎝）を答えなさい。

⑹　図６のようにばねＢの長さを11㎝にしました。全体の長さ（㎝）を答えなさい。

⑺　図７のように全体の長さを60㎝にしました。ばねＡとばねＢの長さ（㎝）をそれぞれ答えなさい。

【４】　日本で夜空の星座を観察しました。あとの各問いに答えなさい。

北の空を観察しました（図１）。

⑴　図１の北極星の周りをまわる星座の名前を答えなさい。

⑵　⑴の星座はこの後どの向きに動いて見えますか。正しい向きを図１中の①～④の中から１つ選び，番号で答えなさい。

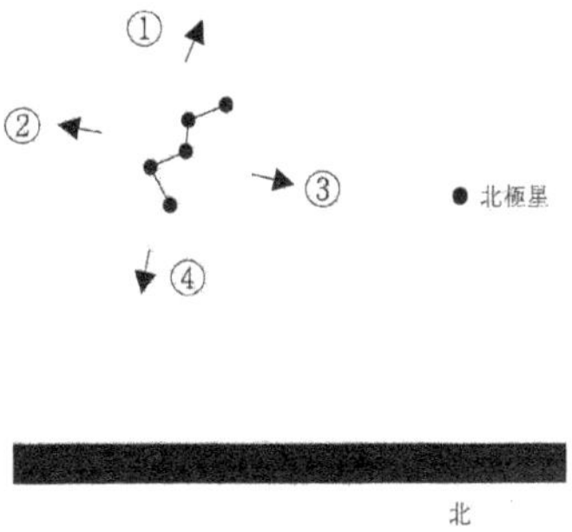

図 1

夜空のオリオン座のようすを観察することにしました（図２）。

１月１日午後５時に空を見ているとオリオン座が東の地平線上に見えました(図３のＡ)。その後も２時間ごとに観察すると，図２のオリオン座はＡ→Ｂ→Ｃ→Ｄ→Ｅ→Ｆ→Ｇと移動していきました。

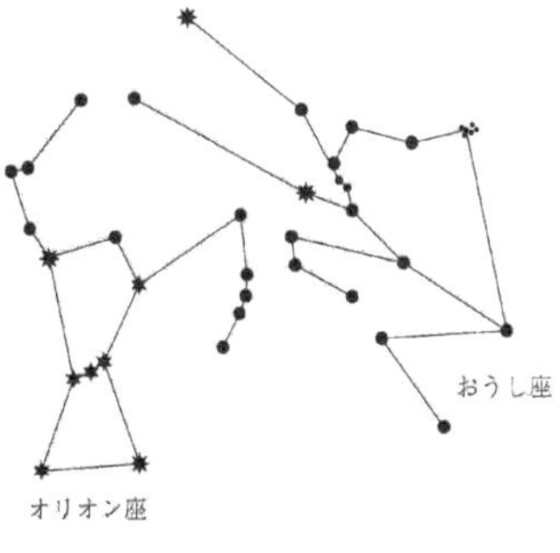

図 2

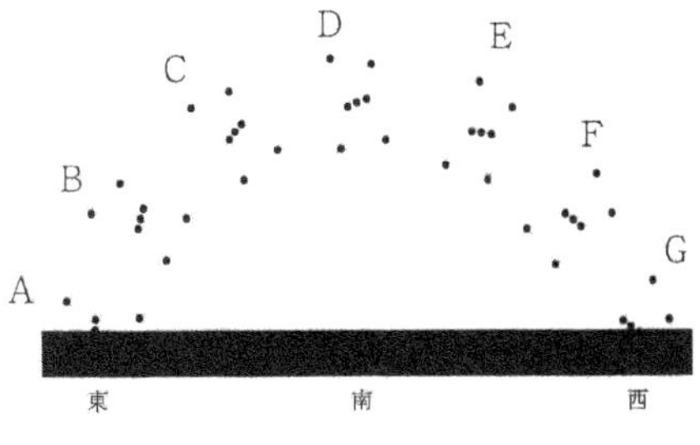

図 3

⑶　オリオン座は同じ日の午後11時にどの位置に見えますか。ふさわしいものを図３のＡ～Ｇの中から１つ選び，記号で答えなさい。

⑷　オリオン座は３ヶ月後の４月１日午後９時にどの位置に見えますか。ふさわしいものを図３の

Ａ～Ｇの中から１つ選び，記号で答えなさい。

⑸　オリオン座は８ヶ月後の９月１日の夜から明け方にかけて，何時から何時までの間に見ることができますか。解答は「午後○時～午前△時」のように解答らんに答えなさい。ただし，その時期に星座を観察することができるのは午後８時から午前４時までの間とし，それ以外の時間では星座を観察することができません。また，オリオン座を見ることができるのは図３のＡ～Ｇの間のみとします。

オリオン座は天球の中で天の赤道（地球の赤道面をのばして天球と交わるところ）にある星座です。天の赤道にある星座を調べると，図４のようになり，それぞれの星座は地球から見て30度ずつ離《はな》れているものとします。

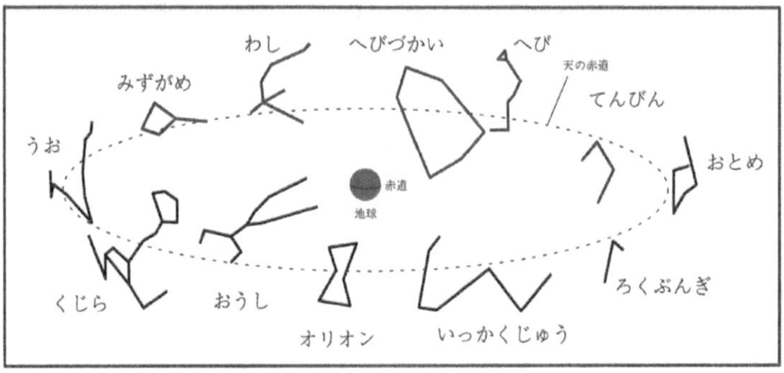

図 4

⑹　５ヶ月後の６月１日午前３時に南中している天の赤道上の星座は何座と考えられますか。図４の星座の中から１つ選び，その星座の名前を答えなさい。

【社　会】（40分）　＜満点：50点＞

1　次の会話は，生徒のＡさんとＫ先生のものです。これを読んで，問いに答えなさい。

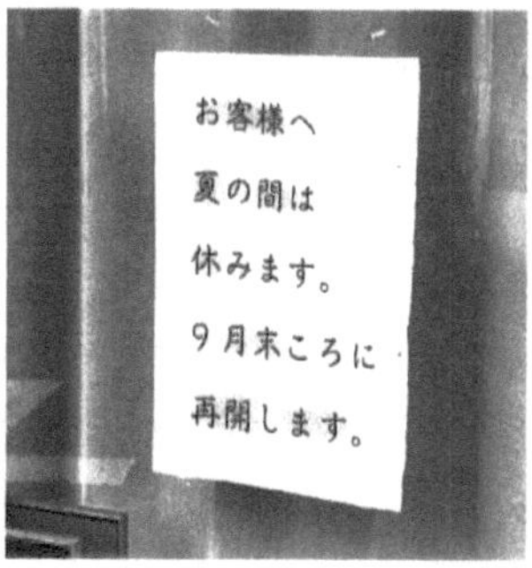

Ａさん：　あ～あ，あのケーキが食べたいな～。

Ｋ先生：　放課後はお腹《なか》が空《す》いてしまいますね。

Ａさん：　お腹が空いたのではなく，私の家の近くにあるケーキ屋さんが最近お休みしてしまい，そのお店のケーキが食べられないことを思い出したのです。と言っても，そのお店は毎年，夏が近づくとお休みに入り，涼《すず》しくなる９月末ころには開店するのですが。

Ｋ先生：　私の知っているお店では，毎年５月に入ると，いちごのショートケーキだけを売らなくなります。それと同じような①理由なのでしょうか。

Ａさん：「気温が高くなる夏の間は，生クリームの味が落ちやすいから」とお店の人から聞いて，とても味にこだわっているのだなと思いました。それにしても毎年３ヶ月もお店を休んでしまうなんて，お店の人の暮らしは大丈夫《だいじょうぶ》なのでしょうか。

Ｋ先生：　以前，長野県のスキー場を訪れたとき，リフト乗り場の係の人にたくさんの外国の方がいらっしゃいました。地元の方に聞いてみると，その人たちはニュージーランドやオーストラリアから働きに来ているとのことでした。②国をまたいで移動することで，１年の中でできるだけ長い時間，スキーを楽しみながら働いて，収入を得ているそうですよ。

Ａさん：　そうするとあのケーキ屋さんも，夏の間はどこか涼しい，生クリームの味が落ちない場所で働いているのかもしれませんね。

Ｋ先生：　そうかもしれませんね。実際，スキー場は冬の間に，海水浴場には夏の間にたくさんの人が集まります。しかし，それ以外の季節は宿泊施設《しゅくはくしせつ》などがガラガラの状態になってしまいます。そのためそこで働く人たちの中には，お客さんが少ない時期には違《ちが》う仕事をしたり，場所を移動して仕事をしたりしている人もいると聞いたことがあります。

Ａさん：　どの季節にも分散してお客さんが来るようになればいいですね。例えば夏のスキー場でハイキングしたり，小さい子ども向けに虫取りをしたりするとかはどうですか。冬の海水浴場なら［　　③　　］などもいいと思います。

Ｋ先生：　確かにおもしろそうですね。楽しいイベントを用意して，宿泊施設の空いている部屋などを有効活用できるのはいいことだと思います。実は，日本の観光地では，季節によるお客さんの数の違いの他にも，ゴールデンウィークやお盆《ぼん》，年末年始の短い期間にお客さんが集中しやすい，という問題も抱《かか》えています。

Ａさん：　その時期に家族旅行に出かけると，［　　④　　］などの問題が必ずと言っていいほど起こります。また，レジャー施設の料金が高くなることも挙げられます。どうして料金を上げるのでしょうか。

Ｋ先生：　宿泊施設なども料金が上がりますね。混雑する時期は，多少値段が高くてもお客さんが来てくれるから，少しでも収入を増やしたいという気持ちもあるとは思います。しかし，宿泊施設もレジャー施設も⑤収入が増える以上に支出も増えてしまうこともあるのです。

Ａさん：　お客さんが集中しすぎないようにすることが必要だと思います。みんなが同じ時期に仕事や学校が休みになってしまうから，混雑が起きるのです。分散して休むことはできないのでしょうか。

Ｋ先生：　そうですね。昨年，愛知県では⑥「ラーケーションの日」と言って，県内の公立学校に通う子どもたちが，平日に学校を休んで，保護者などとともに校外での体験や，探究の学習や活動ができる制度を設けました。平日に家族で出かけやすくすることも目的の一つだそうです。

Ａさん：　そんな日ができたのですか。たしかに，平日に出かけられたら混雑を避《さ》けることができそうです。

Ｋ先生：　いろいろな意見がありそうです。しかし，「ワーク・ライフ・バランス」つまり仕事と仕事以外の時間のバランスを考えて自分の人生を過ごすことが大切と言われています。大人たちは仕事を「上手に休む」ことも必要だと思います。

Ａさん：　早く夏休みが来ないかな。今年の夏の⑦家族旅行は混み合うお盆などを避けて「上手に」出かけられるように，親と話したいと思います！

問１　下線部①について，５月に入るといちごのショートケーキを売らなくなる理由を知るためには，何を調べるのがいいですか。次のうち，最もふさわしいものを選び，記号で答えなさい。

ア．毎年の都道府県別のいちごの生産量と，品種ごとの生産量。

イ．各家庭の１年間のいちごの購入《こうにゅう》量と購入金額の平均。

ウ．日本のいちごの輸出先と輸出量の，月ごとの移り変わり。

エ．卸売《おろしうり》市場に入荷するいちごの量と生産地の，月ごとの移り変わり。

問２　下線部②について，次のページの地図を参考にして，このような生活ができる理由としてふさわしいものを選び，記号で答えなさい。

ア．日本とニュージーランドやオーストラリアの間の時差は12時間となっており，移動に際して体の負担が大きいため移り住む方が良いから。

イ．北半球に位置する日本と南半球に位置するニュージーランドやオーストラリアとでは季節が逆転するため，雪が降る季節の方に移動すれば良いから。

ウ．日本の真南に位置するニュージーランドやオーストラリアは一年を通して気温が高いため，スキーを楽しむことができないから。

エ．日本とニュージーランドやオーストラリアは距離が近く，飛行機でも１時間程度で移動できるため，行き来がしやすいから。

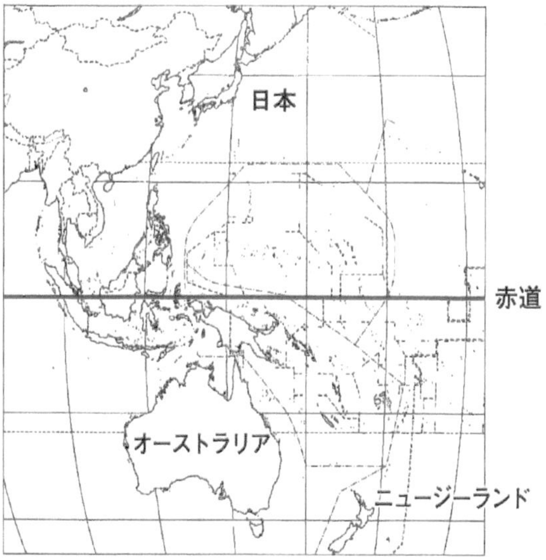

問３　空欄《らん》 ③ にふさわしい，冬の海水浴場に新たなお客さんを呼ぶためのイベントなどを考えて，１つ挙げなさい。前後の文章に合うように答えること。

問４　空欄 ④ にふさわしい問題を１つ挙げなさい。前後の文章に合うように答えること。

問５　下線部⑤について，混雑する時期に宿泊施設やレジャー施設からの支出が増えてしまう理由として，考えられることを１つ答えなさい。

問６　下線部⑥について，保護者に対してアンケート調査をすると右のような結果となりました。これについて，次の［資料１］から［資料３］を参考に，「ラーケーションの日を活用したいと思わない」とした人の理由を考えて，説明しなさい。

（アンケート結果は，ママスタセレクトHPより作成）

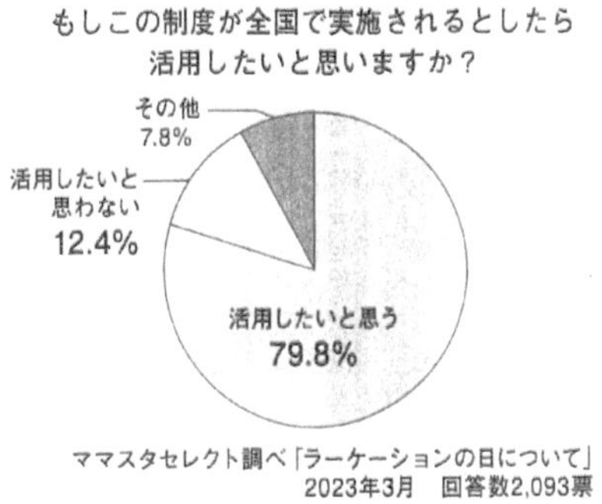

［資料１］「ラーケーションの日」とは

○　愛知県全体のワーク・ライフ・バランスの充実《じゅうじつ》を目指す，「休み方改革」プロジェクトの中で生まれた「ラーケーションの日」は，「学習（ラーニング）」と「休暇《きゅうか》（バケーション）」を組み合わせた愛知県発の新しい学び方・休み方です。

○　校外での自主学習活動であるため。子供は学校に登校しなくても欠席とはならず，「出席停止・忌引等《きびきとう》」と同じ扱《あつか》いとなります。

○　保護者等の休暇に合わせて届け出をし，年に３日まで取ることができます。（ただし，2023（令和５）年度については，２学期以降の実施《じっし》となるため，２日までとなります。）

［資料２］ラーケーションの日　届け出の流れ

１　計画を立てる

「ラーケーションカード」を見て，家庭で一緒《いっしょ》に体験や探究の学び・活動について話し合い，計画（学ぶ日・学ぶ場所・学ぶこと）を立てる。

2　届け出る

学校から指定された方法（アプリやメール，電話等）で，事前に届け出る。

3　ラーケーション当日

保護者等と一緒に，校外で体験や探究の学び・活動を行う。

4　振《ふ》り返る

学んだことについて家庭で話し合ったり，次回の計画を考えたりする。

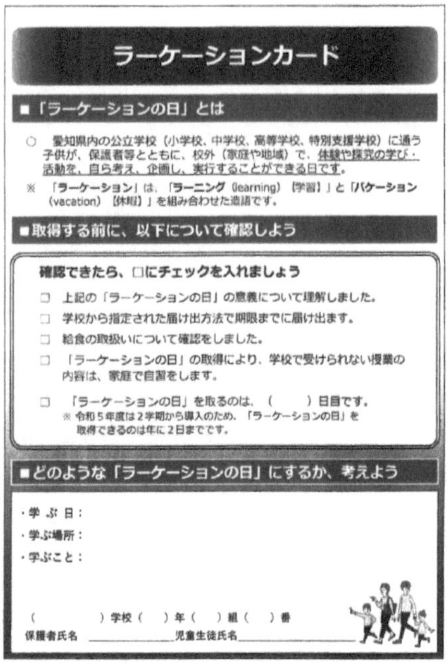
ラーケーションカード

■「ラーケーションの日」とは

○　愛知県内の公立学校（小学校、中学校、高等学校、特別支援学校）に通う子供が、保護者等とともに、校外（家庭や地域）で、体験や探究の学び・活動を、自ら考え、企画し、実行することができる日です。

※　「ラーケーション」は、「ラーニング（learning）【学習】」と「バケーション（vacation）【休暇】」を組み合わせた造語です。

■取得する前に、以下について確認しよう

確認できたら、□にチェックを入れましょう

□　上記の「ラーケーションの日」の意義について理解しました。

□　学校から指定された届け出方法で期限までに届け出ます。

□　給食の取扱いについて確認をしました。

□　「ラーケーションの日」の取得により、学校で受けられない授業の内容は、家庭で自習をします。

□　「ラーケーションの日」を取るのは、（　　）日目です。

※ 令和５年度は２学期から導入のため、「ラーケーションの日」を取得できるのは年に２日までです。

■どのような「ラーケーションの日」にするか、考えよう

・学ぶ日：

・学ぶ場所：

・学ぶこと：

（　　　）学校（　）年（　）組（　）番

保護者氏名＿＿＿＿＿児童生徒氏名＿＿＿＿＿

（「愛知発の新しい学び方　ラーケーションの日ポータルサイト」HP より）

［資料３］

●週休制度の時系列変化

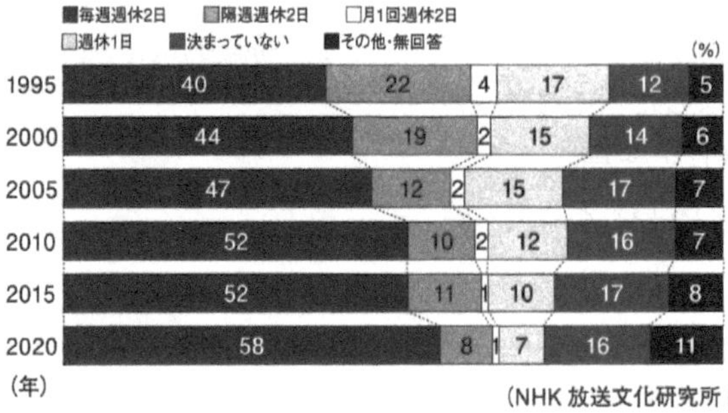

●「仕事」の行為者率

（2020 年）

平日	85%
土曜	40%
日曜	24%

※仕事を持っている人のうち，平日・土曜・日曜それぞれに「仕事をした」と解答した人の割合を示す。

（NHK 放送文化研究所 HP「国民生活時間調査 2020」より作成）

問７　下線部⑦に関連して，日本人の国内旅行に関する次のページのグラフと表について述べた文として，ふさわしいものを選び，記号で答えなさい。

ア．国内旅行消費額と国内延べ旅行者数の両方が前年より減少しているのは，新型コロナ感染症《しょう》の影響を受けた年のみである。

イ．国内旅行消費額が減少した年は，宿泊旅行の消費額のみが減少し，日帰り旅行の消費額は上昇《じょうしょう》している。

ウ．国内旅行消費額を国内延べ旅行者数で割った，一人当たりの国内旅行消費額が40000円を超《こ》える年は2022年のみである。

エ．消費税が５％から８％に，また８％から10％に引き上げられた年は，両方とも国内旅行消費額と国内延べ旅行者数が減少している。

●日本人国内旅行消費額の推移

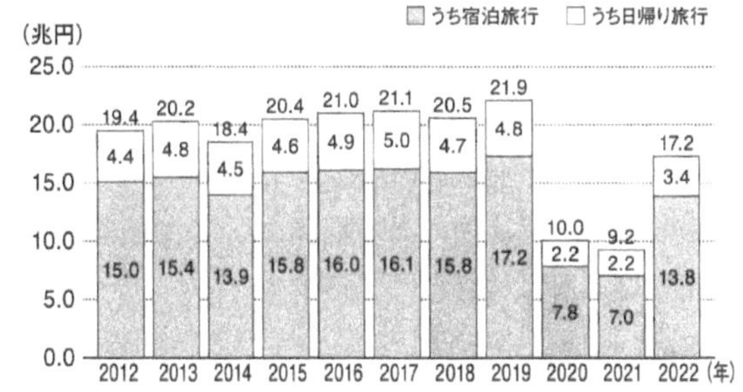

（国土交通省観光庁 HP
「旅行・観光消費動向調査 2022 年 年間値（確報）」より作成）

●日本人国内延べ旅行者数

（確報値、国内旅行全体）

	延べ旅行者数（万人）	前年比
2012 年	61275	+0.0%
2013 年	63095	+3.0%
2014 年	59522	-5.7%
2015 年	60472	+1.6%
2016 年	64108	+6.0%
2017 年	64751	+1.0%
2018 年	56178	-13.2%
2019 年	58710	+4.5%
2020 年	29341	-50.0%
2021 年	26821	-8.6%
2022 年	41785	+55.8%

2 「峠《とうげ》」とは，山に向かって坂道を登り，上りから下りに変わる場所のことです。日本列島は山がちな地形で，隣《となり》町に行こうとすれば「峠」を越えなければならないことも多くあり，「峠」は移動するための道として整備されてきた歴史があります。

次の地図の①～⑨は，古くから人々の移動や生活，文化を支えてきた「峠」がある道県を示しています。それを見て問いに答えなさい。

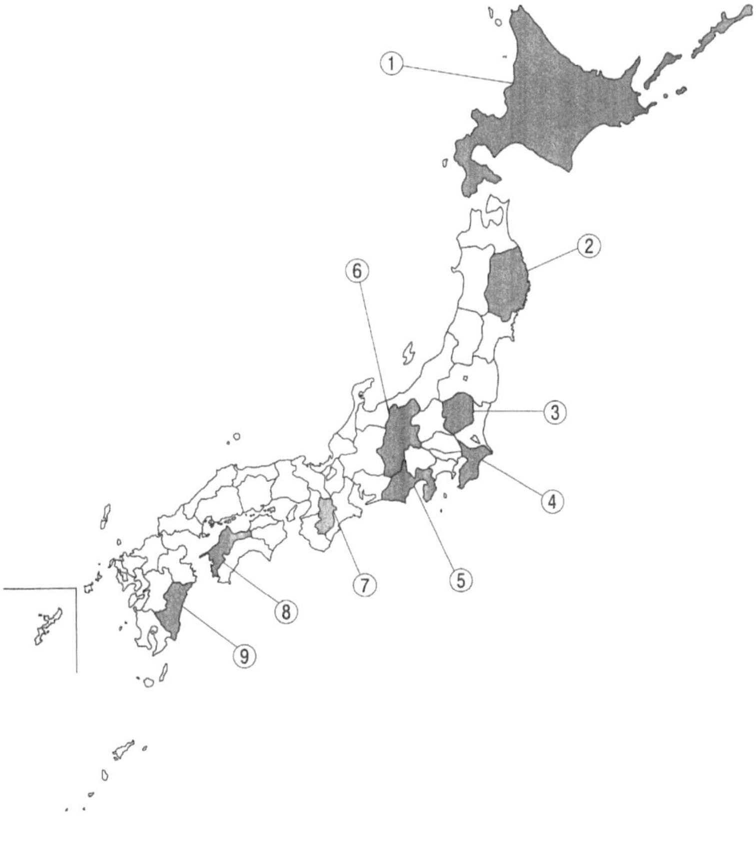

問１　**北見峠**がある①の北海道では，明治時代初期に政府による開拓《かいたく》が大規模に進められました。これに関連して，以下の問いに答えなさい。

⑴　農業を営みながら，北海道の警備や開拓にあたった兵士を何というか答えなさい。

⑵　北海道周辺とロシアとの国境線は，幕末に結んだ条約（**資料１**）によって定められましたが，明治時代初期にまた新たな条約（**資料２**）を結んで国境線を定めなおしました。

　これにより新たに日本の領土となった地域を，解答欄にある地図に◯で囲んで示しなさい。（なお資料の文章は，現代のわかりやすい表記に書き改めています。）

資料１

日露和親条約

第１条　今よりのち、両国は末永く誠実に対応し、それぞれの領地においておたがいの国民を保護したときは、人命はもちろん必要な品々も提供すること。

第２条　今よりのち、日本国とロシア国との国境は、「エトロフ」島と「ウルップ」島との間とする。「エトロフ」全島は日本に属し、「ウルップ」全島より北方の「クリル」諸島（千島列島）は、ロシアに属する。「カラフト」島については、日本国とロシア国との境界を定めず、従来通りとする。

資料２

樺太・千島交換条約

第１条　日本の天皇は、その子孫に至るまで、現在の樺太の一部の領有権や、そのほか一切の権利をすべてロシアの皇帝にゆずり、今後樺太全島はすべてロシア領となり、宗谷海峡を両国の国境とする。

第２条　ロシアの皇帝は、その子孫に至るまで、第１条に記した樺太の権利を受けるかわりとして、…千島列島の合計18島の領有権や、そのほか一切の権利を日本の天皇にゆずり、今後千島列島は日本領とし、カムチャツカ半島のラパッカ岬と占守島との間の海峡を両国の国境とする。

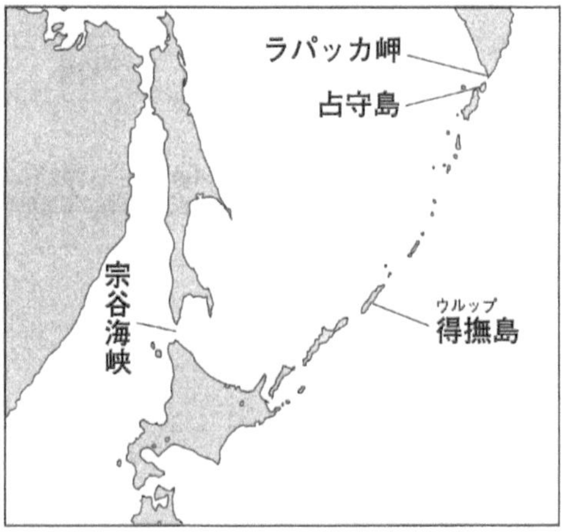

問２　**栗駒《くりこま》峠**がある②の岩手県はかつて，県外へ出稼《でかせ》ぎに行く労働者が多くいました。しかし近年，出稼ぎ労働者の数は大幅《はば》に減少しています。理由のひとつとして，県内の工業などが発展してきたため，県外へ出稼ぎに行く人が減少していったことがあげられます。

　これらの変化を説明する場合，次のページのうちどの資料を用いればわかりやすいですか。ふさわしいものを２つ選び，記号で答えなさい。

ア

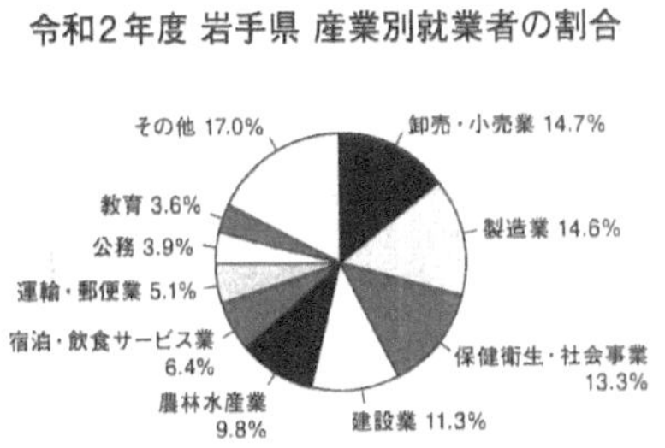

イ

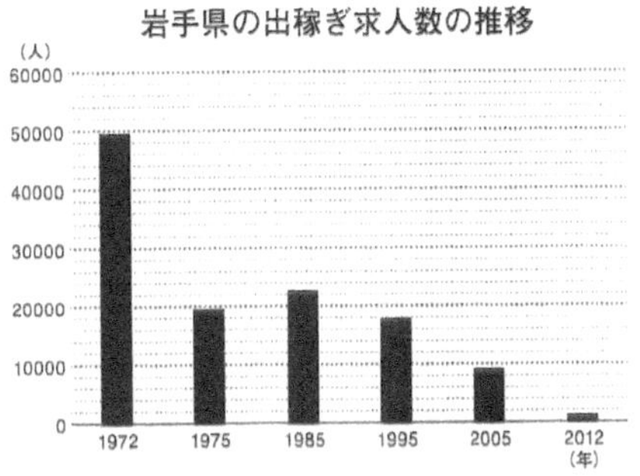

ウ

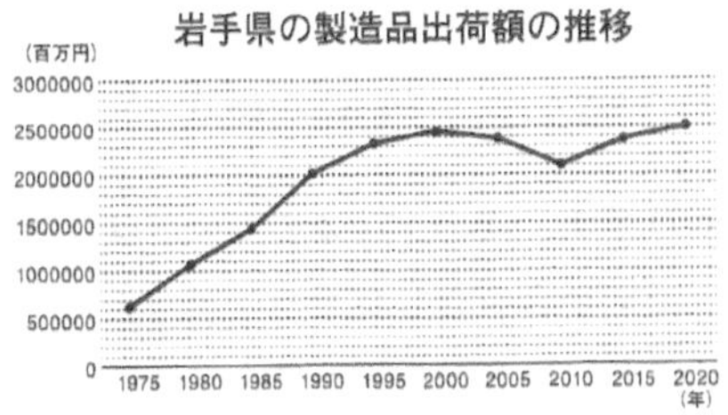

エ

岩手県の項目別出稼ぎ労働者数（令和３年度）

出稼労働者数	534人
夏　型	15人
冬　型	114人
その他	405人

※夏型には、春から夏（概ね4月から9月）の期間のみ就労した者の数を、冬型には、秋から冬（概ね10月から3月）の期間のみ就労した者の数を、その他には、通年等季節的要因によらない就労者数を計上している。

（「岩手県 HP 資料」・公益財団法人ふるさといわて定住財団
「岩手県における出稼ぎの実態（令和４年度）」より作成）

問３　③の栃木県にある**いろは坂**は，下り専用の第一いろは坂と上り専用の第二いろは坂の２つの坂を合計すると，48か所もの急カーブがあることから，かな文字の「いろは48文字」にたとえてこの名がつきました。これに関連して，以下の問いに答えなさい。

(1)　かな文字の発明などにより，平安時代には国風文化が栄えました。国風文化の説明としてふさわしいものを選び，記号で答えなさい。

ア．『御伽草子』や『竹取物語』などの物語文学が庶民《しょみん》まで広く読まれるようになった。

イ．銀閣近くの東求堂に代表されるように，寝殿造の建物が多く建てられた。

ウ．和歌の分野では紀貫之が中心となり，これまでの『古今和歌集』に代わる，日本独特の感情を表現した歌を集めた『万葉集』が作られた。

エ．藤原氏から出た天皇のきさきたちの周りには，教養や才能ある女性たちが集められ，宮中で文学の才能を発揮した。

(2)　次のページの地形図から読み取れることとしてふさわしくないものを選び，記号で答えなさい。

ア．中禅寺湖湖畔には，消防署や交番がある。

イ．第一いろは坂と第二いろは坂の２つの分岐点の標高差は300m以上ある。

ウ．華厳渓谷を流れる川は，中禅寺湖へ注いでいる。

エ．展望台駅の西の方角には，華厳滝がある。

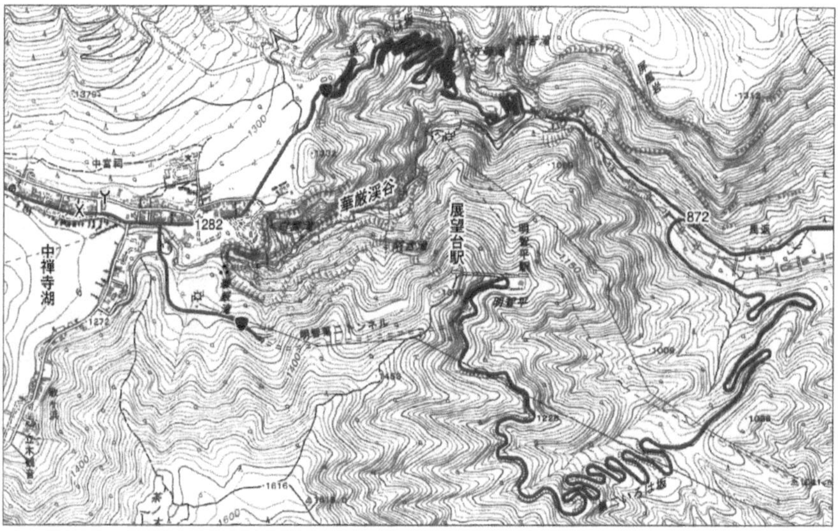

（国土地理院発行２万５千分１地形図「日光南部」より作成）

問４　**四方木《よもぎ》峠**がある④の千葉県には，銚子漁港があります。次の１～４のグラフは，釧路港・気仙沼港・境港・銚子港の水産物の年間水揚《あ》げ量と魚種別割合を表したものです。それぞれのグラフはどの漁港を表しているか，組み合わせとしてふさわしいものを**ア**～**キ**より選び，記号で答えなさい。

1. 年間水揚げ量 28.0 万トン

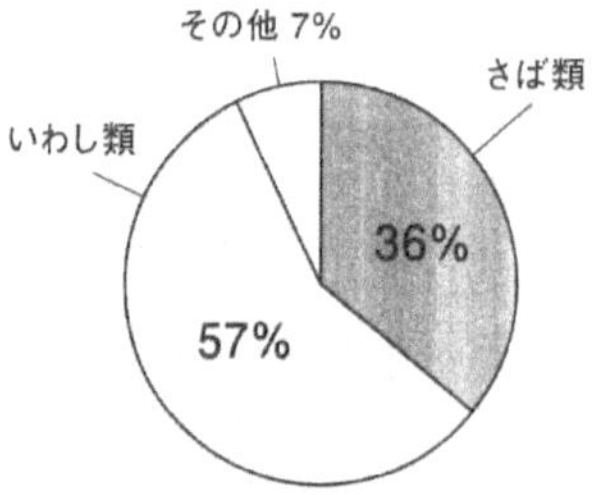

2. 年間水揚げ量 20.4 万トン

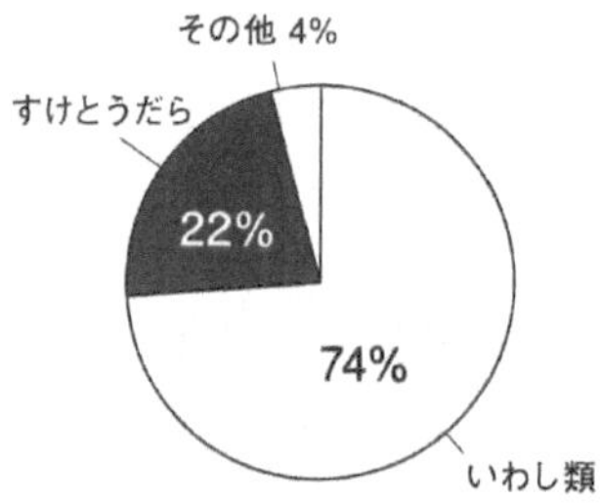

3. 年間水揚げ量 7.5 万トン

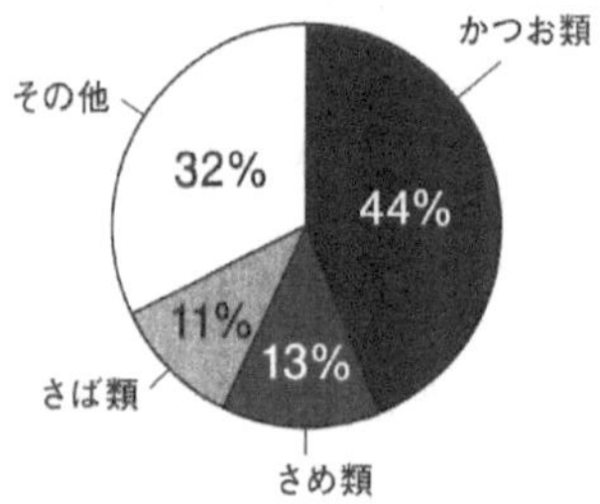

4. 年間水揚げ量 9.0 万トン

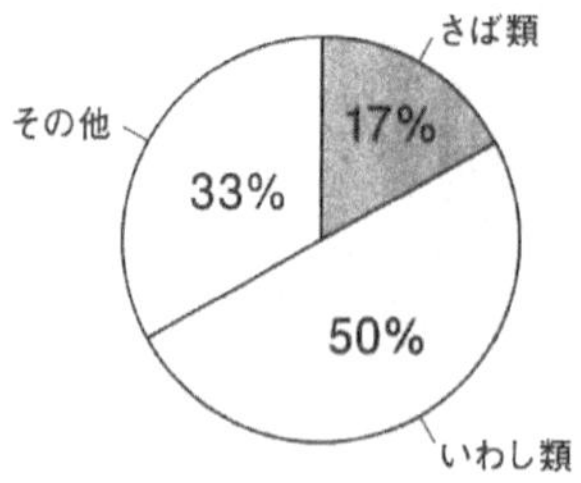

（農林水産省「水産物流通調査（2021 年）」より作成）

	ア	イ	ウ	エ	オ	カ	キ
1	釧路港	気仙沼港	気仙沼港	境港	境港	銚子港	銚子港
2	気仙沼港	釧路港	境港	気仙沼港	銚子港	境港	釧路港
3	境港	境港	銚子港	銚子港	釧路港	釧路港	気仙沼港
4	銚子港	銚子港	釧路港	釧路港	気仙沼港	境港	境港

問５　⑤の静岡県にある**二本杉《すぎ》峠**（旧《きゅう》天城《あまぎ》峠）は，伊豆半島を南北に分断する天城山を貫《つらぬ》くように，三島から下田までの約60㎞をつなぐ下田街道の道中にあります。下田港はペリー率いる艦隊《かんたい》が来航したことでも知られています。このできごとは，次の年表中のどこに入りますか。ふさわしいものを選び，記号で答えなさい。

古 ↑

ア

大塩平八郎の乱がおこった

イ

桜田門外の変がおこった

ウ

薩英戦争がおこった

エ

↓ 新

薩長同盟が成立した

問６　⑥の長野県に関連して，以下の問いに答えなさい。

⑴　長野県の**和田峠**は，黒曜石の産地として有名です。次の新聞記事は，和田峠産の黒曜石が発掘《はっくつ》されたことを報じたものです。このような発掘・発見にはどのような意味がありますか，考えて答えなさい。

●木古内に長野産　石やじり

木古内町（北海道）の幸連５遺跡《いせき》で出土した縄文時代中期（約4500年前）のやじり２点が長野県産の黒曜石であることが分かった。発掘を行った道埋蔵《まいぞう》文化財センターが14日，発表した。道内で長野県産の石器が見つかったのは福島町・館崎遺跡に続いて２か所目。(中略)

やじりは，大きい方が長さ2.5センチ，幅1.5センチ，厚さ４ミリで，縄文中期の盛り土遺構などから出土。えぐれのある形状や透明《とうめい》感のある材質のほか，蛍光《けいこう》Ｘ線による元素分析《ぶんせき》の結果，長野県中部の和田峠周辺で産する黒曜石と判明した。幸連５遺跡は，直線距離《きょり》で約650キロ離《はな》れている。(後略)

(2018.12.15『読売新聞』より，一部改変)

⑵　長野県は，カーネーションの生産量が日本一です。

次のページのグラフは，切花（カーネーション・小《こ》菊《ぎく》・バラ）の月別取引数量を示したものです。グラフ中１～３と花の種類の組み合わせとしてふさわしいものを**ア**～**カ**より選び，記号で答えなさい。

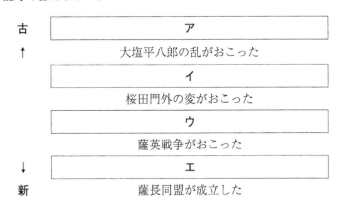

切り花の取引数量

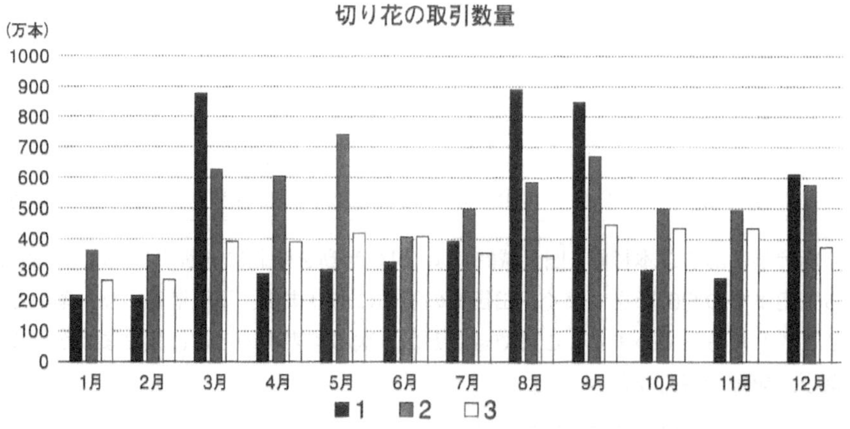

（東京都中央卸売市場 市場統計情報（2022年）より作成）

	ア	イ	ウ	エ	オ	カ
1	カーネーション	カーネーション	バラ	バラ	小菊	小菊
2	小菊	バラ	カーネーション	小菊	バラ	カーネーション
3	バラ	小菊	小菊	カーネーション	カーネーション	バラ

問７　⑦の**高見峠（奈良県）**は，伊勢と紀州を結ぶ道中にあり，昔から伊勢神宮・高野山への参拝で使用され，街道最大の難所といわれていました。これに関連して，伊勢神宮や高野山について述べたものとしてふさわしいものを選び，記号で答えなさい

ア．高野山は，奈良県・和歌山県・京都府にまたがる紀伊山地の一部である。

イ．高野山は，天台宗の本山として知られており，弘法大師空海が最初に道場を開いた。

ウ．江戸時代には，旅をしながらお伊勢参りをする民衆が多くいた。

エ．伊勢神宮の位置する場所は，対馬海流やリマン海流の流れを利用して鉄や青銅器などを持った人々が行き来する巨大《きょだい》な交易圏《けん》の中心であった。

問８　**三坂峠**がある⑧の愛媛県では，地域の活性化のひとつとして「６次産業化」を進めています。もしあなたがみかんを生産する立場であったら，6次産業化を進めるためにどのような取り組みをしますか，説明を参考にして具体的に提案しなさい。

> **「６次産業化とは」**
> ○農林漁業者が，農産物などの持つ価値をさらに高め，所得向上を目指すこと。
> ○「６」とは，第一次産業の「１」，第二次産業の「２」，第三次産業の「３」をかけ算した「６」を意味する。
>
> **（農林水産省HPより作成）**

問９　**堀切《ほりきり》峠**がある⑨の宮崎県は，**資料Ⅰ・Ⅱ**にあるように耕地面積の広さは全国で20番目ですが，農業産出額では上位をほこります。耕地面積のわりに農業産出額が上位となる理由として考えられることを，**資料Ⅲ**や**Ⅳ**を参考に１つ答えなさい。

（資料Ⅰ～資料Ⅳは次のページにあります。）

資料Ⅰ　都道府県別農業産出額

順位	道県	金額（億円）
1	北海道	13108
2	鹿児島	4997
3	茨城	4263
4	宮崎	3478
5	熊本	3477

（農林水産省「生産農業所得統計」〈令和３年〉より作成）

資料Ⅱ　都道府県別耕地面積

順位	道県	面積（ha）
1	北海道	1143000
2	新潟	168200
3	茨城	162300
4	青森	149600
5	岩手	149300
⋮	⋮	⋮
20	宮崎	64800

（総務省統計局「日本の統計」〈令和３年〉より作成）

資料Ⅲ　宮崎県における生産農業所得の推移

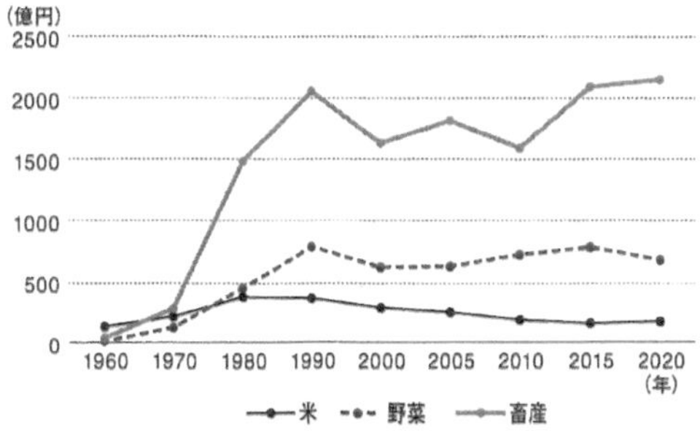

（農林水産省「生産農業所得統計」〈令和３年〉より作成）

資料Ⅳ　東京へ出荷されるピーマンの量と価格（2022年）

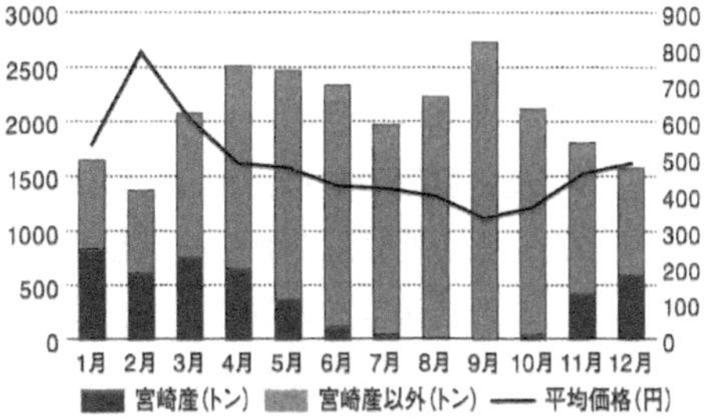

（東京都中央卸売市場　市場統計情報より作成）

問10　北見峠・和田峠・三坂峠・堀切峠がある道県の県庁所在地の雨温図の組み合わせとしてふさわしいものを**ア**～**キ**より選び，記号で答えなさい。

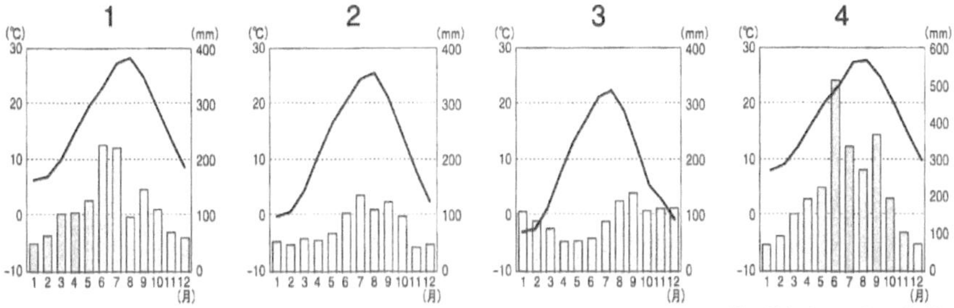

（『理科年表2023』より作成）

	ア	イ	ウ	エ	オ	カ	キ
北見峠	1	1	2	2	3	3	4
和田峠	2	3	1	3	2	4	2
三坂峠	3	2	3	4	1	1	3
堀切峠	4	4	4	1	4	2	1

3　次の会話は，学くんとＫ先生の会話です。これを読んで，問いに答えなさい。

学くん：　暑い…。のどが乾《かわ》いたなぁ。水を飲まなければ。

Ｋ先生：　学くん，部活動お疲《つか》れさまでした。水分だけではなく，塩分もしっかりととりましょうね。

学くん：　Ｋ先生，こんにちは。暑い日になぜ塩分をとらなければいけないのでしょうか。

Ｋ先生：　それは汗《あせ》をかくと水分とともに体内の塩分も失われてしまうからです。ライオンなどの肉食動物についても，草食動物の肉や血液から塩分を摂取《せっしゅ》しているのですよ。

学くん：　なるほど，私たちが生きていくためには塩分は必要不可欠なものなのですね。ところで塩はいつから作られたのでしょうか。

Ｋ先生：　日本では①縄文時代から作られていたようです。海藻《かいそう》についた塩分を海水で溶《と》かしだして濃い塩水（かん水）にし，それを土器で煮詰《につ》めて作ったと考えられています。この方法は「藻塩《もしお》焼」と呼ばれ，古墳時代には九州から東北まで広がりました。

学くん：　よく考えてみると，私たちの生活に身近な塩ですが，②塩の作り方について考えたことはありませんでした。他にも塩の作り方ってあるのでしょうか。

Ｋ先生：　良い質問ですね。８世紀以降は「藻塩焼」に代わり，塩分が付着した砂を利用してかん水をとり，それを乾燥《かんそう》させる方法が主流になっていったようです。

学くん：　この方法は，天気に左右されそうですね。

Ｋ先生：　よく気が付きましたね。日本では雨が多く，太陽光のみでの製塩が難しかったため，燃料を使って，水分を蒸発させることで結晶《けっしょう》を作っていました。

（公益財団法人塩事業センター HP より）

学くん：　日本は海に囲まれているにもかかわらず，塩には恵《めぐ》まれていないといえそうですね。つまり，塩は非常に価値の高いものであったのではないでしょうか。

Ｋ先生：　その通りです。塩は食用としてはもちろんですが，③古代においては給料や税としても利用されていました。

学くん：　塩と言えば，部活動の夏合宿中に興味深いものを見かけました。

Ｋ先生：　それは一体何でしょうか。

学くん：　合宿の時に行った白馬村で塩に関する看板を見ました。そこには，「塩の道　千国街道」と書いてありました。

Ｋ先生：　よく見つけましたね。千国街道は，上杉謙信が敵対していた［　A　］に塩を送った道としても知られています。この伝説から，「敵に塩を送る」という言葉が生まれたといわれています。

学くん：　塩は戦局を左右する可能性を秘めていたわけですね。

Ｋ先生：　ちなみに，明治時代以降続いた塩の専売制度も戦争に関係しています。

学くん：　明治政府が塩の生産や販売《はんばい》を管理していたということですか。

Ｋ先生：　④1904年におきた戦争を受け，翌年に明治政府は戦争の軍費調達という目的で塩の専売制度を実施します。

学くん：　⑤塩はいつの時代も重要ですね。

Ｋ先生：　冷蔵技術のない時代では，食料を長期保存するのにも塩が重宝されました。例えば野菜や魚を塩漬《しおづ》けにして腐《くさ》らないようにしていました。そして当時の人々は塩漬けしたものから貴重な塩分を摂取していたとも言われています。学くんも暑い日はしっかりと塩分を確保しましょうね。

問１　下線部①以前の時代に関する説明としてふさわしくないものを選び，記号で答えなさい。

ア．貝がらや動物の骨を捨てた場所の遺跡として，大森貝塚が発見された。

イ．三内丸山遺跡では，たて穴住居に加え，大型掘立柱建物跡が発見された。

ウ．岩宿遺跡では，関東ローム層の中から打製石器が発見された。

エ．棚畑遺跡では，出産や豊作を祈《いの》るために作られたと考えられる埴輪《はにわ》が発見された。

問２　下線部②について，揚浜《あげはま》式の塩田による製塩があげられます。現在では，能登半島で角花家が存続しており，2008年に国の重要無形民俗《みんぞく》文化財に指定されました。次の説明を参考にして，重要無形民俗文化財に登録されたものとして，ふさわしくないものを選び，記号で答えなさい。

無形民俗文化財とは

無形の民俗文化財とは，祭りや年中行事，人生儀礼《ぎれい》などの風俗《ふうぞく》慣習や，神楽や田楽，風流などの民俗芸能，そして生活や生業《なりわい》に関わる製作技術などの民俗技術などで，世代から世代へと繰《く》り返《かえ》し伝えられてきた無形の伝承です。

これらの無形の民俗文化財のうち，国では，特に重要なものを重要無形民俗文化財に指定し，保護を図っています。そして，これらの用具の修理や新調，施設の修理や防災，伝承者の養成，現地公開などに支援を行っています。

（文化遺産オンラインHPより）

＜能登の揚浜式製塩の技術＞

（たばこと塩の博物館 HP より）

ア．島根県の「たたら製鉄用具」

主に出雲地方のたたら製鉄に関する用具類を収集したものである。出雲地方の「たたら製鉄」は、江戸時代に松江藩《はん》が保護を加えたこともあり発達した。

イ．三重県の「鳥羽･志摩の海女《あま》漁」

『万葉集』や『延喜式』などに関係が書かれている。素潜《もぐ》りという比《ひ》較的《かくてき》簡潔な方法であることから、かつての姿をとどめた伝統的な漁撈《ぎょろう》とわかっている。

ウ．福岡県の「博多松囃子《まつばやし》」

福神《ふくじん》、恵比須《えびす》、大黒《だいこく》の三福神を中心とする行列と稚児舞《ちごまい》から構成され、祝言《しゅうげん》を目的とした中世芸能の一つである。伝承では、平重盛の冥福《めいふく》を祈るために始まったともいわれている。

エ．長野県の「大鹿《おおしか》歌舞伎」

大鹿村で伝承される地芝居《しばい》で、明和４年の記録が確認できることから少なくとも18世紀半ばまでにはこの地で歌舞伎が行われるようになったことが確認できる。

問３　下線部③について，税を運ぶ際には荷札として「木簡」が利用されました。以下の木簡に書かれた文字と年号一覧を参考に，東大寺の大仏が完成し，開眼式が行われた時期のものとしてふさわしいものを選び，記号で答えなさい。

ア．

表「筑後国生葉郡煮塩年魚伍斗」

裏「霊亀二年」

（木簡庫　奈良文化財研究所 HP より）

イ．

表「若狭国遠敷郡

佐分郷三家人石万呂戸口

三家人衣万呂御調塩三斗」

裏「景雲四年九月廿九日　□古万呂」

※「景雲」とは「神護景雲」を指す。

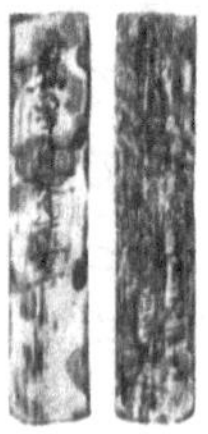

（木簡庫　奈良県文化財研究所 HP より）

ウ．

表「周防国大嶋郡務理郷平群部岡調塩三斗」

裏「天平勝宝五年九月」

（木簡庫　奈良県文化財研究所 HP より）

＜年号一覧＞

大化	645 ～ 650
白雉	
朱鳥	
大宝	701 ～ 704
慶雲	
和銅	708 ～ 715
霊亀	
養老	
神亀	
天平	729 ～ 749
天平感宝	
天平勝宝	
天平宝字	757 ～ 765
天平神護	
神護景雲	
宝亀	770 ～ 780
天応	
延暦	782 ～ 806

問４　空欄 A にあてはまる人物と最も関連の深い地域としてふさわしいものを選び，記号で答えなさい。

（地図は次のページにあります。）

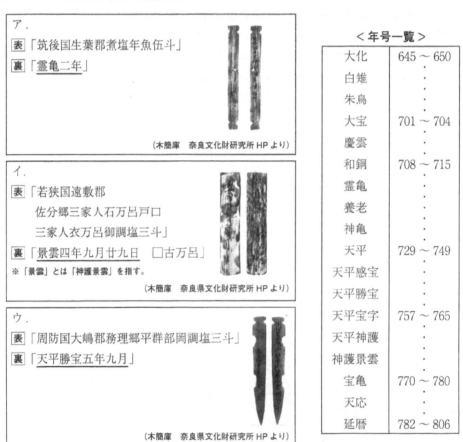

問５　下線部④に関連して，以下の問いに答えなさい。

⑴　この戦争を何と言いますか。

⑵　この戦争前のできごととしてふさわしくないものを選び，記号で答えなさい。

ア．イギリス船ノルマントン号が和歌山県沖で沈没《ちんぼつ》し，日本人乗客全員が水死する事件が起きたが，船長には軽い罰《ばつ》が課されるだけであった。

イ．満州と隣り合う朝鮮半島を勢力範囲《はんい》としたい日本と，清での利権を確保したいイギリスとの間で日英同盟が結ばれた。

ウ．岩倉具視を大使とする使節団がアメリカ・ヨーロッパに派遣《はけん》され，近代国家の政治や産業を細かく視察した。

エ．外務大臣小村寿太郎がアメリカと交渉《こうしょう》を行い，通商航海条約を結ぶことによって関税自主権が回復した。

問６　下線部⑤について，塩の価値について説明した文を古いものから順に並べ替えなさい。

ア．日本国憲法の公布された時期は塩不足であり，この時期の交換《こうかん》の相場は「塩一升《いっしょう》に対して米一升」であったともいわれる。

イ．国家総動員法の制定をきっかけに味噌《みそ》・醤油《しょうゆ》などの生活必需《ひつじゅ》品が配給制になり，塩もその品目の一つであった。

ウ．高度経済成長が終わり「戦後政治の総決算」の一つとして，塩・たばこの専売を行っていた日本専売公社が民営化され，後に塩が自由に販売《はんばい》できるようになった。

問７　アイヌの人々は近世まではそれほど製塩する必要がなく，食塩の摂取量が少なかったと考えられています。アイヌの人々はなぜ製塩する必要がなかったと考えられるでしょうか。学くんと先生の会話や**【資料１～３】**を参考にして，本州以南の人々とアイヌの人々の生活の違いから考えられることを答えなさい。

【資料１】アイヌの人々の生活

> 生活の基盤《きばん》は，漁撈・狩猟《しゅりょう》・採集《さいしゅう》であった。（中略）雪のない季節には，川筋や海岸に住んで鮭《さけ》・鱒《ます》などの魚をとり，野草を集め，所によっては簡単な畑を作って粟《あわ》・稗《ひえ》・大豆・小豆・蕎麦《そば》・大根を栽培《さいばい》した。幕末近くになると，麻《あさ》・胡麻《ごま》・キュウリ・馬鈴薯《ばれいしょ》がみられるようになる。雪になると山に入って熊《くま》・鹿《しか》などの狩猟に従事した。

（『国史大辞典』より一部改変）

【資料２】サケと交易

雪の朝《あした》独り干鮭《からさけ》嚙《か》み得タリ　芭蕉

干鮭とは，内臓を除いて塩をふらずに干し，さらに屋内の火棚で燻《いぶ》したもの。北海道ではアイヌが自製して保存食や交易品とした。（中略）諸国名物のなかに「夷鮭《えぞのさけ》」がみえる。そこには「越後の塩引」もでてくるから，夷鮭とは無塩の素干しにちがいない。

（『擦文・アイヌ文化』より一部改変）

【資料３】アイヌと稲作

3000年ほど前，九州北部で水稲耕作《すいとうこうさく》をおこなう弥生文化が成立し，東北北部でも2500年ほど前には水稲耕作がおこなわれるようになりました。しかし，北海道では水稲耕作がうけいれられず，本州とは異なる道をあゆむようになります。（中略）

擦文《さつもん》文化※１の人々は特定種の狩猟漁撈に特化していきました。一方，東北北部の和人※２は水田開発，鉄生産，窯業《ようぎょう》，製塩といった農業・工業生産に特化していきました。

（『アイヌと縄文』より一部改変）

※１　擦文文化：本州が飛鳥・奈良・平安時代（約1400年から800年前）だったころの北海道独自の文化

※２　和人：ここでは，アイヌ民族以外の主に本州以南で生活を営んでいた人々のことを指す

答えを漢字で答えなさい。

□騎当□（単騎で大勢を相手にできるほど強いこと。）

笑止□□（この上なくくだらないこと。またひどく気の毒なこと。）

□束□文（数は多いがとても安い値しかつかないこと。）

問五　次の①②それぞれにおいて、熟語の構成が他の三つと異なるものをア～エから選び、記号で答えなさい。

①ア　紅葉　イ　竹刀　ウ　読経　エ　白髪

②ア　門戸　イ　善悪　ウ　救助　エ　身体

問六　誤った敬語の使い方がなされている文を次の中から一つ選び、記号で答えなさい。

ア　恩師は、その話をご存じないようだった。

イ　取引先の部長が、面会にいらっしゃった。

ウ　母は来客に手土産をお渡しになった。

エ　王妃《おうひ》が演劇をご覧になった。

「十二月になるとストーブがいるね」
「うん」
律の言葉に、自分たちは本当にそんな時期まで二人で暮らしているのだろうか、自分はこの生活を続けているのだろうか、と理佐は思ったけれども、③今はとにかく毎日の生活をこなしていくだけだった。

（津村記久子『水車小屋のネネ』による）

※　浪子さん・守さん…理佐が働くそば屋のおかみさんと主人。

問一　——線①とありますが、理佐はなぜ情けなさを感じているのですか。最も適当なものを次の中から選び、記号で答えなさい。

ア　律が人の家の冷蔵庫を臨機に借り続けようと思っていることに気付いたから。
イ　榊原さんが守さんや浪子さんの口添《くちぞ》えで律に冷蔵庫を貸そうしていることに気付いたから。
ウ　律が人の家の冷蔵庫を奪《うば》ってしまおうと画策《かくさく》していることに気付いたから。
エ　榊原さんが淡々《たんたん》とした話しぶりでありながら実は強く非難していることに気付いたから。

問二　［X］に入ることばとして最も適当なものを次の中から選び、記号で答えなさい。

ア　どきっとする　　イ　ほっとする
ウ　うんざりする　　エ　そわそわする

問三　［Y］に入ることばとして最も適当なものを次の中から選び、記号で答えなさい。

ア　助言　　イ　進言　　ウ　暴言　　エ　苦言

問四　［Z］に入る適当なことばを、文中から10字で抜き出しなさい。

問五　——線②とありますが、理佐は、律のどのような点から「律と生活を分け合っている」と感じているのですか。35～45字で答えなさい。

問六　——線③とありますが、この「毎日の生活」を理佐はどのように思っているのですか。次の［　］に入ることばを文中から3字で抜き出しなさい。

まるで［　　］のようだと思っている。

三　次の問いに答えなさい。

問一　次の①～⑥の——のカタカナを、漢字に直しなさい。

①モダンな建物がシカイに入ってきた。
②自動車を運転するにはメンキョが必要だ。
③怪我《けが》のコウミョウでうまい具合に話が進んだ。
④彼《かれ》は今期の文学賞の有力コウホだ。
⑤どのセイトウを支持するのか検討中だ。
⑥おたがいの作品をヒヒョウし合う。

問二　次の①②の□に共通して入る漢字一字を答えなさい。

①彼の一挙□一投足に多くの人が注目する。
②赤子の□をひねるように相手を打ち負かす。

問三　次の四字熟語と同じような意味を持つものとして最も適当なものをア～エの中から選び、記号で答えなさい。

【一心不乱】

ア　一進一退　　イ　無我夢中　　ウ　一日千秋　　エ　日進月歩

問四　次のページの□にはそれぞれ漢数字が入ります。すべて足した律はプルタブに慎重《しんちょう》に指を入れながら、理佐の方は見ずに答える。

「すかすかでもだめなの。そういう問題じゃないの」

「ほとんどものが入ってないから全然いいって寛美ちゃんが言ってたよ」

子供独特の合理性に、理佐は思わず言いくるめられそうになるのだが、よそのうちの冷蔵庫でしょ、と理佐は何とか言い返す。同時に、冷蔵庫がすかすかの父娘《おやこ》だけの家庭は、夜にどんなものを食べるんだろう、と思う。自分と律はそば屋でまかなってもらえるけれども。

「冷凍庫はけっこう満タンなんだよね」

「そういう話はしてないの。寛美ちゃんのお父さんはお姉ちゃんとこのそば屋さんのお客さんで、失礼なことをすると浪子さんとか守さんに迷惑がかかるの」

「えー、すかすかなんだけどなー」

「すかすかでもだめ。大人は [Z] は借りないものなの」

なんとか律に納得させるために、思案の末「大人」という言葉を持ち出すと、子供扱《あつか》いを好まない律は、わかったよー、と不満そうに言いながら、窓際に行って理佐からもネネからも顔を逸《そ》らして黙《だま》ってジュースを飲んでいた。りっちゃん、こっち向いて、とネネは言ったのだが、律はちょっと振り向いただけだった。

律は理屈《りくつ》のわかる子供だった。頭ごなしに言うと反発するし、子供だましは通用しないのだが、自分たちが貧乏《びんぼう》だということを理解していたし、それを厳粛《げんしゅく》に受け止めているようだった。

なので律は金銭《きんせん》的なわがままはほとんど言わなかった。（中略）

「それ、いくらなの？」

理佐がたずねると、六十円、と律はこちらを見ずに言った。律のお小《こ》遣《づか》いは一日百円で、普通の価格の自動販売機からならジュースを一本買ってそれでおしまいだけれども、六十円のジュースを買えたら、四十円分何かお菓子《かし》を買える。律も考えている。

「冷蔵庫買おうよ」

買うよ、ではなく、買おうよ、と自分が言っているのが妙《みょう》だなと理佐は思った。けれども、②律と生活を分け合っている以上は、そう言う方がしっくりきた。

「いいよ。ジュース買ったらすぐ飲むよ」

「買おうよ冷蔵庫。そしたらハムサンドにマヨネーズ入れられる」

「なくても別においしいって」

「いや、買う」

ほとんど押し問答のように姉妹で言い合った後、律は、無理ならほんといいよ、と付け加える。理佐は、私が家にマヨネーズ欲しいんだよ、と答える。

「わかった。でも冷蔵庫買うまでおこづかいへらしたりする？」

「それは今のところしない。六月までの三か月間、お給料から冷蔵庫用のお金を積み立てるようにする」

「なんで六月まで？」

「七月になると扇風《せんぷう》機いるでしょ？」

理佐の言葉に、そうか、と律はうなずく。もともとは、最初に扇風機を買おうと思っていたのにその予定が早くも崩《くず》れるのは不安だったが、扇風機よりは冷蔵庫の方が高額なはずなので、先にやってみようと思った。

行ってお姉さんに渡すようにと頼まれました」

「すみません、本当に。うちの子が」

妹なので律は厳密には「うちの子」ではないのだが、保護者としてはそう言うしかなかった。

「自動販売《はんばい》機でとても安いため、いつも売り切れているのが、昨日はあったんだそうです。それで買ってしまったと。娘は値段に反しておいしいジュースだと話していました」

榊原さんは、責める様子も宥《なだ》める様子も見せず、ただ事実だけを述べる。

「ご迷惑《めいわく》をおかけしまして」

「いや、まったくいいんですけど」

べつに、これからも使ってくださっていいですよ、とさえ榊原さんは付け加えたのだが、無表情な上に、バスや電車のアナウンスから口角の上がり具合を取り除《のぞ》いたような話し方だったので、理佐はとてもではないが、じゃあよろしくお願いします、などと言える気分にはなれず、ただ恐縮《きょうしゅく》するばかりだった。

律がよその家の冷蔵庫を借り、それがそば屋のお客さんの家の冷蔵庫だった。それがいちばん重要なのかもしれない。少しはいいかもしれないけれども、あまりにもこういうことを繰《く》り返すと、※浪子《なみこ》さんや守《まもる》さんに迷惑をかけるかもしれない。

理佐は、榊原さんが出て行くまでに十回はすみませんとあやまり、浪子さんに、どうしたの？　と訊《き》かれたので理由を説明すると、あー缶ジュース一本ぐらいなら店の冷蔵庫使ってくれていいよ、あんまりたくさん入れられたら困るけど、とは言ってくれたのだが、示しがつかないので、と理佐は首を横に振った。

十四時になって水車小屋に向かいながら、綱渡《つなわた》りみたいだ、と理佐は思う。最初の日に布団を買って、テレビと洗濯機をもらって、律にカップ麺《めん》を与えて、それで数日は何とかなったのだが、食事を作っても保存できなかったり、そもそも食事を作る材料が常温では日持ちしなかったりする。律にはまだ火を使わせたくないので、沸《わ》かしたお湯を溜《た》めようとすると、今度は魔法瓶《まほうびん》が必要になる。だから春休みの後半は、昼食にカップ麺さえ食べさせることができず、律はずっとハムを挟《はさ》んだだけのサンドイッチを食べていた。え、べつにおいしいよ、と律は言っていたけれども、理佐は調味のためのマヨネーズを保存する場所すら持っていない。小学校の給食が始まって、自分がこれほど [X] なんて考えたこともなかった。

「冷蔵庫欲しいなあ」

そう呟《つぶや》きながら水車小屋の敷地《しきち》に入り、戸を開ける。

律はよくネネの身の回りの世話をしてくれていて、松ぼっくりも日課《にっか》のように集めてくるし、熱心にラジオ番組を把握《はあく》して適宜《てきぎ》カセットテープをひっくり返し、ネネを気分良くさせておく。十歳も年下の小学三年の妹としては、破格の働きをしてくれているようにも思う。

だからこそ [Y] を呈《てい》するのは忍《しの》びないのだが。

「りっちゃん、これ、寛美ちゃんのお父さんから」

そう言いながら、つぶつぶの入ったオレンジジュースの缶を渡すと、ありがとう！　と律は受け取って、うれしそうに振り始めた。

「あのさ、もうこれきりだからね。寛美ちゃんの家の冷蔵庫借りるの」

「え、なんで？　すかすかだよ？」

【国　語】〈五〇分〉〈満点：一〇〇点〉

【注意】句読点（、や。）その他の記号（「や〃など）は1字分として数えます。

一　※問題に使用された作品の著作権者が二次使用の許可を出していないため、問題を掲載しておりません。

（出典：高槻成紀『都市のくらしと野生動物の未来』による）

二　次の文章を読み、後の問いに答えなさい。〈問題は問一から問六まであります〉

《ここまでのあらすじ》

高校卒業後、山下理佐《りさ》は、小学生の妹律《りつ》を連れて親元を飛び出し、アパートの一室を借りて、二人で生きることにした。理佐は、そば屋で働きながら生計を立てている。そば粉をひく水車小屋には、ヨウム（大型のインコ。音声をまね、しゃべることもできる）のネネがいる。そのネネを見せてほしいと、先ほどまで「寛美《ひろみ》ちゃん」がこの小屋へ来ていた。

「ずっと仲良くできるといいね」

「うん。がんばる」

理佐にとって律は、子供というよりも、自分が世話しなければいけない背丈《せたけ》が低くてたまに突拍子《とっぴょうし》もないことを知っている変な人、のようなところがあるのだが、この時ばかりは子供らしいと思った。律が悩《なや》むようなことになれば理佐もきっと悩むだろうし、できるだけ応援《おうえん》しなければ、と理佐は決めた。

それから一週間ほどが経《た》った後、律が下校相手の双子《ふたご》のことのようには「ひろみちゃん」について話さないな、ということについて安堵《あんど》していた頃《ころ》、十三時台のお客さんとしてやってきた榊原《さかきばら》さんに呼び止められた。

「山下律さんのお姉さん？」

「はい」

「持って帰って律さんに渡《わた》して欲《ほ》しいものがありまして」

そう言いながら榊原さんは、足下《あしもと》に置いた釣《つ》り用のクーラーボックスからつぶつぶの入ったオレンジジュースの缶《かん》を取り出し、理佐に見せてきた。

「これ、厨房《ちゅうぼう》の冷蔵庫に入れる余裕《よゆう》はありますか？」

「どうでしょう。おかみさんに聞いてみないと……」

「じゃあ、私がお店を出ていく時にお渡しします」そう言って榊原さんは、缶をクーラーボックスの中に戻す。「娘の寛美《ひろみ》に言われまして。昨日律さんがこのジュースを安いという勢いで買ったんだけれども、その時は飲む気にならず、うちの冷蔵庫で保管してくれと寛美に頼《たの》んだそうです」

「はあ……。すみません」

仕事の話をするような口調で榊原さんから、少しずつ事実を明かされながら、①理佐は次第に情けない思いでいっぱいになっていった。要するに律は、友達の家の冷蔵庫を借りることにしたのだ。自宅にはないから。

「娘は今日ピアノ教室で、そのことにまで昨日は考えが及《およ》ばなかったそうです。なので今朝、学校に行く前に、おそば屋さんに行ったら持って

MEMO

大切なことはメモしておこうネ！

第1回

2024年度

解 答 と 解 説

《2024年度の配点は解答欄に掲載してあります。》

＜算数解答＞

【1】 (1) 95 (2) $\frac{11}{16}$[0.6875] (3) $\frac{7}{12}$ (4) 11

【2】 (1) 80個 (2) 99.9% (3) $12\frac{8}{11}$分後 (4) 28g (5) 200個
(6) 12cm^2 (7) 3倍

【3】 (1) 11 (2) 42 (3) 77 (4) 437 (5) 2491

【4】 (1) 毎秒6cm^3 (2) 52秒後 (3) 15秒後 (4) 毎秒7.6cm^3
(5) $27\frac{12}{19}$秒後

○推定配点○

【1】 各5点×4 【2】 各5点×7 【3】 (3)・(4) 各5点×2 他 各4点×3
【4】 (1)・(5) 各4点×2 他 各5点×3 計100点

＜算数解説＞

【1】 (四則混合計算，計算の工夫)

基本 (1) 計算の順番を考える。かっこの中から先に計算する。わり算かけ算はたし算より先に計算する。$121\div11+7\times(4+8)=121\div11+7\times12=11+84=95$

基本 (2) 小数は分数にしてから計算する。$2.25\times\left(\frac{1}{4}-\frac{1}{6}\right)+0.5=2\frac{1}{4}\times\left(\frac{3}{12}-\frac{2}{12}\right)+\frac{1}{2}=\frac{9}{4}\times\frac{1}{12}+\frac{1}{2}=\frac{3}{16}+\frac{8}{16}=\frac{11}{16}$

(3) 分数のわり算は逆数をかけ算する。分数のかけ算わり算は帯分数を仮分数にしてから計算する。①・②$\frac{5}{3}\times\frac{4}{11}\times\frac{11}{5}=\frac{4}{3}$，③$\frac{27}{28}\div\frac{9}{7}=\frac{27}{28}\times\frac{7}{9}=\frac{3}{4}$，④$\frac{4}{3}-\frac{3}{4}=\frac{16}{12}-\frac{9}{12}=\frac{7}{12}$

(4) ①$\frac{1}{4}-\frac{1}{8}=\frac{2}{8}-\frac{1}{8}=\frac{1}{8}$，②$\frac{3}{8}\div\frac{4}{9}=\frac{3}{8}\times\frac{9}{4}=\frac{27}{32}$，③$\frac{27}{32}+\frac{1}{8}=\frac{27}{32}+\frac{4}{32}=\frac{31}{32}$，④$\frac{31}{32}\times8=\frac{31}{4}=7\frac{3}{4}$，⑤$3\frac{1}{4}+7\frac{3}{4}=10\frac{4}{4}=11$

【2】 (方陣算，割合，時計算，相当算，売買算，平面図形・面積，立体図形・体積)

基本 (1) 周りに並べた石を同じ数ずつ4つに分けると，1つのまとまりは1辺の個数より1個少なくなる。石の個数は全部で$(21-1)\times4=80$(個)

重要 (2) Aを1とすると，BはAの$1-0.1=0.9$(倍)になり，CはBの$1+0.11=1.11$(倍)になる。$A=1$，$B=1\times0.9=0.9$，$C=0.9\times1.11=0.999$，$0.999\times100=99.9$(%)

重要 (3) 6時の長針と短針の作る角度は$30\times6=180$(度)で，1分につき長針は短針より$6-0.5=5.5$(度)多く進む。長針が短針に追いつくのに$180\div5.5=180\div\frac{11}{2}=180\times\frac{2}{11}=\frac{360}{11}=32\frac{8}{11}$(分)かかる。$32\frac{8}{11}-20=12\frac{8}{11}$(分後)

(4) 1日目は全体の$\frac{1}{7}$を食べ，残ったのは全体の$\frac{1}{4}$なので，2日目の68gは全体の$1-\left(\frac{1}{7}+\frac{1}{4}\right)=1-$

$\frac{11}{28}=\frac{17}{28}$になる。$68\div\frac{17}{28}=68\times\frac{28}{17}=112$，残りは$112\times\frac{1}{4}=28$(g)

(5)　600×(1+0.1)=660，660×(1−0.1)=594，もし，余った品物も定価で売っていたら，660×0.1=66，利益は9360+66×40=9360+2640=12000(円)になっていたはず。利益の合計を1個の利益で割ると，12000÷60=200(個)

(6)　斜線部分の面積は，大きな正方形から外側の直角三角形4個と内側の直角三角形4個と小さな正方形1個を除いたもの。5×5−(1×4÷2×4+1×2÷2×4+1)=12(cm^2)

(7)　立体Aは，同じ立体2個をくっつけると，底面の半径5cm高さ4+8=12(cm)の円柱になる。立体Bは底面の半径10cm高さ9cmの円柱を底面に垂直になるよう直径を通る面で切断した図形。立体Aの体積は，5×5×3.14×12÷2=150×3.14，立体Bの体積は，10×10×3.14×9÷2=450×3.14，よって，立体Bは立体Aの450÷150=3(倍)である。

【3】 (数の性質の応用)

基本　(1)　2けたの整数について調べる。10の約数は1と2と5と10なので素数ではなく，11の約数は1と11なので素数である。

(2)　7番目は20+5=25，8番目は25+5=30，9番目は30+5=35，10番目は35+7=42

(3)　11番目以降を調べてみると，42+7=49，49+7=56，56+7=63，63+7=70，70+7=77，77+11=88，88+11=99，99+11=110，よって求める答えは77である。

やや難　(4)　1番目から積の形にすると，①2×2，②2×3，③3×3，④3×4，⑤3×5，⑥4×5，⑦5×5，⑧5×6，⑨5×7，⑩6×7，のように次の素数が出てくるとたす数が変わる。23の前の素数は19，一番小さい23の倍数になるのは，19×23=437，よって求める答えは437である。

やや難　(5)　2500=50×50，50に近い素数は，47，53，47×53=2491，48×53=2544，2500に近いのは2491である。

【4】 (水そうと水位の応用)

基本　(1)　8×4×3÷16=6(cm^3/秒)

重要　(2)　(8+4)×4×3÷(6−2)=36(秒)　　16+36=52(秒後)

(3)　水そうの容積は，8×4×3+12×4×3=240　　$240\times\frac{1}{1+7}=30$　　30÷2=15(秒後)

やや難　(4)　(3)より，上から3cmの部分に入っている水は15秒でなくなるので，穴から排出される水の量は，12×4×3÷15=9.6(cm^3/秒)　　9.6−2=7.6(cm^3/秒)

やや難　(5)　下から3cmの部分が空になるのにかかる時間は，8×4×3÷7.6(cm^3/秒)$=96\div\frac{38}{5}=96\times\frac{5}{38}=\frac{240}{19}=12\frac{12}{19}$　　$15+12\frac{12}{19}=27\frac{12}{19}$(秒後)

★ワンポイントアドバイス★

基礎的な問題に丁寧に取り組むよう日頃から練習すると同時に，応用的な問題にも取り組むことが必要だ。応用的な問題では，考え方をわかりやすく書ことを意識して取り組む練習をするとよいだろう。

<理科解答>

【1】 (1) ② (2) 24 (3) 36 (4) O (5) ④ (6) Q，R (7) 6倍

【2】 (1) れき (2) アンモナイト (3) 70m (4) 40m (5) ③
(6) イ，ウ (7) ③

【3】 (1) ② (2) ④ (3) ② (4) ① (5) ② (6) ⑤ (7) ②

【4】 (1) ① (2) ② (3) 二酸化炭素 (4) 4 (5) ホタテ(の貝殻)
(6) 89% (7) 5g

○推定配点○

【1】 (1)・(4) 各1点×2 他 各2点×5((6)完答)

【2】 (1)・(2) 各1点×2 他 各2点×5((6)完答) 【3】 (1) 1点 他 各2点×6

【4】 (1) 1点 他 各2点×6 計50点

<理科解説>

【1】 (熱・光・音ー音)

基本 (1) 弦をはじいて音を出す楽器はギターである。

(2) A，B，Cを比較すると弦の太さは同じで，長さが2倍，3倍でおもりの数は2×2倍，3×3倍になっている。このことから音の高さは弦の長さに反比例し，おもりの数が□×□倍になると□倍になることがわかる。DとEを比べるとおもりの数が2×2倍になっているので長さを2倍にすればよいので24cmとなる。

(3) FとHを比較すると弦の長さが2倍になっているのでおもりの数は2×2＝4(倍)になるので9個×4＝36となる。

(4) M，N，Oは弦の太さと長さが同じなのでおもりの数が多いOが最も音の高さが高い。

(5) 弦の太さが2倍，弦の長さは1.5倍，おもりの数は4倍なので，振動数は$\frac{1}{2}\times\frac{2}{3}\times2=\frac{2}{3}$になる。

(6) Qは弦の太さ$\frac{3}{2}$倍で弦の長さ$\frac{2}{3}$倍でおもりの数が同じなので振動数が同じになる。Rは弦の太さ$\frac{3}{2}$倍で弦の長さ$\frac{4}{3}$倍，おもりの数は4倍なので，振動数は$\frac{2}{3}\times\frac{3}{4}\times2=1$で同じになる。

(7) 最も高いのはOで最も低いのはSである。2つを比較するとOはSの弦の長さが$\frac{2}{3}$倍，弦の長さは$\frac{1}{2}$倍，おもりの数は4倍なので振動数は$\frac{3}{2}\times\frac{2}{1}\times2=6$(倍)となる。

【2】 (天体・気象・地形ー流水・地層・岩石)

基本 (1) 2mm以上の粒は「れき」である。

(2) この化石は中生代の示準化石の「アンモナイト」である。

(3) A地点の上端は標高80mで10m下に火山灰の層があるので70mである。

(4) D地点の上端は標高60mで20m下に火山灰の層があるので40mである。

(5) E地点はA地点とD地点のほぼ中央にあると考えると，右図のように火山灰の地層は標高(70＋40)÷2＝55(m)で上端の標高75mより20m下にあると考えられる。

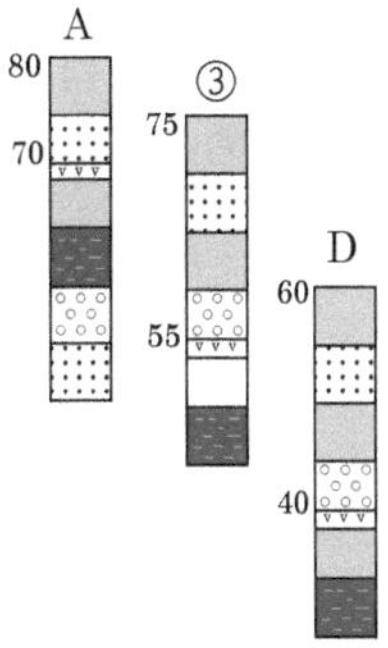

(6) A・B地点とC・D地点はそれぞれ標高が同じで火山灰の層の標高も同じなので地層は西から東に低くなっていると考えられる。南北方向のア，ウ，オでは地層は傾いていないので火山灰の地層の高さは70mなので地

点ウで露出する。同様にイ，エ，カでは火山灰の地層は標高40mなので地点イで露出する。

(7)　右図のように，地点F・Gは標高80mで火山灰の層aは30m下なので標高50m，断層は40m下なので標高40mにあり，火山灰の層bは45m下なので標高35mである。地点H・Iでは標高60mで火山灰の層aは10m下なので標高50m，断層は15m下なので標高45mで火山灰の層bは40m下なので標高20mである。火山灰の層aはほぼ水平と考えられ、断層は西から東に高くなっていて，火山灰の層bは低くなっているので③があてはまる。

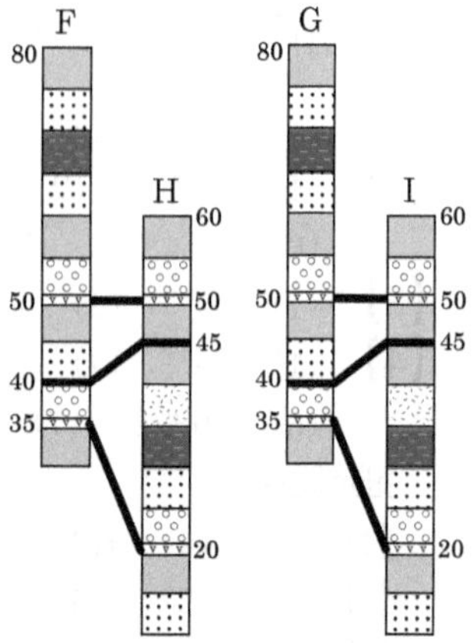

【3】 (生物－植物)

基本　(1)　アブラナ科の植物はダイコン・キャベツ・はくさいなどである。

基本　(2)　水を張った場所に苗を植えて栽培するのはイネである。

(3)　わさび田では水の流れがあるが，水田では水の流れはほとんどないので，あてはまるのは②である。

(4)　根茎と同じ部分を食用にしているのはジャガイモである。サツマイモは根，ダイズは子葉，イチゴ・リンゴは花たくが成長した部分を食用にしている。

(5)　ハンノキは土があまりないところでも大きく育つことができ，ハンノキの葉が茂ることにより日影ができ，わさび田の水温が高くならないようにしている。

(6)　日の当たらない涼しい場所が適するので⑤があてはまる。

(7)　すりおろしたり，すりつぶしたりしたときに出てくるので，かみくだかれたことで出てくる「痛さ」に近い味覚であることが本文中に書いてあることから考える。

【4】 (物質と変化－気体の発生・性質)

基本　(1)　青色リトマス紙が赤色になったことから酸性であることがわかる。

(2)　石灰石の主成分は炭酸カルシウムである。

(3)　塩酸と炭酸カルシウムの反応では二酸化炭素が発生する。

(4)　発生した気体の量＝ビーカーと塩酸の重さ＋加えた粉末の重さ－反応後のビーカーを含めた全体の重さ＝97.2＋10.0－103.2＝4.0(g)である。

(5)　実験結果よりビーカーBのホタテ(の貝殻)が4.2gで割合が最も大きい。

(6)　ビーカーDの結果より炭酸カルシウム10.0gから発生する二酸化炭素は4.4gである。カキの貝がらの入ったビーカーCからは3.9gの二酸化炭素が発生しているので3.9÷4.4×100＝88.6≒89(%)である。

(7)　発生する二酸化炭素はホタテの貝殻10gから4.2g，炭酸カルシウム10gから4.4gである。1gあたりはホタテの貝殻は0.42g，炭酸カルシウムからは0.44gとなる。50gすべてが炭酸カルシウムのとき0.44×50＝22.0(g)の二酸化炭素が発生するはずで，実験との差は22.0－21.9＝0.1(g)だから，0.1g÷(0.44－0.42)＝5(g)がホタテの貝がらである。

★ワンポイントアドバイス★

問題文の本文をしっかり読み，正解を導き出すヒントや条件・数値を文中から把握しよう。大問4問で40分だから1問10分なので，解くための時間は余裕がある。本文の文章に線を引いたり，必要な数値を丸で囲んだりして落ち着いて解こう。

<社会解答>

1 問1 日本銀行　問2 エ　問3 イギリス　問4 (例) 宅配便の配達などの遅れが起こる。　問5 エ　問6 ユニセフ　問7 (例) 医療用の注射器等

2 問1 ウ　問2 ウ　問3 ウ　問4 満州　問5 エ　問6 (1) 石炭
問6 (2) (例) 石炭の産出量，人口ともに減少し，鉄道の利用も減ったから。　問7 ア
問8 イ　問9 吉野(川)　問10 12(世紀)　問11 ア　問12 イ
問13 (例) 旅客輸送よりも戦争に必要な物資などを優先していた。　問14 (例) 各路線の掲載ページを調べることが目的の地図だから。

3 問1 (例) 若年で歯が抜けていたことから，狩猟のために飼育されていたと考えられる。
[骨折が治療された痕や埋葬されたことから，ペットとして飼育されていたと考えられる。]
問2 イ　問3 清少納言　問4 ウ　問5 ウ　問6 イ　問7 1995(年)

○推定配点○
1 問4 3点　他 各2点×6
2 問6(2)・問13 各3点×2　問14 2点　他 各1点×12
3 問1 3点　他 各2点×6　計50点

<社会解説>

1 (政治－「切手」を起点とした問題)

基本 問1 日本銀行には，「政府の銀行」・「銀行の銀行」としての役割もある。

問2 Ⅰは2003年，Ⅱは2006年，Ⅲは2012年，Ⅳは1995年となる。

問3 イギリスは世界で初めて産業革命がなされた国である。

重要 問4 グラフから取扱個数の伸びが事業者数の伸びを上回っていることを読み取る必要がある。

問5 エ 「2台以上」が不適。

問6 ユニセフは国連児童基金の略称である。

重要 問7 医療用の注射器は衛生面からリユース・リサイクルができない。

2 (日本の地理・歴史融合－「鉄道」を起点とした問題)

基本 問1 ア 大政奉還は1867年である。　イ 第一次世界大戦は1914年に始まった。　エ 大阪万博は1970年である。

問2 ア 「多く」「短く」が不適。　イ 「長い」が不適。　エ 「少なく」が不適。

問3 ア 日清戦争開戦は1894年に朝鮮で起こった甲午農民戦争である。　イ 「アメリカ」でなはなくフランスである。　エ 「樋口一葉」ではなく与謝野晶子である。

重要 問4 日本は1933年に満州国を建国した。

問5 択捉島の北緯が46度であることを手がかりにしたい。

重要 問6 (1) 1960年代のエネルギー革命によって，主要な資源が「石炭から石油へ」移行したことを踏まえたい。　(2) 「石炭・人口の減少→鉄道利用の減少」という流れをおさえたい。

問7 北海道最高峰の旭岳が北海道のほぼ中央に位置していることを踏まえる必要がある。

問8 ア 「鉄道のみ」が不適。　ウ 「すべて」が不適。　エ 「瀬戸内海側」と「太平洋側」が逆である。

問9 吉野川は四国で最長の河川である。

基本 問10 いずれも1180年代の出来事である。

問11　イが宮崎市，ウが那覇市となる。

問12　ア　「関西や九州の大都市に出荷する」が不適。　ウ　「重工業地帯」が不適。　エ　「電子部品」が不適。

重要　問13　民用よりも軍用を優先していたことを踏まえる必要がある。

問14　「各路線の掲載ページ」が調べる主な対象であった。

3　**(日本の歴史ー「犬」を起点とした問題)**

重要　問1　「狩猟のため」「ペットとして」という点を盛り込んで答案をまとめていきたい。

問2　ア　「労働が～」が不適。　ウ　「北海道から沖縄」が不適。　エ　「この時期から」が不適。

基本　問3　清少納言は中宮定子に仕えていた。

問4　「遠距離にある」から資料1は笠懸，「数間おきに」から資料2は流鏑馬，「犬」から資料3は犬追物となる。

問5　ウ　「学問」と「忠孝の道徳」が逆である。

問6　アは1945年，イは1933年，ウは1941年，エは1925年の出来事である。

問7　阪神・淡路大震災は1995年1月17日に起こった。

★ワンポイントアドバイス★

本校は本格的な記述問題が出題されているので，日頃から答案作成のトレーニングをしておこう。

＜国語解答＞

一　問一　(1)　Ⅰ　内戦　　Ⅱ　泥沼　　(2)　Ⅲ　住んでいた人々の半数以上が難民
問二　C　　問三　(例)　難民の受け入れは善だとしても，それによって自分たちが損をする　　問四　イ　　問五　エ　　問六　ア・ウ

二　問一　イ　　問二　C　　問三　エ　　問四　ア　　問五　(例)　田んぼに行かなかった恵子に，母が自分の分のごちそうをあげに行ったこと。　　問六　Ⅰ　今日の自分のうらぎりが，ゆるされた　　Ⅱ　さびしさ

三　問一　①　延期　　②　秘密　　③　脳裏　　④　条件　　⑤　観覧　　⑥　推測
問二　糸　　問三　ウ　　問四　一万一千二十五　　問五　①　エ　　②　エ
問六　イ

○推定配点○

一　問一　(1)　各4点×2　　(2)　5点　　問三　10点　　他　各3点×4(問六完答)

二　問一～問四　各3点×4　　問五　10点　　問六　Ⅰ　8点　　Ⅱ　5点

三　問一　各2点×6　　他　各3点×6　　　計100点

<国語解説>

一 (論説文－要旨・大意の読み取り，文章の細部の読み取り，空欄補充の問題，脱文補充の問題)

問一 (1) 空欄Ⅰ・Ⅱをふくむ文の「出口の見えない」という表現に着目する。この言葉は の中にもあり，「出口の見えない内戦が2023年現在も続いている」と表現されている。これを言い換えると「内戦が出口の見えない状態に陥った」とすることができる。Ⅰには「内戦」が入る。Ⅱは，「 Ⅱ 化して」という形に着目すると，「(内戦が)泥沼化し，出口の見えない」とあることから「泥沼」が入る。 (2) Ⅲは，内戦が泥沼化した結果，「(どのような事態)となって(だれが)現在も故郷に戻れずにいる状況」となっているのかを考える。「故郷に戻れずにいる状況」になったのは，「シリア国外に逃れた」ことが原因である。同様の表現が第一段落に「内戦は10年経っても終わりが見えず，住んでいた人々の半数以上が難民として国内外に逃れた」とある。

やや難 問二 脱落文が強調しているのは「生活の中に当たり前に『難民』がいる」ということである。【A】～【D】の前の段落で「生活の中」にふれているのは，【C】の前の段落の「小学校に行ったら，クラスの10人くらいは難民」，「結婚などによって同化が進んでいる」，「見ためで区別することもほぼできない」などの表現である。

重要 問三 「善」「損」が表す意味合いをヨーロッパの難民政策にあてはめて考える。「善」は難民を受け入れること。「損」は難民を受け入れることで住民である自分達が受けることである。「難民の受け入れ」を話題にしているのだから，解答例は「難民の受け入れは」と書き出し，「善だとしても，それによって自分達が損をする」とまとめている。

問四 問三と関連させて考える。傍線②をふくむ段落は，「ヨルダンの場合はどうなのか」と始まって難民受け入れに関してのヨルダンの状況を説明している。「軋轢がないわけではない」という表現に，お菓子に代表されるシリア人がもたらしたものにヨルダン人が感謝している様子が述べられている。ヨルダン人がシリア難民受け入れについて共存の意思を示していることに，筆者は励まされたというのである。

基本 問五 空欄Yをふくむ段落では，難民受け入れに関しての日本の状況を説明している。ヨーロッパの国々の難民受け入れ状況に比べて「(難民を)社会の一員として受け入れていこうというステージにはまだない」日本の「未来」が心配だというのである。ウ「評判」は紛らわしいが，日本についての他国からの評価については述べていないので適当ではない。

重要 問六 アについては，第7段落に「2018年現在ヨルダンに住むシリア難民の85パーセントは貧困ライン以下の生活をしている」とあり，厳しい経済事情について説明している。ウについては，第7段落に「医療・社会保障・教育などの公共サービスを難民にも提供しなければいけない」，「難民の就業機会も重要なテーマだが，その前にヨルダン人の雇用を守らなければいけない」とあり，本文の内容に合っている。イ「シリア人が来て街の菓子屋のレベルが上がった」とはあるが，「ヨルダン人はそれ(＝シリア人の作るお菓子)よりもおいしいお菓子を作れるようになった」とは言えない。エ「一時的な在留許可が与えられることもある」とはあるが，「社会で活躍できる機会を与えている」とは述べていない。オ「シリア内戦前のヨルダンの失業率は12パーセント程度だったが，2014年頃から急上昇して2021年には19.3パーセントにのぼっている」とあるのと合わない。

二 (小説－心情・情景の読み取り，文章の細部の読み取り，空欄補充の問題，脱文補充の問題)

やや難 問一 友だちの重箱の中の「ごちそうを見て，ミンコはびっくりした」が，「いさぎよく重箱を四段あけた」のである。「いさぎよく」は，思いきりがよいということ。いもの天ぷらにひけめを感じたが，思いきりよく重箱をあけたということ。

問二　「自分のことしか考えてなかった，と思いあたった」ことが「心が暗くなった」理由である。仲よしの恵子をひな祭りにさそうのを忘れたことを「恵子をうらぎったよう」に思ったのである。

重要　問三　ミンコが姉たちに謝ったのは，《ここまでのあらすじ》にあるように「ひな祭りだからといって母にごちそうを作ってくれなどとねだってはいけない」と念を押されていたからである。ところが姉たちは，叱ることはなく，謝るようなことはしていないと母の前でとりなしてくれたのである。

基本　問四　田んぼで子どもたちが重箱を開いた場面にミンコの心の中の言葉として，(おりゃあ，食べんでもよか，持って帰って，兄ちゃんや姉ちゃんどんが食べたらよか)とある。「腹いっぱい田んぼで食べてきたけん」というのは「うそをいった」ということになる。

問五　「自分の分の皿を持つと，うらへ出ていった」という行動は，うらに住む恵子に母が自分のごちそうをあげに行ったということである。母の言葉にあるように，恵子をさそわなかったことがこの文章で描かれていることの発端となっている。解答には「田んぼに行かなかった恵子」という内容を盛り込む。

重要　問六　Ⅰ　問五でとらえたように，母はミンコが恵子をさそわなかったのは失敗だったと考えている。母の言葉を聞いてミンコが「胸に強くこたえた」のは，今しがた自分が思ったことは，やはりまちがいであったと思い直したからである。今しがたミンコが思ったこととは，ごちそうのお返しに恵子の家からもらってきた焼き芋を食べていると，「今日の自分のうらぎりが，ゆるされたような気がした」ということである。　Ⅱ　なぜ，まちがいだと思い直したのかは，母の言葉の「さそわれんじゃったら，さびしかけんね」にはっとさせられたからである。「恵子ちゃんのさびしさに気づいてあげられなかった」と気がついたのである。「さびしい」という形容詞を「さびしさ」という名詞のかたちにする。

三　**(慣用句・四字熟語，熟語の構成，漢字の書き取り，敬語)**

問一　①　「延」は形の似た「廷(テイ)」と区別する。「延」の訓は「の‐びる・の‐べる・の‐ばす」。「遅延」「順延」などの熟語がある。「廷」には「法廷」「宮廷」などの熟語がある。　②　「秘」はつくりを「心」と誤らないようにする。訓は「ひ‐める」。「神秘」「極秘(ゴクヒ)」などの熟語がある。「密」は同音で形の似た「蜜」と区別する。「綿密」「過密」などの熟語がある。　③　「脳裏」は，頭の中。心の中。「脳」は同音で形の似た「悩」と区別する。「悩」の訓は「なや‐む・なや‐ます」。「脳」の熟語には「頭脳」「洗脳」などがある。「裏」の訓は「うら」。「表裏」「裏面」などの熟語がある。　④　ある行為をさせるために前提として必要なことがら。「条件を満たす」「条件を示す」などの言い方がある。「条」には「条約」「信条」，「件」には「要件」「案件」などの熟語がある。　⑤　ながめ，見ること。「覧」は左上の「臣」を「巨」と誤らない。「観」には「観察」「参観」，「覧」には「展覧」「博覧」などの熟語がある。　⑥　ある物事の状態・なりゆきなどをおしはかること。「推」の訓は「お‐す」。「推察」「推移」などの熟語がある。「測」は，音が同じで形の似た「側」と区別する。「測」の訓は「はか‐る」。「目測」「予測」などの熟語がある。

基本　問二　①「一糸乱れず」は，少しも乱れず，整然としての意味。②「糸目をつけない」は，金銭を惜しげなく使うの意味。

問三　「一所懸命」は，物事を命がけでする様子。「一意専心」は，一つのことにだけ心を集中すること。ア「一念発起」は，あることを成しとげようと決心すること。イ「言行一致」は，言ったり，それに応じて行ったりすることが一致していること。エ「一日千秋」は，一日が千年にも感じられるほど長く思われること。

問四　「五里霧中」「十人十色」「千差万別」となって，五＋十＋十＋千＋万で一万一千二十五となる。

問五　①「賃貸」は，賃(代価として払う金)で貸すの意味で上が下を修飾する構成。ア「投網」は網を投げる，イ「読経」は経を読む，ウ「造園」は園を造るで，上が動作，下が目的・対象の構成。　②「名実」は，「名(名称・評判)」と「実(実質・実際)」で反対の意味の字を重ねる構成。ア「永久」は永いと久しい，イ「訪問」は訪れると問う，ウ「欲望」は欲しいと望むで，似た意味の字を重ねる構成。

やや難　問六　「お越しになる」は，「来る」の尊敬の言い方。主語が「両親」なので尊敬でなく謙譲の言い方の「参る」を使うのが適切。ア「いただく」は「食べる」の謙譲の言い方。自分の動作なので適切。ウ「なさる」は「する」の尊敬の言い方。主語が「市長」なので適切。エ「うかがう」は「聞く」の謙譲の言い方。自分の動作なので適切。

★ワンポイントアドバイス★

論説文は，説明されている出来事についてのいきさつをとらえて，筆者がどのように考えているかを読み取っていこう。具体的な数値にも注意する。小説は，行動や会話，出来事などで表現されている場面の様子をとらえて，人物の心情や思いをつかもう。あらすじもきちんと読んでおく。

第2回

2024年度

解　答　と　解　説

《2024年度の配点は解答欄に掲載してあります。》

＜算数解答＞

【1】 (1) 38　(2) 2.7　(3) $1\frac{1}{4}$[1.25]　(4) 2

【2】 (1) 5km　(2) 7個　(3) 32才　(4) 16日　(5) 138人
(6) $2\frac{1}{4}$[2.25]cm^2　(7) 58cm^2

【3】 (1) 20%　(2) 2：1　(3) $6\frac{1}{4}$[6.25]%　(4) 360g

【4】 (1) ① 25秒後　② $26\frac{1}{4}$[26.25]秒後と$28\frac{3}{4}$[28.75]秒後
(2) ① 120秒後　② 340cm

○推定配点○
【1】 各5点×4　【2】 各5点×7　【3】 (3)・(4) 各6点×2　他 各5点×2
【4】 (1)① 5点　他 各6点×3　計100点

＜算数解説＞

【1】 (四則混合計算)

重要 (1) 計算の順番を考えてから計算する。カッコの中を先に計算する。かけ算わり算はたし算ひき算より先に計算する。工夫をして計算する。$(6\times3+1)\times5-19\times(8\div2-1)=(18+1)\times5-19\times(4-1)=19\times5-19\times3=19\times(5-3)=19\times2=38$

基本 (2) $1.7+0.3\times4-1.2\div6=1.7+1.2-0.2=2.7$

重要 (3) 小数は分数にしてから，計算の順番を考えて計算する。①$1\frac{1}{3}+\frac{1}{2}=1\frac{2}{6}+\frac{3}{6}=1\frac{5}{6}$，②$1\frac{5}{6}-\frac{1}{6}=1\frac{4}{6}=1\frac{2}{3}=\frac{5}{3}$，③$\frac{5}{3}\times\frac{3}{8}=\frac{5}{8}$，④$1\frac{7}{8}-\frac{5}{8}=1\frac{2}{8}=1\frac{1}{4}$

(4) 分数のわり算は逆数をかけ算する。①$2\frac{5}{11}-1\frac{7}{11}=1\frac{16}{11}-1\frac{7}{11}=\frac{9}{11}$，②$1\frac{17}{18}+\frac{1}{6}=1\frac{17}{18}+\frac{3}{18}=1\frac{20}{18}=2\frac{1}{9}$，③$4\frac{3}{13}\times\frac{9}{11}=\frac{55}{13}\times\frac{9}{11}=\frac{45}{13}=3\frac{6}{13}$，④$2\frac{1}{9}\div1\frac{4}{9}=\frac{19}{9}\times\frac{9}{13}=\frac{19}{13}=1\frac{6}{13}$，⑤$3\frac{6}{13}-1\frac{6}{13}=2$

【2】 (縮尺，差集め算，年令算，仕事算，平均算，平面図形・面積，立体図形・面積)

基本 (1) 20(cm)×25000＝500000(cm)＝5000(m)＝5(km)

重要 (2) AもBと同じ個数にすると，1540－130×4＝1020(円)　1020÷(130＋210)＝3(個)
3＋4＝7(個)

重要 (3) 差が変わらないことを利用する。④－①＝$\boxed{3}$－$\boxed{1}$＝③＝$\boxed{2}$　①＋4＝$\boxed{1}$　4÷0.5＝8←①
8×④＝32(才)

重要 (4) 全体を1とすると，A君の1日あたりの仕事量は，$1\div24=\frac{1}{24}$　A君が15日働いた後残っている仕事量は，$1-\frac{1}{24}\times15=\frac{3}{8}$　$\frac{3}{8}\div6=\frac{1}{16}$　よって，B君が1人で働くと，$1\div\frac{1}{16}=16$(日)かかる。

重要 (5)　300人の合計点数は65.06×300＝19518　　全員女子の場合の合計点数は，60×300＝18000　(19518－18000)÷(71－60)＝1518÷11＝138(人)

(6)　三角形AECの面積は三角形ABCの$\frac{1}{2}$で，三角形AFCの面積は三角形AECの$\frac{3}{3+1}$なので，三角形AFCの面積は，$10\times\frac{1}{2}\times\frac{3}{4}=\frac{15}{4}=3\frac{3}{4}$　　三角形ADCの面積は三角形ABCの$\frac{3}{3+2}$なので$10\times\frac{3}{5}=6$　　よって三角形ADFの面積は$6-3\frac{3}{4}=2\frac{1}{4}$($cm^2$)

やや難 (7)　積み木を重ねた時，(う)の上で(い)の横の長方形の面積は6×10－29＝31，(い)の面積と同じになる。(い)を側面とする直方体の底面は1辺6cmの正方形だとわかる。また，(あ)の横の側面の面積は31＋3×6＝49になり，(あ)の面積と同じになる。(あ)を側面とする直方体の底面は1辺6cmの正方形になる。これらのことから斜線部分の横の長さは6＋6＝12(cm)になり，(う)の面積の2倍になる。29×2＝58(cm^2)

【3】 (濃度の応用)

基本 (1)　濃度(%)＝食塩÷(食塩＋水)×100で求める。㋐の部分の水の重さは1cm^3＝1gより，8×3×10＝240(cm^3)⇒240(g)　　60÷(60＋240)×100＝20(%)

(2)　㋐の部分と㋑の部分に溶けている食塩の量は食塩水の体積に比例する。食塩水の体積の比は㋐：㋑＝8cm：4cm＝2：1

(3)　(2)より，㋑の部分の食塩の重さは$60\times\frac{1}{2+1}=20$　　$20\div\{20+4\times(3+4.5)\times10\}\times100=\frac{25}{4}=6.25$(%)

やや難 (4)　㋐と㋑と㋒にはそれぞれ水が8×3×10＝240(cm^3)，4×3×10＝120(cm^3)，4×4.5×10＝180(cm^3)入っていて，㋐に食塩を60g入れた後，Aの仕切りを取り外すと食塩水の量は60＋240＋120＝420(g)　　Aを戻すとその$\frac{2}{2+1}$が㋐に残る。$420\times\frac{2}{3}=280$　　$60\times\frac{2}{3}=40$　　$40\div(6.25\div100)-280=40\div\frac{1}{16}-280=40\times16-280=640-280=360$(g)

【4】 (図形の移動)

基本 (1)　①　AとBは210－10＝200(cm)離れている。重なり始めるのは200÷(5＋3)＝25(秒後)

②　$10\times10\times3.14\times\frac{1}{2}=157$，重なった面積が157$cm^2$になるのは，Bの中心がAのたての辺(直線と垂直な辺)と重なった時。$210\div8=26\frac{1}{4}$　　$(210+20)\div8=28\frac{3}{4}$　　よって求める答えは$26\frac{1}{4}$(26.25)秒後と$28\frac{3}{4}$(28.75)秒後である。

やや難 (2)　①　AとBは200cm離れていて，それぞれの幅(長さ)は20cmなので，完全に追い抜くのは，(200＋20＋20)÷(5－3)＝120(秒後)

②　Bの右端つまりQの10cm右をSとする。AとBの速さの比5：3＝PR：SRに等しい。PQの長さは210cm　　PSの長さは210＋10＝220(cm)で，5－3＝2にあたる。220÷2＝110　110×3＋10＝340(cm)

★ワンポイントアドバイス★

基礎的な問題に丁寧に取り組むよう日頃から練習すると同時に，応用的な問題にも取り組んでおこう。考え方をわかりやすく書くために式を立てたり，長文を書くことにも慣れておくとよいだろう。

＜理科解答＞

【1】 (1) (胸びれ) イ (背びれ) ア (尾びれ) エ (2) ④ (3) ①
(4) ① (5) (サケ) 白 (アジ) 赤 (6) ③

【2】 (1) 28g (2) ④ (3) ② (4) 13% (5) 4g (6) 25g (7) 36mL

【3】 (1) ① (2) 35 (3) A 26cm B 29cm (4) ① (5) 50cm
(6) 35cm (7) A 30cm B 26cm

【4】 (1) カシオペヤ座 (2) ④ (3) D (4) F (5) 午前1時～午前4時
(6) わし座

○推定配点○

【1】 各2点×6((1)・(5)各完答) 【2】 (1) 1点 他 各2点×6
【3】 (1)～(4) 各1点×5 他 各2点×4 【4】 各2点×6((5)完答) 計50点

＜理科解説＞

【1】 (生物―動物)

基本 (1) 胸びれは左右に1対あるイ，背びれは背中のア，尾びれはエである。

(2) 尾びれを左右に振り動かすことで前に速く進む。

(3) 血合筋は持久力が高くゆっくり動き，マグロ・カツオに多いことから①があてはまる。

(4) 血合筋は赤い色をしていることからミオグロビンが多い遅筋であることがわかり，長時間泳ぎ続けるマグロ・カツオに多いことから①があてはまる。

(5) ミオグロビンの量が$\frac{1}{1000}$＝0.001の割合が境目である。サケは11.2(mg)÷125000(mg)＝0.000896で白，アジは7.3(mg)÷62000(mg)＝0.00116で赤である。

(6) 速筋は短時間速く動くため，遅筋は長時間ゆっくり動くための筋肉と考えられるので，体の大きい動物や長時間走るマラソン選手は遅筋が多いと考えられ，相撲取りや短距離選手，チーターは速筋が多いと考えられる。

【2】 (物質と変化－ものの溶け方)

基本 (1) 実験5で取り出した食塩が36gで，実験3ではとけ残っていた食塩が2gなので加えた食塩の合計は38gであることがわかり，実験3で加えた10gを引くとビーカーAに加えた食塩は28gであることがわかる。

重要 (2) ろ過の方法のポイントはガラス棒をろ紙が3重になっている部分にあてて使う，ろうとの口の長いほうをビーカーのかべに付ける点で④が正しい。

(3) ①はミョウバン，②が食塩，③硫酸銅，④硝酸カリウムである。

(4) 食塩水の濃さ(%)＝$\frac{食塩}{水＋食塩}$×100＝$\frac{15}{100+15}$×100＝13.0…≒13(%)

(5) 実験8までの食塩水の水と食塩の量はそれぞれ水150gで食塩50gである。実験1より100gの水に最大36gの食塩水がとけるので，150gの水には36(g)×$\frac{150}{100}$＝54(g)とける。よって，さらに54(g)－50(g)＝4(g)とかすことができる。

(6) 水溶液の密度は23(g)÷20(mL)＝1.15(g/mL)なので濃度は表より20%とわかる。食塩：水＝20(%)：80(%)＝x：100よりx＝25(g)と計算できる。

(7) 実験9で得られた食塩水30gに含まれる食塩は30(g)×0.2＝6(g)である。水をさらに10g加えたときの濃度は$\frac{6}{30+10}$×100＝15(%)である。40gの食塩水の体積は40(g)÷1.11(g/mL)＝36.0

…≒36(mL)である。

【3】 (力のはたらき－ばね)

基本

(1)　ばねの伸びがつるしたおもりの重さに比例する法則は「フックの法則」である。

(2)　ばねBは10gで3cm伸びるので32(cm)＋3(cm)＝35(cm)である。

(3)　ばねA・Bそれぞれ30gのおもりを支えるので表よりAは26cm，Bは29cmとなる

(4)　ばねAは10gで2cm，ばねBは10gで3cm伸びる。図2ではそれぞれに30gの重さがかかるのでのびの比は$\left(2(\mathrm{cm})\times\frac{30}{10}\right)$：$\left(3(\mathrm{cm})\times\frac{30}{10}\right)$＝2：3となる。

(5)　ばねBの自然長は20cmだからばねBはおもりを引いたり押したりしていないので，ばねAは30gのおもりがつるされているのと同じになる。表1よりばねAに30gのおもりをつるした時の長さは26cmなので，26(cm)＋4(cm)＋20(cm)＝50(cm)となる。

(6)　ばねBが11cmのときは30gの力で押されているので，ばねBは30gの力でおもりを支えている。そのためばねAにかかる重さは0gとなり，ばねAの長さは自然長20cmになっている。全体の長さは20(cm)＋4(cm)＋11(cm)＝35(cm)である。

(7)　ばねAとBの伸びの合計は図5の時より60(cm)－50(cm)＝10(cm)伸びている。この時ばねAもばねBも同じ力で引かれているのでのびの比は2：3である。ばねAは図5の時より10(cm)×$\frac{2}{2+3}$＝4(cm)伸びているので，26(cm)＋4(cm)＝30(cm)になっている。図5の時よりばねBは10(cm)－4(cm)＝6(cm)伸びているので，20(cm)＋6(cm)＝26(cm)となっている。

【4】 (天体・気象・地形－星と星座)

基本

(1)　Wのような形をしている星座はカシオペヤ座である。

(2)　北極星を中心に反時計回りをしているので④の方向に動く。

(3)　星座は1時間で15°動くので，6時間では15°×6＝90°動くのでDの位置に見える。

(4)　星座は1か月で30°動くので3か月後の午後5時には30°×3＝90°動くのでDの位置に見える。その位置から4時間後の午後9時には15°×4＝60°動くのでFの位置に見える。

(5)　下図1のように8か月後の午後5時には30°×8＝240°動くので地平線の下にいる。再びAの位置まで動くのは(360°－240°)÷15°＝8時間後の午前1時であるから，オリオン座を観察できるのは午前1時から午前4時までである。

(6)　下図2のように5か月後の午後5時にオリオン座は30°×5＝150°動いている。午前3時は14時間前なので15°×14＝210°もどるからAの位置より60°手前にいる。南中している星座はオリオン座より60°＋90°＝150°先にいる。1つの星座は30°ずつ離れているので150°÷30°＝5だから5つ時計回りに先にいる「わし座」である。

図1

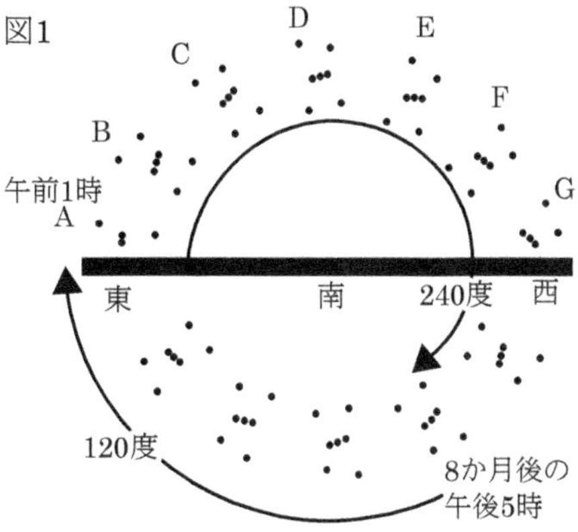

図2

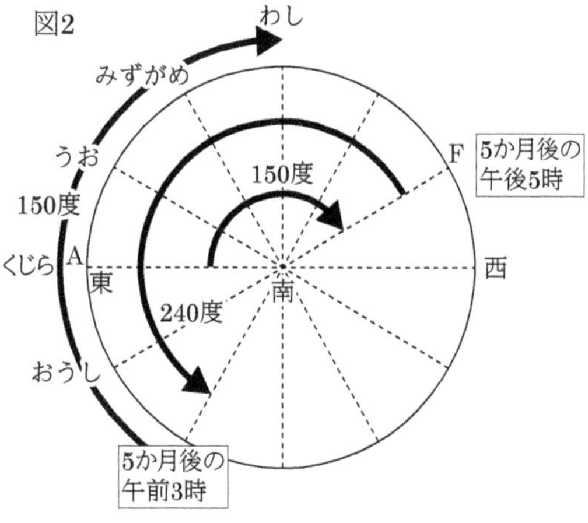

★ワンポイントアドバイス★

【1】は，すでに知っている知識ではなく問題文中に与えられた資料から考察していく問題であるが，与えられた知識を整理して考えていけば正解にたどりつける。【2】では実験が1～10まで段階的に行われているので1つ1つの実験で食塩水中の水と食塩の量がどう変化していくのかを見極めて，表のデータと比較して考えよう。

＜社会解答＞

1 問1 エ　問2 イ　問3 (例) 花火大会・コンサート　問4 (例) 交通渋滞等
問5 (例) 働く人を増やす必要があるから。　問6 (例) 平日に休みをとることが難しいため。　問7 ウ

2 問1 (1) 屯田兵　(2) 右図　問2 イ・ウ

問3 (1) エ　(2) ウ　問4 キ　問5 イ
問6 (1) (例) 縄文時代の人々が，さまざまな地域の人々と繰り返し交易していた。　(2) カ　問7 ウ
問8 (例) 収穫したみかんをジュースに加工し，インターネットを通じて直接販売する。　問9 (例) 農業所得に占める畜産の割合が高いから。　問10 オ

3 問1 エ　問2 ア　問3 ウ　問4 イ
問5 (1) 日露戦争　(2) エ　問6 イ→ア→ウ　問7 (例) アイヌの人々は漁撈・狩猟・採集によって得た食料から十分に塩分を摂取することが出来ていたと考えられるため。

○推定配点○

1 問5 3点　他 各2点×6
2 問1(2) 2点　問6(1)・問8・問9 各3点×3　他 各1点×9(問2完答)
3 問5(1)・問6 各3点×2(問6完答)　問7 4点　他 各1点×5　計50点

＜社会解説＞

1 (日本の地理－「観光」を起点とした問題)

基本 問1 ア「都道府県別・品種別」が不適。 イ「購入量・購入金額」が不適。 ウ「輸出先・輸出量」が不適。

問2 ア「時差は12時間」が不適。 ウ「一年を通して」が不適。 エ「距離が近く」が適。

問3 直前の「冬の海水浴場」を踏まえる必要がある。

問4 空欄④はマイナスの内容にしなければならない。

重要 問5「人件費」の観点からまとめていきたい。

重要 問6「平日休暇の難しさ」に触れていきたい。

問7 ア 2014年も両方減少している。 イ「宿泊旅行の消費額のみ」が不適。 エ「両方とも」が不適。

2 (日本の地理・歴史融合－「峠」を起点とした問題)

問1 (1) 屯田兵制度は黒田清隆らの建議によって断行された。 (2) 宗谷海峡・ラパッカ岬と占守島間の海峡を国境とすることを踏まえる必要がある。

問2 ア・エは県内工業の発展が読み取れないので不適である。

基本 問3 (1) ア 「御伽草子」が不適。 イ 「銀閣近くの東求堂」が不適。 ウ 「万葉集」が不適。 (2) 「中禅寺湖へ注いである」が不適。

問4 年間水揚げ量から1が銚子港，2が釧路港と判断し，いわし類の割合の高さから4が境港，残った3が気仙沼港と特定していく。

問5 ペリーの下田来航は1854年の出来事である。

重要 問6 (1) 交易圏の広さ・頻度の高さを踏まえる必要がある。 (2) それぞれの花の需要が高まる行事の時期を考慮して特定していく。

問7 ア 「奈良県・京都府」が不適。 イ 「天台宗」ではなく真言宗である。 エ 「対馬海流・リマン海流」が不適。

重要 問8 「1次・2次・3次」産業のそれぞれの要素に触れ，それらが融合したことを説明していきたい。

重要 問9 畜産業の割合の高さに触れる必要がある。

問10 気温の低さから3が北見峠，夏冬の気温差の大きさから2が和田峠，降水量の多さから4が堀切峠，残った1が三坂峠となる。

3 (日本の歴史－「塩」を起点とした問題)

基本 問1 エ 「埴輪」が使われたのは古墳時代である。

問2 ア たたら製鉄は，江戸時代以前から盛んであった。

重要 問3 大仏開眼式は752年である。

問4 Aに入るのは武田信玄であり，現在の山梨県を拠点としていた。

問5 (1) 日露戦争の勝利によって，日本は名実ともに欧米列強に肩を並べたといえる。 (2) アは1886年，イは1902年，ウは1871年，エは1911年の出来事である。

問6 日本国憲法は1946年に公布され，国家総動員法は1937年に制定され，高度成長期は1973年に終焉した。

重要 問7 漁撈・狩猟・採集から塩分を十分摂取することができたことを盛り込む必要がある。

★ワンポイントアドバイス★

本校は本格的な記述問題が出題されているので，日頃から答案作成のトレーニングをしておこう。

＜国語解答＞

一 問一 テレビのコマーシャル 問二 イ 問三 特異 問四 エ 問五 (例) (狩猟採集時代には生態系の一翼を担っていた人間が，) 農業を営む中で排泄物を循環させるようになり，その結果，生態系から切り離される(という状態になった。) 問六 ウ

二 問一 ア 問二 イ 問三 エ 問四 お客さんの家の冷蔵庫 問五 (例) 理屈のわかる子供で，自分たちが貧乏であることを理解して金銭的なわがままを言わないでい

る点。　問六　綱渡り

三　問一　①　視界　②　免許　③　功名　④　候補　⑤　政党　⑥　批評

問二　手　問三　イ　問四　一万二千六　問五　①　ウ　②　イ　問六　ウ

○推定配点○

一　問五　10点　他　各5点×5　二　問五　10点　他　各5点×5

三　問一　各2点×6　他　各3点×6　計100点

＜国語解説＞

一　(論説文－要旨・大意の読み取り，文章の細部の読み取り，空欄補充の問題，記述力・表現力)

基本　問一　空欄Aをふくむ意味段落のまとまりで話題にしているのは「消費」ということである。Aに続く部分では「決定的な影響力を持っていました」とある。何が消費について「決定的な影響力を持って」いたのかと考えると，「テレビのコマーシャルを通じて消費もうながされました」とあるのが見つかる。

問二　問一と関連させて考える。筆者は，戦後の「消費」をうながす社会を否定的にとらえている。Bの直前に「日本の伝統的美風であった食べ物や生活用品を大切にし，贅沢を慎む生活態度を失ったこと」とあり，このことを「悲しい変化」と否定的にとらえている。ア「造作ない」は，手数や努力がいらないの意味。

問三　空欄をふくむ文の「『食べ物がどこから来たのか』などということに関心を払わない」という言葉は，文中では「その食物(＝スーパーで売られている食物)がどこからきたのかがわかりませんし，気にもしていないでしょう」と説明されている。このことを，筆者は「とても特異なことだ」と述べている。

問四　初めの空欄をAとする。Aの前後は，なんでも揃っている・良いものが安く買えるというつながり。二つめの空欄をBとする。Bの前後は，耕地で穀類を作るようになった・食物を得られるというつながり。ア～エの言葉をつながりに当てはめて考える。アの「衛生的」はAには当てはまるが，Bには当てはまらない。イの「奇跡的」は，どちらにも当てはまらない。ウの「画一的」は，何もかも同じような形や性質である様子の意味。「なんでも揃っていて」と合わない。エの「効率的」は，少ない労力や時間で多くの成果を上げられる様子。スーパーでの買い物，耕地での穀類栽培のどちらにも当てはまる。

重要　問五　傍線②は「ところが」で始まっているので，農業が始まったことによって，直前の「生態系の一翼を担っていた」という状況が変化したことがわかる。「生態系」をキーワードにして読み進めていくと，最後の一文に「重大なのは，人が生態系から切り離されたということです」とある。農業が始まったことによってどのようなことになり，人が生態系から切り離されるという状態になったのかをつかむ。生態系の一翼を担うとは，狩猟採集時代の人間が「自然から食物を得て排泄し，その排泄物は他の生き物を生かし，植物の生育に役立つ」ことだと説明されている。ところが農業が始まると，「ウンチ(＝排泄物)は，肥料を大量に必要とする作物に利用され」て，「食べたものを出して，出したもので食べ物を作り，それをまた食べるという循環が生まれ」のである。つまり，人間は排泄物を生態系にもどすのではなく，自分たちで循環させるようになり，生態系から切り離されるという状態になったのである。

やや難　問六　ウは，「太平洋戦争が始まりますが，その時代は記録が残っていません」とあり，戦時中のゴミの量はわからないし，リサイクルについても説明がない。アは，「GDPは1955年に戦前のレベルに回復し，1960年にはその2倍となりました……テレビのコマーシャルを通じて消費もうながされました。食べ物も良くなり，電化製品などの購入が増えました」とある。イは，「私は東京郊外の小平市に住んでいますが」とあり，小平市で作られた野菜が木造りの小屋で売られている様子が，筆者の経験として説明されている。エも，筆者の経験として電化製品について，「1970年くらいからは『お客さん，修理費を考えたら新しいのを買った方がいいですよ』と言われるようになりました」と説明されている。

二 (小説－心情・情景の読み取り，文章の細部の読み取り，空欄補充の問題，記述力・表現力)

やや難 問一　直後に「要するに律は，友だちの家の冷蔵庫を借りることにしたのだ。自宅にはないから」とある。そのことを，榊原さんは「昨日律さんがこのジュースを安いという勢いで買ったんだけれども，その時は飲む気にならず，うちの冷蔵庫で保管してくれと寛美に頼んだそうです」と説明している。「臨機」は，時にのぞみ応じること。ジュースを，今は飲む気にならないから保管してくれと頼んだことを指している。理佐は，自宅に冷蔵庫がないために律が人の家の冷蔵庫を借りたことを情けなく思っている。エは紛らわしいが，「榊原さんは，責める様子も宥める様子も見せず，ただ事実だけを述べる」とあるのに合わない。

基本 問二　春休みの後半になって，律に満足な食事を与えることができなくなったことを理佐は心苦しく思っている。小学校の給食が始まって，昼食には律は満足な食事を食べられるようになって，理佐はほっとしているのである。

問三　「苦言」は，言われる人にとっては，いい気はしないが，その人のためになることば。「小学三年の妹としては，破格(＝標準から外れていること)の働きをしてくれている」から，「苦言を呈するのは忍びない」のである。「苦言を呈する」は，苦言を言うということ。律が人の家の冷蔵庫を借りたことについて，注意をしているのである。ア「助言」は，わきから言葉をそえて助けること。イ「進言」は，地位や身分などが上の者に意見を申し述べること。ウ「暴言」は，乱暴で無礼な内容の言葉。

問四　Zには，「寛美ちゃんの家の冷蔵庫(11字)」を指す言葉が入る。理佐の立場からは「寛美ちゃんの家の冷蔵庫」は，そば屋のお客さんである榊原さんの家の冷蔵庫ということになる。それを10字で言い表している言葉を探すと，「(そば屋の)お客さんの家の冷蔵庫」が見つかる。

重要 問五　「買うよ，ではなく，買おうよ」と「言う方がしっくりきた」のは，理佐が律を対等の関係にある相手としてとらえているからである。「生活を分け合っている」とは，対等の関係で生活を共にしているということである。理佐が律をどのように見ているかがわかる言葉を文中から探す。「子ども扱いを好まない律」，「律は理屈のわかる子供だった」，「自分たちが貧乏だということを理解していたし，それを厳粛に受け止めているようだった。なので律は金銭的なわがままはほとんど言わなかった」とある。これらの内容を35～45字でまとめる。「子ども扱いを好まない」と「理屈のわかる子供」は同じことを説明しているので「理屈のわかる子供」とまとめる。「貧乏だということを理解していた」と「金銭的なわがままはほとんど言わなかった」という点が，律の大人びた様子を表している。

問六　「まるで□のようだ」は，たとえの意味を表す表現である。文中から，理佐と律の「毎日の生活」の様子を描いた部分を探すと，「十四時になって水車小屋に向かいながら～なんて考えたこともなかった」とある，親元を飛び出してからの生活を描いた段落が見つかる。段落の初めの文に「綱渡りみたいだ，と理佐は思う」とある。「みたいだ」もたとえの意味を表す表現なので「綱渡り」の3字が入る。

三 (ことわざ・慣用句・四字熟語，漢字の知識，漢字の書き取り，敬語)

問一　①　一定の位置から見わたすことのできる範囲。「視」は「ネ(しめすへん)」。ころもへんと区別する。「視野」「正視」などの熟語がある。「界」には「境界」「財界」などの熟語がある。

② 官公庁が許可(証)を与えること。「免」の熟語には「免除」「放免」などがある。「許」の訓は「ゆる-す」。「許可」「許容」などの熟語がある。 ③ てがらを立てて有名になること。「怪我の功名」は，何気なくしたことが，思いがけずよい結果になること。また，失敗や災難が思いがけずよい結果になること。同音異義語の「巧妙(＝非常に巧みなこと)」「高名(＝名高いこと)」「光明(＝明るい光)」と区別する。「功」の熟語には「成功」「功績」などがある。 ④ 「候」は，中央の縦棒を忘れやすいので注意する。「天候」「徴候」などの熟語がある。「補」はころもへん。「ネ(しめすへん)」と区別する。同音で形の似た「捕」とも区別する。訓は「おぎな-う」。「補欠」「補充」などの熟語がある。 ⑤ 政治上同じ考え・理想をもつ人々が集まり，政権を取ってその考え・理想を実現するためにつくった団体。「政」には「政策」「政府」，「党」には「悪党」「野党」「与党」などの熟語がある。 ⑥ 物事の良い点・悪い点などをあれこれ評価すること。「批」は，同音で形の似た「比」と区別する。「批」には「批判」「批准」，「評」には「評判」「定評」などの熟語がある。

問二 ① 「一挙手一投足」は，細かい，一つ一つの動作・行動。「一挙手」はちょっと手を挙げる動作，「一投足」はちょっと足を動かしたりする動作。 ② 「赤子の手をひねるよう」は，力のない相手をたやすく負かすこと。たやすくできること。「赤子」は赤ん坊。

基本 問三 「一心不乱」は，心を一つのことに集中して，ほかのことに乱されないこと。「無我夢中」は，一つのことにすっかり心をとらわれ，われを忘れて行動すること。ア「一進一退」は，進んだり退いたりすること。ウ「一日千秋」は，一日が千年にも感じられるほど長く思われること。エ「日進月歩」は，月日とともに，たえまなく進歩すること。

問四 「一騎当千」「笑止千万」「二束三文」となって，一＋千＋千＋万＋二＋三で一万二千六となる。

基本 問五 ① ウ「読経(どきょう)」は経を読むで，上が動作，下が目的・対象の構成。ア「紅葉」は紅(くれない)の葉，イ「竹刀」は竹の刀，エ「白髪」は白い髪で，上が下を修飾する構成。

② 「善悪」は，「善」と「悪」で反対の意味の字を重ねる構成。ア「門戸」は門と戸，ウ「救助」は救うと助ける，エ「身体」は身と体で，似た意味の字を重ねる構成。

やや難 問六 「お渡しになる」は，「渡す」の尊敬の言い方。主語が「母」なので尊敬でなく謙譲の言い方の「差し上げる」を使うのが適切。ア「ご存じ」は「知っていること」の尊敬の言い方。主語が恩師なので適切。イ「いらっしゃる」は「来る」の尊敬の言い方。主語が「取引先の部長」で外部の人間なので適切。エ「ご覧になる」は「見る」の尊敬の言い方。王妃の動作なので適切。

★ワンポイントアドバイス★

論説文は，「ゴミ」や「くらし」「生態系」といった事柄についてどのように説明を進めているかを読み取っていこう。小説は，会話のやり取り，語られている事柄などから人物の置かれた状況，関係性や心情，思いをつかもう。また，場面に沿って表現やたとえの意味をとらえよう。

2023年度

★★★★★★★★★★★★★★★★★★★★★★★★

入　試　問　題

2023年度

国学院大学久我山中学校入試問題（一般・CC 第1回）

【算　数】（50分）　＜満点：100点＞

【注意】　１．分度器・コンパスは使用しないでください。
　　　　　２．円周率は3.14とします。

【１】 次の計算をしなさい。

(1)　$(4+3)\times 13-(5+2)\times 11$

(2)　$(1.38+0.84)\div 0.6\times 5$

(3)　$1\frac{2}{3}\times 2\frac{4}{5}\times\frac{3}{7}-1\frac{11}{25}\div 3\frac{3}{5}$

(4)　$0.4\div\left\{\left(\frac{5}{6}+\frac{3}{8}-\frac{11}{12}\right)\times 2.4\right\}$

【２】 次の問いに答えなさい。

(1)　ある道に沿って25本の木を12m間隔《かんかく》で植えました。１本目の木から25本目の木まで何m離《はな》れていますか。ただし，木の太さは考えないものとします。

(2)　長方形があります。この長方形のたての長さを25％長くし，横の長さを25％短くしてできる長方形の面積は，もとの長方形の面積の何倍ですか。

(3)　濃度《のうど》４％の食塩水350gと濃度７％の食塩水400gを混ぜてできる食塩水の濃度は何％ですか。

(4)　兄と弟の所持金の比は３：１です。兄から弟に500円渡《わた》したところ２人の所持金の比は１：２になりました。はじめの兄の所持金は何円ですか。

(5)　１辺の長さが異なる３つの正方形を右の図のように並べました。
　このとき，３つの正方形の面積の和は何cm^2ですか。

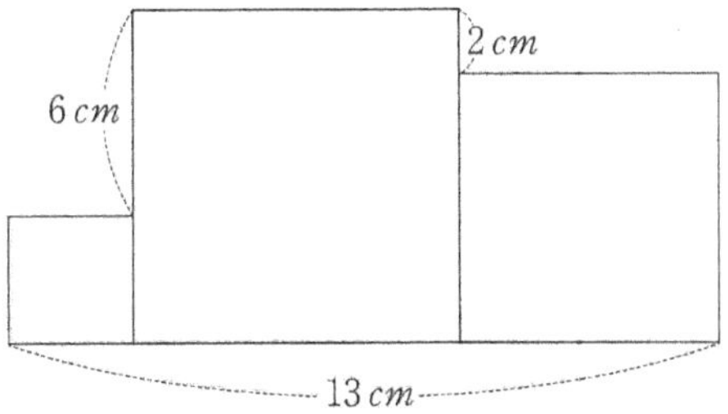

(6)　下の図の平行四辺形ABCDで，黒丸は各辺を３等分する点を表します。このとき，BG：GEをもっとも簡単な整数の比で表しなさい。

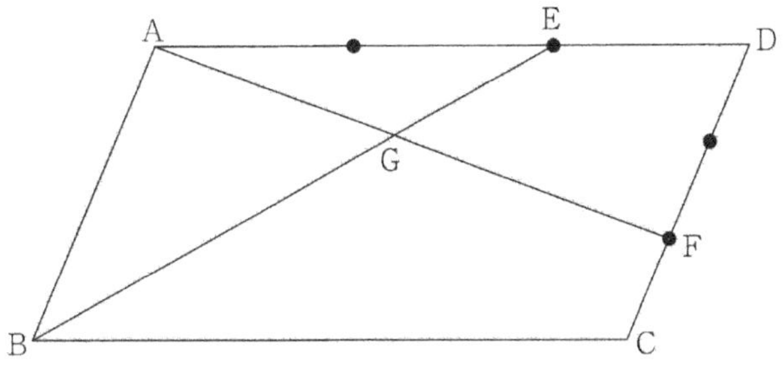

⑺　立体Aは，立方体の各辺の真ん中の点を通る平面で立方体を切り，８つの合同な立体を除いたものです。立体Aの辺の数は全部で何本ですか。

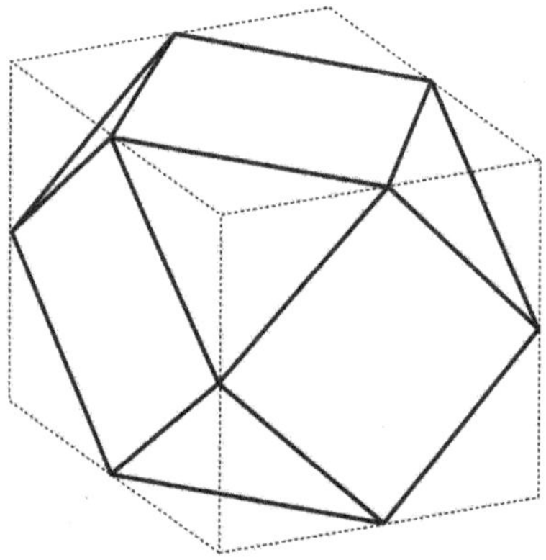

立体A

【３】 下の表のA，Bのらんには，それぞれある規則にしたがって式が並んでいます。

A	$\frac{1}{2\times3}$	$\frac{1}{4\times5}$	$\frac{1}{6\times7}$	……
B	$\frac{3}{3\times6}$	$\frac{3}{5\times8}$	$\frac{3}{7\times10}$	……

ここで，Aのらんの１番目の式を（A，1），Bのらんの１番目の式を（B，1）のように書くことにします。

例えば（A，3）は $\frac{1}{6\times7}$，（B，2）は $\frac{3}{5\times8}$ となります。

また（A，2）は $\frac{1}{4\times5}$ となるので，（A，2）を計算すると $\frac{1}{20}$ になります。

次の問いに答えなさい。

⑴　（A，10）を計算するといくつになりますか。

⑵　$\frac{3}{61\times64}$ は，A，Bどちらのらんの何番目の式ですか。

⑶　次の$\boxed{ア}$，$\boxed{イ}$，$\boxed{ウ}$にあてはまる数はそれぞれいくつですか。

$\frac{1}{2\times3}=\frac{\boxed{ア}}{2}-\frac{\boxed{ア}}{3}$ となり，$\frac{3}{3\times6}=\frac{\boxed{イ}}{3}-\frac{\boxed{イ}}{6}$ となります。

また，（A，1）＋（A，2）＋（B，1）＋（B，2）を計算すると $\boxed{ウ}$ になります。

⑷　（A，1）＋（A，2）＋（A，3）＋（A，4）＋（A，5）＋（B，1）＋（B，2）＋（B，3）＋（B，4）＋（B，5）を計算するといくつになりますか。

【４】 倉庫から少し離《はな》れたところにトラックが止まっています。ＡさんとＢさんの２人で倉庫にある３個の荷物をトラックに運びます。

Ａさんはトラックから倉庫へ行って，荷物を１個持ってトラックに戻《もど》ってきます。Ｂさんは倉庫から荷物を１個持ってトラックへ行き，トラックに荷物を積んだ後，再び倉庫へ戻りもう１個荷物をトラックに運びます。２人とも歩く速さは，荷物を持つと同じ速さだけ遅《おそ》くなります。Ａさんがトラックから出発したと同時にＢさんは倉庫から出発します。

荷物を持っていないとき，Ａさんは毎分72m，Ｂさんは毎分66mで歩きます。Ａさんは歩き始めてから，Ｂさんとはじめて出会うまで30秒，倉庫に着くまで50秒かかりました。荷物を持ったり置いたりする時間は考えないものとして，次の問いに答えなさい。ただし，(2)，(3)，(4)は途中《とちゅう》の考え方も書きなさい。

(1) 倉庫からトラックまで何m離れていますか。

(2) ２人の歩く速さは，荷物を持つと毎分何m遅くなりますか。

(3) ＡさんとＢさんが２回目に出会うのは，２人が歩き始めてから何分後ですか。

(4) すべての荷物をトラックに運び終えるのは，２人が歩き始めてから何分後ですか。

【理　科】（40分）　＜満点：50点＞

【１】 次のⅠ，Ⅱの各問いに答えなさい。

Ⅰ．次の(1)～(5)の文中の（A）にあてはまる語句を答えなさい。

(1) 光電池は光を（　A　）に変えている装置です。そのため，図のような回路の光電池に光を当てるとモーターが回ります。

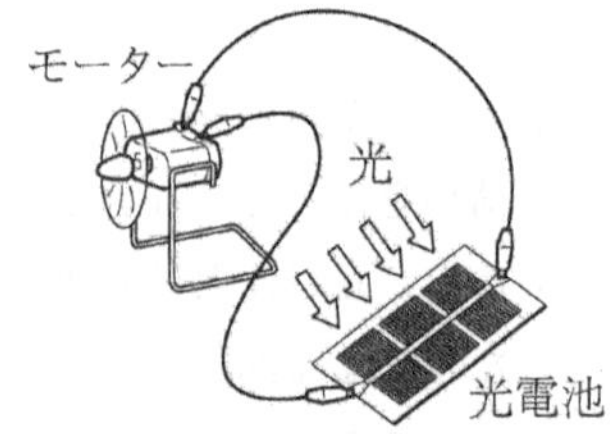

(2) （　A　）は二酸化炭素を通すと白くにごります。

(3) 体の各部で不要になったものは，血液で（　A　）に運ばれ，水とともにこしだされてにょうになります。

(4) 海や湖の底にたまったれきや砂，どろの層は，長い年月をかけて固まり，それぞれれき岩，砂岩，でい岩とよばれる岩石になります。このようにしてできた岩石は（　A　）とよばれます。

(5) 骨と骨の間には（　A　）というつなぎ目があり，人のうでや手はそこで曲がります。

Ⅱ．次の(1)～(5)について，下の①～⑤の中からあてはまるものを１つ選び，番号で答えなさい。

(1) 「久我山」の「久」の漢字を紙に書き，紙を上下逆さまにして鏡に向けました。鏡にうつって見えるものとして正しいものを選びなさい。

(2) 気体について述べた文として正しくないものを選びなさい。

① 気体はあたためると体積が大きくなる。

② アンモニアは水に溶《と》けやすい気体である。

③ 炭酸水に溶けている気体は二酸化炭素である。

④ 水蒸気を冷やすと，液体の水に変えることができる。

⑤ 空気中にふくまれる気体で２番目に多いものは二酸化炭素である。

(3) 図は北斗七星《ほくとしちせい》を表しています。北極星の位置として正しいものを選びなさい。

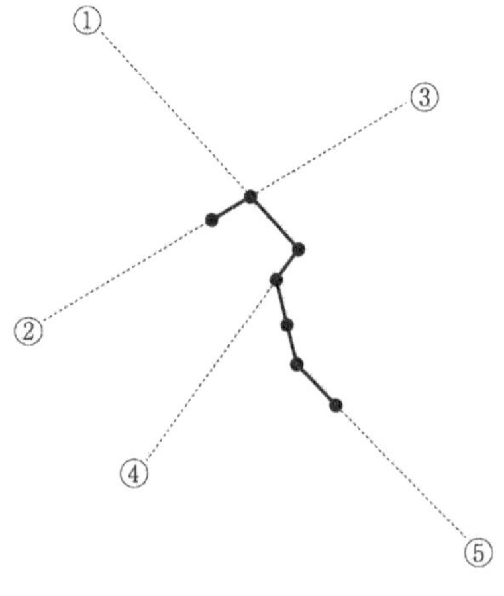

⑷　一生のうち，水中で生活する時期がないものを選びなさい。

①　トノサマガエル　　②　アカハライモリ　　③　アメリカザリガニ

④　カナヘビ　　⑤　コイ

⑸　雲のないある日，一日を通して月を見ることができませんでした。数日後の日が沈《しず》んでいる間に見つけた月の形とその向きの組み合わせとして正しいものを選びなさい。

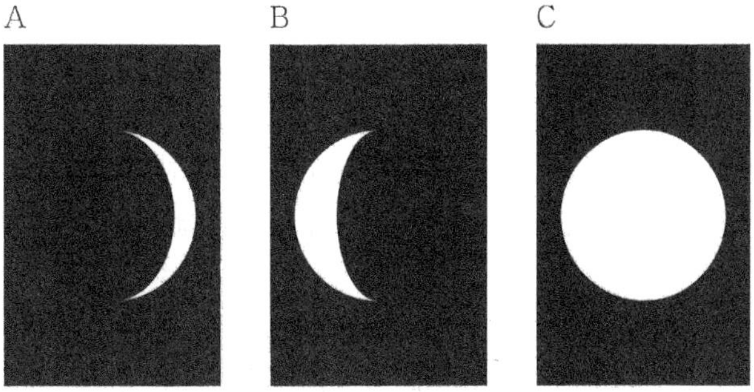

①　A－東　　②　A－西

③　B－東　　④　B－西

⑤　C－南

【２】　台風について，次の文章を読み，あとの各問いに答えなさい。

台風はとても大きな積乱雲の集まりで，台風の周囲では，上から見て，反時計回りに風が吹《ふ》きます。そのため，台風が観測点の近くを通過すると，風向き（風が吹いてくる向き）が変化していきます。図１の場合，観測点の東側を台風が北上し通過すると，観測点の風向きは反時計回りに変化していき，最初は北東の風が吹き（図１－①），次に北の風が吹き（図１－②），そして北西の風が吹く（図１－③）ようになります。

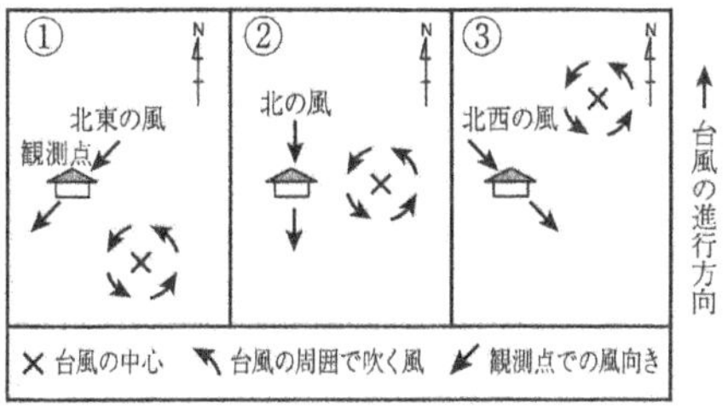

図１

⑴　台風の中心にある「雲のないところ」は何と呼ばれているか答えなさい。

⑵　観測点の西側を台風が北上し通過するとき，その観測点での風向きの変化として正しいものを次の①～④の中から１つ選び，番号で答えなさい。

①　北→北西→西　　②　南東→南→南西

③　東→北東→北　　④　北東→北→北西

⑶　ある日の午前中に，図２の位置関係にある４つの観測点A～Dの近くを台風の中心が北上しながら通過し，台風によって風が強く吹きました。表１はこの日の午前６時から９時までの風向きを10分ごとに示したものです。台風の中心が通過したところを次の①～④の中からすべて選び，番号で答えなさい。

①　AとBの間

②　AとCの間

③　BとDの間

④　CとDの間

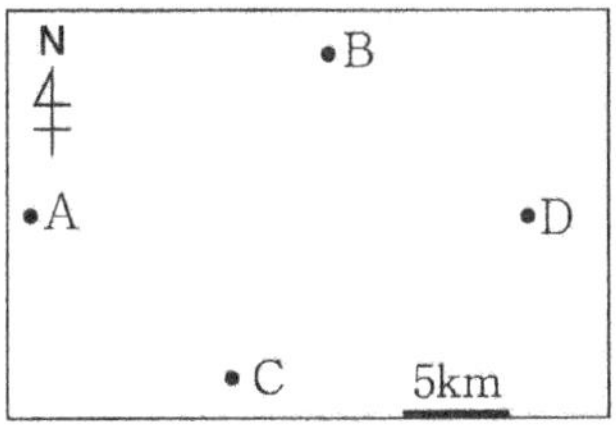

図２

表１

	A	B	C	D
6：00	東	東	東	東
6：10	東	東	東	東
6：20	東	東	東	東
6：30	東	東	東	東
6：40	東	東	東	東
6：50	東	東	東	東
7：00	北東	東	東	東
7：10	北東	東	北東	東
7：20	北東	東	北	東
7：30	北	東	北西	南東
7：40	北西	北	北西	南西
7：50	西	北西	西	西
8：00	西	西	西	西
8：10	西	西	西	西
8：20	西	西	西	西
8：30	西	西	西	西
8：40	西	西	西	西
8：50	西	西	西	西
9：00	西	西	西	西

台風は強い風や雨をともなうことが多く，被害《ひがい》に備える必要があります。そこで気象庁はその進路について予想し，それをわかりやすく台風進路予想図で発表しています。この図には発表時の台風の位置と状況《じょうきょう》と，これから先の台風の位置と状況の予想が描かれています。

台風進路予想図の中には台風の進路について，ある時間に台風の中心がやってくる可能性の高いところを予報円で示しています。その時間に予報円の中に台風の中心がある可能性は70%とされています。

台風によって風が25m/秒以上の速さで吹く可能性のある範囲《はんい》を暴風域といいます。予報円の中に台風の中心があるとき，予報円の周囲は台風の暴風域になる可能性があり，この範囲を暴風警戒《ぼうふうけいかい》域《いき》といいます。

気象庁はこれを５日後まで予想したものを発表しています。

図３は９月１日15時ごろの台風の位置と，その後の毎日15時の予報円を示した台風進路予想図です。図中の点線の円は予報円，実線の円は暴風域，そして予報円の周囲の実線は暴風警戒域を表しています。

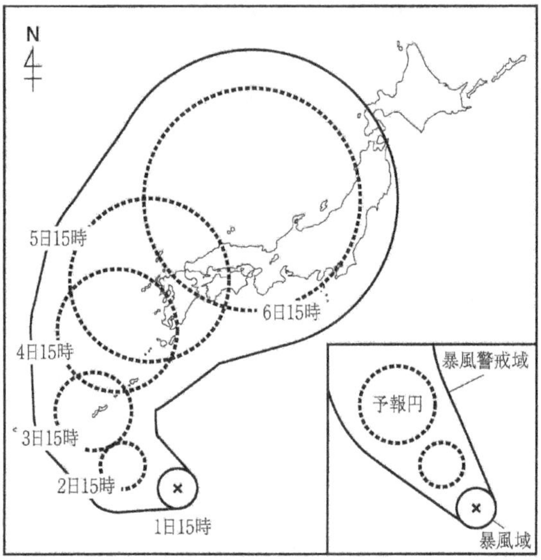

図3

(4)　台風の進路について述べた文として正しいものを次の①～⑤の中から１つ選び，番号で答えなさい。

①　５日後までに予報円の外に出ることはあっても，少なくとも５日後の予報円の中に台風の中心は入っている。

②　台風の中心は必ず予報円の中心に沿って進む。

③　予報円が大きければ大きいほど，台風が大きく発達していることを示している。

④　予報円から外れて台風が進むことはない。

⑤　予報円は台風の進路の目安であって確実ではない。

次のページの図４は10月２日午前０時に発表されたある台風の６時間ごとの台風進路予想図です。この台風が実際に通過したとき，図中の観測点Ｅ～Ｈで風向きと風の強さを観測し，この日の風向きの変化と最大風速（この日最も風の強かったときの風の速さ〔m/秒〕）を記録しました。この日の台風は，それぞれの時間に台風の中心が予報円の中にあり，暴風域の中でのみ暴風（風速25m/秒以上の風）が吹いたことがわかっています。

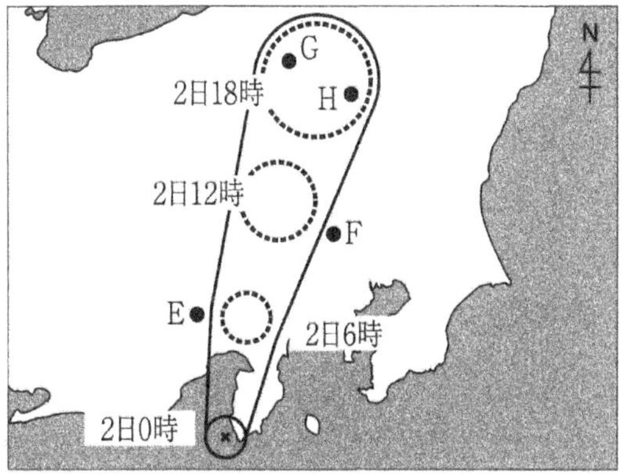

図４

(5) 図４の観測点Ｅ～Ｈでの風向きの変化と最大風速の組み合わせとして，正しいものを次の①～⑥の中から１つ選び，番号で答えなさい。ただし，図４で台風が通過するときの風向きの変化はすべて台風の周囲に吹く風によるものとし，台風の暴風域の大きさは通過中に変わることはなかったものとします。

	E		F		G		H	
	風向きの変化	最大風速	風向きの変化	最大風速	風向きの変化	最大風速	風向きの変化	最大風速
①	南東→南→南西	20	北東→北→北西	16	南東→南→南西	54	北東→北→北西	53
②	南東→南→南西	35	南東→南→南西	45	北東→北→北西	20	北東→北→北西	55
③	北東→北→北西	18	南東→南→南西	10	南東→南→南西	54	南東→南→南西	15
④	北東→北→北西	15	南東→南→南西	16	南東→南→南西	23	南東→南→南西	54
⑤	北東→北→北西	16	南東→南→南西	18	北東→北→北西	50	南東→南→南西	50
⑥	北東→北→北西	20	北東→北→北西	24	南東→南→南西	22	北東→北→北西	54

【３】 電熱線に関するあとの各問いに答えなさい。ただし，答えが割り切れない場合は小数第一位を四捨五入して整数で答えること。

長さや断面積が異なる電熱線Ａ～Ｊをそれぞれ用いて，図１のような回路を作り，電池に流れる電流を測りました。その結果をまとめたものが表１です。なお，それぞれの回路に用いる電熱線の素材や電池はすべて同じものとします。

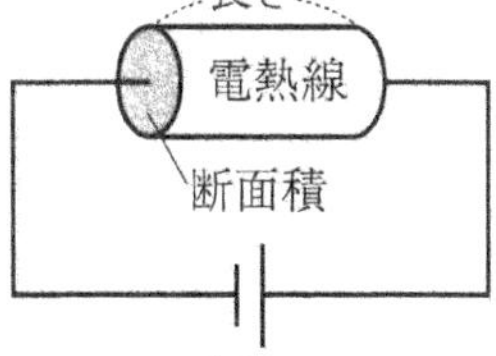

図１

表１

	A	B	C	D	E	F	G	H	I	J
長さ（cm）	2	2	2	4	4	4	8	8	8	16
断面積（mm^2）	0.2	0.4	0.8	0.2	0.4	0.8	0.2	0.4	0.8	0.8
電流（mA）	100	200	400	50	100	200	25	50	100	☆

(1) 前のページの表１よりわかる電熱線の性質として正しいものを次の①～④の中からすべて選び，番号で答えなさい。

① 同じ断面積の電熱線は，長さが長いほど電流は流れやすい。

② 同じ断面積の電熱線は，長さが短いほど電流は流れやすい。

③ 同じ長さの電熱線は，断面積が大きいほど電流は流れやすい。

④ 同じ長さの電熱線は，断面積が小さいほど電流は流れやすい。

(2) 表１の☆に入る数値を答えなさい。

電熱線Aを用いて図２，図３のような回路を作り，電池に流れる電流を測ったところ，図２の電池に流れる電流は50mA，図３の電池に流れる電流は200mAでした。

これらの結果から，２つの電熱線を図２のようにつなげると２つの電熱線の長さが足された１つの電熱線として考えることができます。また，２つの電熱線を図３のようにつなげると２つの電熱線の断面積が足された１つの電熱線として考えることができます。

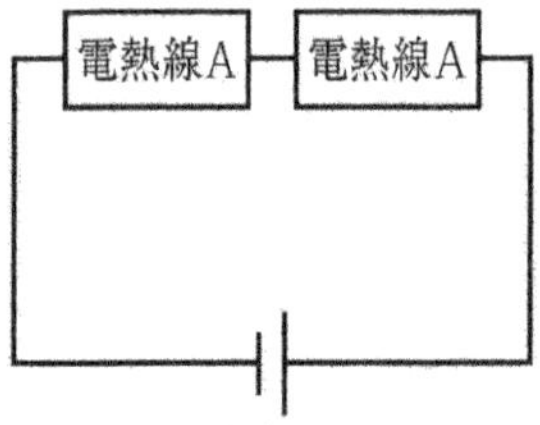

図2

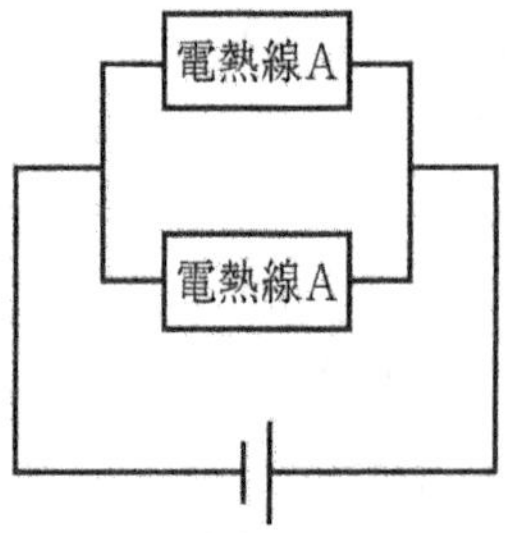

図3

(3) 図２の２つの電熱線Aは１つの電熱線として考えることができます。その電熱線としてふさわしいものを前のページのA～Jの中から１つ選び，記号で答えなさい。

(4) 図４のような回路を作りました。電池に流れる電流（mA）を答えなさい。

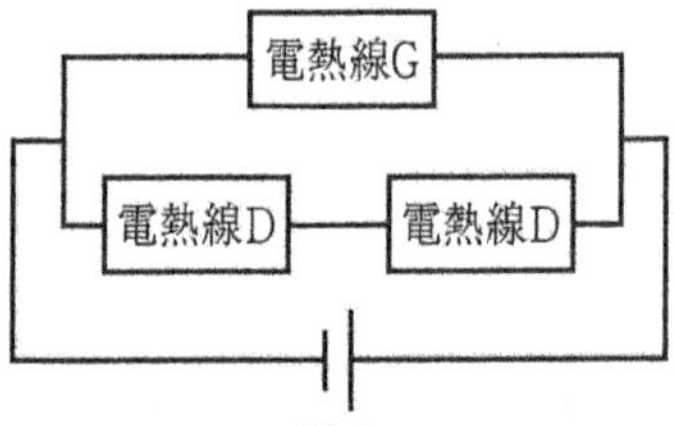

図4

(5) 図５のような回路を作りました。電池に流れる電流（mA）を答えなさい。

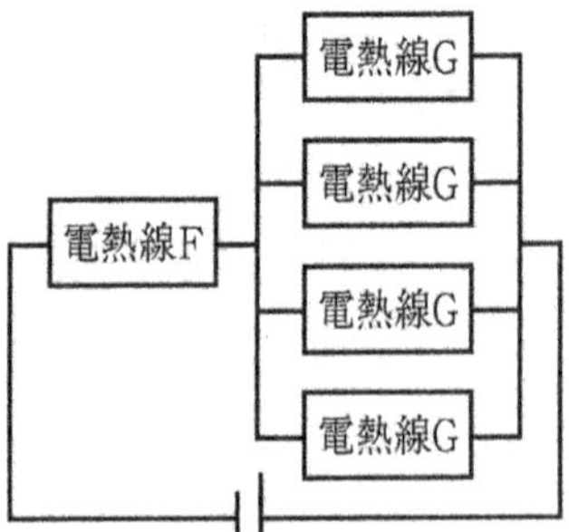

図5

【4】 身の回りでよく使われている金属であるアルミニウムと鉄と銅について，実験を行いました。あとの各問いに答えなさい。

［実験１］ 塩酸にそれぞれの金属を加えたところ，アルミニウムと鉄で気体が発生した。
［実験２］ それぞれの金属を磁石に近づけたところ，（　A　）。

(1) 実験１で発生した気体の性質について最もふさわしいものを次の①～⑤の中から１つ選び，番号で答えなさい。

① 火のついたマッチを近づけると「ポンッ」という音を立てる気体である。
② 空気よりも重い気体である。
③ ものが燃えるとき，それを助けるはたらきがある気体である。
④ 水によく溶《と》け，その水溶液はアルカリ性を示す気体である。
⑤ 色のついた気体である。

(2) 実験２の（A）に当てはまる文として正しいものを次の①～⑧の中から１つ選び，番号で答えなさい。

① アルミニウムのみが引き寄せられた　　② 鉄のみが引き寄せられた
③ 銅のみが引き寄せられた　　④ アルミニウムと鉄が引き寄せられた
⑤ アルミニウムと銅が引き寄せられた　　⑥ 鉄と銅が引き寄せられた
⑦ どの金属も引き寄せられた　　⑧ どの金属も引き寄せられなかった

アルミニウムと鉄を用いて，実験３を行いました。

［実験３］ こさが10％の塩酸200mLに，重さを変えたアルミニウムまたは鉄を加え，発生した気体の体積を調べた。その結果をグラフに示したものが図１と図２である。

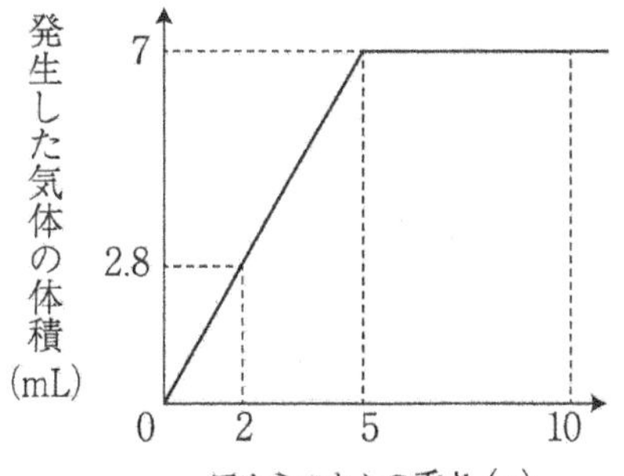

図1

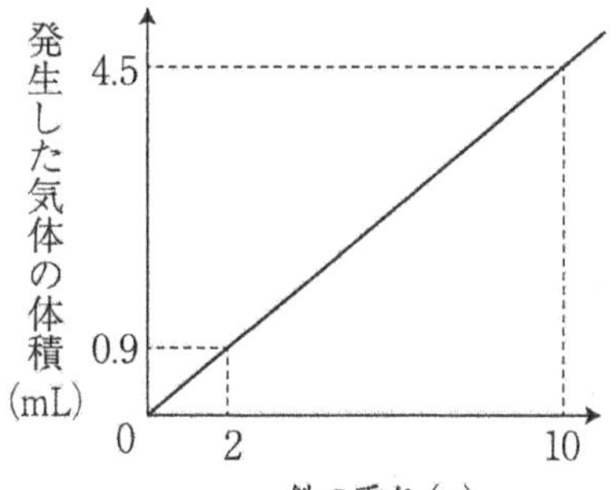

図2

(3) 実験３の結果からわかることとして，以下の文章の（ア）に当てはまる数値を答えなさい。

図１に注目すると，10％の塩酸200mLに５gのアルミニウムを加えたときに発生する気体の体積は７mLである。また，５gよりも多くのアルミニウムを加えた場合も，発生する気体の体積は７mLで変わらない。これは，塩酸に溶けなかったアルミニウムが残っていることを示している。したがって，10gのアルミニウムをすべて溶かすためには10％の塩酸が少なくとも（　ア　）mL必要であることがわかる。

次に，塩酸にアルミニウムと鉄を同時に加えたときに発生する気体の体積を調べました。

〔実験４〕 10％の塩酸600mLに10gのアルミニウムと10gの鉄を同時に加えたとき，発生した気体の体積の合計は18.5mLとなり，加えた金属はすべて溶けていた。

⑷ 10％の塩酸600mLにアルミニウムと鉄を合わせて20ｇを同時に加えたところ，発生した気体の体積の合計は16.6mLとなり，加えた金属はすべて溶けていました。加えたアルミニウムの重さ（g）を答えなさい。

⑸ 10％の塩酸400mLに15ｇのアルミニウムと25gの鉄を同時に加えたところ，発生した気体の体積の合計は12.5mLとなりました。また，塩酸に溶けずに残ったアルミニウムと鉄の重さの合計は27gでした。残ったアルミニウムの重さ（g）を答えなさい。

【５】 長野県の中央に位置する八ヶ岳《やつがたけ》のふもとの高原にある川上村《かわかみむら》は，日本一のレタス産地として知られています。夏にこの村を訪れると，村のあちこちにある広大な畑では，高く盛られた土（畝《うね》）に保護用の光が通りにくい白いビニールシートが張られ，その畝で育つ若いレタス（写真Ａ）や，すきまが見られないほど大きく成長したレタス（写真Ｂ）など，畑ごとに異なるようすが見られます。

写真Ａ

写真Ｂ

レタスの育ち方を，種まきを０日として示すと，図１のようになります。まず，畑とは別の場所にある室内で種まきし発芽させた苗を葉が数枚出るまで育て（育苗《いくびょう》），その苗を畑の畝に植えます（定植《ていしょく》）。苗が葉の枚数を増やしながら成長すると，新しくできる葉が外に広がらずに内側に巻いたままになります。このような葉（球葉《きゅうよう》という）が大きくなり内側にさらに球葉を増やして丸いかたまりの状態（結球《けっきゅう》という）で大きく成長し収穫《かく》されたものが，私たちが食材として利用するレタス（レタスの結球）です。結球の外側の葉は外葉といいます。

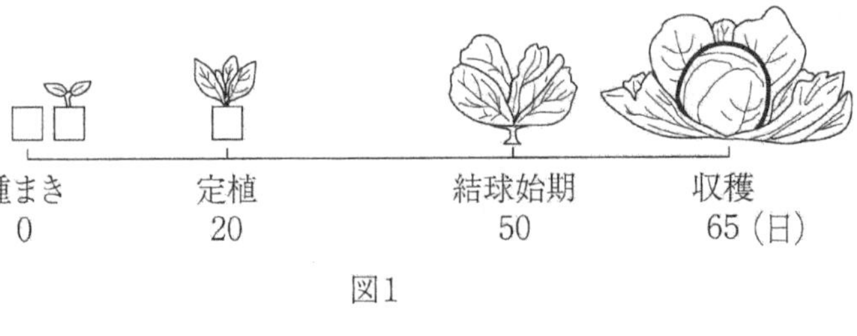

図1

あとの各問いに答えなさい。

⑴　夏の川上村で，写真Ａに見られる畝に張られた白いビニールシートの目的としてふさわしくないものを次の①～⑤の中から１つ選び，番号で答えなさい。

①　土の温度を高温にする。

②　苗のまわりに雑草が生えないようにする。

③　雨で肥料が流れ出ることをふせぐ。

④　風で土がとばされることをふせぐ。

⑤　土が乾《かわ》くことをふせぐ。

⑵　図１より，畑の畝に苗を植えてからレタスの結球を収穫するまでの日数として最もふさわしいものを次の①～⑥の中から１つ選び，番号で答えなさい。

①　15日　　②　20日　　③　30日　　④　45日　　⑤　50日　　⑥　65日

図１に示されたレタスの育ち方で，それぞれの時期のレタスのからだ全体（根を除く）の重さをグラフにすると図２のようになります。なお，結球ができ始めてからは，外葉すべての重さをグラフの○で示しています。

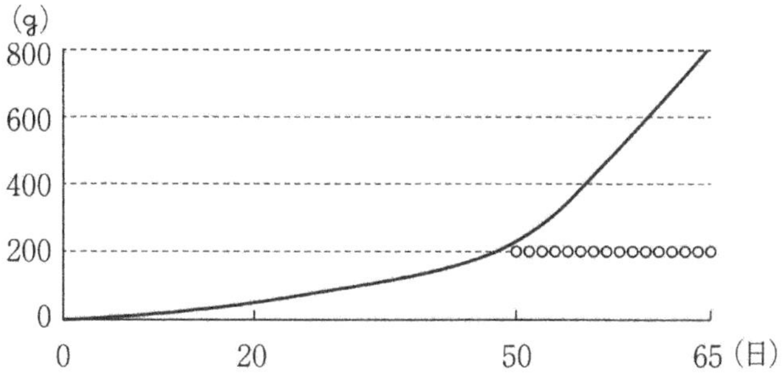

図2

⑶　図２より，収穫されるレタスのおおよその重さ（g）として最もふさわしいものを次の①～④の中から１つ選び，番号で答えなさい。

①　200g　　②　400g　　③　600g　　④　800g

⑷　ここまでの内容から，結球ができはじめてからのレタス（根を除く）についてふさわしくないものを次の①～⑤の中から１つ選び，番号で答えなさい。

①　葉の成長は，おもに球葉だけでおこる。

②　外葉の枚数が増えることはない。

③　結球の外側に新しい葉がつくられる。

④　結球の葉の大きさは，外側よりも内側の方が小さい。

⑤　レタス全体の重さの増加分は，結球の成長分の重さとほぼ等しい。

レタスが一年を通して生鮮食品《せいせんしょくひん》として入手できるのは，季節ごとに異なる地域で育てられたものが出荷後すぐに店頭に並べられているからです。

東京では，レタスはおもに３つの地域（茨城《いばらき》・長野《ながの》・香川《かがわ》）から出荷されています。このうち夏の暑い時期にレタスを育てることが可能なのは川上村のような高地に限られます。

次のページの表１は，夏（６～９月）に東京にレタスを出荷している川上村の近くの野辺山《のべやま》という地域の月ごとの平均気温です。

(5) 表１の地域で,「６月15日から９月30日」までレタスの収穫が可能とした場合，表１を参考にして，レタスの生育に適する月の平均気温と，１つの畑で一年間にレタスを収穫できる回数について，最もふさわしいものを次の①～⑥の中から１つ選び，番号で答えなさい。ただし，定植や収穫は畑全体に一度に行うものとします。また，レタスの生育に気温が影響《えいきょう》を与えるのはレタスの結球が成長する間のみとし，収穫から次の定植までの準備に必要な日数は考えないものとします。

表１

月	平均気温（℃）
1月	－2.0
2月	－1.9
3月	1.9
4月	3.8
5月	12.0
6月	16.4
7月	18.1
8月	21.0
9月	16.6
10月	8.5
11月	4.9
12月	－1.6

① レタスの生育に適する月の平均気温は10℃から20℃で，１つの畑で最大で２回の収穫が行われる。

② レタスの生育に適する月の平均気温は10℃から20℃で，１つの畑で最大で３回の収穫が行われる。

③ レタスの生育に適する月の平均気温は10℃から20℃で，１つの畑で最大で４回の収穫が行われる。

④ レタスの生育に適する月の平均気温は15℃から25℃で，１つの畑で最大で２回の収穫が行われる。

⑤ レタスの生育に適する月の平均気温は15℃から25℃で，１つの畑で最大で３回の収穫が行われる。

⑥ レタスの生育に適する月の平均気温は15℃から25℃で，１つの畑で最大で４回の収穫が行われる。

【社　会】（40分）　＜満点：50点＞

1　次の会話は生徒のAさんとK先生のものです。これを読んで，問いに答えなさい。

Aさん：　もうトウモロコシの季節か～。

K先生：　Aさん，おはようございます。トウモロコシがどうかしましたか。

Aさん：　K先生，おはようございます。先生，見てください。この畑には，トウモロコシがこんなに大きく育っています。もう夏ですね。

K先生：　①畑の作物から季節を感じることができるなんて，すばらしいです。このように身近にある畑でもトウモロコシを栽培《さいばい》しているのをよく見かけますが，実は②日本は世界でも有数のトウモロコシ輸入国なのです。

Aさん：　えっ？　こんなによく見かけるのに…。しかも北海道の畑で一面に栽培しているイメージがありますよ。

K先生：　でも本当なのです。「世界の三大穀物」を授業で学びましたね。

Aさん：　米，小麦，トウモロコシです。米，小麦は食用ですが，トウモロコシは飼料用，つまり家畜《かちく》のえさに利用されることが中心です。また，③ブラジルではバイオエタノールやプラスチックの原料としても使われています。

K先生：　しっかり学習していますね。私たちが食べているトウモロコシは「スイートコーン」です。また，爆裂《ばくれつ》種とも言われる「④[redacted]コーン」は，乾燥《かんそう》して硬《かた》くなった実を熱して爆発させることで，おいしく食べられるようになります。

Aさん：　お菓子《かし》の名前かと思ったら，トウモロコシの品種名でもあったのですね。

K先生：　日本で広くスイートコーンが食べられるようになったのは，第二次世界大戦後のことです。その後，品種改良や新たな品種の輸入などにより，より甘味《あまみ》の多いものが増えていきました。トウモロコシ自体は⑤400年あまり前に日本に伝来して，九州から関東地方にかけての山間部を中心に，食料のほか家畜の飼料として利用されたそうです。

Aさん：　中国から伝来したのでしょうか。トウモロコシの「トウ」は，「唐」，つまり中国のことですよね。

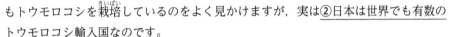

K先生：　トウモロコシを日本に伝えたのはポルトガル人と言われています。日本では，外国から伝来したものに「唐」という言葉をつけることがあります。ですからトウモロコシは「外国から来たモロコシ」という意味です。「トウキビ」と呼ぶ地方もあります。「モロコシ」「キビ」も古くから日本にあった穀物です。

Aさん：　以前，家庭科の授業で世界の食文化について調べたとき，トウモロコシの原産地はメキシコのあたりだと知りました。北アメリカ州のメキシコでは，粉にしてトルティーヤという，うすいパンのようなものを焼きます。それをそのまま食べることもありますが，野菜や肉を乗せて巻いたタコスという料理もあります。メキシコからポルトガルに渡《わた》って日本に来るなんて，世界を一周していますね。

K先生：　メキシコから [A] をわたりヨーロッパへ，そしてヨーロッパを出てアフリカや [B] を経由して日本にやってきたのですね。現在私たちが食べているスイートコーンは，明治時代になってアメリカ合衆国から北海道にもたらされました。こちらは [C] を渡ってきたと考えて良さそうです。

Aさん：　私の家では，トウモロコシを⑥缶詰《かんづめ》や冷凍食品で買うことも多いのですが，アメリカ合衆国から輸入されたものも多いですね。でも，畑のトウモロコシを見ていると，ゆでたり焼いたりしたものを食べたくなります。

K先生：　そうですね。食べ物の「旬《しゅん》」を大切にしたいものです。

Aさん：　今日にも食べたいと思います。先生もぜひ！

問１　下線部①に関連して，以下の問いに答えなさい。

(1)　次の２つの日本地図は，スイートコーン（食用トウモロコシ，2021年）と飼料用トウモロコシ（2021年）の収穫量が多い上位10都道府県をそれぞれ着色しています。このうち，「飼料用トウモロコシ」を示しているものを選び，記号で答えなさい。また，その記号を選んだ理由を説明しなさい。

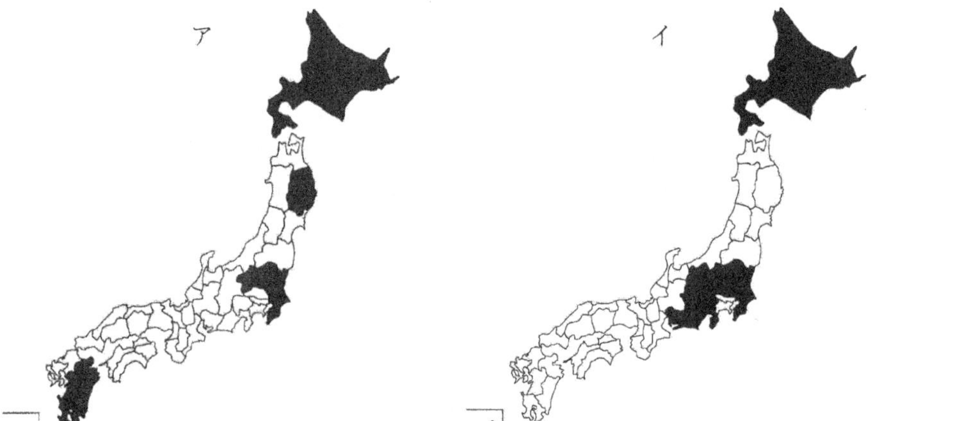

（農林水産省「作物統計」より作成）

(2)　次のページのグラフ・表の読み取りとして，ふさわしいものを選び，記号で答えなさい。

ア．トウモロコシの入荷先の都道府県や月平均価格は，一年を通じてほとんど変わりがないが，取扱量は季節によってかたよりがある。

イ．年間を通じてほとんど関東地方から入荷しているため，東京から遠い地域から入荷するトウモロコシは見られず，月平均価格も安定している。

ウ．トウモロコシの月平均価格が最も高い月と低い月とでは３倍近くの違《ちが》いがあり，取扱量が最も多い月と最も少ない月とでは1000倍近くの違いがある。

エ．トウモロコシの取扱量が最も多い月は関東地方からの入荷が多く月平均価格は最も安くなり，取扱量が最も少ない月は月平均価格が最も高くなった。

●東京都卸売《おろしうり》市場におけるトウモロコシ（食用）の月別・産地別取扱《とりあつかい》実績（2021 年）

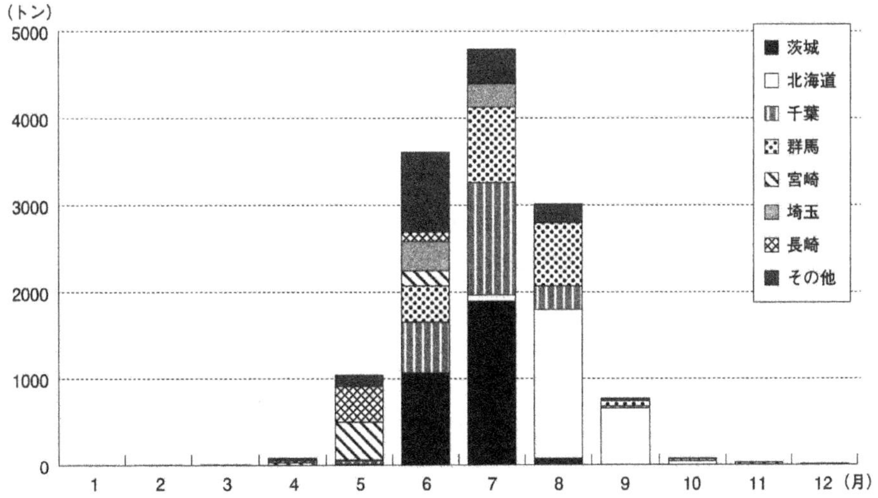

注）東京都にある全卸売市場をすべて合わせた。産地は都道府県別に示し、「その他」には輸入も含《ふく》む。

●東京都卸売市場におけるトウモロコシ（食用）の月別数量と平均価格

2021 年	1 月	2 月	3 月	4 月	5 月	6 月	7 月	8 月	9 月	10 月	11 月	12 月	年間
数量（トン）	5	7	9	84	1040	3611	4792	3011	771	79	34	13	13455
1 kg あたりの平均価格（円）	532	470	552	626	405	295	222	244	269	245	347	393	267

（東京都中央卸売市場「市場統計情報」より作成）

問 2　下線部②に関連して，次の表は世界の主なトウモロコシ輸出国の輸出量（2022／23年度予測）を示したものです。前年度と比べて増加する国もある中で，ウクライナとEUは大幅に減少しています。ウクライナは隣国による軍事的な侵攻が，EUは猛暑と乾燥が影響しています。このような予測から，日本にはどのような影響があると考えられますか。説明しなさい。

●主要国のトウモロコシの需給見通し（2022 年 11 月予測）

	輸出量（百万トン）	前年度比
アメリカ合衆国	54.61	13.0％減少
ブラジル	47.00	5.6％増加
アルゼンチン	41.00	12.3％増加
ウクライナ	15.50	42.6％減少
ＥＵ	2.70	55.0％減少
世界計	182.74	9.5％減少

（アメリカ合衆国農務省公表　農畜産業振興機構ＨＰより作成）

問 3　下線部③について，あとのうちブラジルについて述べた文として，ふさわしくないものを選び，記号で答えなさい。

ア．世界で最も流域面積の広いアマゾン川の流域に熱帯雨林が広がるが，開発が進められたことから森林破壊《はかい》が問題となっている。

イ．日本から見るとほぼ地球の反対側に位置し，南アメリカ州のなかで最も面積が広く，最も人口が多い国である。

ウ．300年ほど前から多くの日本人の移住が始まり，祖先が日本人だという日系ブラジル人は現在約200万人となり，日本に移り住んでいる人も多い。

エ．カーニバルで世界的に知られるブラジルの都市リオデジャネイロでは，2016年にオリンピック・パラリンピックが開かれた。

問4　下線部④の空欄《らん》■■■にふさわしい語をカタカナ3字で答えなさい。

問5　下線部⑤に関連して，次の文章は同じ時期に日本に伝来したあるものについて百科事典で説明されていたものです。空欄［　］にあてはまる，この文章が示すお菓子を答えなさい。

> 南蛮菓子のなかの砂糖菓子で掛《か》け物の一種。(略)菓名はポルトガル語の confeito による。極小の飴粒《あめつぶ》を核《かく》にして，これに氷砂糖を煮溶《にと》かした糖液をまぶし，かき回しながら加熱すると，糖液は順次固まって大きくなり，球形の表面に角状の突起《とっき》ができる。糖液に彩色《さいしき》して赤，黄，緑色の［　　］もつくられる。
>
> **(日本大百科全書（ニッポニカ）(小学館)，ジャパンナレッジ School，より，一部改変)**

問6　会話文中の空欄［A］・［B］・［C］にふさわしい海洋の組み合わせを選び，記号で答えなさい。

ア．	A＝インド洋	B＝大西洋	C＝太平洋
イ．	A＝インド洋	B＝太平洋	C＝大西洋
ウ．	A＝大西洋	B＝太平洋	C＝インド洋
エ．	A＝大西洋	B＝インド洋	C＝太平洋
オ．	A＝太平洋	B＝インド洋	C＝大西洋
カ．	A＝太平洋	B＝大西洋	C＝インド洋

問7　下線部⑥に関連して，いくつかの会社では生ではなく，ゆでるなどしてから粒に分けたトウモロコシ（ホールコーン）を缶詰で販売《はんばい》しています。しかし，ある会社では缶詰から右の写真のようなプラスチックを利用したパック容器に変更し，現在もさらに容器を改良しようとしています。

今後，このプラスチックのパック容器をさらに改良した容器にするとしたら，どのようなものが考えられますか。あなたの考えを1つあげて，そのようなものにする理由を説明しなさい。

(kewpie（キユーピー）HPより)

2　次の地図中①～⑩は，日本各地にある動物園の場所を示しています。あとの問いに答えなさい。

問１　①の「旭川市旭山動物園」は日本で最も北にある動物園であり，動物本来のいきいきとした姿を見せる「行動展示《てんじ》」と，動物が退屈《たいくつ》しない飼育《しいく》環境の改善《かいぜん》が成功し，入場者数を飛躍《ひやく》的に伸《の》ばしたことで知られています。次の２つの資料から読み取れることとして，ふさわしくないものを選び，記号で答えなさい。

●資料Ⅰ　入園者数が 100 万人を超《こ》える公立動物園の状況（2017 年度）

項目／動物園名	有料入園者（人）	無料入園者（人）	総入園者数（人）	有料入園者率	所在地人口（人）	入園者人口比
上野動物園	2,700,050	1,800,364	4,500,414	60.0%	13,754,043	32.7%
東山動物園	1,386,548	1,214,136	2,600,684	53.3%	2,314,678	112.3%
天王寺動物園	1,184,556	552,130	1,736,686	68.2%	2,713,808	64.0%
旭山動物園	1,078,394	348,460	1,426,854	75.6%	339,623	420.1%
横浜ズーラシア	679,883	469,771	1,149,654	59.1%	3,729,729	30.8%
王子動物園	497,032	610,180	1,107,212	44.9%	1,529,803	72.4%

※所在地人口は、2018 年３月１日の人口である。
※有料入園者率は、総入園者数に占《し》める有料入園者数の割合である。
※入園者人口比は、所在地人口に占める総入園者数の割合である。

●資料Ⅱ　旭山動物園の入園者数推移

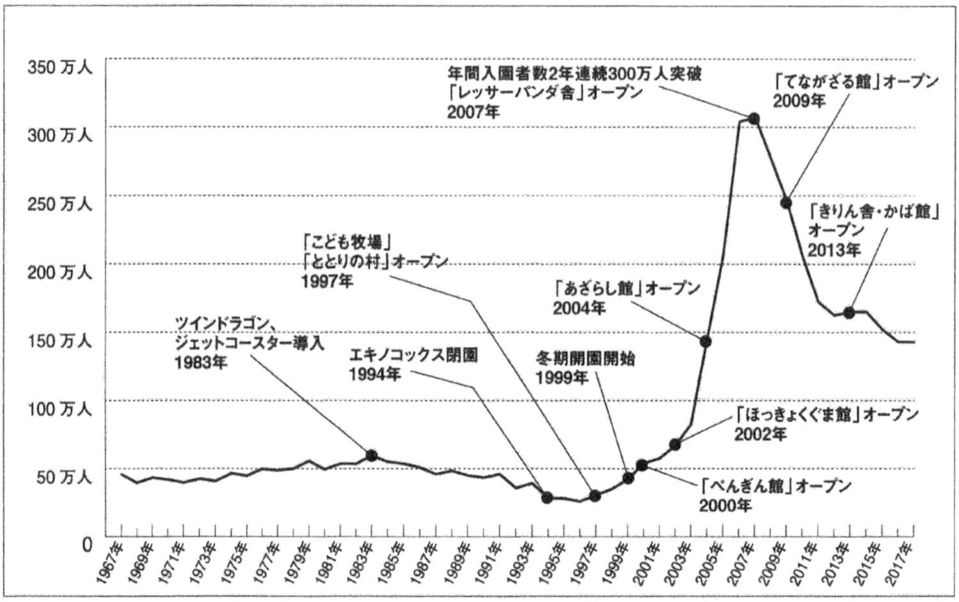

（旭川市「平成 30 年度 包括外部監査の結果に関する報告書」より作成）

ア．旭山動物園の総入園者数は，公立動物園の中では４番目に多い。また，有料入園者率が最も高く，有料入園者数は無料入園者数の約３倍である。

イ．旭山動物園は，所在地人口に対する入園者の割合が公立動物園の中で最も高いことから，旭川市以外から来る入園者が多いと考えられる。

ウ．旭川市の気候の特性を生かした「ほっきょくぐま館」や「あざらし館」をオープンしたが，入園者数の大幅《おおはば》な上昇《じょうしょう》にはつながらなかった。

エ．旭山動物園では，2000年代になって入園者数を再び増加させていったが，2007年度をピークに，その後は減少傾向にある。

問２　②の「秋田市大森山動物園」は，自然豊かな大森山公園の中にある動物園で，レッサーパンダや国の天然記念物イヌワシなどを飼育展示していることで知られています。

この動物園とほぼ同緯度にある世界の動物園として，ふさわしくないものを選び，記号で答えなさい。

ア．北京動物園（中華人民共和国）

イ．ブロンクス動物園（アメリカ合衆国）

ウ．デリー国立動物園（インド共和国）

エ．マドリード動物園（スペイン王国）

問３　③の「東京都恩賜上野動物園」は，100年以上の歴史をもつ日本を代表する動物園です。この動物園には，日中国交正常化を記念して，中国から初めてジャイアントパンダが贈《おく》られました。その年の新聞の記事として，ふさわしいものを次のページから選び，記号で答えなさい。

ア

所得倍増策を推進
国際収支均衡へ 健全財政
政府の予算編成方針きまる
大蔵原案 来月五日に報告
"経済見通し"本決まり
国民所得倍増計画も

イ

日ソ共同宣言、調印終る
十一年の戦争状態終結へ
鳩山・ブ首相ら署名
議定書も クレムリンで
領土問題 継続交渉触れず
宣言内容は十項目
"引渡す"の表現に変る
幸福な終止符
歴史的な意義

ウ

米麦大幅値上げ 農林省案 自民に説明
米 17.3％引上 麦 40％引上
米、４月実施めざす
７日の米審に諮問
物価高に拍車
時期遅らせ小幅に
石油消費規制が必要
石連、通産省に要請へ
強気の大蔵・農林両省

エ

沖縄県スタート
戦後27年 祖国に復帰
基地・暮し 険しい前途
死者百十七人に
七階のアルサロ 大半が有毒ガス死
大阪のビル火事
平和へ自主外交の時
佐藤時代に幕 試練の新政権

（「朝日新聞縮刷版」より）

問４　④の「熱川バナナワニ園」は，ワニの水槽《すいそう》やバナナなどの植物の温室に温泉水や温泉の地熱を利用しています。これに関連して，次のページの表は，ある月の都道府県別の電力供給量を，発電方法別にまとめたものです。この表のＡ～Ｄに入る県の組み合わせとして，ふさわしいものを選び，記号で答えなさい。

ア．Ａ：富山県　Ｂ：福井県　Ｃ：大分県　Ｄ：奈良県
イ．Ａ：富山県　Ｂ：福井県　Ｃ：奈良県　Ｄ：大分県
ウ．Ａ：福井県　Ｂ：富山県　Ｃ：大分県　Ｄ：奈良県
エ．Ａ：福井県　Ｂ：富山県　Ｃ：奈良県　Ｄ：大分県
オ．Ａ：大分県　Ｂ：奈良県　Ｃ：富山県　Ｄ：福井県
カ．Ａ：奈良県　Ｂ：大分県　Ｃ：福井県　Ｄ：富山県

（単位：1000kWh）

	水力	火力	原子力	風力	太陽光	地熱	計
東京都	7059	408450	0	155	3749	0	419413
A	1010692	302813	0	227	4974	0	1318706
B	220927	351562	1474207	3527	7596	0	2057818
C	76852	0	0	0	11901	0	88753
D	57133	1263464	0	349	62141	75065	1458152

（経済産業省「2022年度４月分電力調査統計」より作成）

問５　⑤の「名古屋市東山動植物園」は，日本一の飼育種類数を誇《ほこ》っており，大きなゾウから小さなメダカまで，多種多様な動物たちに出会うことができます。名古屋市は，織田信長をはじめ，多くの戦国武将ゆかりの地としても知られています。これに関連して，次のできごとを時代の古い順に並べかえ，解答欄に合うように記号で答えなさい。

ア．明の征服《せいふく》を目指し，２度にわたって朝鮮に大軍を送った。

イ．鉄砲を効果的に使った戦法で，武田軍の騎馬隊《きばたい》を破った。

ウ．駿河の大名である今川義元を桶狭間の戦いで破った。

エ．一揆を防ぐために，全国に命令して百姓や寺社から武器を取り上げた。

問６　⑥の「鯖江市西山動物園」は小さな動物園ながら，日本有数のレッサーパンダの繁殖《はんしょく》数を誇っています。鯖江市といえば，「世界三大眼鏡生産地」の一つとして知られ，日本のメガネフレーム生産90％以上のシェアを占めています。こうした地場産業が北陸地方でさかんな理由を答えなさい。

問７　⑦の「姫路市立動物園」は白鷺城として有名な姫路城内につくられた市民行楽地型の本格的動物園です。次の地形図を見て，姫路市立動物園があるA地点から，半径500m以内にあるものをあとから全て選び，記号で答えなさい。なお，A地点から１㎝おきに同心円を描《えが》いています。

編集の都合で90％に縮小してあります。

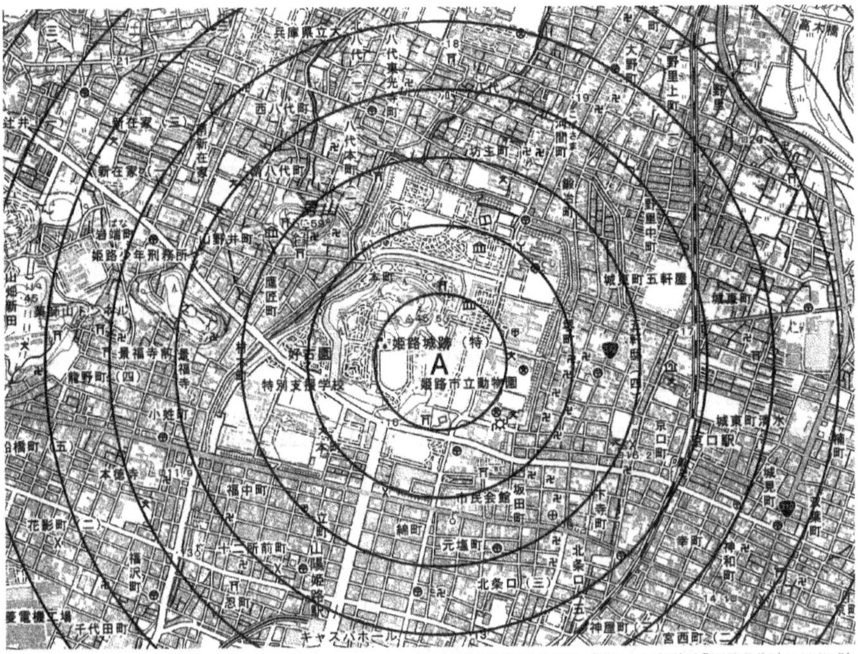

（国土地理院発行２万５千分の１地形図「姫路北部」より作成）

ア．小・中学校　　イ．水準点　　ウ．病院　　　　　エ．電波塔

オ．老人ホーム　　カ．図書館　　キ．発電所・変電所

問８　⑧にある「秋吉台自然動物公園」は，秋吉台，秋芳洞および萩市などへ連なる観光ルートの一部につくられたサファリパークです。秋吉台は，日本最大のカルスト台地としても知られていますが，その特色を利用してさかんとなった工業を選び，記号で答えなさい。

ア．自動車工業　　イ．石油化学工業　　ウ．セメント工業　　エ．製紙・パルプ工業

問９　⑨の「高知県立のいち動物公園」は，動物の生息地に近い環境を再現した緑豊かな動物公園です。園内は，温帯の森，熱帯の森，アフリカ・オーストラリアゾーン，ジャングルミュージアムのエリアに分かれています。これに関連して，高知県の県庁所在地の雨温図を示したものとして，ふさわしいものを選び，記号で答えなさい。なお，残りの二つは，香川県・鳥取県の県庁所在地のものです。

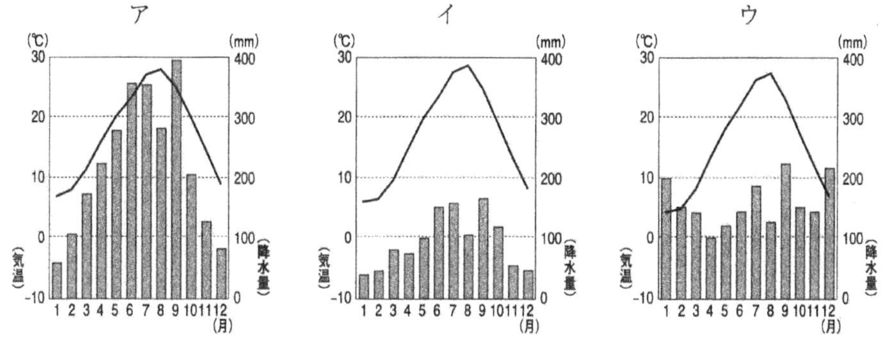

（『理科年表2022』より作成）

問10　⑩の「鹿児島市平川動物公園」は，桜島や鹿児島湾（錦江湾）を背景にキリンなどが歩き回るアフリカ園や動物たちを眺《なが》めながら浸《つ》かれる足湯など，鹿児島の自然や温泉を生かした施設が特徴《とくちょう》的な動物園です。

次のグラフは，鹿児島県が上位を占める農産物の部門・品目別産出額の都道府県別割合を示したものです。ブロイラー（食用鶏）の割合を示したものとしてふさわしいものを選び，記号で答えなさい。なお，他のグラフは鶏卵，茶，豚の割合を示したものです。

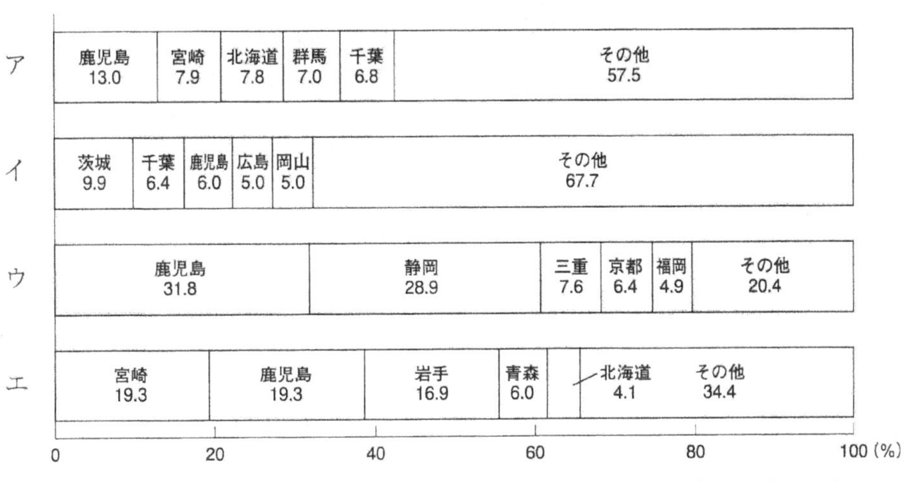

（農林水産省「生産農業所得統計（令和２年）」より作成）

問11　WWFジャパンは，国内４つの動物園の協力のもと動画を制作し，野生の生態や習性，それに伴《ともな》うペットとしての飼育の難しさを解説することで，野生動物のペット化見直しを訴《うった》えるキャンペーンを始めました。

WWFジャパンのホームページによると，近年，イヌやネコ以外の「エキゾチックペット」や「エキゾチックアニマル」と呼ばれる動物をペットとして飼う人が増えていますが，その中にはシロフクロウやコツメカワウソといった希少な野生動物も含《ふく》まれているそうです。野生動物のペット飼育やこれに関連するビジネスは，環境的・社会的な諸問題を引き起こしています。その一例を考えて，答えなさい。

（京都市動物園ＨＰより）

3　次の文章を読んで，問いに答えなさい。

歴史学とは，単に昔のことを調べる学問ではなく，今を知り，未来を見通すための学問であることは，古今東西の歴史学者が語ってきたところです。今，みなさんが「なぜ」と思うことを，さまざまな角度から調べ，述べていくことが「歴史」なのです。

どのような角度があるかというと，文字による資料，ものによる資料，古くからの地名や地域の景観，ほかにも，言い伝えや行事などの伝承資料などです。これらを総合して「歴史」を組み立てます。

問１　文字資料には金石文と呼ばれる金属や石に刻まれたものがあります。紙や木簡に比べて残りやすいので，日本で一番古い文字資料は，金属に刻まれたものと言われています。最も古い時期の文字資料についての説明として，ふさわしくないものを選び，記号で答えなさい。

金印（福岡・志賀島）

人物画像鏡（和歌山・隅田八幡神社）

鉄剣（埼玉・稲荷山古墳）

ア．志賀島で見つかった金印には「漢委奴国王」の５文字が刻まれている。

イ．金印は中国でつくられたと考えられているので，漢字を日本の文字として使った例にはならない。

ウ．隅田八幡神社に伝わる人物画像鏡には，ひらがなの文字が刻まれており，日本の文字として使った最古の例の一つとされる。

エ．稲荷山古墳で見つかった鉄剣には，固有名詞（人名）が刻まれており，漢字を日本の文字として使った最古の例の一つとされる。

問２　次の文字資料は，ある時代につくられた法律の一部をわかりやすく書き改めたものです。この資料から，この法律がどのような経緯《けいい》で，何を目的につくられたと考えられますか。下の説明のうち，ふさわしくないものを選び，記号で答えなさい。

> 一、諸国の守護の仕事のこと。
>
> 　これについて，右大将頼朝公の時に定められた守護の仕事は，大番催促《さいそく》（御家人《ごけにん》が京都の警備に出るように催促すること），謀叛《むほん》人・殺害人の逮捕《たいほ》などであった。
>
> 一、諸国の地頭年貢《ねんぐ》を抑《おさ》えとめて，領主に納めぬこと。
>
> 　これについて，荘園《しょうえん》領主から訴えがあれば，直ちに精算して裁定を受けなければならない。
>
> 一、支配権を認めた文書がありながら，実際に支配せず，一定の年数がたった所領のこと。
>
> 　これについて，実際に支配している期間が20年過ぎれば，頼朝公の先例にしたがって，ことの当否を論じることなくその支配をやめさせるようなことはしない。

ア．鎌倉幕府に従う御家人が，貴族ともめたときの公平な裁判の基準を源頼朝が定めたもの。

イ．鎌倉幕府に従う御家人が，守護や地頭に任命されたときの仕事について定めたもの。

ウ．鎌倉幕府に従う御家人同士が，もめたときの公平な裁判の基準を明確にするために定めたもの。

エ．源頼朝の死後，裁判の基準として，源頼朝以来の先例と武家社会の道理をもとに定めたもの。

問３　右の絵図は中尊寺に伝わる荘園で，中世に描かれたものです。当時の絵図と現在の写真を見て下の問いに答えなさい。

現在の写真を見ると，中世に描かれた絵図と景観があまりかわらないということで，国は「重要文化的景観」に指定しています。このように現在の様子が当時の絵図とあまり変わらないということは，どのような歴史的価値があると考えられますか。あなたの考えを記しなさい。

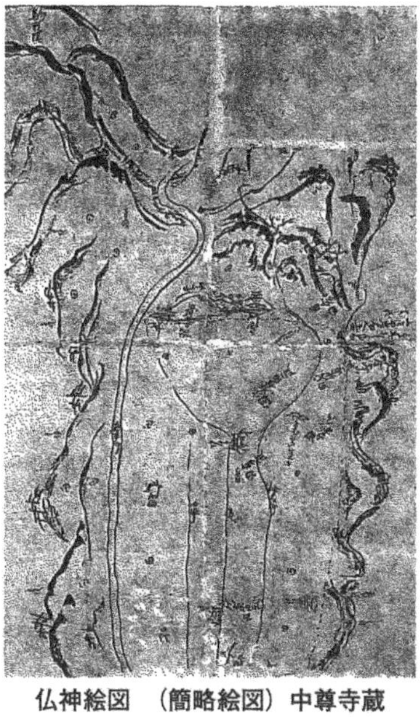

仏神絵図　（簡略絵図）中尊寺蔵
（一関市発行のパンフレットより）

一関市本寺地区航空写真
（国土地理院「地理院地図」より）

問４　過去の歴史を文字で記録したものや，絵に描かれたものから歴史を見る場合，それに一致《いっち》するものが遺跡《いせき》から発掘されると，歴史的な資料の価値がより高まります。次はその実例ですが，どのような理由で資料の価値がより高まるのですか。あなたの考えを記しなさい。

『蒙古襲来絵詞』部分（鎌倉時代）

（『日本絵巻大成 14』より）

鷹島神崎遺跡（長崎県）近くの海底から引き上げられた元寇船の碇《いかり》

（読売新聞オンラインより）

問５　下の写真は，滋賀県の西野水道です。久我山中学・高校の関西方面校外学習でも訪ねた歴史的遺構です。西野の西山という山の麓《ふもと》に，琵琶湖へ向かって貫かれている高さ約２m，幅約1.2m，長さ約220mの排水用の岩穴です。今から180年ほど前，たびたび洪水に見舞われていた西野地区

西野水道東側トンネル入り口

西野水道トンネル内

を，洪水から守るために，充満寺の第11世・恵荘上人により行われた土木事業です。能登，伊勢から石工を招き，実に６年の歳月と1275両をかけて，ノミだけで掘り抜かれた手掘りの岩穴です。

⑴　この西野水道がつくられたころのできごととして，ふさわしいものを選び，記号で答えなさい。

ア．東北地方での冷害や，浅間山の噴火《ふんか》などで天明の飢饉《ききん》が起こった。

イ．松平定信が農村の復興や飢饉に備えた政策を出し，寛政の改革をすすめた。

ウ．水野忠邦が農村の復興や財政の立て直しをめざし，天保の改革をすすめた。

エ．大政奉還後，王政復古の大号令が出され，京都で戊辰戦争が始まった。

⑵　仏教の僧が人々を救うために社会事業や土木工事を行うことは，古くから知られますが，奈良時代に橋を架《か》けたり，大仏の造立に協力したりした僧とは誰ですか。

問６　新しい時代になると，写真や映像が資料として活用されます。次の写真は昭和天皇が亡くなって，新しい元号が発表されたときのものです。これは西暦何年のことですか。

(毎日新聞デジタルより)

二 ※問題に使用された作品の著作権者が二次使用の許可を出していないため、問題を掲載しておりません。

（出典：壺井栄『二十四の瞳』による）

三 次の問いに答えなさい。〈問題は**問一**から**問六**まであります。〉

問一 次の①～⑥について――線部のカタカナを漢字に直しなさい。

① 地球オンダン化対策を話し合う。

② 目立つカンバンをかかげた店。

③ 生まれ育ったキョウドの歴史を学ぶ。

④ テンボウ台から海をながめる。

⑤ この道路は市街地をジュウダンしている。

⑥ 以前の担当者は別のブショに移りました。

問二 「提灯《ちょうちん》に釣《つ》り鐘《がね》」と同じような意味のことわざを次の中から一つ選び、記号で答えなさい。

ア 鬼《おに》に金棒　イ 団栗《どんぐり》の背比べ

ウ 糠《ぬか》に釘《くぎ》　エ 月とすっぽん

問三 次の熟語の中で、成り立ちが違《ちが》うものを次の中から一つ選び、記号で答えなさい。

ア 登頂　イ 閉館　ウ 在宅　エ 城内

問四 次の①②の――線部は慣用表現になっています。□に入る適当な漢字1字をそれぞれ答えなさい。

① ライバルの□をあかしてやろうと、猛《もう》練習した。

② 猫《ねこ》の□ほどのせまい庭を掃除《そうじ》する。

問五 次の文の〔　〕に当てはまる四字熟語を次の中から一つ選び、記号で答えなさい。

彼のホームランはまさに〔　　〕の逆転打となった。

ア 起死回生　イ 一刻千金　ウ 起承転結　エ 一進一退

問六 次のア～エのうち、敬語の使い方に**誤りがあるもの**を一つ選び、記号で答えなさい。

ア お客様のご注文は、田中がうけたまわりました。

イ さきほど先生がくださった、お菓子《かし》をいただく。

ウ この品物は、お客様がご自身でお持ちしますか。

エ それではここで、記念写真をお撮《と》りいたします。

で直接顔を合わせて情報の受け渡しを行うのです。つまり、ＩＣＴの発展は新たな繋がりを人々にもたらし、結果的に人々が直接顔を合わせる機会を増やす機能もあるのです。

他の多くの業種でも、オンラインで生まれた人々の繋がりが新たな仕事に結びついている場面は多いのではないでしょうか。そうであるのならば、ＩＣＴの発展は、これまで出会うことのなかった新たな人々の結びつきを作り出し、人々が直接顔を合わせる機会を増やしている可能性もあるのです。

（山本和博『大都市はどうやってできるのか』による）

※注　face to face communication…対面コミュニケーション
ＩＣＴ…Information and Communication Technology　情報通信技術
カジュアル…気軽でくだけた

問一　――線①とありますが、ここでの「東京」はどのような事柄《ことがら》の例としてあげられていますか。解答らんに合うように、文中から20字以上25字以内で抜《ぬ》き出し、始めと終わりの3字を記しなさい。

問二　[A] に共通して入る言葉として最も適当なものを次の中から選び、記号で答えなさい。

ア　精神的　　イ　歴史的　　ウ　物理的　　エ　基本的

問三　[X] ～ [Z] に入る言葉の組み合わせとして最も適当なものを次の中から選び、記号で答えなさい。

ア　X　つまり　　Y　すると　　Z　しかし
イ　X　しかし　　Y　すると　　Z　つまり
ウ　X　また　　Y　つまり　　Z　すると
エ　X　すなわち　　Y　つまり　　Z　しかし

問四　――線②とありますが、筆者の考える「ＩＣＴの発展」が人々にもたらすものとして最も適当なものを次の中から選び、記号で答えなさい。

ア　リモートワークを可能にし、多くの業種で人々が直接会わず、職場でなくても出来る業務が増える。
イ　リモートワークの普及《ふきゅう》で、地方や郊外《こうがい》に移り住む人が増え、都市に移り住む人々が全くいなくなる。
ウ　新たな人間関係が生み出されることによって、直接顔を合わせて会話することを避《さ》けるようになる。
エ　授業のオンライン化が進み、教師や学生は学校に行かなくてもよくなるため、学校が必要なくなる。

問五　本文の内容として**ふさわしくないもの**を次の中から一つ選び、記号で答えなさい。

ア　紀元前5世紀のアテネは、多くの学者や芸術家が交流することで、次々と新しいアイデアを生み出していた。
イ　江戸時代の日本は鎖国を行っていたため、他国に頼《たよ》らずに人々が交流しながら科学的知識を学び合っていた。
ウ　知識の共有や創造にとっては、会議だけでなくカジュアルな雑談による情報交換も非常に重要である。
エ　ＩＣＴの発展で人々が直接会うことは減っているが、今後ＳＮＳで知り合う機会が増えてくるだろう。

問六　筆者のいう「知的な生産活動」とはどのようなことですか。解答らんに合うように35字以上40字以内で答えなさい。

グレイザーの著書では、スーパーマーケットのレジ打ちの例が挙げられています。スーパーマーケットのレジ係のスピードや能力には大きな違《ちが》いがあります。ある大手チェーン店では、能力水準の異なるレジ係が、ほとんどランダムにシフトを割《わ》り振《ふ》られているので、経済学者2人はそれを使い、生産的な同僚《どうりょう》がいるときの影響を検討しました。[Y]、同じシフトで能力の高いレジ係が働いていると、平均的なレジ係の生産も大幅《おおはば》に高まることが分かったのです。そして、その平均的なレジ係は、シフトにいるのが平均以下のレジ係だと成績がかなり落ちるのです。

このように、顔を合わせて情報のやり取りをすることの重要性を示した証拠《しょうこ》は数多くあります。古代ギリシャの時代から現在に至るまで、都市では人々が偶然出会い、顔を合わせて暗黙知を含めた知識やアイデアを交換することで、新たなアイデアが生まれてきました。そして、多くの研究結果が示唆《しさ》するように、新たな知識が創造されるためには[A]に近くに住み、直接顔を合わせることが重要です。

ICTでは暗黙知のやり取りは難しいですし、仕事の合間の時間に雑談をするのにも適していません。知的な生産活動のためにはICTだけではなく、顔を合わせて知識やアイデアを交換することが必要なのです。

（中略）

②ICTの発展が人々の移住を促《うなが》すという考え方は、これまで職場や教室や都市が担《にな》ってきた人々を一つの場所に集め、情報を交換させるという機能をICTの発展が代替《だいたい》すると考えているのです。筆者の職場で起こっているような会議の減少、講義のオンライン化、レポートの電子媒体《ばいたい》による共有化は、ICTの発展が職場や教室の機能を代替していることの顕著《けんちょ》な例です。多くの業務において人々が直接会うことの必要性は確実に減少しています。

このようにICTの発展は多くの業務で人々が直接会う必要を減らしています。一方でICTの発展は、新たな繋《つな》がりを人々にもたらすことを忘れてはいけません。たとえば、SNSで情報を発信し合うことにより、人々が新たに知り合う機会が増えるでしょう。また、オンラインの講演会に参加することで、遠い場所で行われている人の講演を聞くことが可能になります。マッチングアプリを使うと、新たな結婚《けっこん》の機会まで生まれるのです。

筆者のような研究者は、他人の研究報告を聞くことが重要な情報収集の機会なのですが、コロナ禍《か》の今、オンラインで行われる研究会が盛《さか》んになっています。オンラインの研究会はこれまで報告を聞き得なかったアメリカ、シンガポール、中国など海外の研究者の報告を聞くことを可能にしました。すると、知り合うことが難しかった海外の研究者と、新たな研究上の繋がりが生まれてきます。実際、こういった研究会をきっかけに、新たな共同研究が生み出されている例も見聞きします。

このような共同研究は、打ち合わせもオンラインで行われることが少なくありません。[Z]、研究者同士が直接顔を合わせず、全ての研究をオンラインで行うことは少ないでしょう。筆者の共同研究はオンラインでの打ち合わせによって進められ、オンラインでデータや情報が共有されることが多いのですが、同時に打ち合わせが研究室で顔を突《つ》き合わせて行われることも多いのです。研究者たちは、研究のいずれかの段階んだ華岡青洲《はなおかせいしゅう》により、世界で初めての全身麻酔《ますい》による手術が行われました。

長崎で医学を学んだ緒方洪庵《おがたこうあん》は大坂に「適塾《てきじゅく》」を開き、そこから福沢《ふくざわ》諭吉《ゆきち》のような教育者、大村益次郎《おおむらますじろう》のような軍事技術家、佐野常民《さのつねたみ》のような政治家、高峰譲吉《たかみねじょうきち》のような科学者、実業家が輩出されています。日本では、多くの人材がオランダを通して長崎に伝達された科学知識を学んでいました。明治維新以降、西洋の最新の知識、技術を吸収する際、それまでに身に着けていた科学的知識が基礎を作ってくれていたのです。

人と人が直接出会い、交流することがとりわけ重要なのは、新しいアイデアや技術を生み出すイノベーションのような知的な生産活動です。①日本の人口の28%が集まる東京では、日本で登録される61%の特許が集中しているのです。中島賢太郎「都市の高密は知的生産活動の源泉である」では、彼《かれ》ら自身の研究が紹介《しょうかい》されています。

我々の研究グループは、共同研究を行う発明者間の距離《きょり》を長期間にわたって計測した。その結果、共同研究を行う発明者間の距離は、発明者が都市に集中して立地していることを考慮《こうりょ》してもさらに近いということがわかった。[X] 発明者は地理的に集中しているが、共同研究相手の選択《せんたく》の際には、さらに近い相手を選択する傾向《けいこう》にあるのである。さらに、１９８５年から２００５年にかけて、この期間の※ICTの発展にもかかわらず、共同研究関係の地理的な近さはほとんど変化していなかった。近い距離での対面コミュニケーンヨンは今も昔も重要なのである。

中島は、共同研究が [A] な距離が近い者同士で行われる傾向があること、さらにその距離がICTの発達に影響されていないことを示しました。これは、共同研究に必要な知識やアイデアのやり取りが、直接顔を合わせて行われていることを意味しているのです。

イノベーションのような知的な生産活動には、言語化された情報だけではなく、「暗黙知《あんもくち》」と呼ばれる情報のやり取りも重要です。暗黙知とは、表情や仕草、雰囲気《ふんいき》や言葉の調子など、同じ場所を共有していなければやり取りすることが難しい情報のことです。経営学者の遠山亮子によると、イノベーションのベースになる知識の創造のためには、暗黙知とともに、「雑談」や「ノイズ」、「偶然《ぐうぜん》の出会い」も必要になります。

コミュニケーションは会議のような、その目的がはっきりした場においてのみ起こるわけではない。知識の共有や創造にとっては、廊下《ろうか》や食堂、オフィスの片隅《かたすみ》での※カジュアルな「雑談」も非常に重要である。たとえばあるコールセンターでは、休憩《きゅうけい》時間のスケジュールを見直してチーム全員が同じ時間帯に休憩を取ることで、同じチームのメンバーが休憩時間に雑談を行えるようにした。その結果、1コール当たりの平均処理時間が、成績の悪いチームでは20%以上、コールセンター全体では８%短縮したという。

「雑談」も暗黙知と同じように、同じ場を共有しなければ生まれませんが、雑談を通して暗黙知を含《ふく》んださまざまな知識やアイデアが人と人の間を移動しているのです。

【国　語】〈五〇分〉〈満点：一〇〇点〉

【注意】句読点（、や。）その他の記号（「や〃など）は1字分として数えます。

一　次の文章を読んで、後の問いに答えなさい。〈問題は**問一**から**問六**まであります。〉

大都市の重要な機能の一つは人々が直接出会う機会を数多く設け、知識やアイデアの受《う》け渡《わた》しを容易にすることです（※face to face communication）。都市が知識やアイデアの受け渡しの場として機能してきたことには多くの例があります。ここでは、エドワード・グレイザーの『都市は人類最高の発明である』に挙げられた二つの例を見てみましょう。

一つ目の例は、紀元前5世紀頃《ごろ》に全盛期《ぜんせいき》を迎《むか》えた古代ギリシャの都市、アテネです。紀元前5世紀のアテネはワイン、オリーブオイル、パピルスの交易で栄えていました。紀元前5世紀の前半には小アジアではペルシャ戦争が起こっており、戦災を避《さ》けるために多くの知識人がアテネに集まって来ました。ペリクレスはアテネの民主制を完成させましたし、ソクラテスは独自の問答法で多くの友人や弟子《でし》たちに大きな影響《えいきょう》を与《あた》えました。プラトンやアリストテレスなど、ギリシャ哲学《てつがく》の巨人《きょじん》たちは軒並《のきな》みソクラテスの大きな影響を受けています。この時期のアテネではギリシャ哲学だけではなく、悲劇や喜劇、歴史書も誕生しました。アイスキュロス、ソフォクレス、エウリピデスは三大悲劇詩人として知られていますし、アリストファネスは喜劇詩人として有名でした。ヘロドトスは、『歴史』をまとめ上げ、歴史の父と呼ばれました。また、アテネはユークリッド、テアイテトス等、多くの数学者を輩出《はいしゅつ》しました。

このように、地中海世界の至るところから多くの学者や芸術家がやってきて、アテネという1か所に集まり、それぞれが持つ知識やアイデアを他の多くの人々と交換《こうかん》し、共有していました。学者や芸術家の交流は、次々と新しいアイデアを生み出していきました。知識やアイデアは、人々の交流の中で人から人へと移動し、その中で新しいアイデアが誕生するのです。アテネで生まれた多くの知識やアイデアは、長い間ヨーロッパでは大きな影響力を持っていました。ユークリッド幾何学《きかがく》は19世紀に至るまで唯一《ゆいいつ》の幾何学でしたし、現代でも幾何学の基礎《きそ》として学ばれています。

二つ目の例は、江戸《えど》時代の長崎《ながさき》です。江戸時代に日本は鎖国《さこく》を行っており、世界の技術の進歩からは隔絶《かくぜつ》されていました。それにもかかわらず、日本が明治維新《いしん》以降に急速な発展を遂《と》げることが可能になった要因の一つは、当時の西洋で使われていた科学的知識を吸収するための基礎《きそ》的《てき》な考え方を知っていたからです。

１５９０年にポルトガルのイエズス会伝道師たちは、長崎に東アジアで初めての金属印刷出版所を設置しました。その後、江戸幕府はカトリックとポルトガルに対する警戒心《けいかいしん》を高め、イエズス会は日本から追い出され、代わってオランダの東インド会社が長崎の出島で交易をすることを認められました。長崎には、西洋医学の知識がもたらされ、１７７４年には西洋医学を日本語に翻訳《ほんやく》した『解体新書』が出版されました。ドイツ人の医師、シーボルトはオランダ軍の軍医として来日し、「鳴滝塾《なるたきじゅく》」を開き、日本各地から集まってきた医者たちに医学を教えました。１８０４年には、ヨーロッパの乳がんに対する外科《げか》手術の存在を学

2023年度

国学院大学久我山中学校入試問題（一般・CC 第2回）

【算　数】（50分）　＜満点：100点＞

【注意】　1．分度器・コンパスは使用しないでください。
　　　　　2．円周率は3.14とします。

【１】 次の計算をしなさい。

(1)　$\{79+(51-18)\}\div 8$

(2)　$12\div 1\frac{2}{3}\times\frac{4}{5}\div 0.36$

(3)　$(1-0.125)\times 3\frac{1}{5}+\frac{11}{10}\div 0.25$

(4)　$\left(3-2\frac{6}{7}\right)\times 2\frac{4}{5}+0.6\div 1\frac{1}{2}+\frac{1}{2}$

【２】 次の問いに答えなさい。

(1)　２けたの整数のうち，7の倍数は何個ありますか。

(2)　濃度《のうど》12％の食塩水150gに，水50gを混ぜてできる食塩水の濃度は何％ですか。

(3)　$1\frac{13}{15}$をかけても，$1\frac{17}{25}$をかけても，その積が０以外の整数になる分数のうち，いちばん小さい分数はいくつですか。

(4)　あるクラスの生徒に折り紙を配ります。１人に15枚ずつ配ると55枚不足し，１人に12枚ずつ配ると56枚余ります。このクラスの生徒は何人ですか。

(5)　静水時の速さが一定の船があります。この船が川を12㎞上るのに２時間40分，下るのに２時間かかりました。川の流れの速さは時速何㎞ですか。ただし，川の流れの速さは一定とします。

(6)　下の図は，Ｌ字のかべが建物に対して垂直に取り付けてあるようすを真上から見たものです。そのＬ字のかべが建物に取り付けてある地点と牛が長さ10mのロープでつながれています。この牛が動ける範囲《はんい》の面積は何m^2ですか。ただし，かべの厚さ，ロープの太さは考えないものとします。

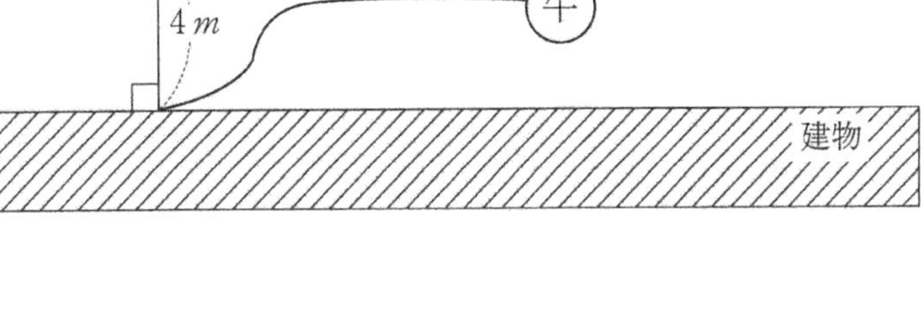

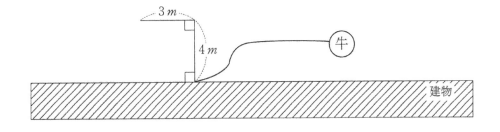

⑺　厚さが１cmの板を使って，右の図のようなふたのない直方体の形の箱を作りました。この箱の容積は何cm^3ですか。

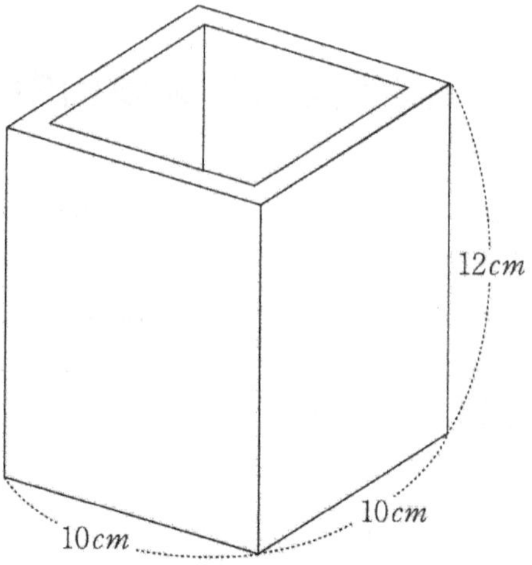

【３】 次のように，ある規則にしたがって数が並んでいます。

１段目				1			
２段目			2	3	4		
３段目		5	6	7	8	9	
４段目	10	11	12	13	14	15	16
・ ・ ・				・ ・ ・			

次の問いに答えなさい。

⑴　①　５段目に並んでいる数は何個ですか。

　　②　５段目に並んでいる数のうち，一番右の数はいくつですか。

⑵　①　７段目に並んでいる数のうち，一番左の数はいくつですか。

　　②　７段目に並んでいる数のうち，左から３番目の数と右から３番目の数の和はいくつですか。

　　③　７段目に並んでいる数の和はいくつですか。

⑶　11段目に並んでいる数の和はいくつですか。

【４】 図のように，長方形の仕切り板が１枚ついた高さ45cmの直方体の形の水そうがあります。

仕切り板は底面にまっすぐに立っていて，水そうの底面をA，Bの部分に分けています。

Bの部分の面積は1120cm^2です。

水そうにはそれぞれ一定の割合で水を入れることができる給水管が，A，Bの部分の真上に１本ずつついています。

Aの部分に直方体のおもりをおいて，Aの部分にだけ毎分2800cm^3の割合で水を入れました。

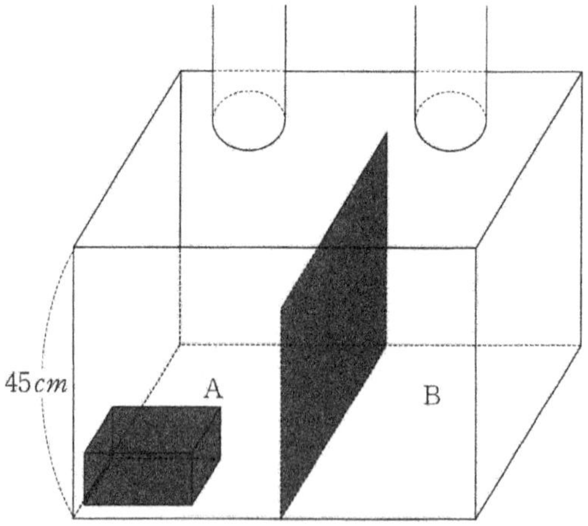

グラフは，水そうが空《から》の状態からＡの部分の水面が仕切り板の高さになるまで水を入れたときの，水を入れ始めてからの時間とＡの部分の水面の高さの関係を表したものです。

仕切り板の厚さは考えないものとして，次の問いに答えなさい。

ただし，(1) ②，③，(2) ①は途中《とちゅう》の考え方も書きなさい。

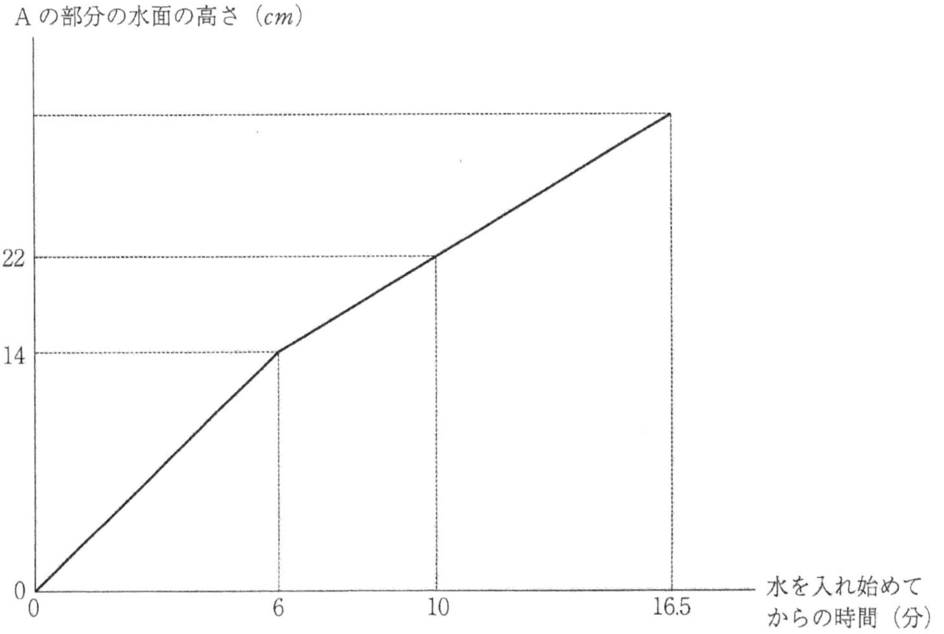

(1)　①　Ａの部分の面積は何cm^2ですか。

　　②　おもりの体積は何cm^3ですか。

　　③　仕切り板の高さは何cmですか。

Ａの部分におもりは置いたままで，水そうが空の状態から，Ａの部分の真上からは毎分2800cm^3の割合で水を入れ続け，Ｂの部分の真上からは，毎分3500cm^3の割合で５分間水を入れた後，５分間水を入れるのを止め，また，毎分3500cm^3の割合で５分間水を入れた後，５分間水を入れるのを止める……　という水の入れ方をしました。

２つの給水管から同時に水を入れ始めました。

(2)　①　水そうが空の状態からＢの部分の水面が，仕切り板の高さになるまでに何分かかりますか。

　　②　水そうが空の状態から満水になるまでに何分かかりますか。

【理　科】（40分）　＜満点：50点＞

【１】 次のⅠ，Ⅱの各問いに答えなさい。

Ⅰ．次の(1)～(5)の文中の（Ａ）にあてはまる語句を答えなさい。

(1) 図のような電磁石をつくりました。この電磁石を強くするには，電流を強くしたり，導線の（　Ａ　）を多くしたりします。

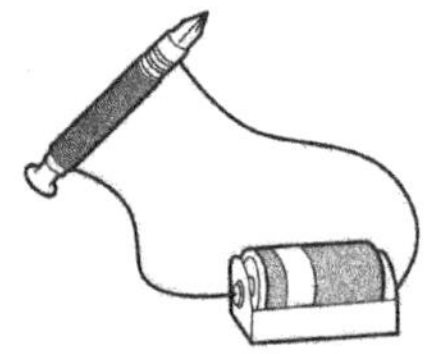

(2) 空気に含《ふく》まれている酸素や二酸化炭素の割合を調べるために使う図のような道具を（　Ａ　）といいます。

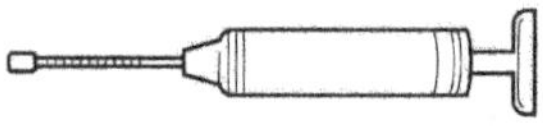

(3) 空全体をおおう灰色の雲で，雨や雪を長い時間降らせる雲のことを（　Ａ　）といいます。

(4) 植物のからだのつくりのうち，成長に必要な水を土の中から吸収するはたらきがあるものは（　Ａ　）です。

(5) 星によって色は異なって見えます。その中でもアンタレスは（　Ａ　）っぽい色に見えます。

Ⅱ．次の(1)～(5)について，下の①～⑤の中からあてはまるものを１つ選び，番号で答えなさい。

(1) 電気を光に変えることを目的としているものを選びなさい。

①　ラジオ　　②　炊《すい》飯器　　③　洗濯《たく》機　　④　懐《かい》中電灯　　⑤　アイロン

(2) おばなとめばながある植物を選びなさい。

①　アサガオ　　②　ヘチマ　　③　エンドウマメ　　④　タンポポ　　⑤　ナス

(3) ある方向に等間隔《かく》に図のように並ぶＡ～Ｃの３地点でボーリング調査をしたところ，次のようなボーリング試料が採取されました。Ｂ地点で採取されるボーリング試料を選びなさい。

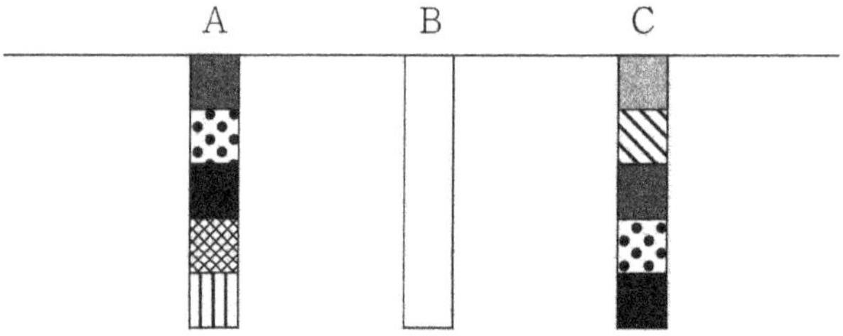

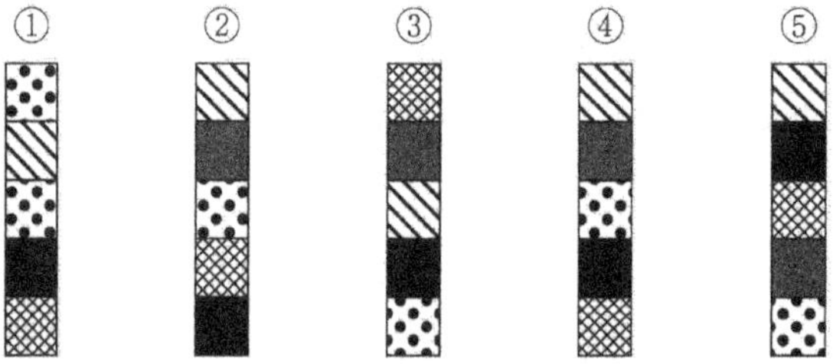

(4) 酸素について述べた文として正しいものを選びなさい。

①　空気中に最も多く含まれる。

②　十分な量の酸素を閉じこめた容器に火のついたろうそくを入れると，ろうそくの火がすぐに消える。

③　呼吸によって体内に取りこまれる。

④　貝がらを塩酸に入れると生じる。

⑤　水によく溶《と》ける。

(5)　食べた物が口から入ってこう門から出るまでの通り道ではないものを選びなさい。

①　食道　　②　小腸　　③　大腸　　④　胃　　⑤　かん臓

【２】 ふりこに関するあとの各問いに答えなさい。

図１のように，ひもとおもりを使ってふりこをつくり，おもりを往復運動させました。図１のＡ・Ｂ・Ｃは，それぞれのおもりの位置を示しています。

Ａは左向きの動きが右向きの動きにかわる折り返しの位置，Ｃは右向きの動きが左向きの動きにかわる折り返しの位置，ＢはＡとＣの中央の位置を示しています。この往復運動は，図１のようにＡからＢのふれはばと，ＢからＣのふれはばが必ず同じになります。ＡからＢまで，ＢからＣまで，ＣからＢまで，そしてＢからＡまでおもりが移動するのにかかる時間はそれぞれ等しくなります。この往復運動で１往復にかかる時間を周期といいます。

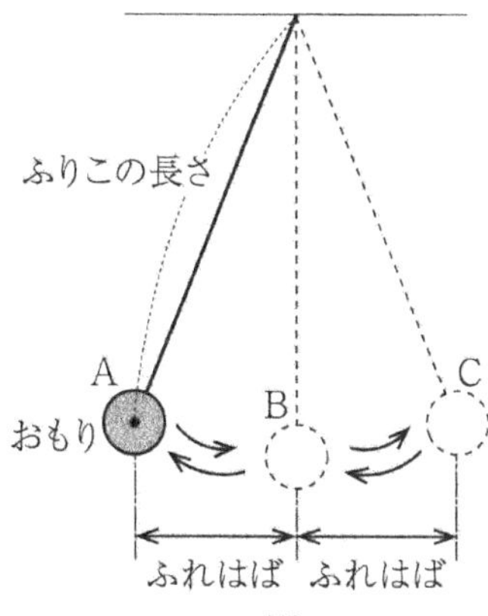

図1

ふれはば，おもりの重さ，ふりこの長さをかえて往復運動させたときの周期をまとめたものが表１です。

表１

ふれはば (cm)	5	5	5	5	5	5	10	10	10	10	10	10
おもりの重さ (g)	50	50	50	100	100	100	50	50	50	100	100	100
ふりこの長さ (cm)	25	100	225	25	100	225	25	100	225	25	100	225
周期 (秒)	1	2	3	1	2	3	1	2	3	1	2	3

(1)　表１より，ふれはばを２倍，おもりの重さを２倍，ふりこの長さを４倍にすると周期は何倍になるか答えなさい。

(2)　おもりの重さが70g，ふりこの長さが36cmのふりこを，ふれはば15cmで往復運動させたとき，これと同じ周期で往復運動するふりことふれはばを次の①～⑤の中からすべて選び，番号で答えなさい。

①　おもりの重さ70g，ふりこの長さ72cm，ふれはば16cm

②　おもりの重さ70g，ふりこの長さ36cm，ふれはば８cm

③　おもりの重さ140g，ふりこの長さ72cm，ふれはば８cm

④　おもりの重さ140g，ふりこの長さ36cm，ふれはば４cm

⑤　おもりの重さ35g，ふりこの長さ18cm，ふれはば４cm

(3)　おもりの重さが70gのふりこを，ふれはば15cmで１分間に15往復させたとき，このふりこの長さ（cm）を答えなさい。

⑷　図２のように，おもりの重さ70g，ふりこの長さが400cm のふりこを，ふれはば150cm でふらせたとき，点アの真下175cm の点イにくぎを打ち，ひもがひっかかるようにしました。左端《はし》からおもりを放し，おもりが初めて元の位置にもどるのは，おもりを放してから何秒後か答えなさい。

⑸　⑷において，おもりを放して２秒後に点イの真下の位置にもう１本くぎを打ったところ，おもりを放して３秒後に左向きの動きから右向きの動きにかわりました。くぎを打った位置は点イから何cmの位置か答えなさい。

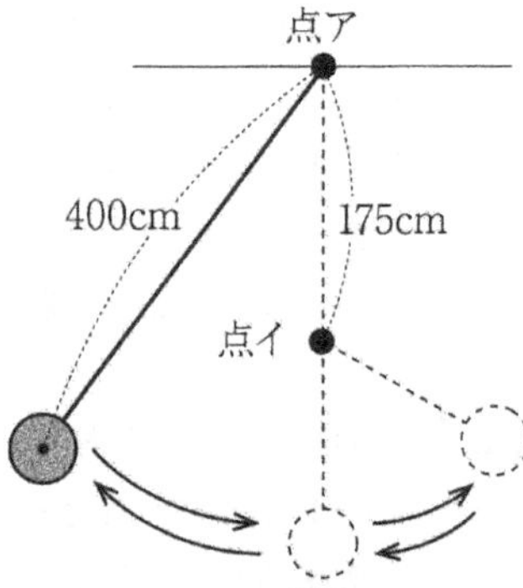

図2

【３】　ある固体を水に溶《と》けることができる最大の重さまで水に溶かして，それ以上溶かすことができなくなった水溶液《すいようえき》のことを飽和《ほうわ》水溶液とよびます。

食塩と砂糖について，水に溶けることができる最大の重さを調べました。あとの各問いに答えなさい。

〔実験１〕　さまざまな重さの25℃の水に溶けることができる食塩および砂糖の最大の重さを調べた。その結果を図１，図２に示した。

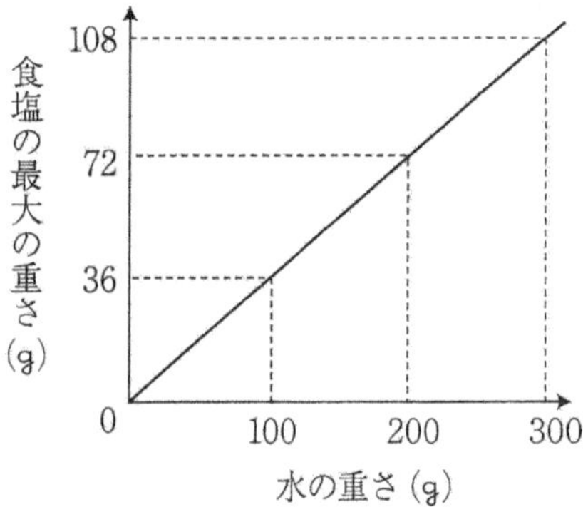

図1

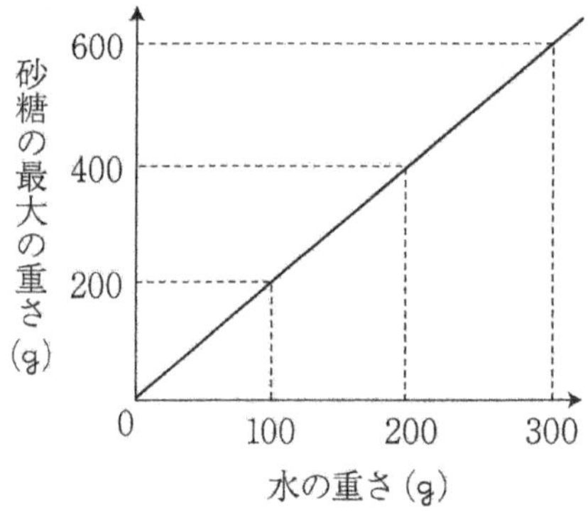

図2

⑴　25℃の水500gに溶けることができる砂糖の最大の重さ（g）を答えなさい。

〔実験２〕　さまざまな温度の水100gに溶けることができる食塩および砂糖の最大の重さを調べた。その結果を図３，図４に示した。

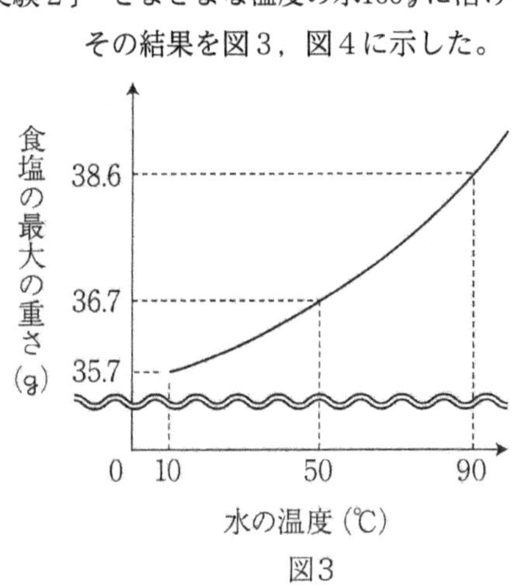

図3

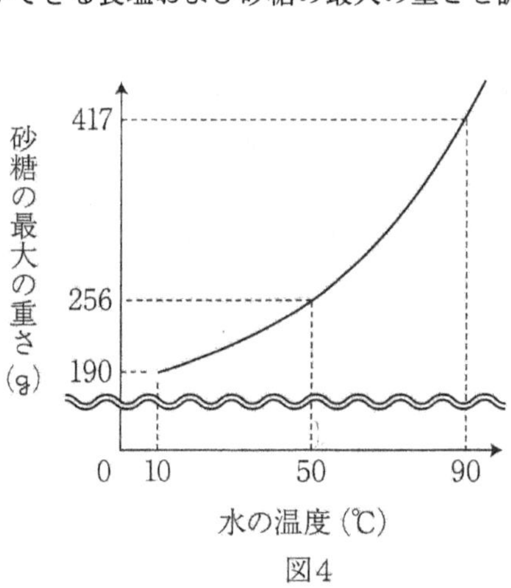

図4

実験２の結果から，食塩と砂糖は水の温度が上がると水に溶けやすくなることがわかります。固体が溶けている水溶液を冷やすと，水に溶けることができる最大の重さが減少することから，冷やす前に溶けていた固体の一部が溶け切れなくなって再び固体として現れます。

⑵　次の文章中の（ア）～（ウ）に当てはまる語句の組み合わせとして，正しいものをあとの①～④の中から１つ選び，番号で答えなさい。

図３，図４より，食塩と砂糖のうち，10℃ の水に溶けることができる最大の重さと，90℃ の水に溶けることができる最大の重さの差がより大きいのは（　ア　）である。それに対して（　イ　）はその差がより小さい。

このことから，90℃ の水100gに食塩を溶かしてつくった食塩の飽和水溶液と，90℃ の水100gに砂糖を溶かしてつくった砂糖の飽和水溶液をそれぞれ10℃ まで冷やすと，溶け切れなくなって現れる固体の重さの量が大きいのは（　ウ　）の飽和水溶液であることがわかる。

	ア	イ	ウ		ア	イ	ウ
①	食塩	砂糖	食塩	②	食塩	砂糖	砂糖
③	砂糖	食塩	食塩	④	砂糖	食塩	砂糖

⑶　90℃の水200gに食塩を溶かして飽和水溶液をつくり，その水溶液を10℃まで冷やしたとき，溶け切れなくなって再び固体として現れる食塩の重さ（g）を答えなさい。

〔実験３〕　さまざまな重さの25℃の水に食塩と砂糖の両方を溶かして，溶けることができる食塩と砂糖の最大の重さを調べました。その結果をまとめたものが表１です。

表1

水の重さ（g）	食塩の最大の重さ（g）	砂糖の最大の重さ（g）
100	36	200
200	72	400
300	108	600

⑷　25℃の水に食塩を75g，砂糖を125g溶かして500gの水溶液をつくりました。この水溶液にさらに溶かすことができる砂糖の最大の重さ（g）を答えなさい。

⑸　食塩を75g，砂糖を125g溶かした500gの水溶液を加熱したところ，水だけが蒸発して重さが400gまで減少しました。この水溶液を10℃まで冷やしたところ，溶け切れなくなった固体が現れました。この固体は食塩と砂糖のどちらかを答えなさい。また，その重さ（g）を答えなさい。

【４】 地震《じしん》と火山の分布について，次の文章を読み，あとの各問いに答えなさい。

私たちの暮らすところの地下には，大きな岩のかたまりである岩盤《がんばん》があり，この岩盤がプレートをつくっています。プレートは地球の表面をおおっている十数枚の大きな岩盤で，それぞれ動いています。

日本の近くの海には大陸の地下に広がるプレート（大陸プレート）と，海の地下に広がるプレート（海洋プレート）がぶつかっている場所である海溝《かいこう》（海洋プレートが大陸プレートの下に沈《しず》み込《こ》んでいる場所）があります。このため地震や火山の噴火《ふんか》がよく起こります。図１は日本列島で沈み込む海洋プレートと１年間に起きた地震の震源（地震が起きた場所）の位置を黒い点で示したものです。この図では地表付近で地震が起きていますが，それ以外に海溝から沈み込んだプレートの中でも地震が起きていることがわかります。

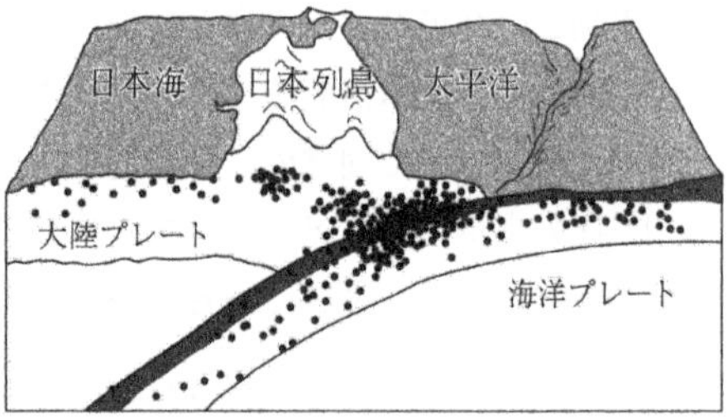

図1

⑴　地表付近や地下で岩盤が割れてずれたとき，地震が起こります。このずれの名前を答えなさい。

⑵　図１の震源の位置について最もふさわしいものを次の①～④の中から１つ選び，番号で答えなさい。

①　日本海側の地下でも太平洋側の地下でも震源の深さはどの地震でも変わらない。

②　日本海側の地下と太平洋側の地下を比べると，太平洋側の方が震源は深いところにある。

③　日本海側の地下でも太平洋側の地下でも震源は沈み込んでいるプレートの中にしかない。

④　日本海側の地下と太平洋側の地下を比べると，太平洋側の地下の方が震源が多い。

図２は日本にあるおもな火山の位置と主な海溝の位置を示したものです。

日本には，東側の火山のまとまり（東日本火山）と西側の火山のまとまり（西日本火山）があります。図２では現在も噴火《ふんか》する可能性のあるおもな火山の場所と名前を示しています。

図２をみると，海溝に沿うように火山が分布していることがわかります。これは地下に沈み込んだプレートの近くでマグマがつくられているためで，このマグマが上昇《じょうしょう》し，地表に噴出《ふんしゅつ》します。噴出したマグマはやがて火山をつくります。

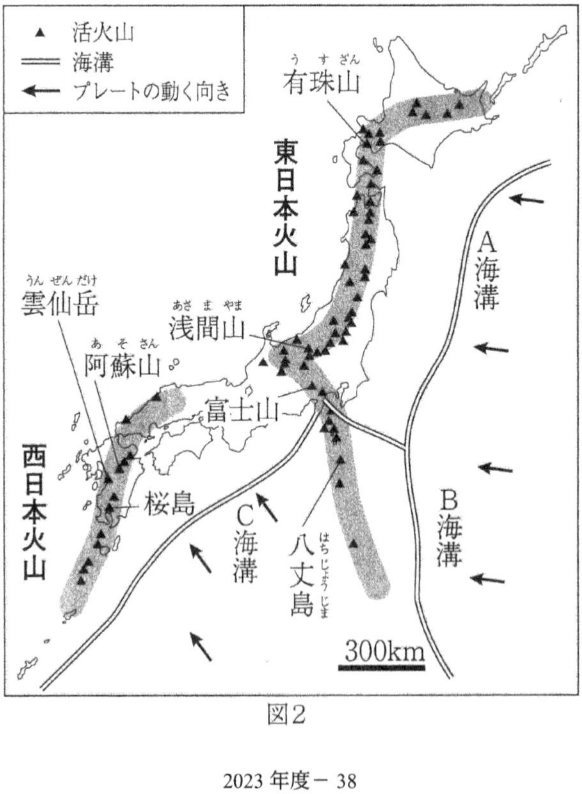

図2

⑶　前のページの図２からわかることとして最もふさわしいものを次の①～④の中から１つ選び，番号で答えなさい。

①　活発に活動する火山は東日本に集中していて，西日本に今後噴火する可能性のある火山はない。

②　海溝と火山の分布に関係はない。

③　八丈島の火山はＢ海溝のプレートの沈み込みによってつくられている。

④　日本の火山の分布は途《と》切《ぎ》れることはなく，東日本から西日本までずっとつながっている。

図３は日本で起きた地震のうち，東日本側のＡ海溝とＢ海溝で沈み込んでいるプレートで起きた地震について，その震源を深さごとに地図上に黒い点で示したものです。

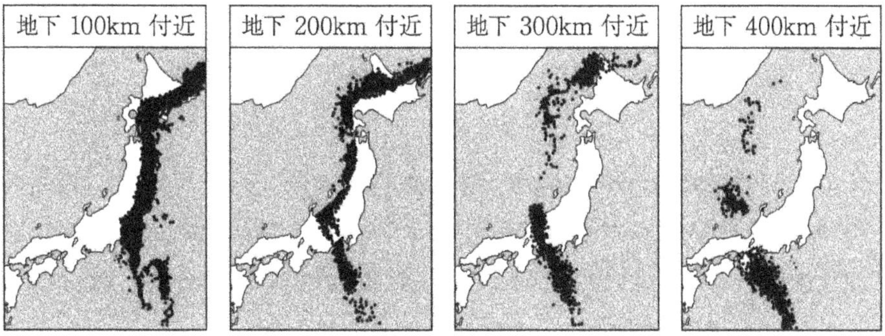

図３

⑷　図３からわかることとして最もふさわしいものを次の①～④から１つ選び，番号で答えなさい。

①　震源が100km付近の地震は日本海側の地下でも太平洋側の地下でも起きている。

②　震源が300kmよりも深い地震は太平洋側の地下でしか起こらない。

③　太平洋の地下300kmより深いところに震源はない。

④　プレートの沈み込む角度はＡ海溝よりもＢ海溝の方が急である。

⑸　マグマは地下何kmでつくられていると考えられるか，最もふさわしいものを次の①～⑤の中から１つ選び，番号で答えなさい。

①　100kmよりも浅いところ　　②　100～200km　　③　200～300km

④　300～400km　　⑤　400kmよりも深いところ

【５】　こん虫のからだは，頭部・胸部・腹部の３つに分かれており，食べ物を食べるための口《くち》は頭部についています。次の各問いに答えなさい。

⑴　こん虫の頭部についているものを，次の①～⑤の中からすべて選び，番号で答えなさい。

①　触角《しょっかく》　②　はね　③　あし　④　眼　⑤　こう門

こん虫のなかまはいろいろな食べ物を食べています。そして，なかまごとに特ちょうのある口をもっています。例えば，チョウ（図Ａ）は花の蜜《みつ》，カブトムシ（図Ｂ）は樹液を食べます。また，カマキリ（図Ｃ）は生きたものをつかまえて食べます。そして，それぞれの食べ方に合った口のつくりをしています。

（図Ａ～Ｃは次のページにあります。）

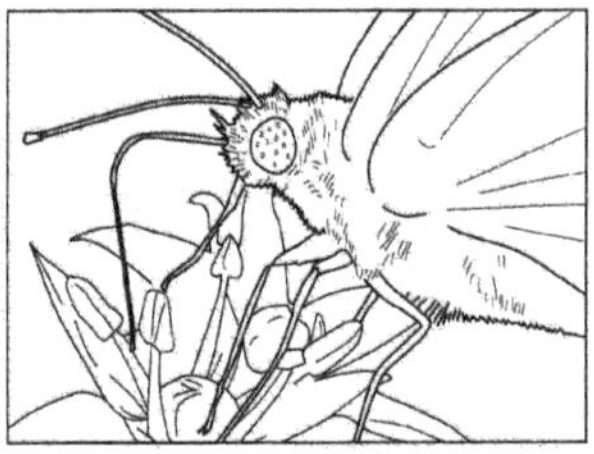
図A

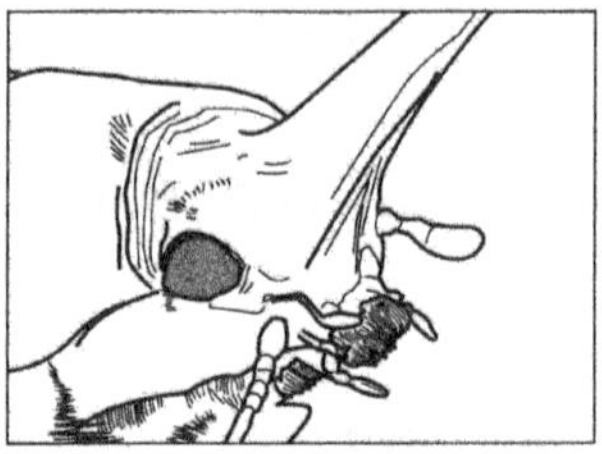
図B

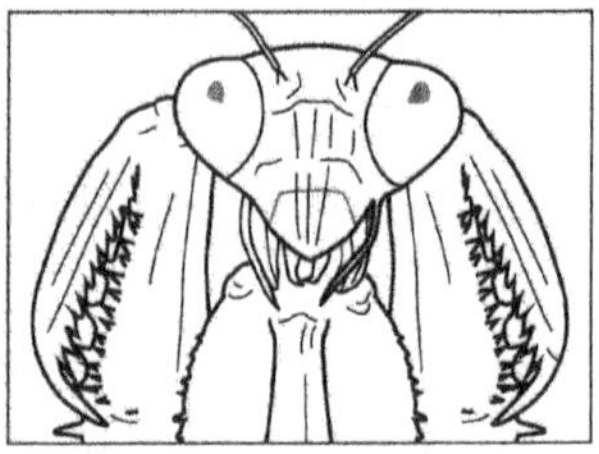
図C

(2) 図A～Cのこん虫が，それぞれの口を使った食べ物の食べ方として正しい組み合わせを次の①～⑥の中から１つ選び，番号で答えなさい。

	A	B	C
①	なめる	吸う	かみ砕《くだ》く
②	なめる	かみ砕く	吸う
③	吸う	なめる	かみ砕く
④	吸う	かみ砕く	なめる
⑤	かみ砕く	吸う	なめる
⑥	かみ砕く	なめる	吸う

(3) 図Cで示したカマキリと同じように生きたものをつかまえて食べるが，カマキリとは異なる特ちょうのある口をもっているこん虫として最もふさわしいものを次の①～⑤の中から１つ選び，番号で答えなさい。

① オニヤンマ　② ヤママユガ　③ ショウリョウバッタ
④ アブラゼミ　⑤ タガメ

こん虫のなかまには，幼虫のときに成虫とはちがうものをちがう食べ方で食べるため，口のつくりも成虫と異なるものがいます。

(4) 次の①～⑤のこん虫を，『幼虫と成虫で口のつくりが異なるもの』と，『幼虫と成虫で口のつくりが同じもの』の２つのなかまに分けてみます。このとき少ない方に分けられたこん虫を次の①～⑤の中からすべて選び，番号で答えなさい。

① モンシロチョウ　② トノサマバッタ　③ ノコギリクワガタ
④ ミンミンゼミ　⑤ オオカマキリ

(5) (4)で分けた２つのなかまは，卵から成虫になるまでの変化に注目した場合，それぞれ別の特ちょうを表す名前で分けられます。(4)で選ばなかった方のなかまの特ちょうを表す名前を答えなさい。

【社　会】（40分）　＜満点：50点＞

1　次の会話は，生徒Ａさんと K 先生の会話です。これを読んで，問いに答えなさい。

Ａさん：　先生，夏休みに小惑星《しょうわくせい》探査機「はやぶさ」が持ち帰った小惑星のサンプルを見学してきました。とても感動したので，展示していた「はやぶさ」を模型で作ってみました。

K先生：　とても上手にできましたね。その「はやぶさ」のキラキラしている部分は，何で作りましたか。

Ａさん：　いつも台所にあるアルミホイルを巻きました。

（日本アルミニウム協会 HP より）

K先生：　では，アルミホイルはどのようにしてできているのでしょうか。アルミホイルの原料は①「ボーキサイト」という赤茶色の鉱石です。あまりなじみのないものです。それは，日本では産出されていないからですね。その「ボーキサイト」を細かく砕《くだ》き，薬品と混ぜ合わせて分《ぶん》離《り》すると，「アルミナ」という真っ白な粉ができあがります。この「アルミナ」は，②アルミニウムと酸素が結びついた状態のため，電気分解を行います。アルミナから酸素を取り除くことによって，銀色のアルミニウムが誕生します。そのアルミニウムを厚さ0.2㎜～0.006㎜まで薄《うす》く伸ばしたものをアルミホイルと言うのですね。

Ａさん：　いつも家で見るホイルケースやバターの包みや③アルミ缶《かん》も鉱石からできていたのですね。

K先生：　その通りです。では，家にあるもの以外に目を向けてみましょう。実は，そのアルミニウムが輸送関係にも活用されているのですよ。みんなもふだん利用することが多い自動車や，④新幹線，航空機，さらには，⑤人工衛星打ち上げ用ロケットにまで使われています。

Ａさん：　小さなものにばかりと思っていましたが，こんな大きな乗り物には，どのように使われているのですか。

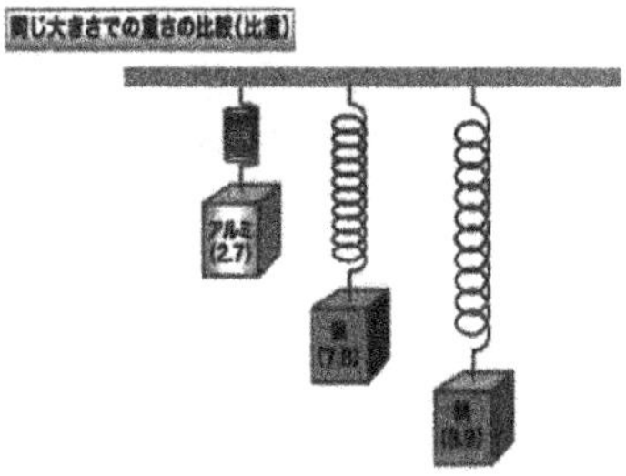

（日本アルミニウム協会 HP より）

K先生：　例えば，自動車については，アルミニウムの最大の特徴《とくちょう》である軽量という利点を生かし，鉄からアルミニウムへと変更《へんこう》した場合，車両の重量が軽くなり，車が走れる距離《きょり》がのびるのです。

Ａさん：　それは温室効果ガスの削減《さくげん》につながりますね。2015年に2020年以降の温室効果ガス排出《はいしゅつ》量の削減等のための新たな国際枠組《わくぐ》みとして，■■■■が採択《さいたく》されましたね。

K先生：　Ａさん，よく勉強していますね。その通りですね。アルミニウムは，ここ百数十年前から実用化された金属であり，目覚ましい発展を遂《と》げており，これからも期待していきたいですね。ここで，Ａさんが感動したと言っていた「はやぶさ」の話に戻《もど》りますが，「はやぶさ」の外側の金色に光っている部分には，「サーマルブランケット」が使用されています。「サーマルブランケット」自体は，オレンジに近い色をしているのですが，その裏側にアルミホイルが貼《は》り付《つ》けられています。

(JAXA HP より)

人工衛星は，外部からの熱により，内部の機械が故障してしまうので，熱を吸収しづらくするためにアルミホイルが使われているのです。Ａさんも日常生活の中の様々な部分でアルミホイルを目にする機会があると思います。

Ａさん：　これからは，このアルミホイルの話を思い出して，色々なことを発見してみたいと思います。

問１　下線部①に関連して，「ボーキサイト」の生産量第１位（2020年度）の国名を，次の写真を参考に答えなさい。

問２　下線部②に関連して，アルミニウムで身近なものと言えば，１円玉です。消費税が導入された際には，釣《つ》り銭需要《せんじゅよう》の拡大により，１円王がたくさん必要になりました。しかし，その後の消費税増税では製造枚数を大幅《おおはば》に減らし，流通枚数も減少する傾向《けいこう》にあります。それはなぜですか。次のページのグラフを参考に考えて答えなさい。

●１円玉硬貨　製造枚数

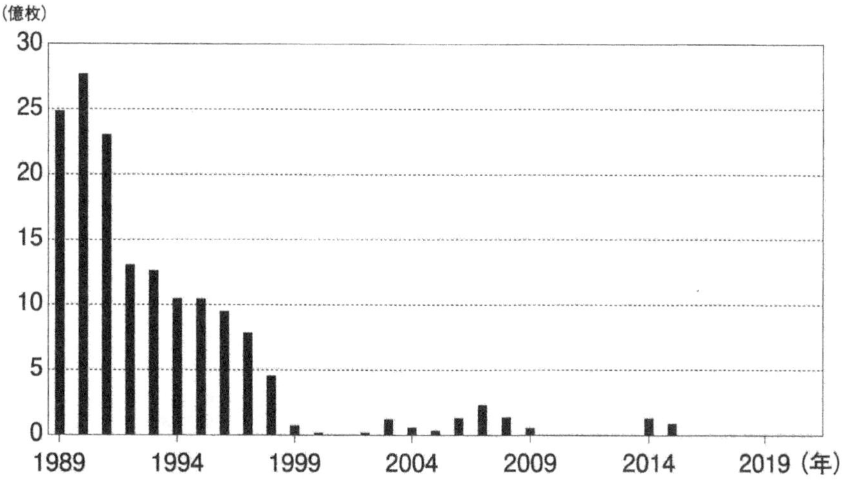

（造幣局《ぞうへいきょく》 HP より作成）

●１円玉硬貨　流通枚数

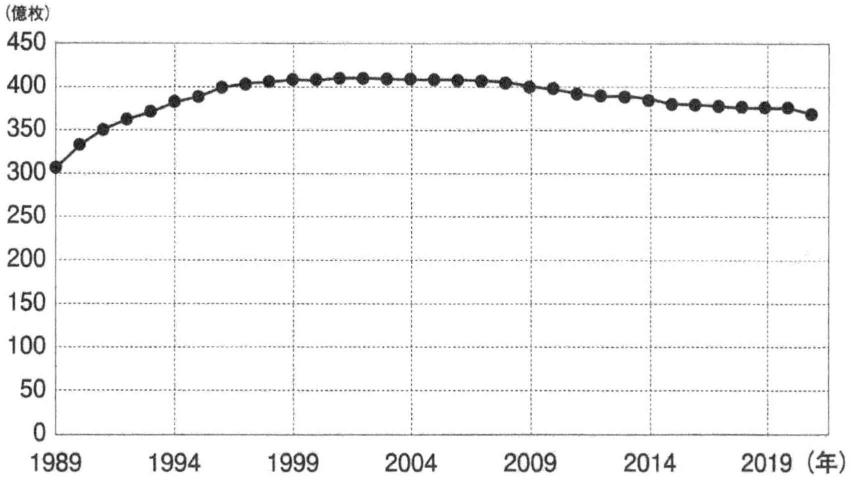

※それぞれの年の 12 月の流通枚数を示す（日本銀行 HP より作成）

問３　下線部③に関連して，右のマークは，多くのアルミニウム製品に表示されている環境《かんきょう》マークの１つです。地球環境を守るために世界各国が率先して取り組んでいるのが３Ｒです。環境保護活動としてあなたにもできる３Ｒをアルミニウムに限定して一つ考え，その内容について文章で説明しなさい。

問４　下線部④に関連して，以下の問いに答えなさい。

⑴　日本に初めて新幹線が開通したのは，59年前の10月１日でした。区間は，東京～新大阪間です。この時期，新幹線が開通したきっかけともなった歴史的なできごとは何か答えなさい。

⑵　新幹線開通より後のできごとを選び，記号で答えなさい。

ア．10年間で，GNP（国民総生産）を13兆円から26兆円に倍増させる長期的な経済成長戦略である「国民所得倍増計画」を打ち出した。

イ．核兵器を「もたず，つくらず，もちこませず」の非核三原則をとなえたことでも知られる佐藤栄作氏がノーベル平和賞を受賞した。

ウ．鳩山一郎首相がソビエト連邦を訪問し，ソビエト連邦との国交の回復をへて，日本は，80番目の加盟国として，国際連合に加盟した。

エ．アメリカで，世界の48カ国との平和条約であるサンフランシスコ平和条約が調印された。

問５　下線部⑤に関連して，人工衛星の種類には，通信衛星，放送衛星，気象観測衛星，科学衛星，地球観測衛星，測地衛星などがあります。次のうち人工衛星を利用していないものを選び，記号で答えなさい。

ア．農作物の生育状況

イ．カーナビゲーションシステム（カーナビ）

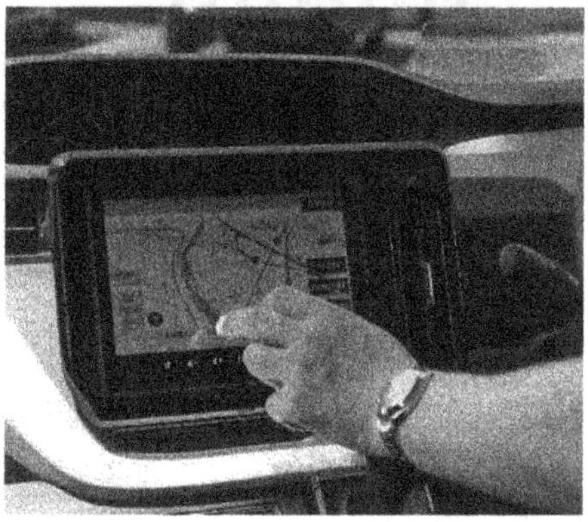

ウ．ねこのマイクロチップ

(環境省 HP より)

エ．オーロラの観測

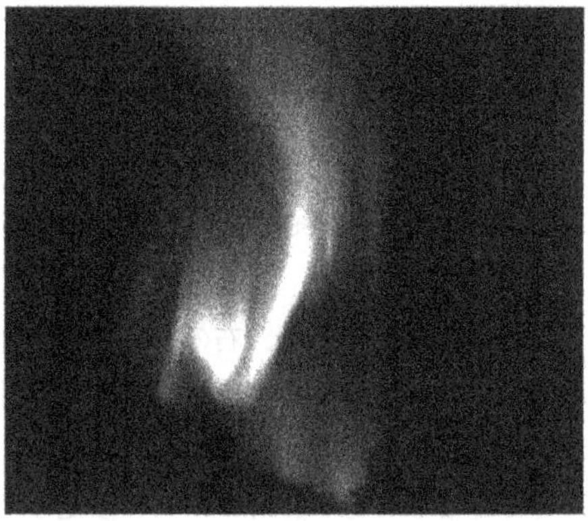

問６　会話文中の空欄《らん》■■■■にふさわしい語を答えなさい。

2　近年，わが国では地方創生のための施策《しさく》の一つとして，ふるさと納税が注目されています。ふるさと納税は，寄附《きふ》の返礼品として，その地域の特産物など，さまざまなものが受け取れることも魅力《みりょく》の一つです。以下には，日本の各自治体における返礼品の一部が示されています。これについてあとの問いに答えなさい。(写真はさとふるHPより)

≪Ａ県 伊賀市「袴《はかま》式本格派忍者《にんじゃ》衣装」≫

伊賀といえば忍者の里。忍者と関連の深い自治体である伊賀市からは、本格的な忍者装束《しょうぞく》を受け取ることができます。伊賀市は、大阪や名古屋といった大都市にも近く、甲賀流忍者のふるさとである滋賀県甲賀市にも隣接しています。

忍術の起源には多くの説がありますが、伊賀の場合は、①鎌倉時代が起源であると考えられています。今は「忍者(NINJA)」の呼び方で統一されていますが、かつては違《ちが》う呼び方もたくさんありました。

問１　下線部①に関連して，鎌倉時代に起こった次のできごとを，時代の古いものから順に並べかえ，解答欄に合うように記号で答えなさい。

ア．北条泰時は御成敗式目をまとめ，武士の法の手本とした。

イ．北条時宗は元の襲来《しゅうらい》に備え，御家人に九州の守りを固めさせた。

ウ．後鳥羽上皇が政治の実権を取り戻そうと，承久の乱を起こした。

≪Ｂ県 室戸市「活オオグソクムシ」≫

Ｂ県東部地域は、黒潮が流れ込《こ》む素晴らしい環境に恵《めぐ》まれています。室戸は深海が陸から近く、「深海王国」とも呼ばれています。

そんな室戸市からは、深海300mから収穫《しゅうかく》してきた「オオグソクムシ」を生きたままの状態で受け取ることができます。

身はそこまで多くないですが、エビやカニに近い味だそうです。簡単な調理法が書かれたものも同封《どうふう》されています。

問２　以下の文章中の空欄○○○にあてはまる語句を，カタカナ３字で答えなさい。

室戸市の沖合《おきあい》約140ｋｍ先の深海には「南海○○○」が横たわっています。室戸岬《みさき》はそこを震源《しんげん》とする度重なる地震で隆起《りゅうき》してできた土地で、山上部から海岸線にかけて段々に広がる平坦《へいたん》な土地は、かつての海面の高さであったことがわかります。

≪Ｃ県 男鹿市「木彫《きぼ》りなまはげ板付き面」≫

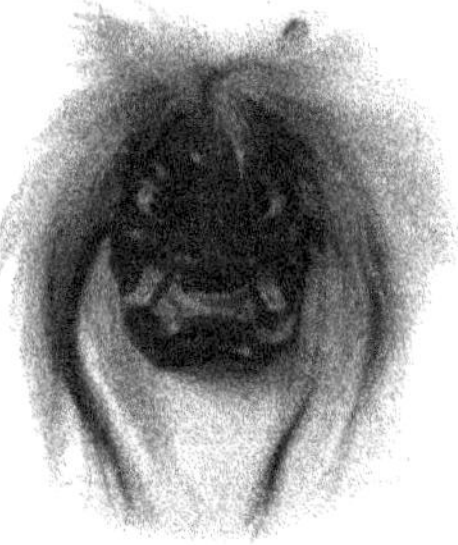

「男鹿のなまはげ」はＣ県男鹿半島に伝わる民俗《みんぞく》行事です。なまはげとは、そこに現れる神の使いのことで、大みそかの晩に現れ、集落の家々に上がり、厄《やく》を払《はら》ってまわる来訪神です。

男鹿市からは、彫師《ほりし》石川千秋氏による手彫りなまはげ面を受け取ることができます。

問３　「男鹿のなまはげ」は，「来訪神：仮面・仮装の神々」の一つとしてユネスコの無形文化遺産にも登録されています。これに関連して，次のうち，国際連合の機関としてふさわしくないものを選び，記号で答えなさい。

ア．UNICEF　　イ．WTO　　ウ．UNHCR　　エ．ASEAN

≪Ｄ県 碧南《へきなん》市「鬼瓦《おにがわら》ティッシュケース（睨《にら》み顔の鬼瓦）」≫

＼「伝統×ユーモア」で見た人がくすっと笑って ちょっとHAPPYになってくれる製品／
鬼瓦ティッシュケース
（睨み顔の鬼瓦）

Ｄ県の西三河地方は、約 300 年前から日本最大の瓦《かわら》の産地として発展し、現在では陶器瓦の国内シェアは 60%～70% を占《し》めています。

そんな西三河地方に位置する碧南市からは、伝統とユーモアを融合《ゆうごう》した製品として、魔除《まよ》け、厄除《よ》けの意味を込めた「睨み顔」の鬼瓦ティッシュケースを受け取ることができます。

問４　三河国の出身である徳川家康は，海外との貿易に力を入れました。東南アジアの国々などと貿易をすすめるため，大名や大商人に与《あた》えられた，海外に渡ることを認める許可状を何というか答えなさい。

≪Ｅ県 関市「模造刀～長曽祢虎徹《ながそねこてつ》～【日本刀】」≫

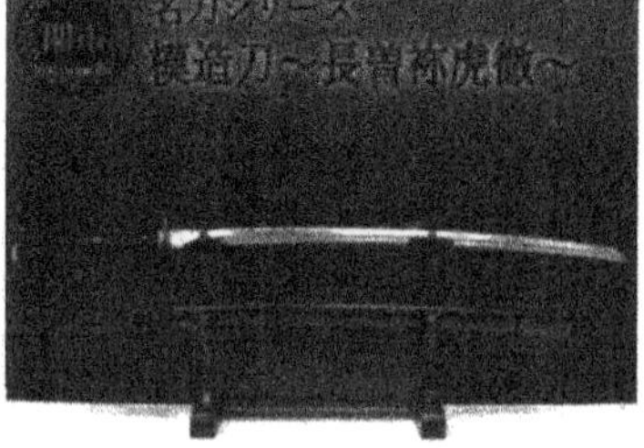

日本刀の「五箇伝《ごかでん》」のひとつ、「美濃伝」の本拠地である関市。長曽祢虎徹は、②江戸時代中期の刀匠《とうしょう》です。新撰組局長であった近藤勇の愛刀としても知られ、長時間におよぶ池田屋での激闘《げきとう》にも耐えたと言われます。

そんな「刃物《はもの》のまち」として知られている関市からは、名刀を写した「模造刀～長曽祢虎徹～」を受け取ることができます。

問５　（前のページの）下線部②に関連して，この時代は新しい学問がさかんになりましたが，日本の古い書物を研究することで日本人の考え方を明らかにしようとする国学を大成し，『古事記伝』を著した人物を答えなさい。

≪Ｆ県 かすみがうら市「霞ヶ浦帆引《ほび》き船模型」≫

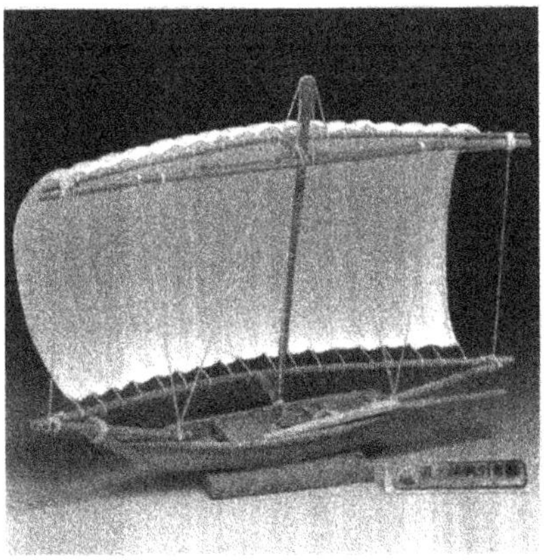

明治から昭和にかけて霞ヶ浦での③漁業に使われていた帆引き船は、巨大《きょだい》な帆を張り、風の力を受けて船を横流しすることで水中の網《あみ》を引く漁法でしたが、次第にトロール船へと変わっていきました。1971 年に観光用として復活し、2018 年には「霞ヶ浦の帆引き網漁の技術」が選択《せんたく》無形民俗文化財に選定されました。

かすみがうら市からは、霞ヶ浦のシンボルである帆引き船を再現した模型を受け取ることができます。

問６　下線部③に関連して，次の**表１**のＡ・Ｂは，2021年の全国主要漁港の水揚《あ》げ高上位５漁港のうち，数量別または金額別のいずれかを示したものです。また，次のページの**図１**のＸ・Ｙは，2019年の水産物の輸出品目または輸入品目のいずれかを示したものです。

表１のＡ・Ｂおよび**図１**のＸ・Ｙのうち，金額別と輸入品目それぞれにあてはまる組み合わせとしてふさわしいものを選び，ア～エの記号で答えなさい。

	ア	イ	ウ	エ
金額別	A	A	B	B
輸入品目	X	Y	X	Y

表１

A

順位	漁港名
1	銚子
2	釧路
3	焼津
4	長崎
5	石巻

B

順位	漁港名
1	焼津
2	福岡
3	長崎
4	銚子
5	三崎

（八戸市「水産統計」より作成）

図1

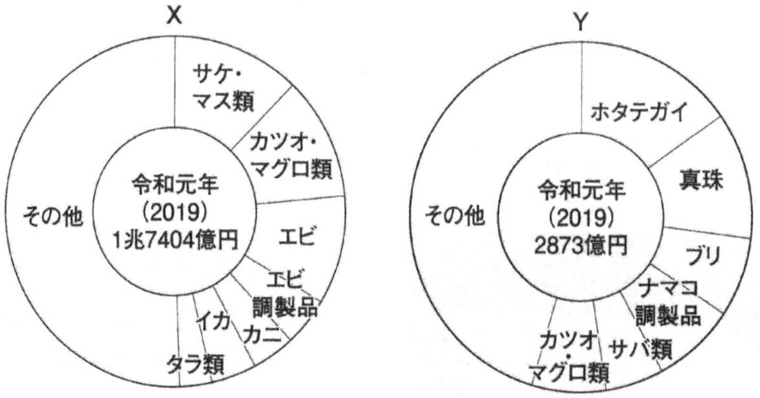

（水産庁 HP より作成）

≪G県 矢《や》巾《はば》町「南部鉄偶《ぐう》」≫

南部鉄偶　　ちび鉄偶（遮光器鉄偶）

G県では縄文時代の遺跡が8300か所以上見つかっており、④土偶の出土数も日本一をほこります。

そんなG県に位置する矢巾町からは、縄文時代に作られたとされた「遮光《しゃこう》器土偶」がモチーフの南部鉄偶を受け取ることができます。G県の伝統工芸品として有名な南部鉄器と、土偶が組み合わされたこの商品は、お湯を沸《わ》かすときや煮込《にこ》み料理を作るときなどに一緒《いっしょ》に煮込むことで、自然に鉄分を摂取《せっしゅ》することができ、健康にも役立つ製品です。

問7　下線部④に関連して，次のうち，縄文時代に土偶がつくられた目的として最もふさわしくないものを選び，記号で答えなさい。

ア．安産を祈願《きがん》するため　　イ．副葬《ふくそう》品として古墳に入れるため

ウ．豊作を願うため　　エ．災いや魔物をさけるため

≪H県 龍郷《たつごう》町「本場奄美大島紬《つむぎ》 ロングマフラー（龍郷柄《がら》）」≫

本場奄美大島紬とは、奄美大島で生産される日本の伝統工芸品の絹織物です。自然豊かな島で育まれる緻密《ちみつ》な織物は絹の軽やかさと泥染《どろぞめ》大島紬のしっとりとしなやかな肌触《はだざわ》りが魅力の素材です。「龍郷柄」とは、奄美を代表する古典柄です。

龍郷町からは、職人が手作りした大島紬のロングマフラーを受け取ることができます。

問8　日本には，古くから受け継《つ》がれてきた伝統的工芸品が数多くあります。次のページの伝統的

工芸品とそれが生産されている府県との組み合わせとしてふさわしくないものを選び，記号で答えなさい。

ア．信楽焼－奈良県　　イ．天童将棋駒－山形県

ウ．西陣織－京都府　　エ．輪島塗－石川県

≪Ｉ県 井原市「オリジナルジーンズ」≫

国産デニム発祥《はっしょう》の地は、実はＩ県です。古くから繊維《せんい》の町として栄えていたＩ県⑤倉敷市にて日本で初めてのジーンズ開発がスタートしました。現在、Ｉ県には 100 を超《こ》える有名なジーンズ関連企業《きぎょう》が集まっています。Ｉ県産のジーンズの品質の高さは世界からも認められ、国際的にもデニム・ジーンズの聖地として有名になりました。

Ｉ県に位置する井原市からは、全ての工程を井原市内の企業と一緒につくった、こだわりの詰《つ》まったオリジナルジーンズを受け取ることができます。

問９　下線部⑤に関連して，倉敷市では，鉄鋼業や石油化学工業がさかんです。日本において鉄鋼業や石油化学工業は，沿岸部に発達することが多いですが，その理由を解答欄に合うように考えて答えなさい。

≪Ｊ県 小千谷市「棚田のオーナー制度（10a《アール》/1 年間）」≫

Ｊ県小千谷市が位置する魚沼地域は、日本有数の豪雪《ごうせつ》地であり、春には山からのミネラルたっぷりの雪解け水が大地を潤《うるお》します。河岸段丘《だんきゅう》が作り出す地形に田んぼが広がる、日本有数の米どころです。

小千谷市から受け取れるのは、１年間、棚田のオーナーになれる権利です。収穫したお米を届けてもらえることに加え、農業体験にも参加することができます。

問10　近年の農業技術の進歩はめざましく，農業の成長・発展に大きく貢献《こうけん》してきました。しかし，棚田ではその効果が限られ，平地の水田よりも衰退《すいたい》している傾向が強いといわれています。その理由を考えて答えなさい。

≪K県 千曲市「SUMI あんずウクレレ（ソプラノ）」≫

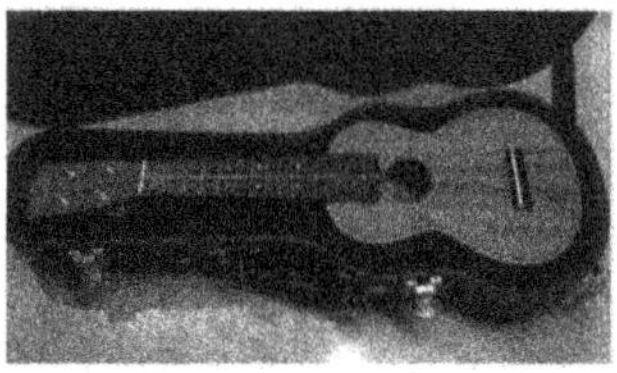

周囲を山々に囲まれたK県は、湿度《しつど》が低く良質な木材が生産されることから、古くから木工産業がさかんでした。この技術を応用してギター作りがスタートし、現在は国内出荷額の約半分を占めています。

千曲市からは、千曲市産のあんずの木を利用したソプラノウクレレを受け取ることができます。あんずの木は、その材質が入手困難なハワイアンコアやハカランダに似ていることから、明るく美しく深い音が奏でられます。

問11　これに関連して，千曲市と同じ**K県**にある松本市の雨温図としてふさわしいものを選び，記号で答えなさい。なお，他の３つは，函館市・横浜市・那覇市のものです。

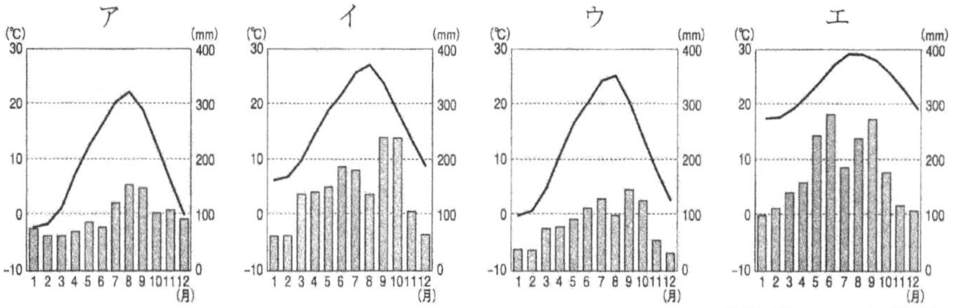

（『理科年表2022』より作成）

問12　A県～K県の県庁所在地を北から順に並べかえると，以下のようになります。下の図を参考にして，空欄①・②にあてはまる都道府県をアルファベットで答えなさい。

北　　　　　　　　　　　　　　　　　　　　南

C →［　］→［①］→ K →［　］→［　］→ D → A →［　］→［②］→ H

3　久我山中学校の南方を走る京王線に沿うように国道20号線があります。この国道の道すじは，その昔「甲州街道（甲州道中）」と呼ばれた街道でした。この街道とその宿場に関するあとの問いに答えなさい。(以下，街道の名称《めいしょう》は「甲州街道」とします)

問１　甲州街道は江戸時代に整備された五街道の一つで，起点は日本橋，終点は下諏訪（現在の長野県下諏訪町）です。下諏訪では，同じく五街道の一つの中山道とつながっています。これに関連して，中山道の最初の宿場を次のページの［**地図**］の**ア**～**ウ**より選び，記号で答えなさい。

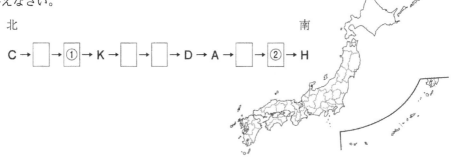

[地図]

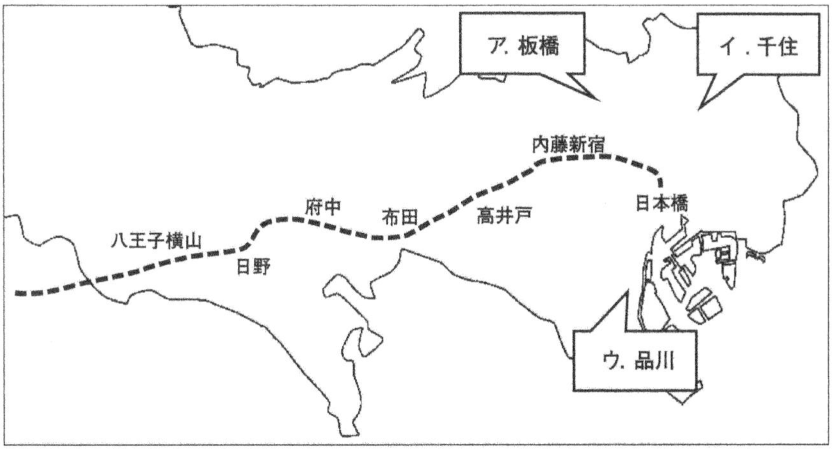

（注）甲州街道のおよその位置（点線）と現在の東京都の範囲（実線）を示しています。

問２　甲州街道の最初の宿場である内藤新宿は，現在の新宿駅の近くにありました。甲州街道が整えられた当初，日本橋から高井戸（上高井戸・下高井戸）まで宿場はありませんでしたが，あまりに距離が長いことから新たに設けられました。「内藤新宿」という名前は，大名家である内藤氏の屋敷《やしき》の土地の一部を利用してつくられた新しい宿場，ということから名付けられたものです。

さて，江戸時代の主な街道に設けられた「宿場」には役割がいくつかあります。その役割を［宿場のようすを描《えが》いた浮世絵］を参考にして２つ答えなさい。

［宿場のようすを描いた浮世絵］

「東海道五十三次」（歌川広重）
「藤枝」「平塚」「御油」の一部分を使用
（東京国立博物館デジタルコンテンツより）

問３　２つ目の宿場は高井戸です。この近くでは縄文時代よりも前の時代の遺跡も見つかっています。これに関連して，次のうち，縄文時代の人々のようすとしてふさわしいものを選び，記号で答えなさい。

ア．まちやむらでは，祭りや盆《ぼん》おどりがさかんになり，豊作を祈《いの》って舞《ま》う田楽やこっけいなおどりをする猿楽なども見られるようになった。

イ．貝や木の実を集めたり，シカやイノシシなどの動物や魚を獲ったりして食料とし，それらを煮炊《にた》きしたり蓄《たくわ》えたりするための土器がつくられた。

ウ．国から割り当てられた土地を耕し，米や特産物を税として納めたほか，工事で働いたり兵士として守りについたりするなど，重い負担があった。

エ．大陸から日本に移り住んだ渡来人により，建築や土木工事，養蚕や織物などの進んだ技術が日本の各地に伝えられた。

問４　３つ目の宿場は布田です。現在の調布市にあり，「布田五宿」と呼ばれて５つの宿場が交代で役割を果たしていました。ここから北に向かうと733年に創建したと伝えられる深大寺があり，国宝としては東日本で最も古い仏像があることでも知られています（右の写真）。

これに関連して，次にあげる仏像を，当初つくられた時代が古い順に並べかえ，解答欄に合うように記号で答えなさい。

（深大寺 HP より）

ア．東大寺大仏殿盧舎那《るしゃな》仏

イ．東大寺南大門金剛力士像阿形《あぎょう》像

ウ．平等院鳳凰堂阿弥陀如来《あみだにょらい》像

エ．法隆寺夢殿救世《ぐぜ》観音像

問５　現在の京王線府中駅周辺にも府中宿がありました。鎌倉時代には，現在の関東地方北部から鎌倉を結ぶ街道が南北を貫《つらぬ》き，交通の要所として栄えました。しかし，この街道を下ってきた軍勢がこの地で戦いを起こし，その後の鎌倉幕府の滅亡《めつぼう》につながっていきました。鎌倉幕府はなぜ倒《たお》されることになったのでしょうか。その理由として考えられることを「御恩《ごおん》」という言葉を使って説明しなさい。

問６　府中の次の宿場の日野宿は，現在の日野市にあります。日野市は昭和30年ころから公共住宅の建設がすすめられ，人口も増加していきました。下の写真に見られるような当時多く建設された集合住宅では，ステンレスの流し台や水洗トイレなどが整えられ，便利で快適な生活を送ることができました。このような集合住宅を何と呼びますか，漢字２字で答えなさい。

（日野市観光協会 HP、国土地理院「地理院地図」より）

問７　現在の八王子市の中心部は，八王子横山宿と呼ばれた大きな宿場でした。八王子は古くから養蚕がさかんで，明治時代に入ってからも製糸業・絹織物産業がさかんな町として成長しました。しかし，日中戦争から太平洋戦争へと進んでいく中で多くの工場が廃業《はいぎょう》または軍需《ぐんじゅ》工場に転《てん》換《かん》され，加えて終戦間近の８月２日には市街地の広い範囲《はんい》が空襲を受けて焼け野原となるなど，八王子の製糸業・絹織物産業は大きな打撃《だげき》を受けました。

このことに関連して，次のうち，日中戦争から太平洋戦争にかけての時期のようすとして，ふさわしくないものを選び，記号で答えなさい。

ア．「赤紙」と呼ばれた召集令状が届けられると，国民はその指示に従って兵士として軍隊に入ることになった。

イ．消火訓練を共同で行うなど住民同士が助け合うための「隣組」が組織されたが，同時に互《たが》いの監視《かんし》も強化された。

ウ．小学校で使われた教科書は「すみぬり教科書」と言われ，戦争に反対する言葉は黒く塗《ぬ》りつぶされていた。

エ．都市に住む小学生が空襲を避《さ》けるため，親元を離《はな》れて遠くの農村へ集団で移り住む「学童疎開」がすすめられた。

エ　走ることから遠ざかった今でも、自分の実力がどの程度なのかを正しく理解していること。

問四　――線③とありますが、この時の「ぼく（梨木）」は、自分をどのような人間だと思おうとしていたのですか。解答らんに合うように30字以上40字以内でわかりやすく説明しなさい。

問五　――線④とありますが、「確かなもの」とは何ですか。文中から7字で抜《ぬ》き出しなさい。

問六　本文の内容と合っているものを次の中から一つ選び、記号で答えなさい。

ア　梨木は家族の中で自分だけが平凡な人間であると思《おも》い込《こ》み、強い孤独《こどく》感を抱《いだ》いている。

イ　香山は中学時代に自分の才能を過信し、それが原因で自身の才能をつぶしてしまった。

ウ　梨木は才能のある人間は何をやっても輝いていると感じ、多才な香山に反発している。

エ　香山は大学のサークル活動の空気になじめないところから、自分の真剣さに気づいた。

三

次の各問いに答えなさい。〈問題は**問一**から**問六**まであります。〉

問一　次の①～⑥について――線部のカタカナを漢字に直しなさい。

① 合唱コンクールのシキ者を務める。

② ボイラーがコショウして湯が出ない。

③ 未知のリョウイキに挑戦《ちょうせん》する。

④ 教会のレイハイ堂を訪《おとず》れる。

⑤ 彼女《かのじょ》の演技はシュウモクを集めた。

⑥ 入場の制限をカイジョする。

問二　「瓜《うり》のつるに茄子《なすび》は生《な》らぬ」と同じような意味のことわざを次の中から一つ選び、記号で答えなさい。

ア　一富士二《に》鷹《たか》三《さん》茄子《なすび》　イ　鳶《とび》が鷹《たか》を生む

ウ　蛙《かえる》の子は蛙　エ　蛙の面《つら》に水

問三　次の熟語の中で、成り立ちが違《ちが》うものを次の中から一つ選び、記号で答えなさい。

ア　脳波　イ　若者　ウ　異国　エ　永久

問四　次の①②の慣用表現の□に入れるのに適当な漢字1字をそれぞれ答えなさい。

① □橋をたたいて渡《わた》る（用心の上にも用心するたとえ）

② □を打ったように（多くの人々が静まりかえるさま）

問五　次の文の〔　〕に当てはまる四字熟語を次の中から一つ選び、記号で答えなさい。

チャンピオンは〔　　〕の早業《はやわざ》で相手を倒《たお》した。

ア　電光石火　イ　急転直下　ウ　心機一転　エ　玉石混交

問六　次の文の〔　〕に入れる敬語として**ふさわしくない**ものを次の中から一つ選び、記号で答えなさい。

この件は、私から先生に〔　　〕つもりです。

ア　申し上げる　イ　ご報告する

ウ　お伝えする　エ　お話になる

ぼくも笑った。

川原はテントや机などが片付けられ、ランナーたちも少なくなってきた。「そろそろ行こうか」とぼくたちも立ち上がって、歩きだした。走り終え、汗《あせ》が引いた体がひんやりと冷たい。

「次は、どこを走ろうか」

香山の誘《さそ》いに、

「走るなら春がいいな。暖かい中、緩《ゆる》やかで平坦《へいたん》な道を走りたい。五キロ以内で」

とぼくは答えた。ゴール近くで無理したせいで、ふくらはぎが痛い。

「次は※ハーフ行こうぜ、ハーフ」

「本気?」

「もちろん。それで、四年生になったらさ、ホノルルマラソン出ようよ。卒業旅行とかねて」

香山の声は弾《はず》んでいる。

「くれぐれも言っておくけど、ぼくは走るのが好きなわけじゃないからな」

「はいはい。今日って俺が無理やりエントリーされたから、次は逆な。俺がいい大会見つけて申《もう》し込《こ》んでおくから楽しみにしといて」

放っておいたら、とんでもない大会に出ることになりかねない。十キロが限界だ。それ以上走ったら、速攻倒《そっこうたお》れるから。と念を押《お》したけど、

「知らないレースを走るって、ドラマチックだろう。普通じゃ考えられない」

と香山はけらけら笑った。

「もう普通でいいや。うん。普通って一番だよな」

「またまた。俺が特別なレース探しとくわ」

「本当やめてくれ。もう今日だってへとへとなのに」

「俺が梨木の心を読んでみるに、うん、走りたいって言ってる」

「少しも言ってないから」

二人でそんなことを言い合いながら、駅へと向かう。打ち明け話にどうでもいい話。④こんなことを繰《く》り返《かえ》しながら、ぼくたちは少しずつ確かなものを手に入れていくんだ。そんな当たり前のことを知ったような気がした。

（瀬尾まいこ『掬えば手には』による）

※注　サークル活動…共通の趣味《しゅみ》や興味を持つ人々が集まってスポーツや研究などを行うこと

ハーフ…ハーフマラソン。正式なマラソンの半分の距離《きょり》を走る

問一　――線①からうかがえる「ぼく」の思いとして最も適当なものを次の中から選び、記号で答えなさい。

ア　見せかけの同情　　イ　さりげない思いやり

ウ　遠慮《えんりょ》がちな同意　　エ　かすかな不信感

問二　X ・ Y に入る対《つい》になる2字の熟語をそれぞれ答えなさい。

問三　――線②とは、どのようなことに対しての言葉ですか。次の中から最も適当なものを選び、記号で答えなさい。

ア　中学一年生でありながら、バスケットと陸上という二種目に取り組んで結果を出したこと。

イ　本気で取り組んでいないのにもかかわらず、県大会で入賞できるほどの走力があったこと。

ウ　もう一度中学一年生に戻れたら、真剣に走って自分の力を試してみたいと思っていること。

フォローしたこと、それで、周りからエスパーだとはやし立てられたこと、高校生になってからの吉沢のことなどを話した。

「そっか。それで、梨木、体育館で俺に声かけてくれたんだ。速く走れるよりよっぽどすごい」

香山は真顔で感心してくれた。

「ただの偶然《ぐうぜん》。それを一人で特別な力だって信じこもうと必死で」

「そうなの？」

「そう。ぼくは、本当にごく普通《ふつう》の平均ど真ん中のやつでさ。ほら、今日も二十五位だっただろう」

「何でもそつなくこなせるって、いいじゃん」

そう言う香山に、ぼくは首を横に振《ふ》った。

「長所もないんだよ。運動も勉強もなにもかも、とにかく普通でさ。特《とく》徴《ちょう》ゼロ。そんな自分をずっとどうにかしたかったんだ」

「できないんじゃなくて、それなりにできるんだろう。それってそんなに悩《なや》まないといけないことか？」

香山は腑《ふ》に落ちない顔をする。

「そう言われたらそうかもしれないけど、でも、ぼくの家は親も姉もみんな何かができて、そのせいか、平凡《へいぼん》なことがものすごくつまらなく感じて。だから、人の心が読めるって言われた時、ようやく何か特別なものを与《あた》えられたようで、それに飛びついてた」

中学や高校の時のぼくは、走るのを辞めた時の香山と同じように無知で、自分の能力を信じこめる力があった。

「だけど、多少は他人のことがわかるんだろう？　俺に声かけてくれた時も、あたってたよ」

「誰だって人の心ぐらい読めることあるよ。もちろん、当たりはずれもあるだろうけどさ。その程度のものに、自分の個性だってしがみついて、特別な力だと自分自身に言い聞かせてた。ぼくは人の心がわかる。人とは違《ちが》う部分があるって」

「人の心が読める」そんなの、共に時間を重ねれば、誰でもできることだ。完全に正しく他人をわかることは不可能だ。けれど、一緒にいれば相手が何を考えているのか、どんな気持ちでいるのか、気づけることだってある。そんなごく当たり前のことを、自分の力だと信じないと進めないくらいに、ぼくは何も持っていなかった。

「普通って何がだめなの？」

香山は眉《まゆ》をひそめた。

そう言えるのは、香山が自分だけのものを持っているからだ。人より速い走力も、それを放棄した後悔《こうかい》も、真剣さを捨てられない今の自分も、香山だけのものだ。

「もしさ、普通がありきたりでつまらないって意味なら、梨木は普通じゃないから」

「そうかな」

「そう。普通とか平凡とかよくわかんないけど、少なくとも俺にとっては普通じゃない。だってさ、突然体育館で俺のこと励《はげ》ましだしたかと思ったら、二回も一緒にマラソン大会出てるんだぜ。これのどこが普通？」

香山はそう笑った。香山の他意が含《ふく》まれない笑顔《えがお》は、見ているだけで胸のつかえを取ってくれる。

「しかも、お互《たが》い勝手にエントリーされてるしな」

「②すごいな」

「すごくないよ。それに気づいたの、大学に入ってからだもん。※サークル活動して、『楽しもう』がモットーの空気にどこかしっくりいかなくて。ああ、そっか、俺、真剣にやりたいんだって、初めて気づいたよ。遅《おそ》すぎだろう」

香山は声に出して笑った。十時を過ぎ、日が少し高くなって風は和《やわ》らいでいる。

「今でも時々本気で走りたくなるんだ？」

「どうだろう。走ったのなんて、こないだのマラソン大会が久しぶりだからな。体育館で梨木に会って、あのころの気持ちがよみがえって、こいつとだったら一緒《いっしょ》に走れそうって、思い立ったんだよな」

あの時は河野さんに頼《たの》まれて、適当に香山の機嫌《きげん》がよくなりそうな言葉を並べただけだ。ぼくは「熱心に運動してたわけでもないくせに、なんだかんだ言っちゃったな」と肩《かた》をすくめた。

「走ってみて自分の実力を思い知ったよ。想像していた以上にたいしたことないってがっくりきた」

それであのレース後の香山はどこか浮《う》かなかったのか。ぼくは「そんなことないだろうけど」とつぶやいた。

「でもさ、梨木と走ってよかった。あのレースで終わりだと思ってた。自分の走力がわかって、もう十分だなって。それなのに、こんなふうに続きがあったなんてさ」

「だったらよかった」

走ることを手放してしまった香山は、何か大事なものを失ったのだろうか。光が射《さ》す道からそれてしまったのだろうか。それはわからない。けれど、陸上にまったく興味がなかったぼくを、走らせたじゃないか。そして、走るのがこんなにも気持ちがいいことを教えてくれたじゃないか。それを伝えたいと思ったけれど、どう話せばいいかわからなかった。

「梨木は？」

迷っていると、香山に言われた。

「え？」

「梨木の話も聞かせてよ」

「ぼくの話？」

「そう。いろいろあっただろ。単純明快に暗いところゼロで十代をやり過ごしているやつなんていないもんな」

香山はそう言った。

香山の打ち明け話はかっこいい。走ることを放棄《ほうき》したことは、淀《よど》んだまま香山の中に残っているのかもしれない。だけど、速く走れるという才能があったのだ。能力があるものは、挫折《ざせつ》すら輝《かがや》きがある。

「つまらないことしかないけどさ」

ぼくはそう言い訳をしてから、言葉を続けた。

「ぼくはさ、③中学三年生の時、他人の心が読める能力があるかもって」

「何それ？　すごい話じゃん」

香山は目を見開いた。香山はいつもまっすぐにぼくの話に乗りこんでくれる。

「すごくないよ。不登校だった女の子がいて、その子が教室に入ってきた時なんだけど」

ぼくは名前を上げずに、三雲さんが席に着きにくそうにしていた時と言われて。そこで、これはやばいって思った。このままだと俺、走り続けることになるって」

　そこまで話すと、香山は足を伸《の》ばして座《すわ》りなおした。ぼくもなんとなく同じ姿勢をとる。

「先生が怖くて従ってただけで、俺は走るのが好きなわけじゃないと思ったんだ。スポーツは好きだ。でも、それはバスケや野球が好きなだけで、こつこつ練習して記録を上げていく陸上が好きなんじゃないって。中学一年生の俺は、速く走ることや、記録を出すことに意味を見出《みいだ》してなかったんだ」

「もしかして辞《や》めちゃったの？」

　ぼくはそう聞いた。

「そう。どうしてこんなしんどい思いをしないといけないのだろうって疑問でさ。新井に辞めたいって必死で訴《うった》えた」

「辞めさせてくれないだろう。そんなの」

「ああ、だから捻挫《ねんざ》したって嘘《うそ》ついて、練習サボって。二学期からは体育の授業でも気づかれない程度に流して走るようになった。11秒台だったのを12秒台後半で走るように調節してさ。そのうち、先生も諦《あきら》めたのか見損《みそこ》なったのか声かけてこなくなった。今思うとすごいばかだけど」

「もったいないような気もするけど、でも、まあ、そういうのもありのような」

　もったいない。そう言い切ってしまうと、今の香山を否定するようで、①ぼくは言葉を濁《にご》した。

「まあな。新井は二年生になっても時々声をかけてくれたけど、三年になると誰《だれ》にも陸上のこと言われなくなったな。そこで初めて、とんでもないことをしてしまったのかもって思うようになった」

「だけど、本気で走ればまだ速かったんだろう？　もう一度走ろうって思わなかったの？」

「本気で走るのが怖かったんだ。全力で走ったところで、もう前みたいに走れなくなってることを知るのが怖かった。ずっと練習せずに体を甘《あま》やかしてて、いい記録が出るわけないって、三年生になった俺はわかってたし」

　香山はそう言うと、

「ま、そもそも、こんな根性《こんじょう》だから、そのまま陸上やってたとしても、二年三年と重ねるうちに、たいしたことなくなってただろうけどさ」

　と笑った。

　スポーツで上位をキープしている人は、［X］能力だけじゃなく、［Y］的にも強い。逃《に》げ出《だ》そうとしていた香山がそのまま続けていたとしても、どこかで躓《つまず》いていた可能性は高い。だけど、もしも。もしも真剣《しんけん》にやっていたとしたら、どうなっただろう。自分が歩んでいたかもしれない道を想像したくなる気持ちはわかる。何もわからず判断していた無知だった自分を、悔《く》やみたくもなるだろう。

「もし、中学一年生の時に戻《もど》れたらどうする？」

「そりゃ、もう一度チャンスがあったら走りたいよ。辞めずに続けて、自分の力を試《ため》してみたい」

　香山は迷いなく答えた。

「そのままやってたら、香山、陸上選手になってたかな」

「それは無理だな。何年間必死で走っても、よくて県大会入賞ぐらいだろうと思うよ。それでも、真剣にやってみたいと思う」

イ　個人を重んじない現在の教育は自立した大人を育てるにはマイナスで、個人を尊重すべきだと考えられる。

ウ　大人になる年齢と婚姻できる年齢とが一致したことによって、無責任な結婚はまったく許されなくなった。

エ　未成年と大人の違いは働く能力と考える能力の差であり、その差が最も開くのは一八歳ごろだと考えられる。

二　次の文章を読んで、後の問いに答えなさい。〈問題は**問一**から**問六**まであります。〉

香山はスポーツ飲料を飲み干すと、「自分で言うのもなんだけどな」と笑ってから話し出した。

「一年の時から卒業まで運動会でも負けたことなかったし、いつもクラスで一番速かったんだ。高学年のころはよく走ってて、学校では段トツだった」

「それ、かなりかっこいいじゃん」

「だろ。それで、中学一年の体育の授業で１００メートルの記録とったら、12秒23でさ」

陸上部でもなかったぼくには、それがどれくらいすごい記録かはいまいちピンと来なかった。

「あ、これ、相当速いんだからな。まあ、その時は俺《おれ》自身もピンと来てなかったんだけど」

香山はそう笑った。

「中学の体育の教師、新井って名前だったんだけど、そいつが『練習もしてないのに、一年生で12秒台走れるなんて、ジュニアオリンピックも夢じゃない』とか興奮してさ。なんかわからないうちに、翌日から陸上練習に参加させられたんだ。俺、バスケ部だったのにだよ。部活が終わってフラフラの体で一時間近く陸上の練習させられてさ」

「うわ、たいへんそう」

「中一なんてまだ子どもだし、意識も低いから、嫌《いや》で嫌で。地獄《じごく》だとしか思えなかった」

「でも、部活終わりに練習つけてもらえるってことはよっぽど才能あったんだな」

ハードなのはわかるけど、うらやましかった。中学一年生。ぼくが、運動も音楽も勉強もどれだけ努力したって、そこそこにしかなりそうにないことに気づいたころだ。

「まあな。今まで何もしてなかった分、練習したらすぐ結果に結びついて、その夏に出た大会では11秒55で一位とったんだ。俺がこれで解放されるとほっとしてる横で、新井は『この調子ならブロック大会でも優勝狙《ねら》えるな』と意気揚々《いきようよう》としてた。その時、俺、絶望したんだ。え？　これで終わりじゃないの？　まだ練習が続くのかって」

「期待されるのって、貴重なことだけどな」

「それが十二歳《さい》の俺にはさっぱりわからなくてさ。しかも、バスケ部の先輩《せんぱい》には『陸上ばっかでこっち手抜《ぬ》くなよ』と言われるし、陸上部の先輩にもにらまれるし、新井は怖《こわ》いし。もう心身ともにボロボロ」

「それは想像できるな。突然《とつぜん》来た一年に追《お》い抜《ぬ》かされたら先輩はたまんないもんな」

「だろう。とにかく次の大会までは耐《た》えようってがんばったんだ。そこでも優勝を果たして、これで解放されるって喜んだら、次は県大会だぞ影響《えいきょう》しているのです。こうした議論は、道徳的運という用語で語られたりします。運による行為についても責任を取るべきかどうかという問題です。

　でも、いかなる行為にも程度の問題こそあれ、運が影響することを考慮するなら、その部分も含《ふく》めて責任を取る必要があるように思います。言い換《か》えると、大人は運の要素も含めて責任の※リスクを考え、行動しなければならないということです。

　少し厳《きび》しいようですが、②大人になるということはそれだけ重責だということです。大人学ではこうした道徳的なことも含めて、責任の※概《がい》念《ねん》について十分理解する機会を確保する必要があると考えます。

　以上のように大人学とは、責任を巡《めぐ》る極めて実践的な科目であるべきなのです。その際特に大事なのは、考えるということだと思います。自分の頭で考えないと、使えるものにはなりません。

（小川仁志『中高生のための哲学入門――「大人」になる君へ――』による）

※注　トピック…話題
哲学カフェ…フランスのパリで始まった、人々が集まって、一つのテーマを巡って対話するイベント
画一的…特色も変化もなく、全てが型にはまっているさま
承諾…相手の申し出やたのみごとを引き受けること
衝動…おさえの利かない欲求《よっきゅう》によって、とっさに行動しようとする心の動き
提唱…新しい考えなどを示して広く人々に呼びかけること
核…物事の中心となるもの　考慮…よくかんがえること
リスク…危険　概念…物事に関するおおまかな意味内容

問一　[A] に当てはまるように、次のア～エを並べ替《か》えなさい。

ア　大人が責任を取ってくれるからです。
イ　そのことの意味をきちんと学ぶことが求められているのでしょう。
ウ　責任を取るということは、その大人になるということと同じなのです。
エ　子どもの場合、最後は大人に任せることができます。

問二　――線Ⅰ・Ⅱの「責任を持つ」とはどういうことですか。解答らんに合うように文中から20字で抜き出し、はじめの5字を答えなさい。

問三　[B] に当てはまる言葉を5字以内で考えて答えなさい。

問四　――線①とありますが、筆者の述べる「自由」とはどのようなものですか。解答らんに合うように「責任」という言葉を必ず用いて、45字以上50字以内で説明しなさい。

問五　――線②とありますが、「大人になる」ことの「重責」について述べた次の文の【　】に入る最も適当な語句を文中から4字で抜き出しなさい。

大人は自分の行動で生じた負の側面に対する責任だけでなく、【　　】もあわせて考えなければならないということ。

問六　本文の内容と合っているものを次の中から一つ選び、記号で答えなさい。

ア　消費者としての権利や義務を身につけるために、印象に残る体験という要素を欠かすことはできない。

いてありました。

でも、教科書で受動的に学ぶだけだと、どうしても試験が終われば忘れてしまうのです。皆さんも心当たりがあるのでは？　歴史の人物名や年代ならそれでもいいのかもしれませんが、消費者としての権利や義務についてはそういうわけにはいかないでしょう。ずっと覚えておく必要があるのです。[B]ためにも。

そのためには、やはり印象に残る体験という要素が不可欠で、それを可能にするのが課題解決型の能動的な学習にほかなりません。消費契約などは特に課題解決のテーマに取り上げて、実践《じっせん》の中で身の守り方、責任の取り方を覚えていくのが理想だと思います。

今、何度も責任という言葉を使いましたが、皆さんはその意味をどのようにとらえていますか？　責任という言葉は誰《だれ》でも当たり前のように使っていますが、その中身についてじっくり考えることはなかなかないと思います。

でも、私が※提唱《ていしょう》する大人学の※核《かく》になる言葉なので、ここで一緒に考えてみたいと思います。一般《いっぱん》に責任とは、自分の行為や他者の行為を引き受けるということを指します。簡単にいうと「知りません」という言い訳ができないことだといっていいでしょう。つまり、最終的に自分がなんとかしなければならないということです。

①人間には自由が与えられています。なんでも好きにやっていいという権利のことです。もちろん、人に迷惑《めいわく》をかける行為は制限されますが、そうでない限り何をしてもいいのです。なぜか？　それが人間の望むことだからです。

社会は私たち人間が望むことができる仕組みになっています。欲《ほ》しいものは手に入れていいし、やりたいことはやっていい。でも、どんな物事にも負の側面があります。手に入れたものによってトラブルが生じたり、やりたいことをやり過ぎてまともに生活ができなくなったりということもあるでしょう。

その場合は、それなりに責任を取らなければなりません。他者に対して迷惑をかけたなら、それを償《つぐな》う。あるいは、自分自身がおかしくなってしまったなら、なんとかして更生《こうせい》する。逆にいうと、そうしたことができるという前提のもと、自由が許されているといってもいいでしょう。

何かあっても償うとか、なんとか元に戻《もど》るとか、そういう信頼《しんらい》があってはじめて、自由な行為が許されるわけです。大人というのは、働く能力もあり、また何より考える能力が高いので、それができるとみなされています。

こうした行為こそが責任を取るということにほかなりません。でも、未成年にはそれができないのです。少なくともできないとみなされているのです。つまり、能力的に働いて償ったり、考えて更生したりすることはできないとされているわけです。

たしかに、身体的・精神的未熟さを※考慮《こうりょ》すると、たとえば小学生にそうしたことを求めるのは不可能でしょう。中高生ならある程度《ていど》可能かもしれませんが、現代ではそれが十分にできるようになるのは一八歳くらいからだと考えられているのです。

もちろん、大人だってすべての行為について責任が取れるわけではありません。責任が取れると思ってやっていても、思わぬ事態《じたい》が生じることだってあります。多くの事故はそうして起こっています。いわば運も

【国　語】〈五〇分〉〈満点：一〇〇点〉

【注意】句読点（、や。）その他の記号（「や〃など）は1字分として数えます。

一　次の文章を読んで、後の問いに答えなさい。〈問題は問一から問六までであります。〉

私が今の時点で想定する大人学は、主に責任、結婚《けっこん》、契約《けいやく》というテーマを柱にしたものです。これらは成人としての行為《こうい》能力が関係してくる主要※トピックであると同時に、身近な政治のテーマでもあります。そして何より、精神的成熟《せいじゅく》が求められる事柄《ことがら》でもあるからです。

実はこの原稿《げんこう》を執筆中に私の主催《しゅさい》する※哲学《てつがく》カフェで、様々な立場の市民と共に「一八歳とは何か？」というテーマで対話をしました。その時、議論が集中したのはまさにこれらの問題でした。いったい何をどう学べばいいのか。

※画一的《かくいってき》な教育はかえって自立した大人を育てるのにはマイナスだとか、リーダーシップ教育こそが当事者意識を育《はぐく》むだとか、あるいは昔は一〇代で日本を背負おうとした若者がたくさんいた歴史を教えるべきなどといった様々な意見がありました。

いずれも一理あると思います。皆《みな》さんは、ここに共通するキーワードは何だと思いますか？　私は「責任」なのではないかと考えています。結局大人として社会で役割を果たすためには、それが法律上のものであるか否《いな》かにかかわらず、責任を取る必要が出てくるように思うのです。

［　A　］それは法律を学ぶだけでは不十分です。おそらく責任という言葉を哲学することで初めて理解できるのではないでしょうか。

結婚や契約も今回具体的に学んでおくべき事柄として挙げられることが多いですが、ある意味でこれらも責任の問題に集約することができます。結婚については、もともと男性は一八歳から婚姻《こんいん》できるとされていましたので、女性についてのみ婚姻年齢《ねんれい》が一六歳から一八歳に引き上げられることになります。これは男女平等の観点からは当然です。

しかし、それとは別に大人になる年齢と自分たちの意志だけで婚姻できる年齢が一緒《いっしょ》になった意味は大きいと思います。それは結婚もまた自《みずか》ら責任を負うべき事柄になったからです。大人になる年齢と婚姻できる年齢を一致《いっち》させるというのはそういうことです。自分たちの意志で家族をつくり、その家族に対してⅠ責任を持つということが明確にされたわけです。

契約についても同じです。これまで親の※承諾《しょうだく》が必要だった消費者契約について、自分だけでできるようになります。たとえ一八歳であったとしても、もう未成年であることを理由に契約を取り消すことはできないのです。つまりそれは、自分の言動にⅡ責任を持つということにほかなりません。

その場の※衝動《しょうどう》で契約関係を結ぶことは許されなくなるのです。そのことの重大さをしっかりと学んでおく必要があるでしょう。特にこれからは判断の未熟《みじゅく》な一八歳をターゲットにした営利活動が増《ふ》えることが予測されますので。

また、先ほどの哲学カフェでは、教育の手法についても、課題解決のように能動的に取り組むものでないと意味がないという意見がありました。これまでも大人になるうえで大事なことは割《わり》と教科書にきちんと書

第1回

2023年度

解 答 と 解 説

《2023年度の配点は解答欄に掲載してあります。》

＜算数解答＞

【1】 (1) 14　(2) $18\frac{1}{2}$　(3) $1\frac{3}{5}$　(4) $\frac{4}{7}$

【2】 (1) 288m　(2) $\frac{15}{16}$倍　(3) 5.6%　(4) 900円　(5) 75cm^2　(6) 9：4
(7) 24本

【3】 (1) $\frac{1}{420}$　(2) Bのらんの30番目の式　(3) ア 1　イ 1　ウ $\frac{11}{24}$
(4) $\frac{25}{42}$

【4】 (1) 60m　(2) 毎分18m　(3) $1\frac{9}{16}$分後　(4) $3\frac{9}{22}$分後

○推定配点○

【1】 各5点×4　【2】 各5点×7　【3】 (3) 各2点×3　(4) 6点　他 各5点×2
【4】 (1) 5点　他 各6点×3　計100点

＜算数解説＞

【1】 （四則混合計算，計算の工夫）

基本 (1) 計算の順番を考えて，小かっこの中から先に工夫して計算する。7×13－7×11＝7×(13－11)＝7×2＝14

基本 (2) 計算の順番を確認して，小数は分数にしてから計算する。分数のわり算は逆数をかけ算する。$\left(1\frac{19}{50}+\frac{21}{25}\right)\div\frac{3}{5}\times5=\left(\frac{69}{50}+\frac{42}{50}\right)\times\frac{5}{3}\times5=\frac{111}{50}\times\frac{5}{3}\times5=\frac{37}{2}=18\frac{1}{2}$

(3) 計算の順番を確認してから計算する。分数のわり算は逆数をかけ算する。分数のかけ算やわり算は帯分数を仮分数にしてから計算する。①②③$\frac{5}{3}\times\frac{14}{5}\times\frac{3}{7}=2$，④$\frac{36}{25}\div\frac{18}{5}=\frac{36}{25}\times\frac{5}{18}=\frac{2}{5}$，⑤$2-\frac{2}{5}=1\frac{3}{5}$

(4) 計算の順番を確認してから，小数は分数にしてから計算する。①$\frac{5}{6}+\frac{3}{8}=\frac{20}{24}+\frac{9}{24}=\frac{29}{24}$，②$\frac{29}{24}-\frac{11}{12}=\frac{29}{24}-\frac{22}{24}=\frac{7}{24}$，③$\frac{7}{24}\times2\frac{2}{5}=\frac{7}{24}\times\frac{12}{5}=\frac{7}{10}$，④$\frac{2}{5}\div\frac{7}{10}=\frac{2}{5}\times\frac{10}{7}=\frac{4}{7}$

【2】 （植木算，割合，濃度，倍数算，平面図形，平面図形と比，立体図形）

基本 (1) 道に沿って25本の木を植えると，間の数は1少なくなる。1本目と25本目の間の距離は12×(25－1)＝288(m)

重要 (2) もとの長方形のたてを1，横を1とすると面積は1×1＝1，新しくできた長方形のたては1＋0.25＝1.25＝$\frac{5}{4}$，横は1－0.25＝0.75＝$\frac{3}{4}$，面積は$\frac{5}{4}\times\frac{3}{4}=\frac{15}{16}$，$\frac{15}{16}\div1=\frac{15}{16}$(倍)

重要 (3) 4%の食塩水350gに含まれる食塩の重さは350×0.04＝14(g)，7%の食塩水400gに含まれる食塩の重さは400×0.07＝28(g)，混ぜると食塩は14＋28＝42(g)，食塩水は350＋400＝750(g)になる。濃度は42÷750×100＝5.6(%)

(4) ◇3＋◇1＝◇4，△1＋△2＝△3，4と3の最小公倍数は12なので，◇4＝△3＝⑫とすると，◇1＝③，

△1＝④より，◇3＝⑨，⑨－④＝⑤，500円が⑤にあたるので，①は100円，⑨＝900，よって，はじめの兄の所持金は900円である。

(5)　1番小さい正方形の1辺を□cmとすると，1番大きな正方形の1辺は□＋6(cm)，2番目に大きな正方形の1辺は□＋6－2＝□＋4(cm)になるので，□＋□＋6＋□＋4＝13(cm)という関係になっている。□×3＝13－6－4＝3，□＝3÷3＝1，1＋6＝7，1＋4＝5，1×1＋7×7＋5×5＝75(cm^2)

(6)　AFとBCを延ばして交わる点をHとする。三角形AFDと三角形HFCの相似比はFD：FC＝2：1＝AD：HC＝$\boxed{3}$：$\boxed{1.5}$，BG：GE＝BH：EA＝$\boxed{4.5}$：$\boxed{2}$＝9：4

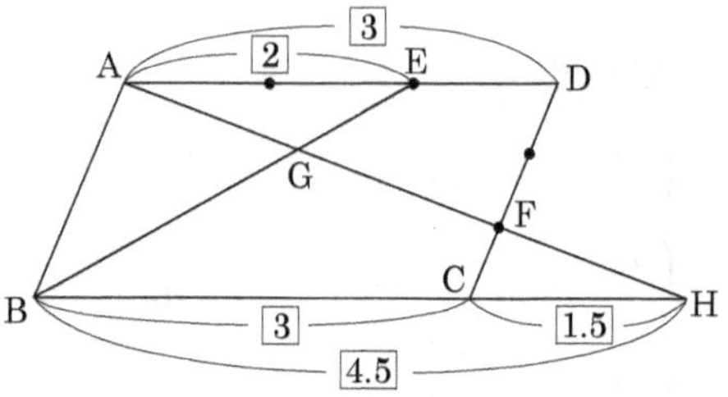

(7)　取り除いた8つの切断面はすべて正三角形になっている。よって，立体の辺の数は3×8＝24(本)

【3】(規則性)

重要　(1)　Aのらんの□番目の分母は(□×2)×(□×2＋1)になっている。10番目は(10×2)×(10×2＋1)＝20×21＝420，よって求める答えは$\frac{1}{420}$である。

(2)　分子が3なのでBのらんの分数。Bのらんの□番目の分母は(□×2＋1)×(□×2＋1＋3)になっている。(61－1)÷2＝30，よって求める答えはBのらん30番目である。

(3)　ア　$\frac{1}{2\times3}=\frac{1}{2}-\frac{1}{3}=\frac{3}{6}-\frac{2}{6}$，イ　$\frac{3}{3\times6}=\frac{1}{3}-\frac{1}{6}=\frac{6}{18}-\frac{3}{18}$，ウ　(A，1)＋(A，2)＋(B，1)＋(B，2)＝$\frac{1}{2\times3}+\frac{1}{4\times5}+\frac{3}{3\times6}+\frac{3}{5\times8}=\frac{1}{2}-\frac{1}{3}+\frac{1}{4}-\frac{1}{5}+\frac{1}{3}-\frac{1}{6}+\frac{1}{5}-\frac{1}{8}=\frac{1}{2}+\frac{1}{4}-\frac{1}{6}-\frac{1}{8}=\frac{12}{24}+\frac{6}{24}-\frac{4}{24}-\frac{3}{24}=\frac{11}{24}$，よって求める答えは，ア1，イ1，ウ$\frac{11}{24}$である。

やや難　(4)　$\frac{1}{2}-\frac{1}{3}+\frac{1}{4}-\frac{1}{5}+\frac{1}{6}-\frac{1}{7}+\frac{1}{8}-\frac{1}{9}+\frac{1}{10}-\frac{1}{11}+\frac{1}{3}-\frac{1}{6}+\frac{1}{5}-\frac{1}{8}+\frac{1}{7}-\frac{1}{10}+\frac{1}{9}-\frac{1}{12}+\frac{1}{11}-\frac{1}{14}=\frac{1}{2}+\frac{1}{4}-\frac{1}{12}-\frac{1}{14}=\frac{6}{12}+\frac{3}{12}-\frac{1}{12}-\frac{1}{14}=\frac{2}{3}-\frac{1}{14}=\frac{28}{42}-\frac{3}{42}=\frac{25}{42}$

【4】(速さの応用)

重要　(1)　Aさんが荷物を持たずにトラックから倉庫に着くまでの時間と速さがわかっている。50(秒)÷60＝$\frac{50}{60}=\frac{5}{6}$(分)，よって倉庫からトラックまでは72(m/分)×$\frac{5}{6}$(分)＝60(m)

重要　(2)　Aさんが50－30＝20(秒)で進んだ道のりをBさんは30秒で進んでいる。72(m/分)×$\frac{20}{60}$(分)＝24(m)，24(m)÷$\frac{30}{60}$(分)＝48(m/分)，66－48＝18，よって求める答えは毎分18m遅くなる。

(3)　Bさんがトラックに着くのにかかる時間は60(m)÷48(m/分)＝$1\frac{1}{4}$(分)，その時Aさんは倉庫から(72－18)(m/分)×$\left(1\frac{1}{4}-\frac{5}{6}\right)$(分)＝54×$\frac{5}{12}=\frac{45}{2}$＝22.5(m)の所にいる，60－22.5＝37.5，37.5÷(54＋66)＝$\frac{75}{2}\times\frac{1}{120}=\frac{5}{16}$(分)，よって，$1\frac{1}{4}+\frac{5}{16}=1\frac{9}{16}$(分後)

やや難　(4)　Aさんは1往復，Bさんは1往復半で3個の荷物を運び終えるので，Bさんが1往復半するのにかかる時間を求める。倉庫からトラックまでを2回とトラックから倉庫まで1回にかかる時間は，$1\frac{1}{4}$×2＋60÷66＝$\frac{5}{4}\times2+\frac{10}{11}=2\frac{11}{22}+\frac{20}{22}=2\frac{31}{22}=3\frac{9}{22}$(分後)

★ワンポイントアドバイス★

基礎的な問題を丁寧に取り組むよう日頃から練習すると同時に，応用的な問題も取り組むことが必要だ。応用的な問題では，考え方をわかりやすく書ことを意識して取り組む練習をするとよいだろう。

＜理科解答＞

【1】 Ⅰ (1) 電気 (2) 石灰水 (3) じん臓 (4) たい積岩 (5) 関節
Ⅱ (1) ⑤ (2) ⑤ (3) ② (4) ④ (5) ②

【2】 (1) 台風の目 (2) ② (3) ③，④ (4) ⑤ (5) ③

【3】 (1) ②，③ (2) 50 (3) D (4) 50mA (5) 67mA

【4】 (1) ① (2) ② (3) 400 (4) 8g (5) 8g

【5】 (1) ① (2) ④ (3) ③ (4) ③ (5) ⑤

○配点○

【1】 各1点×10 【2】 各2点×5((3)完答) 【3】 各2点×5((1)完答)
【4】 各2点×5 【5】 各2点×5 計50点

＜理科解説＞

【1】 (小問集合)

基本 Ⅰ (1) 光電池は光エネルギーを電気エネルギーに変換する。 (2) 二酸化炭素を通すと白くにごるのは石灰水である。 (3) 体の各部で不要になったものや尿素はじん臓でこしとられ尿となる。 (4) 海や湖の底でたい積して固まってできた岩石をたい積岩という。 (5) 骨と骨の間のつなぎ目の部分を関節という。

基本 Ⅱ (1) 鏡にうつる像は，上下が反対の⑤となる。 (2) 空気中に含まれる気体で2番目に多いのは酸素で，二酸化炭素は4番目である。 (3) 北極星は②の方角にある。 (4) カナヘビはトカゲのなかまのは虫類であり，一生陸上で生活する。 (5) 1日を通して月が見えないのは新月で，その数日後の月はAの三日月であり，夕方西に見える。

【2】 (天体・気象・地形－気象)

基本 (1) 台風の中心は雲がなく，「台風の目」と呼ばれる。

(2) 台風の風向きは右図のようになる。

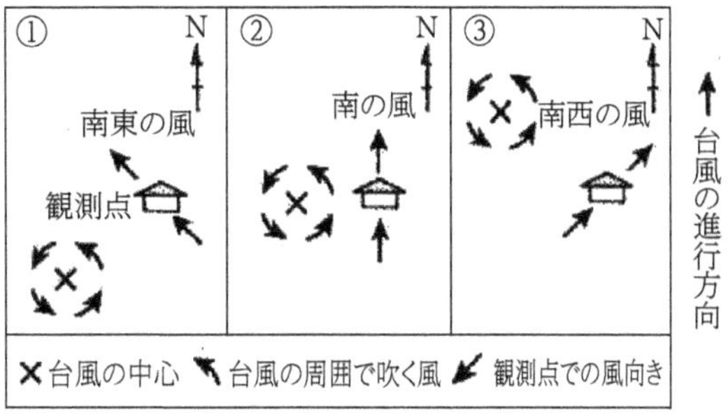

(3) ABCで北東や北から風が吹いていて，Dでは北から風が吹いていないので，ABCの東でDの西を通過している。このことからCとDの間からBとDの間を通過していることがわかる。

(4) 本文より「予報円は台風がやってくる可能性が高い範囲を表し，その時間内に予報円の中に台風の中心のある可能性は70％である。」と書いてあるところから考える。

(5) E地点では図1より北東→北→北西，F地点では(2)より南東→南→南西に変化すると考えら

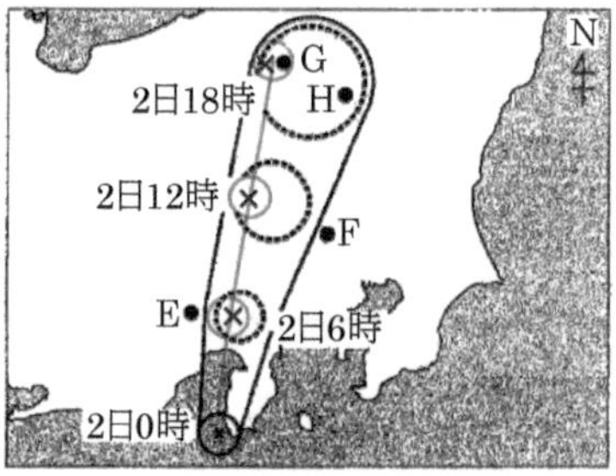

れ，③か⑤があてはまる。ここでG地点とH地点の最大風速を考えると台風の進行方向と台風の風向が同じとなる台風の進行方向の右側のほうが風速は大きくなるのでH地点のほうが最大風速は大きくなるはずで，⑤はあてはまらない。③は，風向の変化が同じでG地点とH地点の左側を通ったと考えられる。最大風力がG地点のほうが大きく，G地点では最大風速が54m/秒，H地点では15m/秒であることから，G地点は暴風域内・H地点は暴風域以外である。このことから台風は右図のように通り抜けたと考えられる。

【3】 (電流－電流のはたらき)

基本 (1) A，D，Gなどの比較から同じ断面積の電熱線は長さが短いほど電流は流れやすいことがわかる。A，B，Cなどの比較から同じ長さの電熱線は断面積が大きいほど電流が流れやすいことがわかる。

(2) FとIの比較から長さが2倍になると電流が$\frac{1}{2}$になるので，Iと比較して100(mA)×$\frac{1}{2}$＝50(mA)である。

(3) 電熱線Aは断面積$0.2mm^2$で長さ2cmなので2本直列にすると断面積は断面積$0.2mm^2$で長さ4cmのDと同じになる。

(4) 並列回路ではそれぞれに流れる電流は並列にする前と変わらないので，電熱線Gには25mA，電熱線Dを2本直列にすると電熱線Gを1本分と同じなのでこちらにも25mA流れ，電池にはその和の50mAが流れる。

やや難 (5) 電熱線G4本を並列にすると電熱線Iと同じになる。ここで電熱線Aの抵抗を1とすると電熱線Fの抵抗は$\frac{1}{2}$で，電熱線Iの抵抗は1と考えられるので合成抵抗は$\frac{1}{2}+1=\frac{3}{2}$となる。流れる電流は抵抗に反比例するので，電熱線Aで100mAなので100(mA)×$\frac{2}{3}$＝66.6≒67(mA)となる。

【4】 (物質と変化－金属の性質)

基本 (1) 実験1で発生した気体は水素で，水に溶けにくく，空気より軽い無色透明の気体で，火を近づけると燃える。

(2) 磁石に引き寄せられるのは鉄だけである。

(3) 10％の塩酸200mLと5gのアルミニウムが完全に反応するので，2倍の重さの10gのアルミニウムをとかすためには2倍の400mLの塩酸が必要である。

(4) 実験1で10％の濃さの塩酸に鉄とアルミニウムそれぞれ10gずつを加えるとアルミニウム10gと塩酸400mLが反応して水素が14mL発生し，鉄10gと塩酸200mLが反応して水素が4.5mL発生し，合わせて18.5mLの水素が発生する。アルミニウム1gあたり1.4mL，鉄1gあたり0.45mLの水素が発生することから，実験4で発生した水素の量は18.5－16.6＝1.9(mL)少ない。アルミニウム1gと鉄1gの水素発生量の差は1.4－0.45＝0.95(mL)だから1.9(mL)÷0.95(mL)＝2(g)なので加えたアルミニウムは10－2＝8(g)である。

やや難 (5) とけたアルミニウムと鉄の重さは15＋25－27＝13(g)となる。この13gがすべて鉄であるとすると0.45(mL)×13＝5.85(mL)で12.5－5.85＝6.65(mL)不足する。アルミニウム1gと鉄1gの水素発生量の差は1.4－0.45＝0.95(mL)だから6.65(mL)÷0.95(mL)＝7(g)となり，とけたアルミニウムは7gなので，とけ残ったのは15－7＝8(g)となる。

【5】 (生物－植物)

基本 (1) 光がとおりにくい白いビニールシートなので土の温度は高温にならない。

(2)　種をまいて20日後，畑の畝に植え，50日後に結球始期だから50−20＝30(日)である。

(3)　収穫時期の65日には800gになっているが収穫しない外葉の重さが200gなので，800−200＝600(g)が収穫される重さとなる。

基本　(4)　外葉が成長し，種まきから50日後に結球が始まり内側にさらに球葉を増やすので③がふさわしくない。

やや難　(5)　6月15日から9月30日までは107日間ある。定植から収穫までは45日かかるがレタスの生育に気温が影響を与えるのは結球が成長する15日間なので，4月25日に種をまくと6月15日に結球始期となり6月30日に収穫できる。その後，92日あるので92÷45＝2あまり2で2回収穫できるので，合計3回収穫できる。生育に適する月の平均気温は表では16.4℃から21.0℃なので15℃から25℃があてはまる。

★ワンポイントアドバイス★

【2】以降の4問は問題文をしっかり読み，表やグラフから考える問題である。【3】【4】に関しては解いたことのある問題であるがじっくり考える必要のある問題もあるので，基本的な選択問題に時間をかけずに解こう。表やグラフや実験の数値に線を引いたり，丸で囲んだりして，ポイントを見逃さないようにしよう。

<社会解答>

[1]　問1　(1)　(記号)　ア　　(理由)　(例)　鹿児島県をはじめ，畜産がさかんな県が多いから。　(2)　ウ　　問2　(例)　トウモロコシが世界的に不足し，価格が上昇することで，日本の畜産農家の支出が増え，肉類などの価格も上昇すると考えられる。　問3　ウ　問4　ポップ　　問5　こんぺいとう　　問6　エ　　問7　(例)　植物由来のプラスチックに変更することで，燃焼しても害が少なく，自然への還元もしやすくなるから。

[2]　問1　ウ　　問2　ウ　　問3　エ　　問4　イ　　問5　ウ→イ→エ→ア　　問6　(例)　北陸では雪が多く降るため，農作業ができない冬場の副業とされたから。　問7　ア・ウ・キ　問8　ウ　　問9　ア　　問10　エ　　問11　(例)　飼育放棄されたペットが野生化することで，固有の動物の生態系を破壊してしまう。

[3]　問1　ウ　　問2　ア　　問3　(例)　中世の荘園のようすを感じとることができる。　問4　(例)　それぞれの資料の信ぴょう性が増すから。　問5　(1)　ウ　　(2)　行基　問6　1989年

○推定配点○

[1]　問1理由・問2・問7　各3点×3　　他　各1点×6

[2]　問5・問7・問10　各2点×3　　問6・問11　各4点×2　　他　各1点×6

[3]　問3　3点　　他　各2点×6　　計50点

<社会解説>

[1]　(地理ートウモロコシを起点とした問題)

問1　(1)　鹿児島県・宮崎県などに注目する必要がある。飼料とは家畜の口から栄養素を補給す

るものである。 (2) ア 入荷先別の割合や月平均価格は変化している。 イ 北海道等からも入荷しており，月平均価格も変化している。 エ 取扱量が最も少ない月が月平均価格が最も高くはない。

重要 問2 「トウモロコシ価格上昇→日本の畜産農家支出増→肉類等価格の上昇」という因果関係をおさえる必要がある。

問3 ウ ブラジルへの日本人の移住は20世紀初頭からである。

問4 ポップコーンの材料は全粒穀物であるが，主にスナック菓子として食されている。

問5 こんぺいとうは，ポルトガル人宣教師のルイス・フロイスが織田信長に献上したのが最初であるといわれている。

基本 問6 太平洋・大西洋・インド洋は「世界三大大洋」といわれ，大きい順に「太平洋→大西洋→インド洋」となる。

重要 問7 「脱炭素」等の自然環境への配慮を踏まえた答案を作成できたかがポイントとなる。

2 (日本の地理・歴史融合問題ー動物園を起点とした問題)

問1 「ほっきょくぐま館」や「あざらし館」のオープンは入園者数の大幅上昇につながった。

問2 ウ デリーの緯度は北緯30度付近となる。

問3 日中共同声明締結による日中国交正常化・沖縄返還は1972年の出来事である。

問4 原子力の供給量からBが福井県，地熱の供給量からDが大分県と判断したい。

問5 アは1592・1597年，イは1575年，ウは1560年，エは1588年の出来事である。

重要 問6 「冬の雪の多さ」「農閑期の副業」といった点を踏まえる必要がある。

問7 地形図を慎重に読み取る必要がある。代表的な地図記号についてはおさえておきたい。

問8 山口県南西部の山陽小野田市はセメント工業の代表的な拠点である。

基本 問9 イは香川県，ウは鳥取県の雨温図である。

問10 アが豚，イが鶏卵，ウが茶である。

重要 問11 野生動物のペット飼育に関しては，「生態系の破壊」・「動物由来感染症」・「動物福祉の軽視」等のリスクがある。

3 (日本の歴史ー古代～現代)

問1 ウ ひらがなの文字は刻まれていない。

問2 ア 源頼朝ではなく，北条泰時が定めた。

重要 問3 「荘園を知る手がかりになる」といった方向でまとめればよい。

重要 問4 「信頼度が高まる」といった趣旨を踏まえる必要がある。

問5 (1) アは1782～87年，イは1787～93年，ウは1841～43年，エは1867年の出来事である。

(2) 行基は745年に最初の大僧正となった。

問6 写真に掲載されているのは後に総理大臣になる小渕恵三官房長官である。

★ワンポイントアドバイス★

記述問題も出題されるので，普段から添削等してもらいながら，継続的な答案作成のトレーニングを通して対策しておこう。

＜国語解答＞

一　問一　(東京が)知識や～てきた(ことの例としてあげられている。)　問二　ウ
問三　ア　問四　ア　問五　イ　問六　(例)　人々が交流し，暗黙知も含めた知識やアイデアを交換しながら新たなアイデアを生み出す(こと。)

二　問一　ウ　問二　ウ　問三　(例)　小ツルもマスノも先生のところへ見舞いに行く計画の中心であり立場として責任を感じていた(から。)　問四　エ　問五　(子どもたちが)船で村へもどった(こと。)　問六　ア

三　問一　①　温暖　②　看板　③　郷土　④　展望　⑤　縦断　⑥　部署
問二　エ　問三　エ　問四　①　鼻　②　額　問五　ア　問六　ウ

○推定配点○

一　問六　10点　他　各5点×5　二　問三　10点　他　各5点×5
三　問一　各2点×6　他　各3点×6　計100点

＜国語解説＞

一　(論説文－要旨・大意の読み取り，文章の細部の読み取り，接続語の問題，空欄補充の問題)

問一　「東京」がどのようなことの例として挙げられているのかを読み取る。例は筆者の考えや主張の根拠として挙げられる。前の部分の話題は第一段落に示されているように，「大都市の重要な機能」についてである。東京という大都市は，「都市が知識やアイデアの受け渡しの場として機能してきたこと」の例として挙げられている。

やや難　問二　初めのAの後には「距離が近い」とある。次のAの後には「近くに住み」とある。「物理的」は，時間・空間・速度などの具体的な事実として見る立場に立つ様子。つまり，具体的な距離が近いということである。

基本　問三　Xは，前の部分で述べた内容を，後の部分で言い換えて説明している。要約・言い換えの「つまり」が入る。Yは，前の部分で「影響を検討した」と述べ，後では検討の結果分かったことを述べている。順接の「すると」が入る。Zは，前の部分で「オンラインで行われることが少なくありません」と述べ，後では「オンラインで行うことは少ないでしょう」と述べている。前後が反対の内容なので，逆接の「しかし」が入る。

問四　複数ある「ICTの発展」という言葉に続く部分に注目する。アについては，「人々の移住を促す」，「職場や教室の機能を代替している」，「多くの業務で人々が直接会う必要を減らしています」とある内容と一致する。リモートワークが可能になることで，どのような状態になるかを説明している。イ，「都市に移り住む人々が全くいなくなる」とは述べていない。ウ，「直接顔を合わせて会話することを避ける」とは述べていない。エ，「学校が必要なくなる」とは述べていない。

問五　イについては，「人々が交流しながら科学的知識を学び合っていた」がふさわしくない。鎖国中であっても，オランダから西洋医学や科学の知識を学んでいたのである。ア，第一・第二段落で説明している。ウ，第11段落で説明している。エ，第17段落で説明している。

重要　問六　「知的な生産活動」という言葉に注目すると，第7段落に「都市の高密は知的生産活動の源泉である」，第10段落に「イノベーションのような知的な生産活動には，言語化された情報だけではなく，『暗黙知』と呼ばれる情報のやり取りも重要です」，第15段落に「知的な生産活動のためにはICTだけではなく，顔を合わせて知識やアイデアを交換することが必要なのです」とあ

る。これらから,「人々の交流」「暗黙知」「知識やアイデアの交換」が「知的な生産(＝生み出す)」には必要であるということがつかめる。これらを要素として用いて解答を作る。

二 (小説－心情・情景の読み取り,文章の細部の読み取り,空欄補充の問題,ことばの意味)

やや難 問一 「だれひとり反対するものはなく」なって,どうやって大石先生の家に行くかという話になっている。秘密で出かけることがかえってみんなの気持ちを高ぶらせている。はずむような気持ちを表す「うきうき」が適当。

問二 目印にしていた一本松が見えずに,「二里の遠さを足の裏から感じだして,だんだんだまりこんでいった」のである。心情としては,「まるで遠い国へきたような心細さ」を感じているのである。

重要 問三 最初の場面で小ツルは,「みんなをけしかけた」とある。総帥格のマスノは,家をぬけだして落ち合う場所を提案している。二人は,先生のところへ見舞いにいく計画の中心なのである。「マスノや小ツルさえ,困惑の色をうかべていた。かの女たちにしても,泣きだしたかったのだ。しかし泣けなかった」とあるのは,最初の場面で小ツルは,「みんなをけしかけた」立場であり,総帥格のマスノは,家をぬけだして落ち合う場所を提案しているからである。二人は,先生のところへ見舞いにいく計画の中心なのである。そういう立場上,責任を感じていたから,泣きたくても泣けなかったのである。

基本 問四 「口火」は,ある物事の起こるきっかけ・動機。「口火を切る」は,きっかけを最初に作るという意味。思いがけず大石先生に出会えたが,話しかけることもできず,近づくこともできない子どもがいるなか,仁太が最初に話しかけたのである。イがまぎらわしいが,仁太やみんなの言葉は弱音ではない。ウ,「お茶をにごす」は,いいかげんなことを言ったりして,その場を適当にごまかすの意味。

問五 直前の「三人の大人たちが町から村をさがしまわっているとき」との対比で考える。大人たちは,陸の道に子どもたちはいると考えたが,子どもたちは,大人たちが思いがけない方法であった「船で村へもどった」のである。

重要 問六 アは,大石先生の会話に「うちの人,しんぱいしてるわよ」とあるので,親の心配がわからなかったという感想は適当でない。イ,バスに乗っていた大石先生と会うことができた。ウ,「また歓声があがった」とあるから,大石先生は子どもたちを笑顔にさせている。エ,「しかってはみても,けっきょくは大わらいになって,大石先生の人気はあがった」とある。子どもたちも親たちも大変な思いをしたが,最後はよい結果となったのである。

三 (ことわざ・慣用句・四字熟語,熟語の成り立ち,漢字の書き取り,敬語)

問一 ①「温暖」は,気候があたたかく,おだやかな様子。「温」は形の似た「湿(シツ)」と区別する。訓は「あたた-か・あたた-かい・あたた-まる・あたた-める」。「温帯」「温厚」などの熟語がある。「暖」は,へんを「目」と誤らない。「寒暖」「暖流」などの熟語がある。 ②「看」は,「手」と「目」を組み合わせた漢字。手をかざしてよく見ることを表す。「看護」「看過」などの熟語がある。「板」には「ハン」の音もある。「鉄板」「回覧板」などの熟語がある。 ③「郷土」は,生まれ育った土地。「郷」には「ゴウ」の音もある。へんを「糸」と誤らない。「異郷」「近郷(きんごう)」などの熟語がある。 ④「展望」は,広い所を遠くまで見渡すこと。「展」には「展覧」「発展」などの熟語がある。「望」には「モウ」の音もある。訓は「のぞ-む」。「本望(ホンモウ)」「待望」などの熟語がある。 ⑤「縦断」は,たて,または南北に通り抜けること。「縦」はへんのない「従」と区別する。「縦」の訓は「たて」。「縦横」「縦走」などの熟語がある。「断」の訓は「ことわ-る・た-つ」。「断絶」「独断」などの熟語がある。 ⑥「部署」は,組織体の仕事全体の中で各人に割り当てられた任務や場所。「署」を「所」と誤らない。「署」の熟語には「警察署」「署名」などがある。

基本 問二 「提灯に釣り鐘」は，形が似ていても，重さが比較にならないことから，差がありすぎて双方の身分などがつり合わないこと。「月とすっぽん」は，まるい形は同じだが，二者の違いがはなはだしいこと。 ア 「鬼に金棒」は，強いうえにさらに強さを加えること。 イ 「団栗の背比べ」は，どれも平凡で変わりばえがせず，特に目立ってすぐれたものがないこと。 ウ 「糠に釘」は，いくら努力しても，相手に対して全く手ごたえやききめがないこと。

問三 「城内」は，城の中(内部)ということ。上の字が下の字を修飾している。 ア 「登頂」は，頂に登るということ。 イ 「閉館」は，館を閉めるということ。 ウ 「在宅」は，宅に在るということ。いずれも，上の漢字が動作を表し，下の漢字が動作の対象を表している。

やや難 問四 ① 「鼻をあかす」は，出し抜いてあっと言わせるの意味。 ② 「猫の額」は，土地や場所が非常にせまいこと。

やや難 問五 ア 「起死回生」は，望みのなくなった状態から，よい状態にもどすこと。 イ 「一刻千金」は，一刻の間が千金にもあたる意味から，楽しい時や，大切な時が過ぎやすいのを惜しむこと。ウ 「起承転結」は，物事の順序を言い表す四字熟語。四つの句からできている漢詩の組み立て方で，第一句で言い起こし(起)，第二句でうけて(承)，第三句でそれまでから転じて(転)，第四句で全体を結ぶ(結)というもの。 エ 「一進一退」は，進んだりしりぞいたりすること。また，病状などがよくなったり悪くなったりすること。

問六 「お持ちする」は，謙譲の言い方。「私が，お客様の荷物を部屋までお持ちします」のように，自分の動作について言う。尊敬の言い方では，「お客様がご自身でお持ちになりますか」や「お客様がご自身でお持ちなさいますか」などの言い方にする。 ア 「うけたまわる」は謙譲の言い方として正しい。 イ 「いただく」は謙譲の言い方として正しい。 エ 「お撮りいたします」は謙譲の言い方として正しい。

★ワンポイントアドバイス★

論説文は，話題についての筆者の考え方をとらえて，その考え方に沿って筆者が具体例を使ってどのように説明を進めているかを読み取っていこう。小説は，行動や会話，出来事などで表現されている場面の様子をとらえて，人物の心情や思いをつかもう。

第2回

2023年度

解 答 と 解 説

《2023年度の配点は解答欄に掲載してあります。》

＜算数解答＞

【1】 (1) 14 (2) 16 (3) $7\frac{1}{5}$ (4) $1\frac{3}{10}$

【2】 (1) 13個 (2) 9% (3) $5\frac{5}{14}$ (4) 37人 (5) 時速$\frac{3}{4}$km

(6) 120.89m^2 (7) 704cm^3

【3】 (1) ① 9個 ② 25 (2) ① 37 ② 86 ③ 559 (3) 2331

【4】 (1) ① 1400cm^2 ② 2800cm^3 ③ 35cm (2) ① 18分 ② $23\frac{1}{9}$分

○推定配点○

【1】 各5点×4 【2】 各5点×7 【3】 (1) 各3点×2 他 各4点×4

【4】 (1)①・(4)② 各4点×2 他 各5点×3 計100点

＜算数解説＞

【1】 (四則混合計算)

基本 (1) 計算の順番を考えてから計算する。カッコの中を先に計算する。①51−18＝33，②79＋33＝112，③112÷8＝14

基本 (2) 小数は分数にしてから計算する。分数のわり算は帯分数を仮分数にし，逆数をかけ算する。約分してからかけ算する。$12\div\frac{5}{3}\times\frac{4}{5}\div\frac{9}{25}=\frac{12}{1}\times\frac{3}{5}\times\frac{4}{5}\times\frac{25}{9}=16$

重要 (3) 小数は分数にしてから，カッコの中を先に，かけ算・わり算はたし算より先に計算する。計算の順番を考えてから計算する。①$1-\frac{1}{8}=\frac{7}{8}$，②$\frac{7}{8}\times3\frac{1}{5}=\frac{7}{8}\times\frac{16}{5}=\frac{14}{5}=2\frac{4}{5}$，③$\frac{11}{10}\div\frac{1}{4}=\frac{11}{10}\times4=\frac{22}{5}=4\frac{2}{5}$，④$2\frac{4}{5}+4\frac{2}{5}=6\frac{6}{5}=7\frac{1}{5}$

(4) 小数は分数にしてから，カッコの中を先に，かけ算・わり算はたし算より先に計算する。計算の順番を考えてから計算する。①$3-2\frac{6}{7}=\frac{1}{7}$，②$\frac{1}{7}\times2\frac{4}{5}=\frac{1}{7}\times\frac{14}{5}=\frac{2}{5}$，③$\frac{3}{5}\div1\frac{1}{2}=\frac{3}{5}\times\frac{2}{3}=\frac{2}{5}$，④$\frac{2}{5}+\frac{2}{5}=\frac{4}{5}$，⑤$\frac{4}{5}+\frac{1}{2}=\frac{8}{10}+\frac{5}{10}=\frac{13}{10}=1\frac{3}{10}$

【2】 (数の性質，濃度，過不足算，流水算，平面図形・面積，立体図形・体積)

基本 (1) 99÷7＝14余り1，9÷7＝1余り2，よって，14−1＝13(個)

重要 (2) 12%の食塩水150gに含まれる食塩は150×0.12＝18(g)，水50gを混ぜてできる食塩水の濃度は18÷(150＋50)×100＝9(%)

重要 (3) 帯分数を仮分数にする，$1\frac{13}{15}=\frac{28}{15}$，$1\frac{17}{25}=\frac{42}{25}$，求める分数は$\frac{15と25の最小公倍数}{28と42の最大公約数}=\frac{75}{14}=5\frac{5}{14}$

重要 (4) 1人に15枚ずつ配ると座ると55枚不足し，1人に12枚ずつ配ると56枚余るということは，3枚少なく配ることで，55＋56＝111(枚)減る。よって，このクラスの人数は111÷3＝37(人)

重要 (5) 上りの速さは$12(\text{km})\div2\frac{2}{3}$(時間)$=12\times\frac{3}{8}=4\frac{1}{2}$(km/時)，下りの速さは12(km)÷2(時間)＝6 (km/時)，川の流れの速さ＝(下りの速さ−上りの速さ)÷2で求めることができる。よって，時速は$\left(6-4\frac{1}{2}\right)\div2=1\frac{1}{2}\div2=\frac{3}{2}\times\frac{1}{2}=\frac{3}{4}$(km)

(6) 牛の動ける範囲を考えてみると，半径10m中心角90°のおうぎ形と半径6m中心角90°のおうぎ形と半径3m中心角180°のおうぎ形の和になる。$10\times10\times3.14\times\frac{90}{360}+6\times6\times3.14\times\frac{90}{360}+3\times3\times3.14\times\frac{180}{360}=\left(25+9+\frac{9}{2}\right)\times3.14=\frac{77}{2}\times3.14=120.89(m^2)$

(7) 箱の容積は内側の長さの積で求められる。底面は1辺(10−2)cmの正方形，高さ(12−1)cmより，$8\times8\times11=704(cm^3)$

【3】 (規則性)

基本 (1) ① 1段目は1個，2段目は3個，3段目は5個，4段目は7個並んでいる。□段目の個数は□×2−1より，5段目は5×2−1＝9(個)　② □段目の一番右の数は□×□より，5段目の一番右は5×5＝25

(2) ① 7段目の一番左の数は6段目の一番右の数の次の数。よって，6×6＋1＝37

② 左から3番目と右から3番目の和は一番左と一番右の和に等しい。よって，37＋7×7＝86

③ 7段目には7×2−1＝13(個)並んでいる。13÷2＝6余り1，86×6＋86÷2＝516＋43＝559

やや難 (3) 一番左の数と一番右の数の和は10×10＋1＋11×11＝101＋121＝222，11段目の個数は11×2−1＝21(個)，21÷2＝10余り1，222×10＋222÷2＝2220＋111＝2331　【別解】 21個の数の和は真ん中の数の21倍になる。222÷2×21＝2331

【4】 (水そうとグラフの応用)

重要 (1) ① グラフより，高さ14cmになる6分後でグラフの傾きが変わり，その後，高さ22cmになるのは10分後なので，Aの底面積は$2800\times(10-6)\div(22-14)=\frac{2800\times4}{8}=1400(cm^2)$　② Aの部分の高さ14cmまでの体積から6分間に入った水の体積を除いたのがおもりの体積。$1400\times14-2800\times6=19600-16800=2800(cm^3)$　③ 6分から10分の4分間で高さ14cmが22cmになっているので，1分間で(22−14)÷(10−6)＝2(cm)ずつ上昇している。よって，22＋2×(16.5−10)＝22＋2×6.5＝22＋13＝35(cm)

やや難 (2) ① Aの部分が仕切り板の高さになるまでに16.5分かかる。その時，Bの部分の高さは，$3500(cm^3/分)\times10(分)\div1120(cm^2)=31.25(cm)$，35−31.25＝3.75(cm)，$1120(cm^2)\times3.75(cm)\div2800(cm^3/分)=4200(cm^3)\div2800(cm^3/分)=1.5(分)$，16.5＋1.5＝18(分)　② 仕切り板より上の体積は(1400＋1120)×(45−35)＝25200，20分後までAの部分から給水した残りの体積は25200−2800×(20−18)＝25200−5600＝19600，その後Aの部分とBの部分から給水するのにかかる時間は$19600(cm^3)\div(2800+3500)(cm^3/分)=19600\div6300=\frac{28}{9}=3\frac{1}{9}(分)$，よって，$20+3\frac{1}{9}=23\frac{1}{9}(分)$

★ワンポイントアドバイス★

基礎的な問題をていねいに取り組むよう日頃から練習すると同時に，応用的な問題も取り組んでおこう。考え方をわかりやすく書くために式を立てたり，説明のための文を書くことにも慣れておくとよいだろう。

＜理科解答＞

【1】 Ⅰ (1) 巻き数 (2) 気体検知管 (3) 乱層雲 (4) 根 (5) 赤

Ⅱ (1) ④ (2) ② (3) ④ (4) ③ (5) ⑤

【2】 (1) 2倍 (2) ②, ④ (3) 400cm (4) 3.5秒後 (5) 125cm

【3】 (1) 1000g (2) ④ (3) 5.8g (4) 475g (5) 食塩, 3.6g

【4】 (1) 断層 (2) ④ (3) ③ (4) ④ (5) ②

【5】 (1) ①, ④ (2) ③ (3) ⑤ (4) ①, ③ (5) 不完全変態

○推定配点○

【1】 各1点×10 【2】 各2点×5((2)完答) 【3】 (5) 各1点×2 他 各2点×4

【4】 各2点×5 【5】 各2点×5((1)・(4)各完答) 計50点

＜理科解説＞

基本 【1】 (小問集合)

Ⅰ (1) 電磁石を強くする方法は「①巻き数を多くする, ②流れる電流を大きくする, ③鉄しんを入れる」である。 (2) 道具は「気体検知管」である。

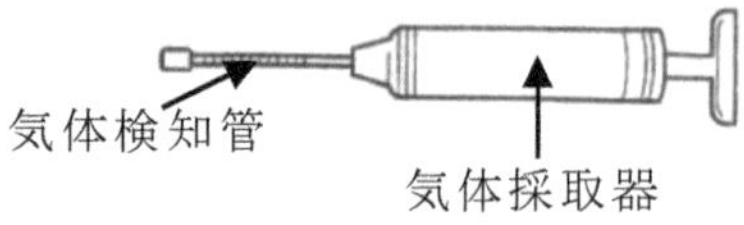

(3) 温暖前線の前にできる雲で「乱層雲」である。

(4) 成長に必要な水は葉の蒸散作用により「根」から吸収される。 (5) さそり座のアンタレスは1等星で「赤」色をしている。

Ⅱ (1) 電気を光に変えているのは④の懐中電灯である。①ラジオは音, ②炊飯器は熱, ③洗濯機は運動エネルギー, ⑤アイロンは熱に変える。 (2) おばなとめばながあるのはウリ科の「ヘチマ」・かぼちゃ・ツルレイシ・スイカなどである。 (3) 右図のように傾斜していると考えられるので④があてはまる。 (4) ①は窒素, ②は二酸化炭素, ③が酸素, ④は二酸化炭素, ⑤はアンモニア・塩化水素などである。 (5) かん臓は消化器官だが消化管ではない。

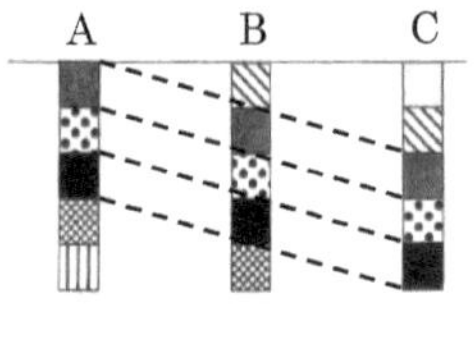

【2】 (力のはたらき－物体の運動)

基本 (1) 表1よりふれはばとおもりの重さを変えても周期は変わらない。ふりこの長さを4倍にすると周期は2倍になる。

基本 (2) おもりの重さとふれはばに関係なく, ふりこの長さが同じなら周期は同じになる。

重要 (3) 1周期は60(cm)÷15＝4(秒)である。表より周期4秒は周期2秒のときの2倍で, 周期が2倍になるとふりこの長さは4倍になる。周期が2秒のときのふりこの長さは100cmだから100(cm)×4＝400(cm)となる。

(4) 周期はふりこの長さが400cmのときと400(cm)－175(cm)＝225(cm)のときの半分の和となる。4(秒)÷2＋3(秒)÷2＝3.5(秒)である。

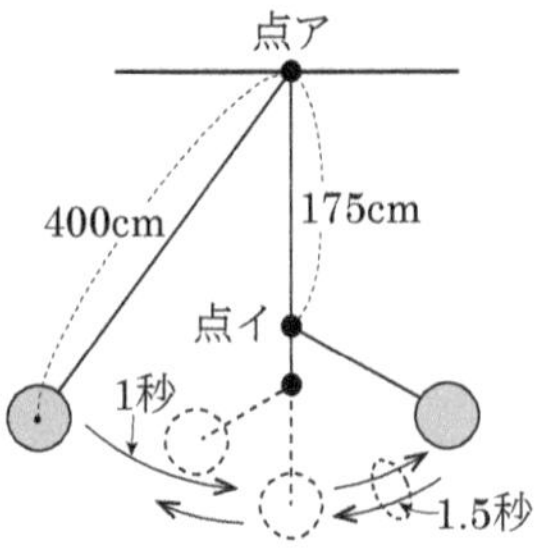

やや難 (5) おもりを離して3秒後に「左の向きから右の向きに変わった」ことから周期が3秒であることがわかる。2秒後にくぎを打つということは4(秒)÷4＋3(秒)÷2(◯の部分)＝2.5(秒)で新たにくぎを打ったところまでもどるので残り$\frac{1}{4}$を0.5秒で動いたことになるから,

くぎを打った後の周期は0.5(秒)×4=2(秒)となる。周期が2秒となるふりこの長さは100cmなので点イから225−100=125(cm)下にくぎを打ったことになる。

【3】 (物質と変化−ものの溶け方)

基本 (1) 砂糖は100gの水に200gとけるので500gでは$200\times\frac{500}{100}=1000$(g)とける。

基本 (2) 砂糖と食塩では砂糖は温度の変化によって溶ける量が大きく変わり，食塩は温度によってとける量の変化は少ないため，水の温度を下げることによって現れる固体の量が大きいのは砂糖であるから④が正解となる。

重要 (3) 実験2の図3より90℃の水100gには食塩は38.6gとけるので200gの水には$38.6\times\frac{200}{100}=77.2$(g)とけ，10℃になると同様に$35.7\times\frac{200}{100}=71.4$(g)とける。77.2−71.4=5.8(g)とけきれなくなり固体として現れる。

(4) 25℃の水100gに食塩は36g，砂糖は200gとける。水の量は500−(75+125)=300(g)なので，とかすことのできる砂糖の重さは200×3=600(g)である。よってさらにとかすことのできる砂糖の重さは600−125=475(g)である。

(5) 残った水溶液中の水は300−(500−400)=200(g)である。10℃の水200gに溶ける食塩は35.7×2=71.4(g)，砂糖は190×2=380(g)なので，とけ残るのは食塩で75.0−71.4=3.6(g)である。

【4】 (天体・気象・地形−地震)

基本 (1) 岩盤が割れてずれるのは断層である。

(2) 右図より大陸プレートと海洋フレートに沿って震源が多いので太平洋側の地下のほうが震源が多い。

重要 (3) 火山の分布は海溝に沿っていて東日本火山と西日本火山の2つのまとまりがあることから，正解は③である。

(4) ①〜③が異なり，B海溝のプレートで起きた地震の位置の変化は深さが100kmのときと400kmのときを比べて変化が少ないので沈み込む角度が大きいことがわかる。

(5) 地下200km付近の震源と火山を重ねると右図のようになることから，火山の位置と一致する100kmから200kmでマグマが作られていると考えられる。

【5】 (生物−昆虫)

基本 (1) 昆虫の頭部には触角と目がついている。

基本 (2) Aのチョウの口はみつを吸う，Bのカブトムシは樹液をなめる，Cのカマキリは肉側でかみ砕く食べ方である。

(3) ⑤のタガメは口の針で獲物の体に消化酵素を流し込みどろどろにして吸引する。

重要 (4) ①のモンシロチョウの幼虫はアオムシでキャベツなどを食べ，成虫はみつを吸う。②のトノサマバッタと⑤のオオカマキリの口は幼虫も成虫も同じである。③のノコギリクワガタの幼虫は朽ち木や腐葉土を食べているが，成虫は樹液をなめる。④のセミの幼虫は成虫と同じく木に口をさし樹液を吸う。

(5) 選ばなかったトノサマバッタ・ミンミンゼミ・オオカマキリにはさなぎの時期がない不完全変態の昆虫である。

★ワンポイントアドバイス★

【1】は，1問1答形式で解きやすい問題なので時間をかけずに全問正解をめざそう。【2】(5)，【3】(4)，【4】(5)はじっくり考える必要のある問題であるが，そのほかの問題はある程度典型的な問題で解いたことがある問題だと思われる。その典型的な問題も確実に得点できるようにし，じっくり考える問題に時間をとれるように時間配分を考えておこう。

＜社会解答＞

1 問1 オーストラリア 問2 (例) キャッシュレス決済が増加し，小銭を使う機会が減ったため。 問3 (例) アルミ缶をきれいに洗って分別・回収に協力する。
問4 (1) 東京オリンピック (2) イ 問5 ウ 問6 パリ協定

2 問1 ウ→ア→イ 問2 トラフ 問3 エ 問4 朱印状 問5 本居宣長
問6 ウ 問7 イ 問8 ア 問9 (例) (原料を)海外から船で輸入している(から)
問10 (例) 棚田は斜面に位置しており，一つ一つの農地面積が小さいため，機械を導入しにくいから。 問11 ウ 問12 ① J ② B

3 問1 ア 問2 (例) 馬で運ぶ荷物を積みかえる／旅人が休憩，宿泊する 問3 イ
問4 エ→ア→ウ→イ 問5 (例) 元と戦った御家人に対して，幕府は御恩としての土地を十分に与えることができず，御家人の不満が高まったから。 問6 団地 問7 ウ

○推定配点○

1 問2・問3 各3点×2 問4(2) 1点 他 各2点×4
2 問2・問4・問5・問9 各2点×4 問10 4点 他 各1点×8
3 問2・問4・問6 各2点×4 問5 4点 他 各1点×3 計50点

＜社会解説＞

1 (日本の地理・歴史融合問題－アルミホイルを起点とした問題)

問1 「コアラ」の写真から判断するのが解答しやすいといえる。

重要 問2 「キャッシュレス決済の増加」を踏まえる必要がある。

重要 問3 3Rとは「リユース・リデュース・リサイクル」の総称である。

問4 (1) 1964年の東京オリンピックは日本の高度成長期の象徴的な出来事といえる。 (2) アは1960年，イは1974年，ウは1956年，エは1951年の出来事である。

問5 マイクロチップとは動物の皮膚の下に埋め込まれた個体識別用の集積回路である。

問6 パリ協定は京都議定書を引き継ぐ形で採択された。

2 (総合問題－ふるさと納税を起点とした問題)

基本 問1 アは1232年，イは1271年，ウは1221年の出来事である。

問2 南海トラフはフィリピン海プレートが日本列島の下に沈み込んでいる場所に相当する。

問3 エ ASEANは東南アジア諸国連合の略称である。

問4 海外渡航を許された船を朱印船という。

問5 本居宣長は伊勢松阪の生まれで，34年かけて古事記伝を完成させた。

問6 輸出品目ではなく輸入品目であることに注意する。「焼津港」を切り口に判別したい。

問7　イ　古墳時代の説明となる。
問8　ア　信楽焼は滋賀県で生産されている。
重要　問9　日本の主要な工業拠点が分布する太平洋沿岸の地域を「太平洋ベルト」という。
重要　問10　「農地面積小さい→機械導入難しい」という因果関係を踏まえる必要がある。
問11　アは函館市，イは横浜市，エは那覇市の雨温図である。
問12　①　Jは新潟県である。　②　Bは高知県である。

3　**(日本の歴史－甲州街道を起点とした問題)**

基本　問1　イは奥州・日光街道，ウは東海道の宿場町である。
重要　問2　「旅客」「貨物」双方の観点に注目して答案を作成したい。
問3　アは平安から室町時代，ウは飛鳥～平安時代，エは古墳～飛鳥時代の説明である。
問4　アは奈良時代，イは鎌倉時代，ウは平安時代，エは飛鳥時代につくられた。
重要　問5　御恩としての御家人に対する土地給与が不十分であったことを盛り込む必要がある。
問6　昨今，団地の老朽化が社会問題となっている。
問7　ウは太平洋戦争敗戦後の説明となる。

★ワンポイントアドバイス★

記述問題も出題されるので，普段から添削等してもらいながら，継続的な答案作成のトレーニングを通して対策しておこう。

＜国語解答＞

一　問一　エ→ア→ウ→イ　問二　最終的に自(ということ。)　問三　身を守る
問四　(例)　(なんでも好きにやっていいという権利のことであるが，)他者に迷惑をかけたら償い，自分がおかしくなったら更生するという責任を果たし，他との信頼のもと成り立つ(もの。)　問五　道徳的運　問六　ア

二　問一　イ　問二　X　身体　Y　精神　問三　ウ　問四　(例)　勉強も運動もすべて平凡で普通だが，人の心が読めるという特別な能力を持っている(と思おうとしていた。)
問五　自分だけのもの　問六　エ

三　問一　①　指揮　②　故障　③　領域　④　礼拝　⑤　衆目　⑥　解除
問二　ウ　問三　エ　問四　①　石　②　水　問五　ア　問六　エ

○推定配点○

一　問四　10点　他　各5点×5(問一完答)　二　問四　10点　他　各5点×5(問二完答)
三　問一　各2点×6　他　各3点×6　計100点

＜国語解説＞

一　**(論説文－要旨・大意の読み取り，文章の細部の読み取り，空欄補充の問題，記述力・表現力)**

基本　問一　キーワードは「大人」と「責任」である。二つの事柄の関係をはっきりさせるために，エで「子ども」と対比させている。そして，アで大人は責任を取るということを述べている。その

ことを，ウでは引っくり返して，責任を取るということは大人になることだと強調している。最後にイで，「責任」と「大人」の関係を学ぶことが求められていると述べ，空欄Aのあとの「それ(＝「責任」と「大人」の関係を学ぶこと)は法律を学ぶだけでは不十分です」につながっていく。

問二　続く四つの段落で，「責任を持つということ」について考えるための材料を示している。一行をあけたあとの二つの段落では，考えてみた結果わかったことを「最終的に自分がなんとかしなければならない」ということだと述べている。直前の「つまり」は，言い換えや要約をすることを示す接続語であることにも着目する。

問三　空欄Bをふくむ文と，直前の一文は倒置の関係になっている。前の部分に「消費者としての権利や義務については」とあることに注目すると，Bためにも，消費者としての権利や義務についてずっと覚えておく必要があるということになる。消費者としての権利や義務とは，さらに前の二つの段落で述べた「契約関係」についての内容である。「判断の未熟な一八歳をターゲットにした営利活動」とあるように，消費者としての権利や義務についての知識や判断力がないと，ターゲットにされて危険であるというのである。つまり，消費者としての権利や義務についてずっと覚えておくのは，自分の「身を守る」ためにも必要であるというのである。

重要　問四　「『責任』という言葉を必ず用いて」とあるので，自由と責任がどのような関係にあるかを読み取っていく。書き出しに「なんでも好きにやっていいという権利のことであるが,」とあり，本文では「人に迷惑をかける行為は制限されます」と続いている。これを「責任」との関係で説明しているのが，自由にしてもよいが，トラブルが生じたり生活ができなくなったりした場合は「それなりに責任を取らなければなりません。他者にたいして迷惑をかけたなら，それを償う。あるいは，自分自身がおかしくなってしまったなら，なんとかして更生する」とある部分である。そして，「何かあっても償うとか，何とか元に戻るとか，そういう信頼があってはじめて，自由な行為が許されるわけです」と言い換えている。つまり，償いや更生をすることが責任を果たすことであり，責任を果たすという信頼があって成り立つものが自由であるというのである。

問五　「負の側面」とは，問四でとらえた自由な行為によって生じたトラブルや生活ができなくなるという状態のことである。そのことについての責任だけでなく，どのようなことについてもあわせて考えなければならないのかというと，「運による行為についても責任を取るべきかという問題です」とある。さらに，「運が影響することも考慮するなら，その部分も含めて責任を取る必要があるように思います」と述べている。「運」は，「道徳的運」とも述べているので，これが解答になる。

重要　問六　アは，問三でとらえた消費者としての権利や義務について覚えておくためには，「やはり印象に残る体験という要素が不可欠」という内容と合う。イ，「個人を尊重すべき」という観点からは説明していない。ウ，結婚は自ら責任を負うべき事柄とは述べているが，「無責任な結婚は全く許されなくなった」という観点では述べていない。エ，このような内容は述べられていない。

二　(小説－心情・情景の読み取り，文章の細部の読み取り，空欄補充の問題，反対語，記述力・表現力)

やや難　問一　「言葉を濁す」は，はっきり言わないであいまいにするという意味。「もったいない。そう言い切ってしまうと，今の香山を否定するようで」とあるように，走ることを辞めてしまった香山の行動をもったいないと言い切ってしまうと香山自身を否定することになりそうだから，あいまいにしたのである。「ぼく」のさりげない思いやりが表れている。ア・ウは，このあとに描かれている香山と「ぼく」の信頼関係を考えると不適当。

基本 問二　直前の香山の会話に「こんな根性だから」とあって，走ることを辞めてしまった香山の精神的な弱さにふれている。Yには「精神」が入る。「精神」と対になるのは「肉体」あるいは「身体」である。「肉体能力」という言い方はしないから，Xには「身体」が入る。

問三　会話の流れを読み取る。「もし，中学一年の時に戻れたらどうする？」という「ぼく」の質問に対して，「辞めずに続けて，自分の力を試してみたい」「真剣にやってみたい」と答える香山に対して「すごいな」と言っている。

重要 問四　「中学三年生の時」の「ぼく(梨木)」が自分をどのような人間だと思おうとしていたのかを説明する。「他人の心が読める能力」を，「特別な力だって信じ込もうと必死」だったのである。それは「運動も勉強もなにもかも，とにかく普通……そんな自分をずっとどうにかしたかった」からである。この二つの内容を原因と結果の関係にあることが分かるようにまとめる。

問五　直前の「打ち明け話にどうでもいい話」とは，走ることについての香山の話・「ぼく」の人の心が読める話である。香山の話については，「ぼく」は「(普通ではない)香山が自分だけのものを持っている」と感じている。対して，「ぼく」の話について香山は「梨木は普通じゃないから」と感じている。「打ち明け話にどうでもいい話」を繰り返しながら，お互いに少しずつ「確かなもの(＝自分だけのもの)」を手に入れていくというのである。

重要 問六　エについては，香山の会話に「大学に入ってからだもん。サークル活動して，『楽しもう』がモットーの空気にどこかしっくりいかなくて。ああ，そっか，俺，真剣にやりたいんだって，初めて気づいたよ」とある。ア，「強い孤独感を抱いている」という内容はない。イ，「それがどれくらいすごい記録かはいまいちピンと来なかった」とあるように，「中学時代に自分の才能を過信し」という内容はない。ウ，「ぼく(梨木)」は，香山に反発は感じていない。

三 (反対語，ことわざ・慣用句・四字熟語，漢字の知識，漢字の書き取り，敬語)

問一　①「揮」は，同音で形の似た「輝」と区別する。「揮」の熟語には「発揮」「揮発」などがある。　②「故」の訓は「ゆえ」。「故意」「故人」などの熟語がある。「障」は，へんとつくりを入れかえて書かないように注意する。「障害」「障子」などの熟語がある。　③「領域」は，領有している区域。「領土」「占領」などの熟語がある。「域」は「口」と「一」の位置に注意する。「地域」「広域」などの熟語がある。　④「礼拝」は，キリスト教で，神を拝むこと。「礼」は形の似た「札(サツ)」と区別する。「礼」には「ライ」の音もある。「礼儀」「婚礼」などの熟語がある。「拝」の訓は「おが‐む」。つくりの横棒の数と長さに注意する。「参拝」「崇拝」などの熟語がある。　⑤「衆目」は，世間の多くの人の見る目。「衆」は「シュ」の音もある。下の部分の形に注意する。「民衆」「公衆」などの熟語がある。　⑥「解除」は，禁止したり制限したりしていたものをとりやめて，もとの状態にもどすこと。「解」の音には「ゲ」もある。訓は「と‐く・と‐かす・と‐ける」。「解禁」「解熱(ゲネツ)」などの熟語がある。「除」は，同音で形の似た「徐」と区別する。「除」には「ジ」の音もある。訓は「のぞ‐く」。「除去」「掃除」などの熟語がある。

基本 問二　「瓜のつるに茄子は生らぬ」は，平凡な親には平凡な子しか生まれないということ。「蛙の子は蛙」も，子は親に似るものであるから，平凡な人の子はやはり平凡であるということ。

ア「一富士二鷹三茄子」は，初夢に見るものを，縁起のよい順に並べた句。　イ「鳶が鷹を生む」は，平凡な親がすぐれた子を産むこと。　エ「蛙の面に水」は，どんなに注意されようがしかられようが一向に動じないこと。

問三　「永久」は，「永い」「久しい」で同じ意味の漢字の組み合わせ。　ア「脳波」は脳の波長，イ「若者」は若い者，ウ「異国」は異なる国で，上の漢字が下の漢字を修飾している組み合わせ。

問四　①「石橋をたたいてわたる」は，じょうぶな石橋でもたたいて安全を確かめて渡るということから，用心のうえにも用心するたとえ。　②「水を打ったように」は，ほこりっぽい地面に水をまいてほこりがおさまるように，多くの人が静まりかえるさま。

やや難　問五　「電光石火」の「石火」は，火打石の火花。極めて短い時間や，動作が極めてすばやいことのたとえ。　イ「急転直下」は，行きづまっていた物事や様子が急に変わって解決に向かうこと。　ウ「心機一転」は，あることをきっかけとして，気持ちがすっかりよい方向に変わること。　エ「玉石混交」は，すぐれたものと劣ったものが入りまじっていること。

重要　問六　「私から」とあるので，動作をするのは「私」で，動作の相手は先生だから謙譲表現を使う。エ「お話になる」は「お～(に)なる」の形で尊敬表現だからふさわしくない。　ア「申し上げる」は「言う」の謙譲動詞。　イ「ご～する」，エ「お～する」は謙譲表現。

★ワンポイントアドバイス★

論説文は，キーワードについて筆者がどのような具体例を挙げながら説明を進めているかを読み取っていこう。小説は，会話のやり取りの様子，会話で語られている事柄などから人物の過去やそのときの心情や思いをつかもう。また，場面に沿って慣用句や対義語などの意味をとらえよう。

2022年度

入試問題

2022年度

国学院大学久我山中学校入試問題（一般・CC第1回）

【算　数】（50分）　＜満点：100点＞

【注意】 1. 分度器・コンパスは使用しないでください。

2. 円周率は3.14とします。

【１】 次の計算をしなさい。

(1) $(3+4)\times 5\div 7+6$

(2) $3\div 0.25\div 0.75\times 1.375$

(3) $\left(\frac{3}{5}-\frac{1}{8}\right)\div 2\frac{3}{8}+\left(1\frac{3}{4}-\frac{7}{6}\right)\times 2\frac{4}{7}$

(4) $\frac{5}{6}-\left\{\left(\frac{1}{3}-\frac{1}{4}\right)\times 24-\left(0.125-\frac{1}{16}\right)\times 16\right\}\times\frac{1}{3}$

【２】 次の問いに答えなさい。

(1) 縮尺《しゅくしゃく》25万分の１の地図で３cmの長さは，実際には何kmですか。

(2) ある年の４月30日は金曜日です。その年の３月１日は何曜日ですか。

(3) ８％の食塩水400ｇに水を加えて，５％の食塩水を作ります。加える水の量は何ｇですか。

(4) ある文具店では，Ａ，Ｂ，Ｃの３種類のノートを売っています。１冊あたりの値段は，ＢはＡより60円高く，ＣはＡより80円高いです。Ａを２冊，Ｂを４冊，Ｃを３冊買ったところ，代金は1470円でした。Ｃのノート１冊の値段は何円ですか。

(5) ある川をボートで1.2km上るのに50分かかり，同じところを下るのに30分かかりました。静水時のボートの速さ，川の流れの速さはそれぞれ一定であるとすると，川の流れの速さは毎分何mですか。

(6) 下の図のような二等辺三角形の等しい２辺の上を，１辺の長さが３cmの正三角形ABCが矢印の方向にすべることなく転がります。正三角形ABCがあの状態からはじめていの状態になったとき，点Ａが動いたあとの線の長さは何cmですか。

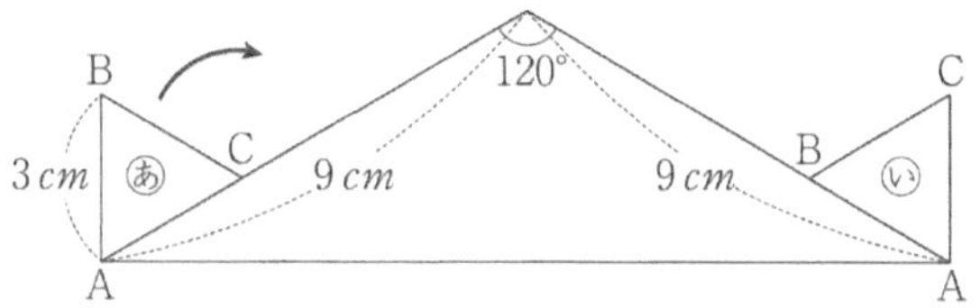

(7) 右の図のように，縦《たて》５m，横10m，高さ４mの直方体の建物があり，屋根の１つの角《かど》に高さ２mの電灯が立っています。この電灯の光でできる建物の影《かげ》の部分の面積は何m^2になりますか。ただし，建物の下には影はできないものとします。

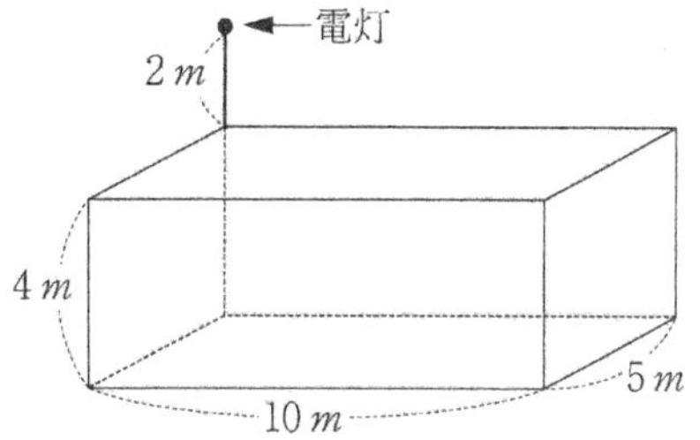

【３】 [1], [2], [3], [4]のカードが１枚ずつあり，この４枚のカードを並べて４けたの整数をつくります。次の問いに答えなさい。

(1) できる整数は全部で何個ですか。

(2) できる整数のうち，奇数は全部で何個ですか。

(3) 次のルールにしたがって，４けたの整数をつくります。

《ルール》
・千の位には[1]のカードを置かない
・百の位には[2]のカードを置かない
・十の位には[3]のカードを置かない
・一の位には[4]のカードを置かない

① このとき，できる整数は全部で何個ですか。

② ①で，できる整数をすべて加えるといくつになりますか。

【４】 下の図のように，直方体を組み合わせた形の空《から》の水そうがあり，その水そうの中に長方形の仕切りがまっすぐ立っています。

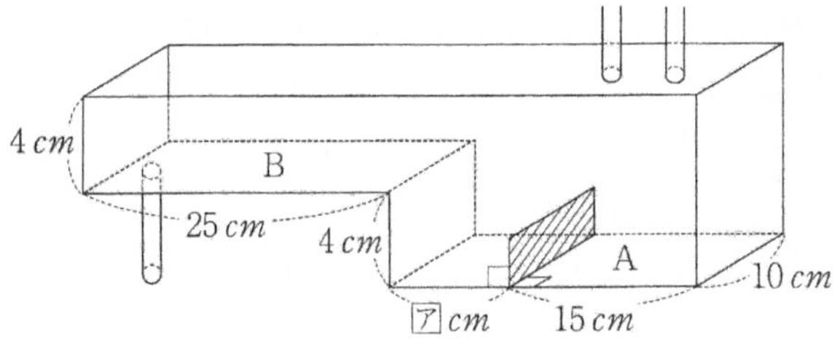

水そうには管が２本ついていて，同じ量の水を一定の割合でAの部分に入れることができます。また，Bの部分には常に開いている排水管《はいすいかん》があり，一定の割合で排水されます。

まず，１本の管で水そうに水を入れていきます。しばらくしてから，もう一方の管も使って２本の管で満水になるまで水を入れていきます。

グラフは，水そうに水を入れ始めてから満水になるまでの時間と，Aの部分の水面の高さの関係を表したものです。仕切りの厚さは考えないものとして，次のページの問いに答えなさい。ただし，途中《とちゅう》の考え方も書きなさい。

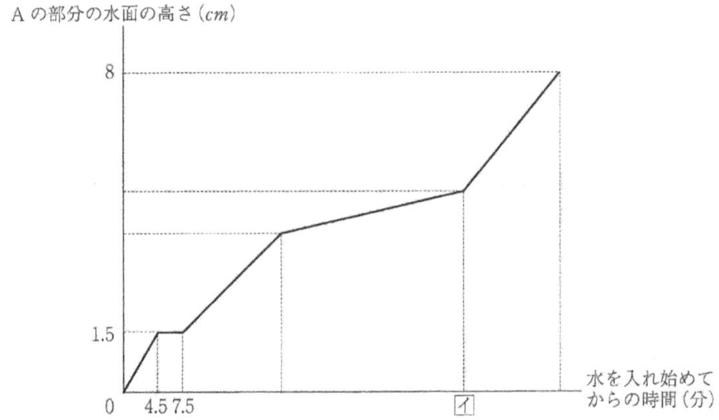

(1)　１本の管から入れることができる水の量は毎分何cm^3ですか。

(2)　水そうの図のアはいくつですか。

(3)　排水管から毎分15cm^3ずつ排水されているとき，水そうに水を入れ始めてから満水になるまでにかかった時間は60分でした。グラフのイはいくつですか。

(4)　排水管から毎分□cm^3ずつ排水されているとき，グラフは下のように変わりました。このとき，□はいくつですか。

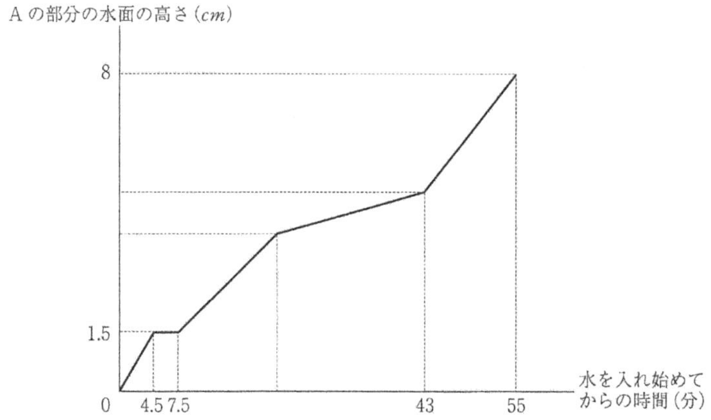

【理　科】（40分）　＜満点：50点＞

【１】 次のⅠ，Ⅱの各問いに答えなさい。

Ⅰ．次の(1)～(5)の文中の（A）にあてはまる語句を答えなさい。

(1) 過酸化水素水に二酸化マンガンを加えたときに発生する気体は（　A　）です。

(2) 棒などを使い，小さい力で重いものを動かすしくみを「てこ」といいます。このとき，（　A　）点を支点に近くするほど重いものを小さい力で動かすことができます。

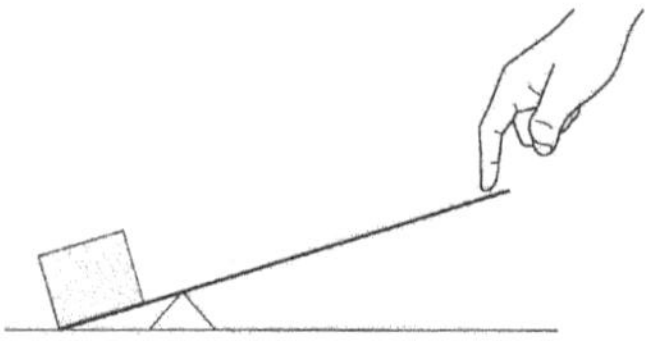

(3) オオカナダモなどの水草は水中で生活しています。水草が水中で光合成を行うことができるのは，水中に（　A　）がとけているからです。

(4) 月食は（　A　）が太陽の光をさえぎる現象のことです。

(5) 近年本州の各地では，野生のクマが生活場所での食料不足により，人里に出没《しゅつぼつ》して人をおそうなどの事故が増えています。このクマの種類の名前は（　A　）です。

Ⅱ．次の(1)～(5)について，下の①～⑤の中からあてはまるものを１つ選び，番号で答えなさい。

(1) アルコールランプで加熱したとき，気体が発生しないものを選びなさい。

①　水　　②　砂糖水　　③　アンモニア水　　④　ドライアイス　　⑤　食塩

(2) よう虫の時期は水中で生活し，成虫の時期は陸上で生活するこん虫を選びなさい。

①　アオスジアゲハ　　②　オニヤンマ　　③　トノサマバッタ

④　ミンミンゼミ　　⑤　ノコギリクワガタ

(3) 月が夕方ごろ南中しており，その様子が右の図です。この月を拡大して見ると，クレーターがありました。このときのクレーターのようすとして正しいものを選びなさい。

①

②

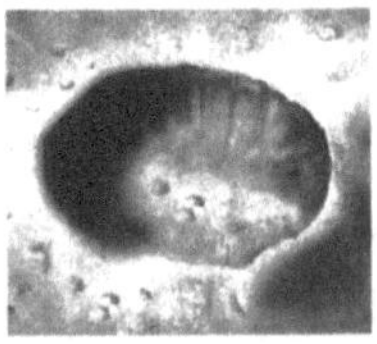

③

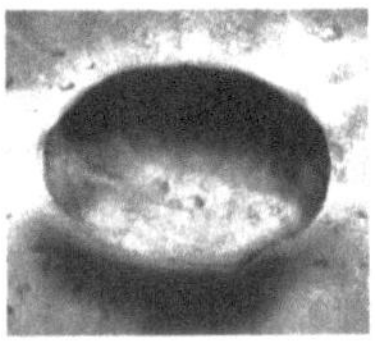

④

⑤

(4) 二酸化炭素を出さない地球環境《かんきょう》にやさしいエネルギー資源として使われているものを選びなさい。

①　ガソリン　　②　灯油　　③　石油　　④　石炭　　⑤　水素

⑸　手回し発電機に発光ダイオードや豆電球を接続したときのようすとして正しいものを選びなさい。

①　豆電球の明るさは，ハンドルの回す速さを速めても変わらない。
②　発光ダイオードは，ハンドルの回す向きによって，点灯したり点灯しなかったりする。
③　ハンドルの回し方（向きや速さ）に関係なく，発光ダイオードを点灯させることはできない。
④　回していたハンドルを急に止めても，発光ダイオードはしばらく点灯している。
⑤　豆電球を接続したとき，回していたハンドルから手を放しても，しばらくハンドルは回り続ける。

【２】 動物は，動くことで食べ物を探したり敵から逃《に》げたりします。そして，からだを効率よく動かすために，からだに「前と後」や「右と左」などの方向があります。

次の各問いに答えなさい。

⑴　ネコのからだの部分のうち，からだの最も前側と後側についているものを，次の①～⑤の中からそれぞれ１つずつ選び，番号で答えなさい。

①　肺　　②　心臓　　③　胃　　④　尾《お》　　⑤　耳

動物のからだの中央を通って，からだの前と後をつないだ線を前後軸《じく》といいます。同様に，からだの向きを示す軸があと２つあり，これら３つの軸をまとめて体軸といいます。

３つの軸とその向きについて，ネコのからだで考えてみると，からだの前と後の方向に設定した前後軸（ア）の他に，からだの上方向と下方向を結んだ上下軸（イ），そして，左右を結ぶ左右軸（ウ）になります。

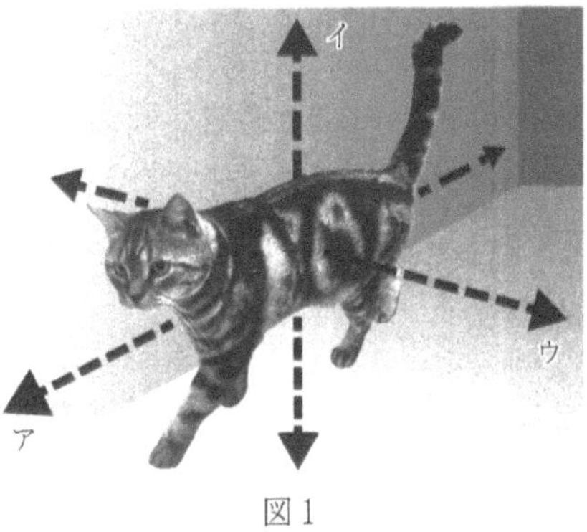

図１

⑵　図１の３つの軸のうち，中心から外側に向かった両側でほとんど同じつくりであり，他の２つの軸の向きによってその向きが決まる軸を，図１のア～ウの中から１つ選び，記号で答えなさい。

⑶　二足で直立しているヒトの前後の方向を，前後ではなくからだのつくりから考えた場合，図１のどの軸と同じになるかを考え，その向きとしてふさわしいものを次の①～⑥の中から２つ選び，番号で答えなさい。

①　頭　　②　尾　　③　右　　④　左　　⑤　背　　⑥　腹

アサリやハマグリのなかまは，同じつくりの２枚の硬《かた》い貝殻《かいがら》で，からだのやわらかい部分をおおっていることから二枚貝とよばれます。二枚貝のなかまの体軸について考えてみます。

ハマグリをあみの上で焼くと，閉じていた貝殻が開きます。このとき，２つの貝殻は背側となる１箇所（蝶番《ちょうつがい》：写真Aの黒矢印）でつながっています。

貝殻が開くと，２つの貝殻それぞれの内側に柱状のものが見られます（写真Bの白矢印）。これは貝柱《かいばしら》という筋肉です。二枚貝はふつう，からだの前側にある前閉殻筋《ぜんへいかくきん》と，後側にある後閉殻筋《こうへいかくきん》という２つの貝柱をもっています。

生きたアサリを観察すると，からだから海水を出し入れするための管（入水管と出水管：写真Cのエ）や，移動や砂にもぐるために使う足のようなつくり（斧足《おのあし》：写真Cのオ）を，２枚の貝殻の決まった場所のすきまから出していることがあります。移動するときや砂にもぐるときは，写真Cの場合は★の方向へ進みます。

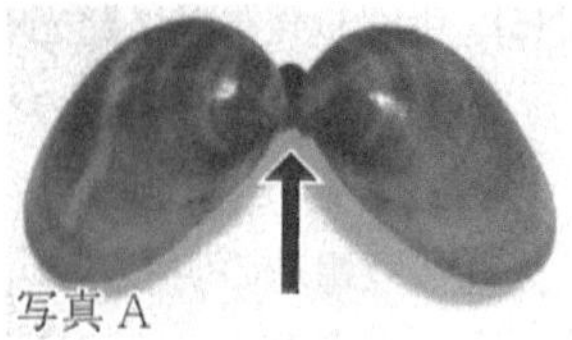
写真A

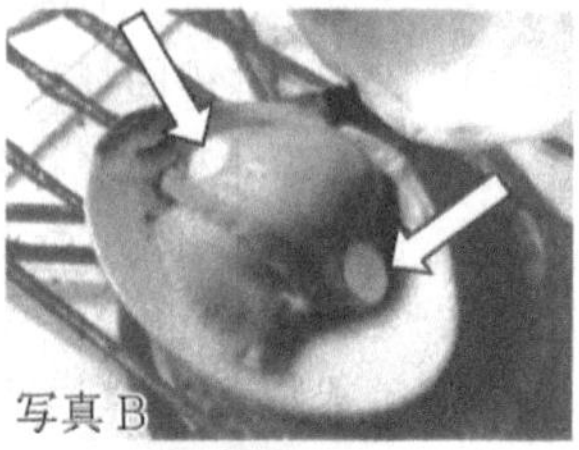
写真B

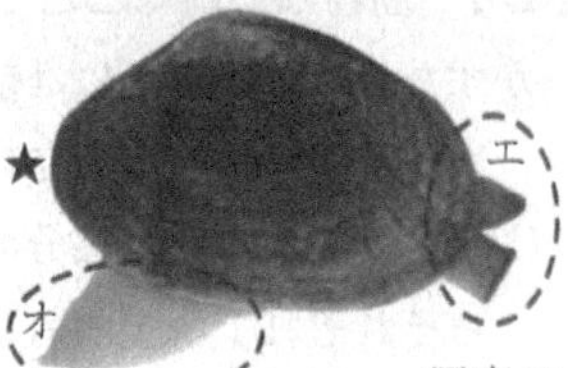

写真C

(4)　右の写真に示された番号を結んでできる線のうち，アサリの前後軸として最もふさわしいものを選び，その番号を２つ答えなさい。なお，⑤は写真手前の貝殻側を示し，写真のうら（写真に写っていない方の貝殻）側を⑥とします。

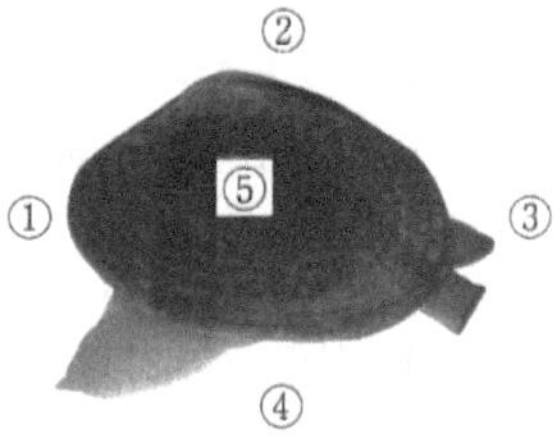

(5)　写真Cに写っている貝殻は左側です。これを決める理由として最もふさわしいものを，次の①～④の中から１つ選び，番号で答えなさい。

①　入水管・出水管が貝殻からのびている方が背側だから。

②　入水管・出水管が貝殻からのびている方が後側だから。

③　蝶番のある方が腹側だから。

④　蝶番のある方が前側だから。

【３】　ある湖にたい積する地層について，あとの各問いに答えなさい。

ほとんどの地層は海にたい積しつくられるものですが，湖でもつくられます。とくに，福井《ふくい》県にある水月湖《すいげつこ》（図１）は，およそ７万年前からの地層がきれいに残されています。この理由として，この湖に流れこむ川がないことや，湖にすむ生き物がほとんどいないことなどがあげられます。

図１

次のページの図２はこの水月湖で地層を地下数十ｍにわたって採取したものです。この地層の断面に見えるしま模様は，明るい部分と暗い部分でたい積しているものが異なり，そのためにしま模様となっています。

このしま模様は１年で明るい部分と暗い部分が１組だけ増えていきます。

(1)　筒《つつ》状のものを地面に深く差しこみ，地下の地層をそのまま採取する方法の名前を答えなさい。

水月湖の地層は湖底から42m下まで続いています。その一部を見てみると，図３のようになっていました。

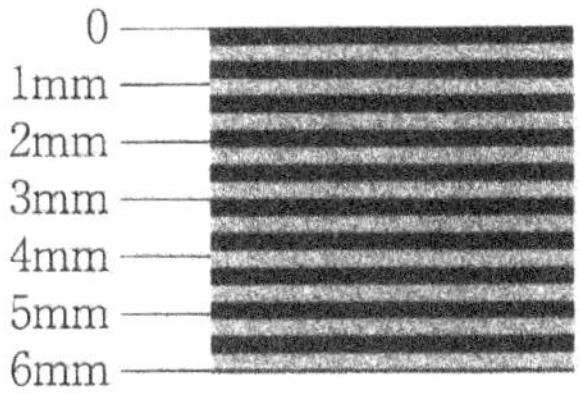

図３

図４

図２

(2)　図３から，水月湖の地層は１年間で何mm増えるか，答えなさい。

水月湖の地層についてさらに調べたところ，地震《じしん》や火山噴火《ふんか》などの大きな活動があるとその年の地層が他の地層よりも厚く残ることがわかりました。図４は湖底から15mのところの地層で，大きな活動によってつくられた厚い層がありました。

(3)　図４の厚くなっている部分について，その説明として最もふさわしいものを①～⑥の中から１つ選び，番号で答えなさい。

①　１万５千年前に大地震があり，湖の周囲の山から土砂が流れこんだ。
②　１万５千年前に火山噴火があり，湖に流れこむ川から火山灰が運ばれた。
③　２万５千年前に大地震があり，湖の周囲の山から土砂が流れこんだ。
④　２万５千年前に火山噴火があり，湖に流れこむ川から火山灰が運ばれた。
⑤　３万５千年前に大地震があり，湖の周囲の山から土砂が流れこんだ。
⑥　３万５千年前に火山噴火があり，湖に流れこむ川から火山灰が運ばれた。

水月湖にたい積するものは，主に周囲の山が台風などの大雨などでけずられることによってつくられた砂や泥《どろ》です。ふつう湖にたい積する土砂は，その後移動することはなく増え続けるため，やがて湖は砂や泥に埋《う》められていきます。しかし，水月湖は周囲の大地の動きにより水月湖とその周辺の標高が低くなり続けており，そこにつねに水がたまり続け，長い間湖が保たれているので，たい積が長い間続いています。このとき，１年間でたい積する層の高さと標高が低くなる高さは同じでした。

(4)　水月湖の周囲の山の斜面の面積 $6\,km^2$ でけずられてつくられたたい積物が水月湖に流れこんでいるものとします。水月湖の面積は $4\,km^2$ でした。台風などの強い雨によって周囲の山は１年間でどのくらいの高さ（mm）がけずられているかを答えなさい。なお，この湖の面積いっぱいに図３のようにたい積していたとします。

(5)　周囲の山は７万年間で標高が下がっていることがわかっています。(4)から，周囲の山の標高は７万年間で標高がどのくらいの高さ（m）が変化しているか答えなさい。ただし，周囲の山の標高は大地の動きによる変化と，雨などで山がけずられることで起こっているものとします。

【４】 往復運動に関するあとの各問いに答えなさい。

小球をつけたばねを天井からつるして静止させ，小球を下に引いてからはなすと上下の往復運動をくり返します。この往復運動では，図１のように引いた距離《きょり》と上がる距離が必ず同じになります。１往復にかかる時間を周期といいます。元の高さを通過するのは１往復中２回あり，その時間の間隔《かんかく》は周期の半分の時間です。この周期について次のような実験をしました。

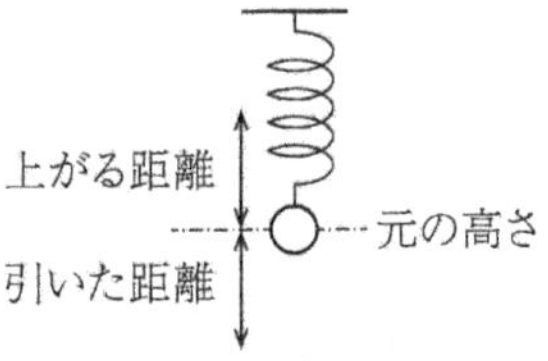

図1

〔実験１〕 ばねに重さ10ｇの小球を天井からつるして静止させ，小球を下に引く距離を変えて周期を調べました。その結果が表１です。

表1

引いた距離(cm)	2	4	6
周期(秒)	2.4	2.4	2.4

(1) 実験１において，引いた距離が５cmのときの周期（秒）を答えなさい。

〔実験２〕 実験１において，小球の重さを変えて周期を調べました。その結果が表２です。このとき，引いた距離はすべて２cmとします。

表2

おもりの重さ(g)	10	40	90
周期(秒)	2.4	4.8	7.2

(2) 実験２において，周期を9.6秒にするための小球の重さ（ｇ）を答えなさい。

〔実験３〕 実験１においてばねの種類を変えて周期を調べました。その結果が表３です。このとき，小球は10ｇのものを使い，引いた距離はすべて２cmで，実験１で使ったばねの種類はａとします。

表3

ばねの種類	a	b	c
周期(秒)	2.4	1.2	4.8

(3) 40ｇの小球をばねｃにつけて，引いた距離が５cmのときの周期（秒）を答えなさい。

〔実験４〕 図２のように10ｇの小球をつけたばねａをたくさん用意し，等間隔に並べて，すべて２cm引いて静止させました。

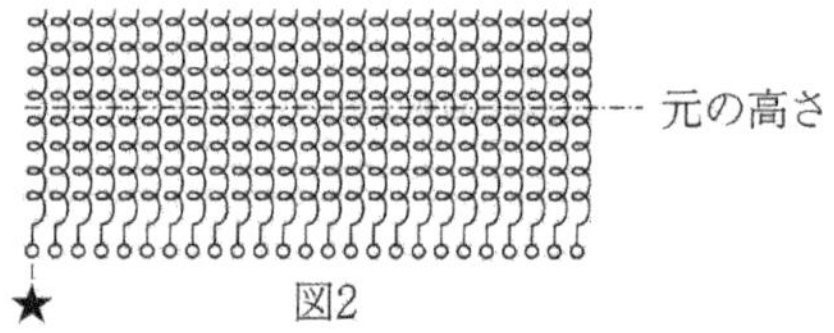

図2

一番左（図中の★）から0.1秒ずつ順番に次々と小球をはなしていくと，ある時間のときの小球の位置が図３のようになりました。（ばねは省略してあります。）

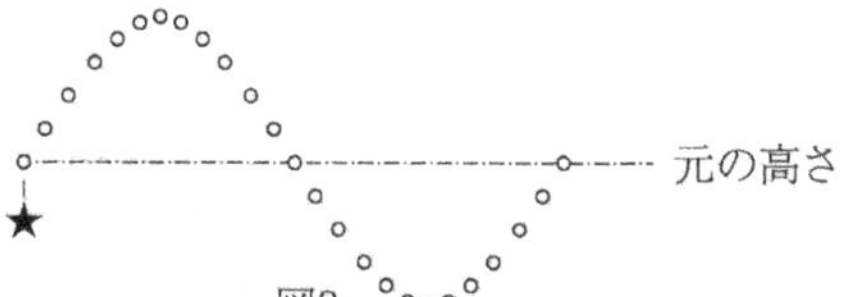

図3

図４の実線は図３の小球をなめらかにつないだ曲線です。この曲線は波形《はけい》とよばれ，はなれたところから観察している人はこの波形が右に進んでいくように見えます。図４の点線は，実線の波形の見えた少し後の時間に見える波形です。

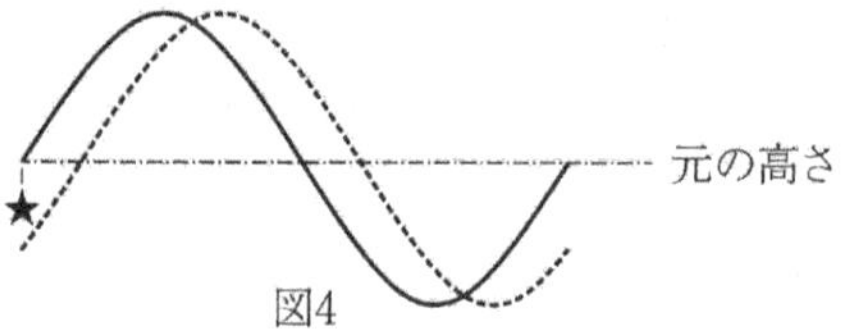

図4

(4)　図４の実線の波形から，初めて図５の波形になるまでの時間（秒）を答えなさい。

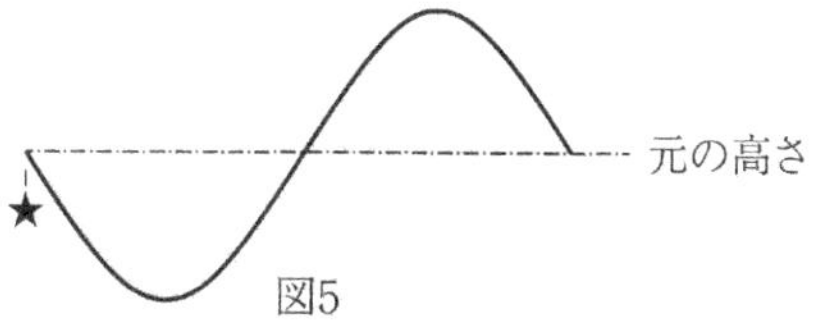

図5

(5)　実験４を小球の重さは変えずにばねｂに変え，４㎝引いて静止させたところから行いました。図３と同じ時間の波形として正しいものを，次の①～⑫の中から１つ選び，番号で答えなさい。なお，点線は図４の実線の波形を示しています。

①

②
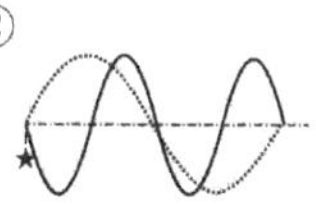
③

④
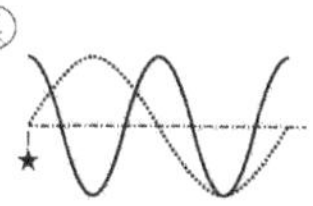
⑤
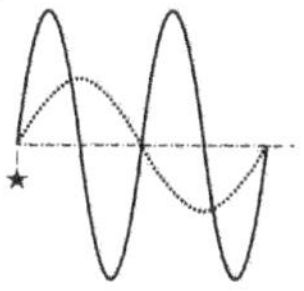
⑥
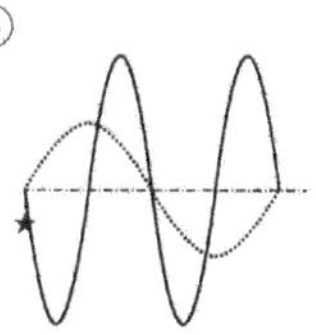
⑦
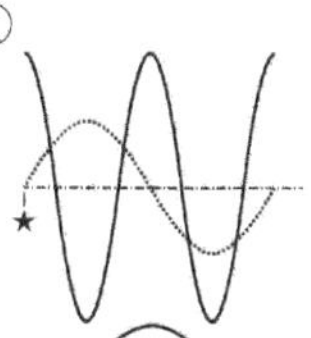
⑧
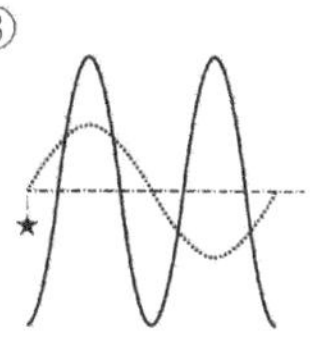
⑨
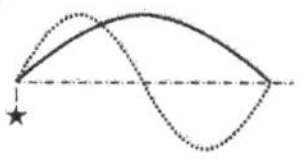
⑩
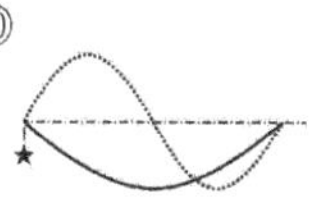
⑪
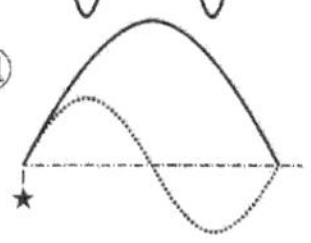
⑫

【５】　先生と生徒の会話を読み，あとの各問いに答えなさい。

生徒：先生，この道具（図１）は何ですか？

先生：これは，「コーヒーサイフォン」といってコーヒーをいれる道具です。これを使って，コーヒー豆の粉末からコーヒーの成分を抽出《ちゅうしゅつ》することができます。コーヒーサイフォンは，ろうと，ろ紙フィルター，フラスコからできていて，組み立てると図１のようになり，ろうととフラスコはすき間なくつながれ，ろ紙フィルターは固定されています。

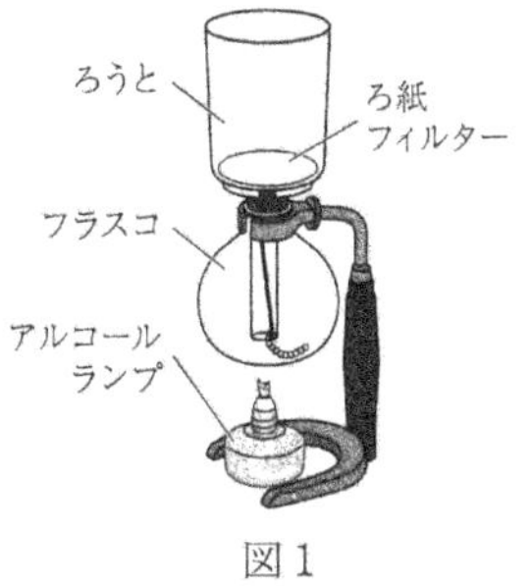

図１

生徒：抽出ってなんですか？

先生：抽出とは，ものを取り出す方法です。固体のものに水を加え，その中に含《ふく》まれている特定のものを水にとかすことによって取り出します。例えば，急須《きゅうす》でお茶をいれることも抽出になります。無色透《とう》明だったお湯が，お茶の成分を抽出することでうすい緑色になります。

生徒：コーヒーサイフォンの使い方を教えてください。

先生：図２のように，ろうとにコーヒー豆の粉末を，フラスコに水をそれぞれ入れてコーヒーサイフォンを組み立てます。その後，アルコールランプでフラスコを加熱します。フラスコ内の水が十分に加熱されると，熱せられた水がろうとに移動し，コーヒー豆の粉末からコーヒーの成分が抽出されます。

生徒：水が加熱されただけで，水が下から上に移動するって不思議ですね。

先生：仕組みを考えてみましょう。水が加熱されていくと，(a)フラスコの下部よりボコボコと勢いよく水蒸気が発生します。密閉されたフラスコ内に水蒸気がたまり，それによってフラスコ内にある水が押《お》されます。水が移動できるところはろうとなので，水が下から上に移動します。

生徒：そういうことなのですね。

先生：十分に抽出されてから，アルコールランプによる加熱を止めます。加熱を止めると，ろうとにあった液体は移動し，コーヒーがフラスコにたまります。ここも面白いところで，上からポタポタ落ちるようにフラスコにたまるのではなく，(b)いっきに吸いこまれるようにフラスコにたまります。これによりろうとには液体が残りません。

この仕組みは，理科の実験器具にも使われていて，「キップの装置」がその代表例のひとつです。

生徒：面白い仕組みですね。

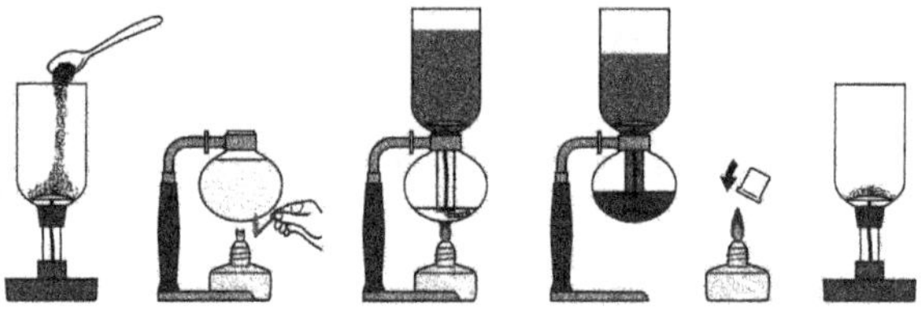

図２

(1) 抽出によって，ものを取り出しているものを次の①～⑤の中から１つ選び，番号で答えなさい。

① ろ紙を使って砂が混ざっている海水から砂を取り除く。

② 海水を加熱し水蒸気を集め，それを冷やすことで水を取り出す。

③ 海水を加熱し水を取り除き，塩を取り出す。

④ 水に昆布《こんぶ》を入れて加熱し出汁《だし》をとる。

⑤ 温度の高いこい食塩水をゆっくり冷やし，うすい食塩水をつくる。

(2) このコーヒーサイフォンでは，「抽出」の他に「ものを分ける方法」が使われています。その「ものを分ける方法」の名前を答えなさい。

(3) 下線部(a)の現象を答えなさい。

(4) 下線部(b)のように吸いこまれる理由として最もふさわしいものを，次の①～⑤の中から１つ選び，番号で答えなさい。

① ろうとに残っている水蒸気が液体を押し下げるため。

② 液体が自らの重さによって下がるため。

③ フラスコ内の水蒸気が冷やされて水にもどり，その体積が小さくなったため。

④ 抽出されたことにより液体が重くなったため。

⑤ 液体の温度と室温に大きな差が生じたため。

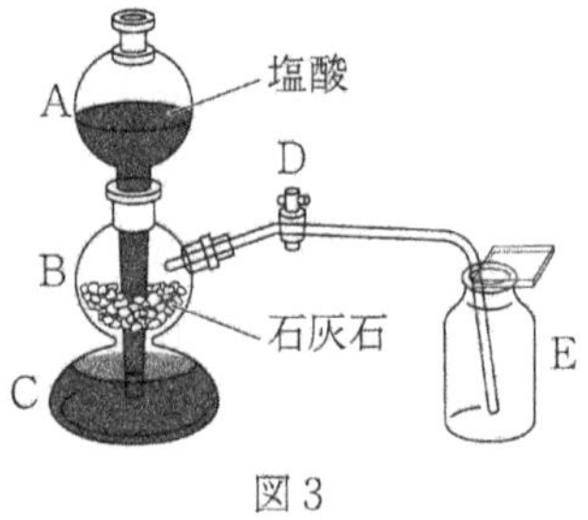

図３

図３に示すキップの装置は，縦に並んだガラス製の容器でつくられています。上部Aと下部C，および中央部Bと下部Cの容器のそれぞれの間で，ものの行き来ができるようになっています。中央部Bの右側に栓《せん》Dがあります。この栓Dを開くと気

体が通るようになり，ここから発生した気体を集気びんＥに取り出せます。

例えば石灰石を中央部Ｂに，塩酸を上部Ａに入れます。栓Ｄを開けると塩酸が下部Ｃに流れこみ，液面が上がり中央部Ｂの石灰石にふれると気体が発生します。発生した気体は栓Ｄを通じて集気びんＥに取り出すことができます。

(5) 下に示した文は，キップの装置を使って塩酸と石灰石から気体をつくるときのようすを示したものです。文中の（ア）～（ウ）にあてはまるものを①～⑫の中からそれぞれ１つずつ選び，番号で答えなさい。ただし，（ア）～（ウ）に同じ番号が入ることはありません。

上部Ａにある塩酸は，栓Ｄを開くと移動します。塩酸と石灰石がふれると気体を発生させることができます。その発生した気体は（ア）です。発生した気体は集気びんＥに集めます。気体を発生させたあと，集気びんＥの中にある気体は（イ）です。

（ア）が発生している途中《とちゅう》で，栓Ｄを閉じると塩酸が移動します。塩酸が移動する方向は（ウ）です。再び，栓Ｄを開けると（ア）を発生させることができます。このように，キップの装置は，必要な時に必要な分だけ気体を取り出すことができます。

① 空気　② 水素　③ 酸素　④ 二酸化炭素

⑤ 水素と空気　⑥ 酸素と空気　⑦ 二酸化炭素と空気

⑧ Ａ→Ｃ　⑨ Ｃ→Ｂ　⑩ Ｂ→Ｅ　⑪ Ｂ→Ｃ→Ａ　⑫ Ａ→Ｃ→Ｂ

【社　会】（40分）　＜満点：50点＞

1　以下の会話は，ＡさんとＫ先生の会話です。これを読み，次の問いに答えなさい。

Ｋ先生：　夏になると，携帯型《けいたい》の扇風機《せんぷうき》を手に持った人をよく見かけますね。

Ａさん：　私も持っています。昨年の夏は特に暑かったので，①夏を乗り切るための必須《ひっす》アイテムとなりました。
　それにしても，扇風機や②エアコンがない時代の人たちは，暑い夏をどのように乗り切ったのでしょう。

Ｋ先生：　涼《りょう》を運んでくれる道具といえば，扇子《せんす》や団扇《うちわ》ですね。団扇の方が歴史は古く，高松塚古墳の壁画《へきが》には柄《え》の長い団扇状の「円翳《えんえい》」を持つ女性の姿《すがた》が描《えが》かれています。これは中国から伝わった「翳《さしは》」が原型となっていて，貴人や女性の顔を隠《かく》したり，虫を払《はら》ったりすることに使われていたといいます。

Ａさん：　扇子は日本発祥《はっしょう》なのですよね。紙が貴重であった平安時代に，様々なことを記録する［　③　］を綴《と》じて合わせたものが，扇子のはじまりだと本で読んだことがあります。

Ｋ先生：　江戸時代に入ると，④団扇は庶民《しょみん》へ広く普及《ふきゅう》し，多様な場面で利用されていきました。お気に入りの歌舞伎役者が描かれた団扇を持って出かけるのが流行していたそうです。

●携帯扇風機

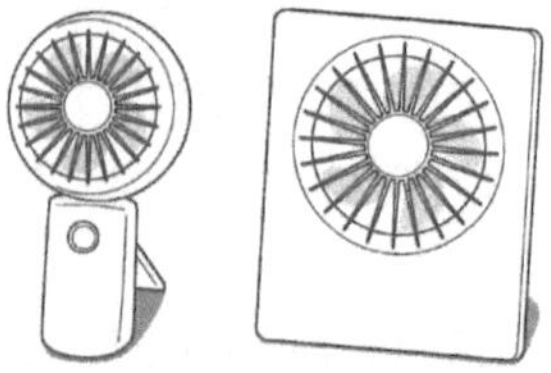

●高松塚古墳の壁画

●平安時代の扇子

Ａさん：　今で言うと，アイドルのコンサートに応援《おうえん》団扇を持っていく感覚ですか。

Ｋ先生：　そうですね。また，⑤団扇は広告としても大きな役割を果たしました。

Ａさん：　たしかに広告入りの団扇が街中で配られていることがよくありますよね。
　ところで，年々「猛暑《もうしょ》日」が増えているように感じます。昨年の夏も，熱中症警戒《ねっちゅうしょうけいかい》アラートが全国各地で出され，こまめな塩分・水分補給はもちろん，室内でも無理をせずにエアコンを使用することが推奨《すいしょう》されていました。
　こうした気候変動も地球温暖化の影響なのでしょうか。

Ｋ先生：　IPCC（気候変動に関する政府間パネル）の第６次評価報告書によると，今後20年以内に産業革命前からの気温上昇は1.5度に達する可能性があるとし，温暖化の原因が⑥人類の排出した温室効果ガスであることについては，「疑う余地がない」と従来の表現より踏《ふ》み込んで断定しています。

Ａさん：　これまで「暑い夏をどのように涼しく過ごすべきか」ばかり考えていましたが，⑦「地球全体がこれ以上暑くならないようにするにはどのように過ごすべきか」を第一に考え，行動していきたいと思います。

問１　下線部①について，次の統計は，2020年に実施した暑さ対策に関する意識調査で，暑さ対策で使うつもりの（または使っている）アイテムを場所別にまとめたものです。次のうち，アイテムの組み合わせとしてふさわしいものを選び，記号で答えなさい。

●家の中（自宅）　（%）

１位	エアコン（冷房《れいぼう》や除湿《じょしつ》）	89.6
２位	扇風機	75.8
３位	団扇	38.9
４位	換気《かんき》扇	34.1
５位	冷感寝具	22.8
６位	A	21.0
７位	制汗《せいかん》スプレー	20.6
８位	保冷剤《ざい》・冷却まくら	19.7

●移動中の屋外（路上など）　（%）

１位	B	30.9
２位	C	22.0
３位	A	17.8
４位	機能性肌着《はだぎ》	16.2
５位	D	15.1
６位	制汗スプレー	13.2
７位	団扇	10.7
８位	冷感タオル	8.0

●移動中の車内（電車など）　（%）

１位	エアコン（冷房や除湿）	50.9
２位	C	19.6
３位	機能性肌着	13.6
４位	D	12.9
５位	A	12.2
６位	制汗スプレー	8.7
７位	団扇	7.1
８位	携帯扇風機	4.4

●外出先の屋内（商業施設《しせつ》やオフィス内）（%）

１位	エアコン（冷房や除湿）	54.7
２位	A	19.6
３位	C	17.9
４位	機能性肌着	14.4
５位	D	13.7
６位	制汗スプレー	12.5
７位	団扇	9.4
８位	扇風機	8.6

（株式会社プラネットＨＰより作成）

ア．Ａ：夏用マスク　　Ｂ：汗ふきシート・爽快《そうかい》シート
　　Ｃ：扇子　　Ｄ：日傘《ひがさ》
イ．Ａ：汗ふきシート・爽快シート　　Ｂ：日傘
　　Ｃ：扇子　　Ｄ：夏用マスク
ウ．Ａ：夏用マスク　　Ｂ：日傘
　　Ｃ：汗ふきシート・爽快シート　　Ｄ：扇子
エ．Ａ：日傘　　Ｂ：扇子
　　Ｃ：汗ふきシート・爽快シート　　Ｄ：夏用マスク

問２　下線部②に関連して，次のページのグラフは耐久《たいきゅう》消費財の普及率の推移（二人以上の世帯）をあらわしたものです。ルームエアコンの統計としてふさわしいものを選び，記号で答えなさい。なお，他の３つは，パソコン・乗用車・薄型《うすがた》テレビのものです。

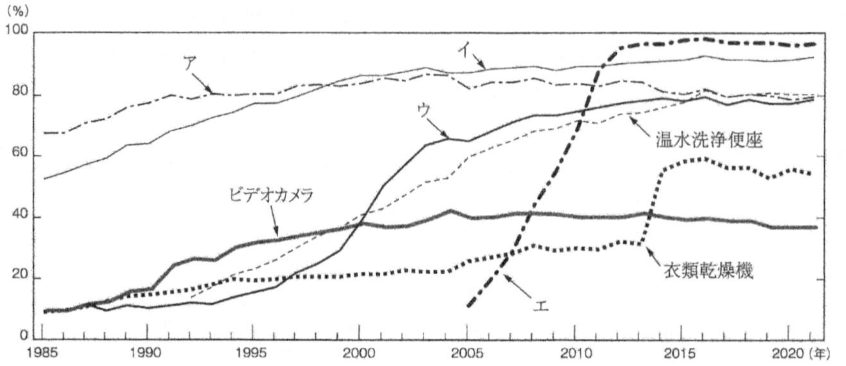

（内閣府「消費動向調査」より作成）

問３　空欄《くうらん》の ③ にふさわしい語句を漢字２字で答えなさい。

問４　下線部④に関連して，古くから団扇の生産地として知られる香川県丸亀地方には，「**伊予竹に土佐紙貼《は》りてあわ（阿波）ぐれば讃岐団扇で至極《しごく》（四国）涼しい**」という歌があります。この歌を参考にして，丸亀の団扇づくりが発展した背景を述べなさい。

問５　下線部⑤に関連して，江戸時代，呉服《ごふく》店で知られる越後屋は，雨が降ると屋号入りの傘《かさ》を客に無料で貸し出し，それを多くの人が見ることによって大きな宣伝効果を生み出しました。

このことを参考にして，もしあなたが経営者であったならば，何を無料で配布もしくは貸し出すことで宣伝効果を生み出しますか。

あなたの考えを述べなさい。

葛飾北斎画「隅田川両岸一覧」より
（国立国会図書館デジタルコレクション）

問６　下線部⑥に関連して，あとの二つの表について述べた文として，ふさわしいものを選び，記号で答えなさい。

●主な国の二酸化炭素排出量の推移

（百万t - CO_2）　※二酸化炭素換算

	1990年	2018年
中国	2089	9528
アメリカ合衆国	4803	4921
インド	530	2308
ロシア	2164	1587
日本	1054	1081
世界計	20516	33513

（『世界国勢図会 2021/22』より作成）

●主な国の人口の推移　（百万人）

	1990 年	2018 年
中国	1177	1428
アメリカ合衆国	252	327
インド	873	1353
ロシア	148	146
日本	125	127
世界計	5327	7631

（「World Population Prospects 2019」より作成）

ア．1990年のアメリカ合衆国の二酸化炭素排出量は，世界全体の二酸化炭素排出量の約４分の３を占めていた。

イ．1990年と2018年を比べると，世界の総人口は約1.5倍に増加しており，世界全体の二酸化炭素排出量は約３倍に増加している。

ウ．2018年の日本の二酸化炭素排出量は1990年と比べると増えているが，１人あたりの二酸化炭素排出量を比べると大幅に減少していることがわかる。

エ．2018年の１人あたりの二酸化炭素排出量が多い国から並べると，アメリカ合衆国，ロシア，日本，中国，インドの順となる。

問７　下線部⑦に関連して，次のニュース記事をよく読み，途上国が先進国に対して支援《しえん》拡充《かくじゅう》を求めている理由を２つ答えなさい。

COP26“途上国に資金拠出《きょしゅつ》を早急に”支援拡充求める声相次ぐ

イギリスで開かれている気候変動対策の国連の会議「COP26」で，発展途上国が行う対策の資金について話し合われ，途上国からは先進国が約束した資金の拠出を早急に果たすべきだという声が相次ぎました。

イギリスのグラスゴーで開かれている「COP26」では３日，途上国が行う気候変動対策の資金に関する会合が行われました。

先進国は途上国に対し2020年までに官民合わせて年間1000億ドルを拠出する約束をしていますが，OECD＝経済協力開発機構によりますと2019年は800億ドルほどにとどまり，2020年も目標の達成は難しいという見方が広がっています。

（中略）

インド政府の男性は「われわれは新たに目標を掲《かか》げ，前に進んでいる。これまで主要な排出国だった国が資金援助《えんじょ》をすべきで，年間1000億ドルでは足りない」として，支援の強化を求めました。

西アフリカのシエラレオネの代表団の男性は「国内では洪水が頻繁《ひんぱん》に起こり，大打撃《だげき》を受けている。先進国は早急に約束を果たすべきだ。アクセスしやすい資金がなければ，何も対策ができない」と訴《うった》えていました。

記者会見で議長国イギリスのスナク財務相は，日本やオーストラリア，ノルウェーなどが資金を増やすことを新たに約束したとして「2021年から2025年までの５年間で，合わせて5000億ドルを超える可能性がある」と期待を示し，各国に働きかけを続ける考えを示しました。

ツバル首相「資金支援 非常に重要」

イギリスで開かれているＣＯＰ26の会場で気候変動による海面上昇の被害に直面する南太平洋の島国，ツバルのナタノ首相がNHKのインタビューに応じました。

ナタノ首相は，ツバルの国土の平均海抜は２メートル未満だとして「ツバルは小さな国で，現在，海面上昇による非常に深刻な脅威《きょうい》にさらされている」として，気候変動による影響に強い危機感を示しました。

そして「われわれは国土を守るため，適応策に着手する必要がある。このため，対策への資金支援は非常に重要だ」と強調しました。

そのうえで先進国が拠出する資金の見通しについて「先進国はパリ協定で約束した年間1000億ドルの拠出をいまだ果たしておらず，われわれは待ち続けている。COP26で先進国が資金に関して新たに行う宣言の実効性には懐疑《かいぎ》的にならざるをえない」と述べました。

（「NHK NEWS WEB　2021年11月４日」より抜粋）

2　昨年開催《かいさい》された東京オリンピックにより，スポーツ界に大きな関心が集まりました。日本にはさまざまなスポーツチームが存在し，そのチーム名にはホームタウンの特徴《とくちょう》が込《こ》められていることも多くあります。次の地図には，いくつかのスポーツチーム名と，活動拠点《きょてん》となっている都道府県が示されています。これについて，あとの問いに答えなさい。

問１　①の「岩手ビッグブルズ」は，北海道を除く都府県の中で最大の面積を誇《ほこ》ることと，前沢牛をはじめとする畜産《ちくさん》王国であることから，英語で牛を意味する「ブル」という言葉が名づけられています。これに関連して，次のグラフは，都道府県別の肉用牛・乳用牛・ブロイラーの飼育数の割合（2019年）をまとめたものです。肉用牛を示したものとしてふさわしいものを選び，記号で答えなさい。

ア

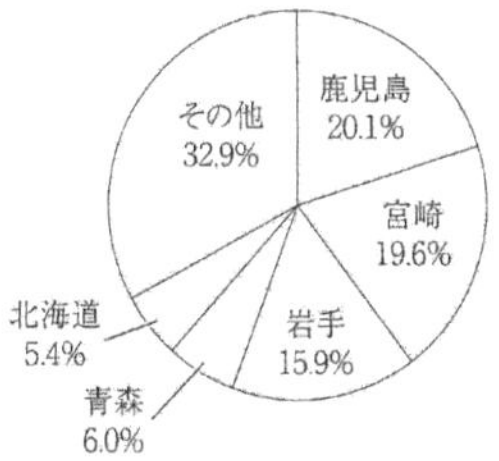

イ

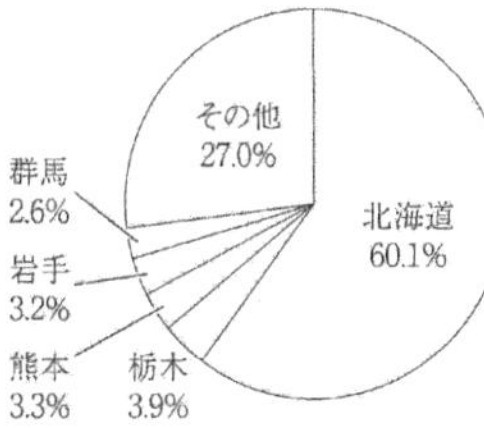

ウ

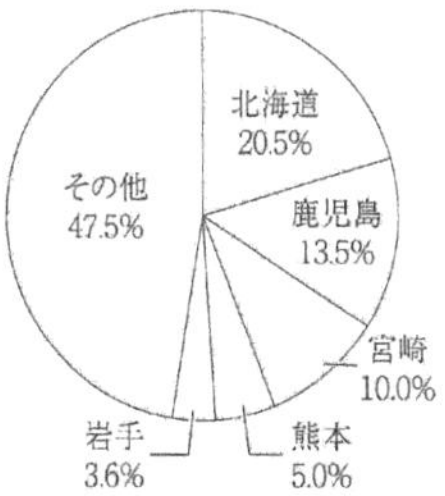

（『地理統計要覧 2021 年版』より作成）

問２　②の「ベガルタ仙台」は，宮城県仙台市で行われることで有名な七夕祭りが由来となっており，織姫《おりひめ》（ベガ）と彦星《ひこぼし》（アルタイル）の名前を組み合わせてつくられた言葉が名づけられています。これに関連して，次の写真は，「東北四大祭り」のうち，七夕祭りを除く，その他３つのものです。これらの祭りが行われている県の組み合わせとしてふさわしいものを選び，記号で答えなさい。

A

B

C

（東北のまつり HP より作成）

	ア	イ	ウ	エ	オ	カ
A	青森県	青森県	秋田県	秋田県	山形県	山形県
B	秋田県	山形県	青森県	山形県	青森県	秋田県
C	山形県	秋田県	山形県	青森県	秋田県	青森県

問３　③の「水戸ホーリーホック」は，徳川御三家の水戸藩の家紋《かもん》である「葵《あおい》」の英語名から名づけられています。これに関連して，江戸時代に関する次の出来事を，古いものから順に並べかえ，解答欄に合うように記号で答えなさい。

ア．大名が江戸と領地を１年ごとに往復する参勤交代の制度が整備された。

イ．人々の意見を聞くために目安箱を設置するなどの，享保の改革が行われた。

ウ．大名を統制するための規則として，武家諸法度が初めて制定された。

エ．京都の二条城で，徳川慶喜が政権を朝廷に返上した。

問４　④の「千葉ジェッツふなばし」は，千葉県に成田国際空港があることから名づけられました。これに関連して，次の文は輸送交通機関の特徴について述べたものです。航空機の特徴として最もふさわしいものを選び，記号で答えなさい。なお，他の３つは，鉄道・自動車・船舶《せんぱく》のものです。

ア．重くて，かさばるものを大量に運ぶことができ，長距離《きょり》輸送にも適している。

イ．発着時間や所要時間が比較《ひかく》的正確で，安全性も高い。

ウ．生産地や目的地それぞれの近くまで直接運ぶことができる。

エ．軽くて高価なものや，緊急《きんきゅう》性の高いものの長距離輸送に適している。

問５　⑤について，「マリノス」とはスペイン語で「船乗り」を意味し，国際港である横浜のイメージから名づけられています。これに関連して，神奈川（横浜）など５つの港が開港することとなった，1858年に結ばれた条約を答えなさい。

問６　⑥の「大阪エヴェッサ」は，商売繁盛《はんじょう》の神様である「えびす様」を大阪では親しみを込めて「えべっさん」とよぶことから名づけられました。これに関連して，大阪府の堺市は石油化学工業がさかんですが，次のうち，石油化学工業のさかんな都市として，ふさわしくないものを選び，記号で答えなさい。

ア．浜松市　　イ．倉敷市　　ウ．四日市市　　エ．鹿嶋市

問７　⑦について，「インディゴ」とは，英語で「藍《あい》色」を意味し，徳島県の伝統工芸品である藍染め（阿波藍）から名づけられています。このように，全国では各都道府県の特色を広めようと積極的な活動を行う地域が増えています。こうした取り組みが行われている背景として，ふさわしくないものを選び，記号で答えなさい。

ア．伝統技術の後継者の減少　　イ．地方における過疎化の進行

ウ．消費税率の引き上げ　　エ．日本の伝統文化への関心の高まり

問８　⑧の「香川オリーブガイナーズ」は，県の特産品であるオリーブと，「強い」を意味する方言“がいな”を組み合わせて名づけられました。香川県の中でもオリーブの栽培が特にさかんな小豆島のおおよその位置として，ふさわしいものを選び，記号で答えなさい。

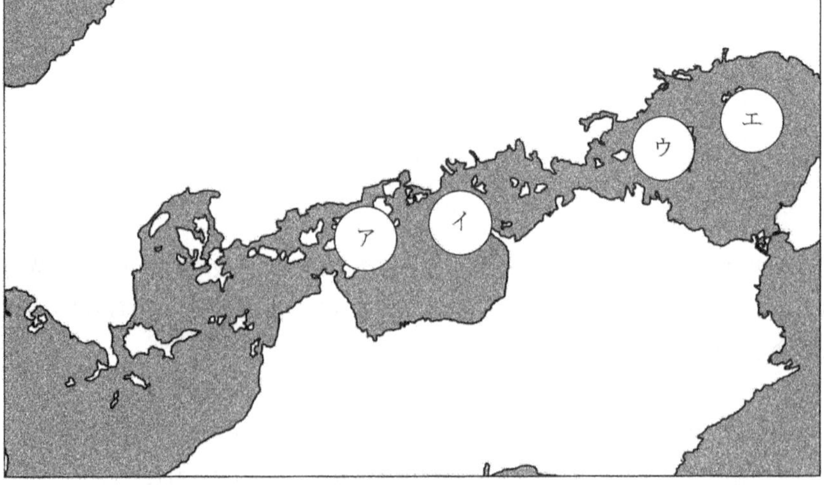

問９　⑨の「ザスパクサツ群馬」は，チームが誕生した草津町の代名詞である温泉を意味する英語「スパ（spa）」から名づけられています。近年，再生可能エネルギーの一つとして注目されている地熱発電や温泉発電は，太陽光や風力と比べて安定して電力を供給できるといわれていますが，その理由を考えて答えなさい。

問10　⑩の「富山GRNサンダーバーズ」は，富山県の県鳥であるライチョウ（雷鳥）を直訳した和製英語から名づけられています。これに関連して，富山市の雨温図としてふさわしいものを選び，記号で答えなさい。なお，他の３つは，札幌市・静岡市・松本市のものです。

ア　イ　ウ　エ

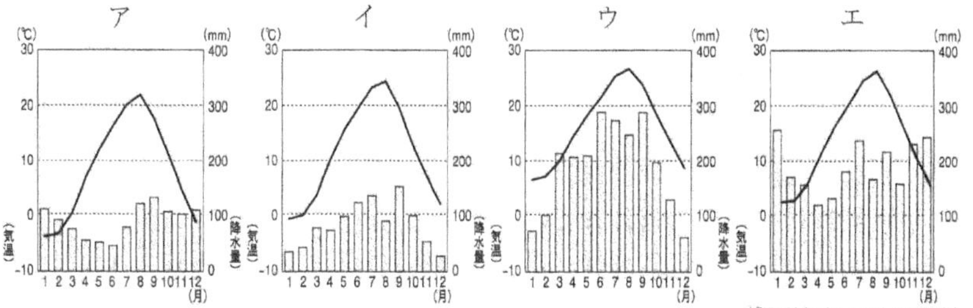

（『理科年表2021』より作成）

問11　⑪の「石川ミリオンスターズ」は，かつてこの地に存在した藩が，百万石にものぼる広大な領地を有していたという歴史から名づけられています。この藩の基礎《きそ》をつくった前田利家が活躍《かつやく》した安土桃山時代の文化財として，ふさわしいものを選び，記号で答えなさい。

ア

イ

ウ

エ

問12　⑫の「島根スサノオマジック」は，この地に伝わる神話に登場する“スサノオノミコト”から名づけられています。また，チームカラーの１つである銀色は，16世紀から17世紀にかけて日本の主要な輸出品であった銀の多くが，島根県にある銀山で産出されていたことから採用されました。現在は世界遺産ともなっている，この銀山の名称《めいしょう》を，ひらがなで答えなさい。

問13　もしあなたが地域に根ざしたスポーツチームを立ち上げることになったとしたら，どのようなチーム名をつけますか。チーム名とともに，その由来を，ホームタウンとする地域の特徴がわかるように考えて説明しなさい。

3　以下の会話は，ＢくんとＫ先生の会話です。これを読み，次の問いに答えなさい。

Ｂくん：おはようございます。
Ｋ先生：おはようございます。今日は，ぎりぎりに教室に入ってきましたね。久我山中学校ではあいさつとともに「５分前の精神」を大切にしています。
Ｂくん：すみません。今日は，兵庫橋のところで信号にひっかかってしまって。
Ｋ先生：もっと余裕《よゆう》を持って登校しましょう。
Ｂくん：はい。ところで，兵庫橋という名前はどこからつけられたのですか。
Ｋ先生：①戦国時代の北条氏の家臣だった大熊氏がこの地に土着して，のちに大熊兵庫という人物が橋をつくったからと言われています。
Ｂくん：橋は川や谷を越えるためだけでなく，人がつくった水路や道などを越えることもあるのですね。先生，日本では橋はいつからあるのですか。
Ｋ先生：②縄文時代の遺跡ですでに見つかっています。人々は生活に必要がある，あるいは便利だということで，橋をつくったと考えられます。
Ｂくん：普段何気なく渡っている橋ですが，歴史をたどると面白そうですね。
Ｋ先生：面白そうと思ったものを調べてみたり，昔の人の思いを考えることは，歴史の楽しみにつながりますね。遺跡で橋の痕跡《こんせき》をみつけることもできますが，文字の記録がある時代なら，文字史料にあたってみるのもいいですね。古代の③『日本書紀』や，中世の④『吾妻鏡』にも橋に関する記述がありますから，探してみるといいですね。人々の生活の利便性だけではなく，その時代の⑤社会や政治の事情にもかかわっていることが見えてきます。
Ｂくん：現在，日本は⑥橋をつくる技術は，世界の中でも最先端であると聞きました。古くから橋を造ることを積み重ねてきた歴史がかかわっていると思います。古い時代から残る橋や新しい橋，それぞれいろいろな歴史を探ることができそうです。歌川広重の「東海道五十三次」にも，橋が描かれています。このような作品も歴史の資料になりますね。
Ｋ先生：その通りです。「東海道五十三次」に描かれている日本橋も何度もかけ替えられながら，現在も使われています。現在の橋を観察することも，歴史を調べる糸口になりますね。まず，図書館で調べたり，インターネットを使ったりして，手がかりを見つけるといいですね。
Ｂくん：まず，⑦日本橋の歴史を調べてみようと思います。

問１　下線部①の北条氏は小田原を本拠地としていましたが，ある武将に攻《せ》め滅ぼされました。この武将が天下統一のあとに行ったこととして，ふさわしいものを選び，記号で答えなさい。

ア．大坂（阪）城を築城した。　　イ．本能寺の変をおこした。
ウ．朝鮮に出兵した。　　エ．刀狩令をだした。

問２　下線部②の具体的な例として，埼玉県の寿能遺跡で見つかった湿地帯を越えるためにつくった橋があります。これに関連して，昨年，ユネスコの世界遺産に登録が決まった，「北海道・北東北の縄文遺跡群」に含まれる遺跡として，ふさわしいものを選び，記号で答えなさい。

ア．岩宿遺跡　　イ．三内丸山遺跡　　ウ．登呂遺跡　　エ．吉野ヶ里遺跡

（『寿能泥炭層遺跡発掘調査報告書』より）

問３　下線部③に関連して，昨年，國學院大學博物館で特別展が開かれ，1300年ほど前にまとめられた「日本書紀」に関連する貴重な資料が展示されました。「日本書紀」には，仁徳天皇の時代に今の大阪あたりで，橋を渡したという記述が見られます。さて，この「日本書紀」がまとめられたのは何時代のことですか。ふさわしいものを選び，記号で答えなさい。

ア．古墳時代

イ．飛鳥時代

ウ．奈良時代

エ．平安時代

問４　下線部④について，12～13世紀の歴史を記した『吾妻鏡』に，幕府を開いた人物が渡り初めをした橋が出てきます。相模川（馬入川）にかけられた橋で，この人物は，渡り初めの帰り道に落馬したのがもとで亡くなったといわれています。また，この歴史書に出てくる橋の橋脚《きょうきゃく》とされるものが，関東大震災の時に突然水田から出現して見つかったことは，歴史的に注目されます。この人物はだれか答えなさい。

（『神奈川県茅ヶ崎市　国指定史跡旧相模川橋脚　史跡整備にともなう確認調査概要報告書』より）

問５　下線部⑤に関連して，江戸時代，東海道には渡《わた》し船《ぶね》や，「箱根八里は馬でも越すが越すに越されぬ大井川」と言われたように徒渡《かちわた》り（川の中を歩いて渡る）で，行き来する川がありました。こうした川に橋をつくらなかったのはなぜか説明しなさい。

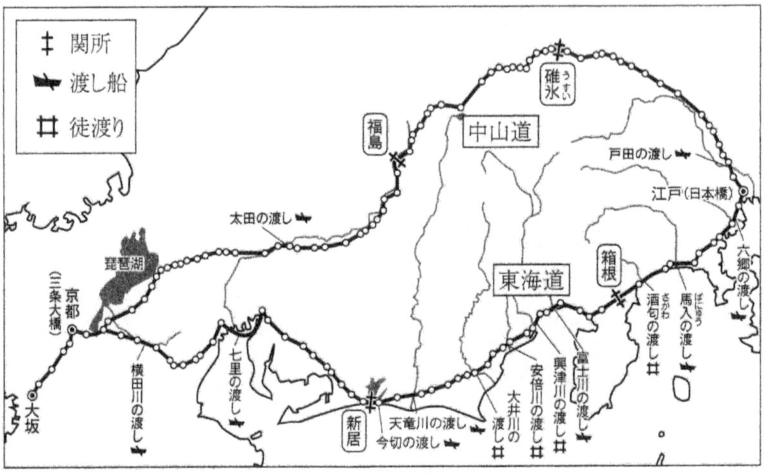

問６　下線部⑥に関連して，現代を代表する橋として本州と四国を結ぶ３つのルートの「本州四国連絡橋」があります。明治時代以来，本州・四国間の橋の建設が提案されましたが，実現しませんでした。しかし，1955年の連絡船紫雲丸事故の後，「本州四国連絡橋」への期待が高まり，1988年瀬戸大橋（児島・坂出ルート）が開通し，他の２つのルートもその後開通しました。瀬戸大橋（児島・坂出ルート）は他の２つのルートの橋とは違う特徴があります。その特徴を下の写真と地図を参考に説明しなさい。

（本州四国連絡高速道路株式会社 HP より）

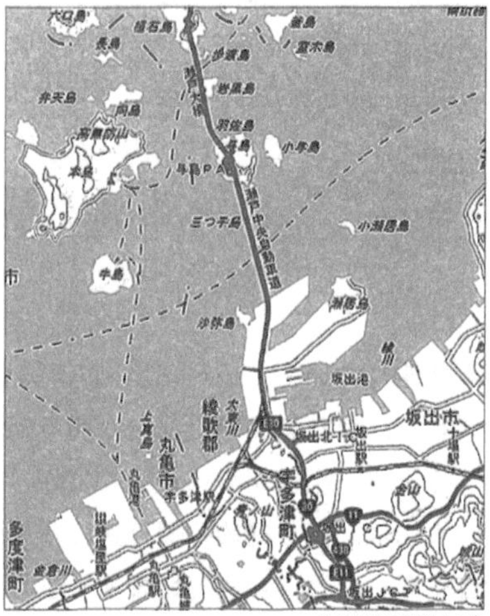

（ 地理院地図より）

問７　下線部⑦に関連して，Ｂくんは日本橋の歴史について調べるうちに，現在の橋が1911（明治44）年につくられたものと知りました。この橋がつくられる以前に起こったできごととして，ふさわしいものを選び，記号で答えなさい。

ア．日独伊三国同盟の結成
イ．日英同盟の結成
ウ．朝鮮戦争の開始
エ．国際連盟の成立

（中央区 HP より）

①　□にかいた餅　（何の役にも立たないことのたとえ）

②　立て板に□　（なめらかに上手に話すことのたとえ）

問五　次の意味を表す四字熟語を１つ選び、記号で答えなさい。

「自分の考えをもたず、簡単にほかの人の意見にしたがうこと。」

ア　付和雷同《らいどう》　イ　疑心暗鬼《あんき》　ウ　暗中模索《もさく》　エ　優柔《ゆうじゅう》不断

問六　次の文の――線部のことばを、══線部の人物を敬う表現に改めなさい。

部活動の計画を立てるために、先生の予定を聞く。

祖母はまた、とんとんと、自分の胸を指でつついた。

（中島京子『樽とタタン』による）

※注　終活…人生の終わりのための活動の略。
　　眉に唾つけて…本当かどうか疑ってかかる様子。
　　微に入り細をうがち…非常に細かい所まで行き届く様子。
　　ボキャブラリ…（自分が知っている）言葉の数や種類。

問一　［A］・［B］に入ることばとして最も適当なものを次の中からそれぞれ選び、記号で答えなさい。

A　ア　直感的　イ　具体的　ウ　必然的　エ　対照的
B　ア　道徳的　イ　感傷的　ウ　抽象的　エ　日常的

問二　――線①とありますが、このときの祖母の心情を説明したものとして最も適当なものを次の中から選び、記号で答えなさい。

ア　人の死についていろいろと話をするのは正直気がとがめる。
イ　人が死んだ後どうなるのかについて自分なりに考えがある。
ウ　死後の世界がどうなっているのか気になってしかたがない。
エ　自分の死後に孫が悲しまないですむように話をしてやりたい。

問三　――線②の説明として、最も適当なものを次の中から選び、記号で答えなさい。

ア　やや早口でまくしたてるように
イ　不器用ながらゆっくりとていねいに
ウ　乱暴に思いのたけをはき出すように
エ　こみあげる思いを必死におさえながら

問四　――線③とありますが、祖母は死をどのようなものと考えていますか。解答らんに合うように文中から15字で抜き出して答えなさい。

問五　――線④とありますが、このことばには、祖母の、誰に対する、どのような思いがこめられていますか。それがうかがえる1文を文中から抜き出し、はじめの5字を記しなさい。

問六　――線⑤とはどのような意味ですか。解答らんに合うように25字以上30字以内で答えなさい。

［三］　次の問いに答えなさい。〈問題は問一から問六まであります。〉

問一　次の①～⑥について、――線部のカタカナを漢字に直しなさい。

①　チョメイな作家に会う。
②　見かけによらずドキョウがある。
③　個人のソンゲンを守る。
④　未来に明るいテンボウが開ける。
⑤　事情をジュクチしている。
⑥　銀行にお金をアズける。

問二　次の熟語の中で、成り立ちが違うものを1つ選び、記号で答えなさい。

ア　往復　イ　道路　ウ　問答　エ　因果

問三　次の文の――線部のことばの意味として最も適当なものを1つ選び、記号で答えなさい。

海洋汚染《おせん》の様子をテレビで見た時、一瞬《いっしゅん》この目を疑った。

ア　不愉快《ふゆかい》に思った。　イ　いきどおりを感じた。
ウ　信じられなかった。　エ　がっかりしてしまった。

問四　次の①②の□に（　）の意味に合うようにそれぞれ漢字1字を入れ、ことばを完成させなさい。

で。そうするとマサオは、南の島のどこかで死んで、六文銭《ろくもんせん》も持たずに三途の川を渡ろうとして着物を剝がされたんだべえか。それとも南の島のどこかで、いまでも帰りてえなあと思ってるんだべえか。④そういうことを考えるとな、ぱっと電気が消えるみてえに死んでしまうんでなきゃあ、理屈《りくつ》に合わねえと、おれは思ってんだ」

マサオとは誰《だれ》かと聞くと、

「おや、マサオを知らなかったん？」

と、祖母は驚《おどろ》いた。

「マサオは、おまえのお父さんの二番目の兄さんだに」

「二番目の兄さん？」

「そうだがね。二番目の兄さんだがね」

六人兄弟の六番目であるわたしの父には、三人の兄と二人の姉がいたのだそうだ。わたしの知っている二人の伯父《おじ》さんのほかに、もう一人伯父がいて、その人はマサオと言って、南の島のどこかで亡《な》くなったらしい。六文銭も持たずに。そして、祖母の元には、骨も帰ってこなかった。

「マサオがどこかで、いまでも帰りてえなあと思ってたら、あんまり、そりゃあ、かわいそうだんべえ。ぱっとこう、さっとこう、死んでしまうんじゃあないとなあ」

祖母はいつの間にか、ぶらんこを漕《こ》ぐのをやめて、地面に下駄《げた》をつけて遠くを見て、そう言った。いや、あるいは、ずっと、ぶらんこを漕がずに座《すわ》ったまま話していたのかもしれない。わたしの記憶《きおく》の中で祖母は、楽しげに宙をゆらゆらしていたり、ただただ、ぶらんこに腰掛《こしか》けていたりする。

いつも同じ藍色《あいいろ》のアッパッパを着ていて、足の先に下駄をひっかけている。

「そのかわりによ」

祖母は、笑っているような、細い目をして、皺《しわ》だらけの顔をこちらに向けて言う。

「死んだら、ここんところへ、ぴっと入ってくんだ」

ぴっと、と言って祖母は、自分の胸を指さした。

ぱっと死んで、ぴっと入ってくる。

「マサオが死んだとき、おれにはわかったんだ。夢の中にも出てきてなあ。それからずっと、マサオはここんところへ居るわけだ。それが、おれの言いてえことだな」

ぱっと、電気が消えるみたいに死んじゃうのに？　と、わたしは訊《たず》ねたのだと思う。

「うん。おれは、そう思ってる。人が死ぬだろ。そうすると、人はもう、そのときに、電気が消えるみたいに、気持ちや痛みやなんかも全部ぱっと消えて、楽になるんだ。死んだ者は、地獄へ行ったり、そんなつれえことやなんかは、ねえはずだと、おれは思ってんだ。生きてるうちに、さんざんつれえことがあって、あの世に行ってもいろいろあるんじゃあ、理屈に合わねえ」

ぱっと消えて、ぴっと入るの？

「そうさ。そうじゃねえかなあと、おれは思ってんだ。死んだ者には、もう、苦労はなくなる。痛みも、つれえことも、なくなる。それはみんな、生きてる者の中に、ぴっと入ってくるんじゃねえかなあと思ってんだ。だってなあ。入ってきたよ。マサオも、おじいさんも、おれのおっかさんも、おとっつぁんも、⑤全部、ここんところに入ってんだ」

ていたのか。

いまと違《ちが》ってあのころには、※終活《しゅうかつ》などという妙《みょう》な言葉もなかったし、死んでからのちに遺族に残すための遺言《ゆいごん》のようなものは、金持ちの爺《じい》さんの死《し》に際《ぎわ》に用意されるものというイメージしかなかった。

だいいち、祖母がわたしに毎日言っていたのは、財産の何をどう分けろという話でもなければ、自分が死んだら兄弟孫ひ孫仲良く生きていきなさいという、[B]な話題でもなかった。ただ、祖母は、まだ、この世に生を享《う》けて四年とか五年とかいった、人間としてスタート地点に立ってまもない孫に、ひたすら死について話し続けたのである。

「死ぬってことはなあ、いろんな人がいろんなことを言ってるけんど、①おれは、どうかなあと思ってんだ。偉《えれ》えような人が言ってるこたぁ、みんな※眉《まゆ》に唾《つば》つけて聞いてら」

ぶらんこに揺《ゆ》られながら、祖母は言うのだった。

《 中略 》

「おれはなあ、死んだらそれっきりだと思ってる」

わたしと祖母は、交互《こうご》に宙に舞《ま》い上《あ》がった。祖母は独り言にも、わたしに聞かせるための言葉にも思える、②とつとつとした語りで、死について語った。

「三途《さんず》の川《かわ》だの地獄《じごく》の閻魔《えんま》様だの、まるで信じてねえわけでもねえが、心臓が止まって、棺桶《かんおけ》に入って、火ん中にくべられてしまうのによぉ」

サンズノカワや、ジゴクノエンマサマについての知識がなかったので、わたしはまずそこから問いただすことになった。祖母は、仁徳天皇と民《たみ》のかまどについて話してくれたのと同じように面白《おもしろ》おかしく、そして熱心にジゴクノエンマサマを語った。語っているときは、話上手の祖母なりに演出を凝《こ》らし、※微《び》に入り細をうがち、まるで見てきたように語ってくれるのに、最後の最後には、

「だけんどもよ。見て帰ってきた者がいるわけじゃなし、おれは、どうかなあと思ってんだ。ちぃっと、眉唾《まゆつば》じゃねえかなーと思ってら」

今度はマユツバがわからなくて、わたしは祖母にまた問いただす羽目《はめ》になる。

こうして祖母とわたしの会話は、ありったけ脱線《だっせん》し、それなりにわたしの※ボキャブラリを増やしながら、最後は、

「③おれは、死んだらそれっきりだと思ってる」

で、終わるのだった。

なぜ、そうした死生観を祖母が持つに至ったかはわからない。

おそらく、彼女が生きてきた中で、自ら学んだ何かだったのだろう。

「死んだら、ぱっと、電気が消えるみてえに、生きてたときのことがみんな消えるんじゃねえかなと、おれは思ってんだ。そりゃあ、おれが棺桶に入るときゃー、草履《ぞうり》を履《は》かされて杖《つえ》も持たされて、三途の川の渡《わた》し賃だって持って行くだろうが、世の中にゃあ、棺桶なんぞに入らないであの世に行く人もおおぜいいるからな」

ここで、わたしは、三途の川には懸衣翁《けんえおう》と奪衣婆《だつえば》の夫婦《ふうふ》がいて、三途の川の渡し賃を持たないものの着物を奪衣婆が剝《は》ぐのだとか、親より先に死んだ子どもは川を渡れなくて、賽《さい》の河原で石を積みながら親を待つんだとかいう話を聞かされた。そして、その話が終わると祖母は、

「だけどまあ、おれは、そういうのは全部、眉唾だと思ってんだ」

と、最後に付け加えるのだった。

「マサオは戦地から帰ってこなかったしさ。骨も戻《もど》ってこなかったんだ

「差別する可能性」は人々や出来事に対する身勝手な考え方を生む□を持っている一方で、「差別しない可能性」に変化することもある。

問二 [A] に共通して入ることばは何ですか。**文章A**の中から最も適当な1語を抜《ぬ》き出《だ》して答えなさい。

問三 ――線②とありますが、「こうした〝差別をめぐる構え〟」を持つ人とはどのような人ですか。その説明として最も適当なものを次の中から選び、記号で答えなさい。

ア　自分には他者を差別する傾向《けいこう》があると強く意識し、普段《ふだん》から周囲の人々への接し方に注意を払《はら》っている人。

イ　差別は反社会的な許されない行為《こうい》と考えるが、自分にはそのような傾向がまったくないと安心している人。

ウ　他者を差別することは重大な反社会的行為だと誤解しているが、説明すればそうではないことが理解できる人。

エ　差別は特別な人々だけが行う悪質な行為と考え、もし関われば周囲の人々から厳しい非難をあびると恐《おそ》れる人。

問四 [B]・[C] に入ることばの組み合わせとして最も適当なものを次の中から選び、記号で答えなさい。

ア　B　集団――C　記憶《きおく》　　イ　B　他者――C　常識

ウ　B　社会――C　歴史　　エ　B　地域――C　道理

問五 ――線③とありますが、筆者はなぜこのように言うのですか。その理由として最も適当なものを次の中から選び、記号で答えなさい。

ア　「普通」の人々という言葉は単にその社会の中で最も人数が多い人々という意味を表すだけであって、その人が他人を差別するかどうかとは無関係であるから。

イ　私たちは自分が他人を差別する特別な人間であることを認めたくないため、常に自分は社会の中で目立たない「普通」の人間であると思いこもうとするから。

ウ　私たちは本当は差別につながっている歪んだり偏ったりした考え方やものの見方をしていることに気づかず、「普通」の生活を送っていると考えているから。

エ　「普通」という言葉が意味する内容は用いる人によって大きな違いがあるので、自分が本当の意味で「普通」の人間であるかどうかは、誰にもわからないから。

問六 ――線④とありますが、どういうことですか。**文章A**の中のことばを用いて45字以上50字以内で説明しなさい。

二

次の文章を読んで、後の問いに答えなさい。〈問題は**問一**から**問六**まであります。〉

「年ってものをとりゃなあ」

夜寝《ね》て朝になればね、というような口調で、祖母は言った。

「みんな、どうしたって死ぬんだで」

牛だって人だっておんなじことだ。もうすぐ、ばあちゃんにもお迎《むか》えが来るんだで。

彼女《かのじょ》がどうして毎日そんなことを話してくれたのか、いまから考えると不思議に思う。

祖母は自分に死期が近いことを知っていたのか。それこそ年を取ると [A] に死が近くなってくるので、ふだんからそのことばかり考える〝ちから〟が萎《な》え、他者とつながる可能性が奪《うば》われつつあります。「わたし」が、そうした〝ちから〟をとり戻《もど》すためにも、「差別する可能性」とは何かを考え活用し、「差別的日常」を詳細《しょうさい》に読み解き、「わたし」が気持ちよく生きていける意味に満ちた、新たな「普通」を創造する必要があるのです。

（好井裕明『他者を感じる社会学　差別から考える』・第二章による）

B　第八章でとりあげた※岩井建樹さんの本を読んだとき、ある「思い込み」に気づき、あらためて驚きました。彼の息子《むすこ》さんは「顔面右側の表情筋の不形成」という診断《しんだん》を受けました。顔の右側の筋肉や神経が少なく、原因は不明とのことです。その結果として、息子（拓都）さんは〝普通の人が笑うようには笑えなく〟、そのことへの問いとジャーナリスト魂《たましい》が〝※ユニークフェイスへの旅〟へ岩井さんを誘《さそ》ったのです。本の最後に岩井さんはこう書いています。

何より、僕《ぼく》の中にある偏見《へんけん》を解きほぐしてくれたのは、拓都でした。楽しいことがあれば屈託《くったく》なく笑う姿は、「笑顔《えがお》は左右対称《たいしょう》でなければならない」という僕の価値観がそもそも間違《まちが》っていることを教えてくれました。彼の笑顔は、僕の心を温めてくれます。多少ゆがんだ表情でも、心から楽しく笑っているかどうかは相手に伝わります（二三三頁《ページ》）。

《 中略 》

岩井さんの、この語りに出会い「そうなのだ」と私は膝《ひざ》を叩《たた》きました。誰であれ、顔や身体は左右対称にはできていない。それを〝均整の取れた顔や身体〟という価値を後生大事に守ることによって、そうではない自分の顔や身体、人々の姿を、さまざまにマイナスの意味を与《あた》えて「決めつけ」ているのだ、と。そしてこの「決めつけ」は人間の顔や姿など「外見」にとどまるものではないだろう。〝均整の取れたこころ〟などというものは果たして存在するのだろうか。それもまた「思い込み」ではないだろうか。④私たちは誰もが、どこか均整がとれていないこころを持ち、均整がとれていないこころの持ち主同士が出会い、つながりつづけようと、互《たが》いに交信しあっているのではないだろうか。だからこそ、私たちは、アンバランス同士で衝突《しょうとつ》したり、すれ違《ちが》ったり、せめぎあい、なかば必然的に〝摩擦熱《まさつねつ》〟としての日常的な差別や排除《はいじょ》を起こしてしまっているのではないだろうか。こんなことを考えながら、私は岩井さんの本を読み終えました。

（同前・第九章による）

※注　**文章A**

烙印を押される…消すことのできない悪名を負うこと。

ハンセン病…癩菌《らいきん》の感染《かんせん》によって起こる感染症。患者《かんじゃ》は多くの差別・偏《へん》見《けん》にさらされた。

恣意的…自分勝手な。

情緒…折にふれて起こる様々の感情。

変貌…姿や様子が変わること。

文章B

岩井建樹さんの本…『この顔と生きるということ』（朝日新聞出版　二〇一九年）。

ユニークフェイス…病気やけがが原因で生じた異質な容貌《ようぼう》のこと。

問一　――線①とありますが、「差別する可能性」について述べた次の文中の□に入れるのに最も適当な1語を、**文章A**の中から4字で抜《ぬ》き出《だ》して答えなさい。

ありません。むしろ私たちは、自らの「差別する可能性」に気づけば、それを修正し、他者に新たに向きあい、理解するための指針として活用することができます。つまり、この可能性は「差別をしない可能性」に※変貌《へんぼう》すると私は考えています。

では、いったいそもそもどこに、この根拠のない決めつけや恣意的な思い込み、歪められた知や情緒が息づいているのでしょうか。それらは、まさに「普通《ふつう》」に生きたいと考える私たちの「 C 」に息づいており、「普通」の中で、活《い》き活きとうごめいているのです。

私たちは、「普通」でありたいと望みます。また自分は特別ではなく、差別という出来事からも遠い、「普通」の人間だと思う場合も多いでしょう。ただ③「普通」であることは、差別をめぐる関《かか》わりから一切《いっさい》私たちを切《き》り離《はな》してくれる〝保障〟などでは決してありません。

むしろ「普通」の世界には、さまざまな「ちがい」をもった他者をめぐる思い込みや決めつけ、過剰《かじょう》な解釈《かいしゃく》など、歪められ、偏り、硬直《こうちょく》した知や情緒が充満《じゅうまん》しており、こうした知や情緒を「あたりまえ」のものとして受容してしまう時、まさに私たちは「差別的日常」を生きているといえます。

こう考えていけば、差別はけっして特別な誰かが特別な誰かに対して起こす限られた社会問題ではありません。それは私が生きて在る日常のなかでいつでも起こり得る普遍的《ふへんてき》で普通の現象です。だからこそ、声高《こわだか》に「差別はしてはいけない」とだけ叫《さけ》ぶのではなく、まずは私が「差別する可能性」「差別してしまう可能性」を認めたうえで、なぜそんなことを私はしてしまうのかを思い返すチャンスとして、つまり〝よりよく他者を理解し生きていくための大切な指針〟として「差別」を活用すべきではないでしょうか。

「普通であること」を見直すことから自らが思わず知らずはまり込《こ》んでしまっている差別する可能性を掘《ほ》り起《お》こし、自分にとってより気持ちのいい「普通」とは何かを考え直し、そこに向けて自分にとっての「普通」を作り替《か》えていくこと、新しい「普通」を創造していくことこそ、「差別を考える」ことの核心《かくしん》に息づいています。

ところで、なぜ私は「差別を考えること」が重要だと言っているのでしょうか。

それは他者とつながる〝ちから〟を得る原点だと考えているからです。自らの「普通」や「あたりまえ」を掘り崩して、さらに「差別」という「問題」を理解しようとします。そうした過程で、私たちは異質な他者や他者が生きてきた圧倒的《あっとうてき》な〝現実〟と出会うことができるでしょう。そこには自分がこれまで想像もできなかったような厳しい生があり、厳しい生のなかで「ひと」として豊かに生きてきた他者の姿があります。こうした他者の姿と出会ったとき、私たちは二つのことを実感するでしょう。

一つは、いかに他者とつながることが難しく厳しいものであるかということです。今一つは、他者とつながることでいかに優《やさ》しさや豊かさを得られるのかということです。この二つを実感するからこそ、他者と多様で多彩《たさい》な〝距離《きょり》〟があることに驚き、悩《なや》み、苦しみながらも、他者を理解しつながりたいという〝意志〟が「わたし」のなかに沸《わ》き起《お》こってくるのです。

いま、世の中では、さまざまな理由から、「わたし」と他者がつなが

【国　語】〈五〇分〉〈満点：一〇〇点〉

【注意】句読点（、や。）その他の記号（「や〃など）は1字分として数えます。

一　次の**文章A・B**を読んで、後の問いに答えなさい。〈問題は**問一**から**問六**まであります。〉

A　①人は誰《だれ》でも差別する可能性がある。こう考えてしまうと、救いようがないかもしれませんね。もし差別をしてしまえば、そのことを常に周囲から言われ続け、差別者としての〝※烙印《らくいん》〟を押《お》されて生きていかざるを得ないのでしょうか。そう考えることで私たちが差別という出来事から距離《きょり》を取ってしまうという結果にならないのでしょうか。

　こう書きながら、ある学生の表情を思い出します。前の大学の調査実習で※ハンセン病者の生活史を丹念《たんねん》に聞き取った本を読んでいたとき、ある学生が自らの経験やその時の思いを語ってくれたことがありました。

　帰省して政治家の事務所でアルバイトをしていたとき、夏祭りのボランティアで岡山《おかやま》にあるハンセン病療養所《りょうようじょ》に行ったのだそうです。学生はそれまでハンセン病者と出会ったこともないし、この問題について、とりたてて詳《くわ》しい知識を持っていませんでした。学生は彼《かれ》らと初めて直接出会い、驚《おどろ》くとともに気持ちが悪くなったというのです。

「先生、この感情は[A]でしょうか」。学生は当時の自分の反応を思い返し、もうしわけなさそうに語っていました。

「いや、別に[A]なんかじゃない。初めて会い、そうした感情をもってしまうのは、ある意味自然なことかもしれない。大事なのは、そう感じた後のことであり、感じた自分をどう考え直していくかだろう。もしその後、この問題や彼らの生きてきた歴史などを理解するなかで、そうした感情が固まってしまうとすれば、それは[A]的なものになるかもしれない」という内容のことを、私は語りました。

　私の話を聞きながら、気持ちが悪いと感じた自分の姿を良くないものとして、即座《そくざ》に否定するのではなく、まずはそうした自分の姿を認めたうえで、それを見つめなおし、そこに何があるのかをじっくりと考え直せばいいことに気づき、硬《かた》かった学生の身体や表情がなにか本当にほっとしたように和《やわ》らいでいくのが、印象的でした。

　私たちは自分が差別をしたと周囲から指摘《してき》されることに、なぜこれほどまで怯《おび》えるのでしょうか。あるいは差別をするかもしれない自分の姿を考え直そうとするとき、なぜこれほどまで自らの思いや感情、身体までもが緊張《きんちょう》し固まってしまうのでしょうか。

　②私は、私たちが持ってしまっている、こうした〝差別をめぐる構え〟から、なんとか崩《くず》したいと考えています。

　世の中には、ある人々をめぐる根拠《こんきょ》のない「決めつけ」や※恣意的《しいてき》な「思《おも》い込《こ》み」があり、ある問題や出来事をめぐり「歪《ゆが》められ」「偏《かたよ》った」理解の仕方などがあります。

「差別する可能性」とは、世の中に息づいている、こうした[B]理解や現実理解をめぐる知や※情緒《じょうちょ》に私たちが囚《とら》われてしまう〝あやうさ〟のことです。こうした知や情緒を私たちが生きていくうえで適切であり必要なものなのかを批判的に検討しないで、そのまま認めてしまう〝あやうさ〟のことです。

　さらに言えば、「差別する可能性」とは「差別者になる可能性」では

2022年度

国学院大学久我山中学校入試問題（一般・CC第2回）

【算　数】（50分）　＜満点：100点＞

【注意】 1．分度器・コンパスは使用しないでください。

2．円周率は3.14とします。

【１】 次の計算をしなさい。

(1) $13-4\div3\times6-1$

(2) $3\frac{1}{5}-0.25\times\frac{1}{3}\div\frac{5}{12}$

(3) $\left(2-1\frac{3}{8}+\frac{5}{6}\right)\times\left(\frac{4}{5}-\frac{1}{3}\div1\frac{1}{6}\right)$

(4) $\frac{7}{15}\div\left\{\left(2\frac{5}{8}-0.4\right)\times3\frac{1}{3}-1\frac{5}{6}-2\frac{2}{3}\right\}$

【２】 次の問いに答えなさい。

(1) ３けたの整数６□８が９の倍数になるとき，□にあてはまる数はいくつですか。

(2) ６％の食塩水500ｇと２％の食塩水300ｇを混ぜてできる食塩水の濃度《のうど》は何％ですか。

(3) 重さの異なるりんごが３つあり，このうち２つずつ重さをはかったところ，それぞれ395ｇ，408ｇ，419ｇでした。３つのりんごのうち，一番重いりんごは何ｇですか。

(4) あるクラスの生徒が長いすに座ります。１脚《きゃく》に５人ずつ座ると３人座っている長いすが１脚できて，さらに４脚余ります。また，１脚に３人ずつ座ると２人座れません。このクラスの生徒は何人ですか。

(5) 速さが一定の電車が，長さ280mの橋を渡り始めてから，渡り終わるまでに18秒かかり，長さ1480mのトンネルに入り始めてから，出終わるまでに54秒かかりました。電車の速さは毎秒何mですか。

(6) 下の図は，１辺が12cmの正三角形と直径が12cmの半円を重ねたものです。斜線《しゃせん》部分の面積は何cm^2ですか。

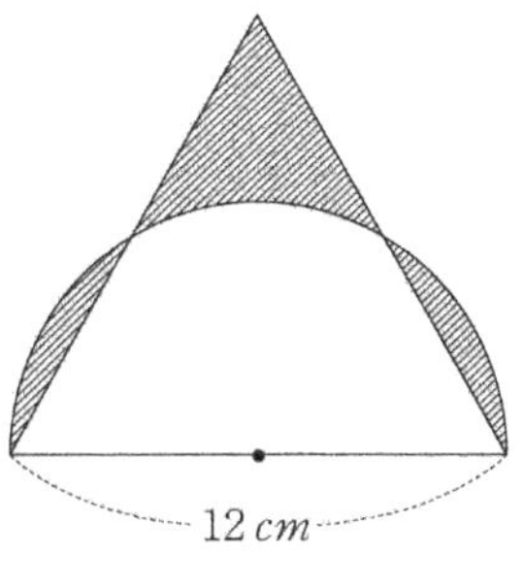

(7)　右の図の斜線部分は長方形です。この長方形を，直線 ℓ のまわりに１回転してできる立体の表面積は何cm^2ですか。

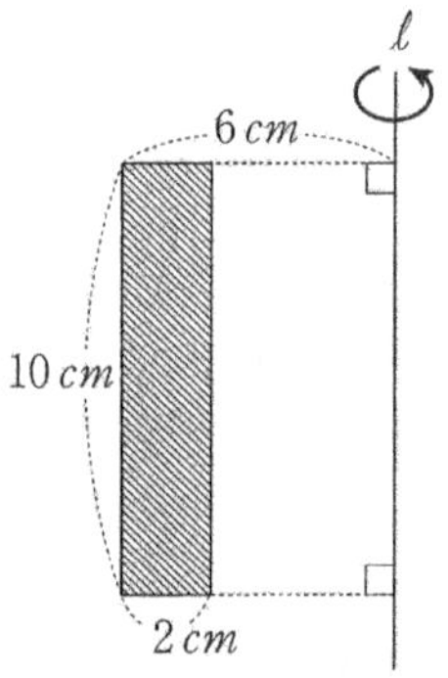

【３】　ＡさんとＢさんの２人が20段の階段の０段目（一番下）にいます。

勝敗が５回つくまでじゃんけんをして，勝敗がつくごとに勝った方だけが次のように移動していきます。

・グーで勝ったら３段，チョキで勝ったら５段，パーで勝ったら８段移動していきます。

・初め，階段を上り続けて20段目を目指します。20段目に着いたら向きを変え，次は階段を下り続けて０段目を目指します。

・１回の移動の途中《とちゅう》で20段目に着いたときは，残りの段数は下ります。

例えば，上に向かって18段目にいるとき，チョキで勝つと，20段目に着いた後，残りの３段を下って，17段目まで下ります。

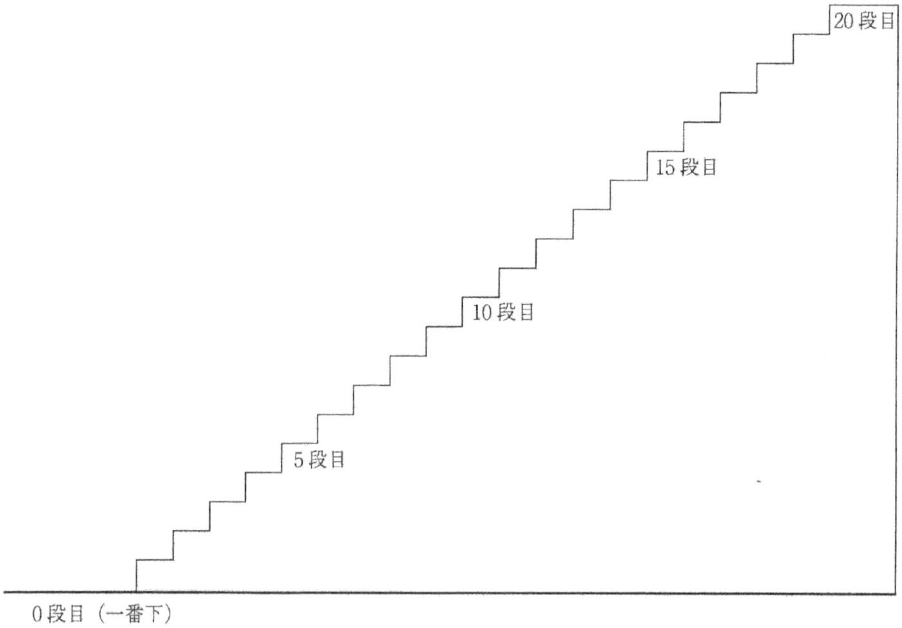

次の問いに答えなさい。

(1)　ＡさんとＢさんが勝敗が５回つくまでじゃんけんをした結果，次のページの表のようになりました。Ａさん，Ｂさんはそれぞれ何段目にいますか。

	1回	2回	3回	4回	5回
Aさん	パー	パー	グー	チョキ	チョキ
Bさん	チョキ	グー	パー	グー	グー

(2)　Aさんが５回とも勝って移動を終えたとき，Aさんは13段目にいました。Aさんは，グー，チョキ，パーでそれぞれ何回勝ちましたか。

(3)　２人が合わせて５回の移動を終えたとき，Aさんは13段目，Bさんは10段目にいました。Aさんは，グー，チョキ，パーをそれぞれ何回出しましたか。

(4)　２人が合わせて５回の移動を終えたとき，AさんとBさんは同じ段にいました。２人がいる場所として考えられる段はいくつありますか。

【4】　下の図のように，直角二等辺三角形と長方形が直線 ℓ 上にあります。
長方形は動かさずに，直角二等辺三角形を ℓ に沿って，回転させずに矢印の方向に毎秒１cmの速さで動かします。この２つの図形が重なっている部分について，次の問いに答えなさい。
　ただし，(1)，(4)②は答えのみ，(2)，(3)，(4)①は途中《とちゅう》の考え方も書きなさい。

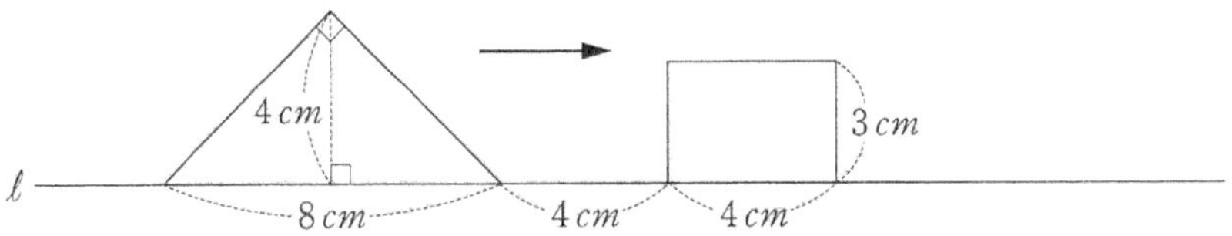

(1)　重なっている部分が三角形の形になっている時間は合わせて何秒間ですか。

(2)　直角二等辺三角形が動き始めてから10秒後に重なっている部分の面積は何cm^2ですか。

(3)　直角二等辺三角形が動き始めてから９秒後に重なっている部分の面積は何cm^2ですか。

(4)　①　重なっている部分の面積がはじめて７cm^2となるのは，直角二等辺三角形が動き始めてから何秒後ですか。

　②　重なっている部分の面積が２回目に７cm^2となるのは，直角二等辺三角形が動き始めてから何秒後ですか。

【理　科】（40分）　＜満点：50点＞

【１】 次のⅠ，Ⅱの各問いに答えなさい。

Ⅰ．次の(1)～(5)の文中の（Ａ）にあてはまる語句を答えなさい。

(1) ベテルギウスは（　Ａ　）座の星の１つです。

(2) ごはんつぶにヨウ素液を加えると（　Ａ　）色になります。

(3) 電流が流れている導線の近くに方位磁針を置くと，方位磁針が北を指さなくなることがあるのは，導線のまわりに（　Ａ　）が生じたためです。

(4) 絹糸は（　Ａ　）のまゆからつくります。

(5) 電気をたくわえることを充電《じゅうでん》（蓄電《ちくでん》）といい，電気をつくりだすことを（　Ａ　）といいます。

Ⅱ．次の(1)～(5)について，下の①～⑤の中からあてはまるものを１つ選び，番号で答えなさい。

(1) 水溶《よう》液について正しくないものを選びなさい。

① 色がついた水溶液でも全て透《とう》明である。

② とけ残りがある温かいホウ酸水溶液を冷やすととけ残りが増える。

③ 60℃のホウ酸水溶液を10℃に冷やしてもホウ酸の固体が出てこない場合がある。

④ 水に食塩をとかすと食塩が見えなくなるので，水溶液の重さは食塩をとかす前の水の重さと同じである。

⑤ 水溶液を加熱して水を蒸発させると，何も残らない水溶液がある。

(2) 卵から生まれるものを選びなさい。

① ウサギ　② ダチョウ　③ クジラ　④ ネズミ　⑤ カンガルー

(3) 魚のなかまを選びなさい。

① イセエビ　② ホタテ　③ バフンウニ　④ タラバガニ　⑤ サバ

(4) 砂，れき，泥《どろ》を同時に水中にしずめたとき，はやくしずんでいく順序としてふさわしいものを選びなさい。

① 砂，れき，泥　② 砂，泥，れき　③ れき，砂，泥

④ れき，泥，砂　⑤ 泥，れき，砂

(5) 豆電球の明るさについて正しいものを選びなさい。

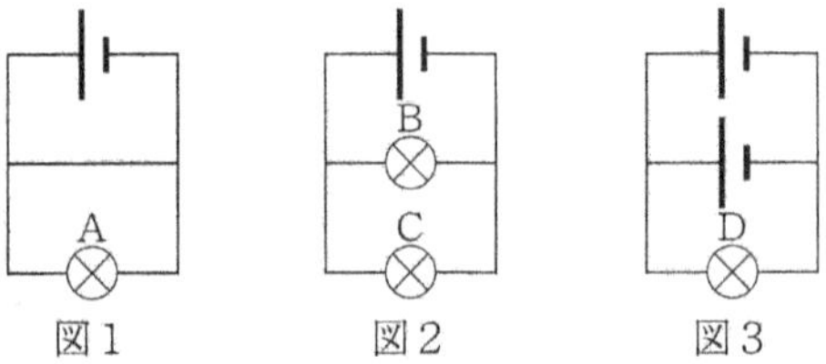

図１　図２　図３

① ４つの中で一番明るいのはＡである。

② ＢとＣより，Ｄの方が明るい。

③ ＡとＤの明るさは同じ。

④ Ａ以外の３つは同じ明るさである。

⑤ 全部同じ明るさである。

【２】 アイスクリームを買ったときについてくるドライアイスを使って，いろいろな実験をしてみました。ドライアイスは二酸化炭素が固体になったものです。次の各問いに答えなさい。

(1) ドライアイスの特ちょうとして正しくないものを次の①～⑤の中から１つ選び，番号で答えなさい。

① ドライアイスを部屋の中で放置するとドライアイスがなくなる。

② ドライアイスを空《から》のビニール袋《ぶくろ》に入れて口を閉め，部屋の中で放置するとビニール袋が大きくふくらむ。

③ ドライアイスを水に入れるとドライアイスから泡《あわ》が出てくる。

④ ドライアイスを水に入れてできた水溶《よう》液に石灰水を加えると白くにごる。

⑤ ドライアイスを水に入れてできた水溶液に黄色のBTB溶液を加えると緑色になる。

［実験１］ 空の水そうにドライアイスをくだいて入れ，ドライアイスが見えなくなるまでしばらく放置しました。そこに呼気でつくったシャボン玉を入れると，シャボン玉が水そうの中に浮《う》いていました。

(2) 呼気でつくったシャボン玉が水そうの中で浮く理由として最もふさわしいものを，次の①～⑥の中から１つ選び，番号で答えなさい。

① 呼気が二酸化炭素より軽いから。

② 呼気が二酸化炭素より冷たくなったから。

③ 呼気が空気より軽いから。

④ 空気が呼気より冷たくなったから。

⑤ 空気が二酸化炭素より軽いから。

⑥ 二酸化炭素が空気より冷たくなったから。

［実験２］ 水の入った水そうに大きいドライアイスを入れると，ドライアイスから泡が出てきました。しばらく放置するとだんだん泡の出方が少なくなり，やがて泡が出なくなりました。泡が出なくなったドライアイスを水そうから取り出し，別に用意した室温の水の入った水そうに入れると再び泡が出始めました。

(3) 実験２で泡が出なくなった理由を説明した文中の（ア）～（ウ）に当てはまる語句の組み合わせを，次の①～⑥の中から１つ選び，番号で答えなさい。

『ドライアイスによって冷やされてできた（ア）が，ドライアイスを（イ）ことによってドライアイスと水が（ウ）なくなったから。』

	ア	イ	ウ
①	水	包《つつ》む	触《ふ》れ
②	水	包む	離《はな》れ
③	水	固くする	離れ
④	氷	包む	触れ
⑤	氷	包む	離れ
⑥	氷	固くする	離れ

［実験３］ ドライアイスを水に入れるとドライアイスから泡が出て，その泡が割れて白い煙《けむり》のようなものが出てきました。次にドライアイスをアルコールに入れると，ドライアイスが見えなくなるまで泡が出続けていました。しかし，泡が割れても白い煙のようなものは出ませんでした。ドライアイスを室内に放置すると，白い煙のようなものは出ず，ドライアイスの表面に雪のようなものがついていました。雪のようなものはとけると水になりました。

(4) ドライアイスを水に入れたときに出てくる白い煙のようなものについて述べた文中の（エ），（オ）に当てはまる語句の組み合わせとして最もふさわしいものを，次のページの①～⑥の中から１つ選び，番号で答えなさい。

『ドライアイスをアルコールに入れたとき白い煙のようなものが出なかったことから，白い煙のようなものができるには（エ）が必要です。白い煙のようなものは目で見ることができるので（オ）の状態ではないことがわかります。』

	エ	オ		エ	オ
①	アルコール	気体	②	アルコール	液体
③	アルコール	固体	④	水	液体
⑤	水	固体	⑥	水	気体

(5) これまでの実験からわかることとして正しくないものを次の①～⑤の中から１つ選び，番号で答えなさい。

① ドライアイスについた雪のようなものは，空気中の水蒸気が冷やされてできたものである。

② ドライアイスを水に入れたときに出た白い煙のようなものは，水蒸気である。

③ ドライアイスをアルコールに入れるとドライアイスが見えなくなるまで泡が出続ける。

④ ドライアイスをアルコールに入れると白い煙のようなものが出なかったのでアルコールには水がほとんどふくまれていない。

⑤ 白い煙のようなものは，水蒸気が冷やされて気体ではなくなり見えるようになった。

【３】 摩擦《まさつ》に関するあとの各問いに答えなさい。

物体を動かそうとして力を加えても，その力が小さいと動かせません。これはそのとき加えた力の向きと逆向きに，物体と床《ゆか》の間に摩擦力という力がはたらくからです。

摩擦力は動かそうとする力を同じ大きさの力で打ち消しています。摩擦力について次のような実験をしました。なお，物体が倒《たお》れることはないものとします。

［実験１］ 図１のように重さ50ｇの物体を用意し，ばねはかりをつけて水平に引いていきます。引く力を少しずつ大きくしていき，ばねはかりの値が40ｇをこえると物体は動き出しました。

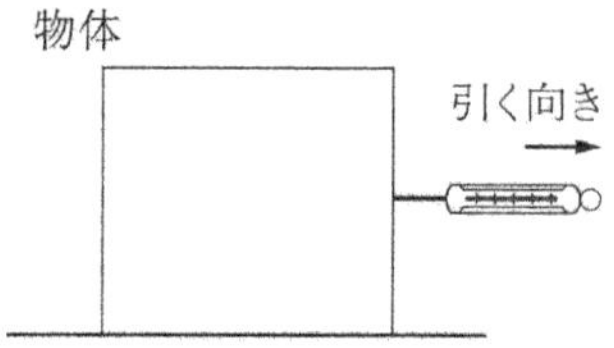

図1

(1) 実験１において，引く力が40ｇ以下のときには摩擦力が左向きに発生し，引く力を打ち消すことがわかりました。このときの引く力と摩擦力の関係を表したグラフとして正しいものを，次の①～⑤の中から１つ選び，番号で答えなさい。

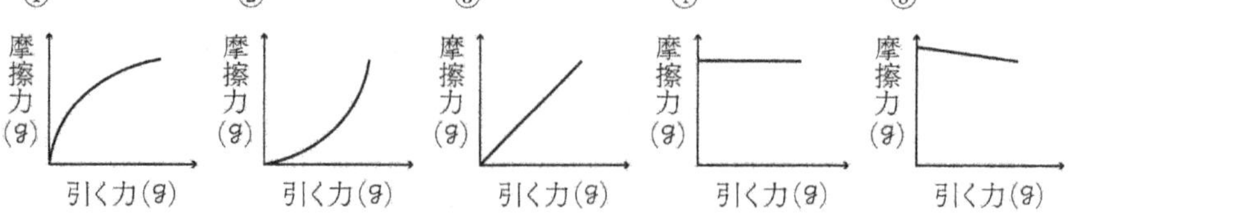

物体が動かないときにはたらいている摩擦力には限界があり，そのときの摩擦力を最大摩擦力《さいだいまさつりょく》といいます。実験１における最大摩擦力は40ｇです。この最大摩擦力について，次のページのような実験をしました。

〔実験２〕 物体の重さのみが異なる物体を用意して実験１と同じように実験を行い，最大摩擦力を測定しました。その結果が表１です。

表1

物体の重さ(g)	100	150	200
最大摩擦力(g)	80	（ア）	160

⑵ 表１中の（ア）に入る数字を答えなさい。

〔実験３〕 実験１と実験２の物体を用いて，床の素材が異なる別の場所へ移動して実験１と同じように実験を行い，最大摩擦力を測定しました。それぞれの場所の床ａ～ｅにおける結果が表２です。

表2

	a	b	c	d	e
物体の重さが50gのとき最大摩擦力(g)	25	45	20	35	42
物体の重さが100gのとき最大摩擦力(g)	50	90	40	70	84
物体の重さが150gのとき最大摩擦力(g)	75	135	60	105	126

⑶ 実験３から最も動きだしにくい床を，表２のａ～ｅの中から１つ選び，記号で答えなさい。

実験３の100ｇの物体を床ｄに置いて，次のような実験をしました。

〔実験４〕 図４のように物体にばねはかりをつけて，上向きの力を加えて20ｇになったところで止めます。そのまま，実験１と同じように実験を行い，最大摩擦力を測定しました。さらに，上向きの力を40ｇ，60ｇと変えて同じように実験を行いました。その結果が表３です。

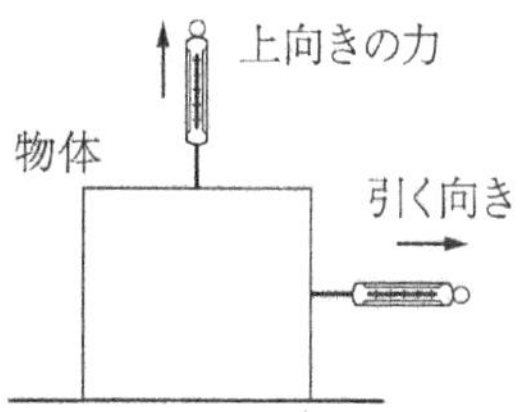

図4

表3

上向きの力(g)	20	40	60
最大摩擦力(g)	56	42	28

⑷ これまでの実験から，床ｄの最大摩擦力を求める次の式を出すことができます。式の（イ）に入る数値を答えなさい。

『(最大摩擦力（ｇ）＝（物体の重さと上向きの力の差（ｇ）×（イ)』

⑸ 物体の重さを200ｇに変え，床ｃに移動して上向きの力をある大きさにして実験４と同じように最大摩擦力を測定すると，最大摩擦力は54ｇでした。このときの上向きの力の大きさ（ｇ）を答えなさい。

【４】 打ち水は，道や庭先などに水をまいてすずしさを得るものです。これはまいた水が蒸発するときに周囲から熱をうばうので，周辺の温度が下がるというものです。このしくみを使った乾球《かんきゅう》温度計と湿球《しつきゅう》温度計から，湿度《しつど》を求めることができます。湿度に関するあとの各問いに答えなさい。

空気がふくむことのできる水蒸気の量には限界があります。空気１m^3がふくむことのできる最大の水蒸気の量（g）を飽和《ほうわ》水蒸気量（g）といいます。飽和水蒸気量は表１のように気温によって異なります。

表1

気温（℃）	15	16	17	18	19	20	21	22
飽和水蒸気量（g）	12.8	13.6	14.5	15.4	16.3	17.3	18.3	19.4
気温（℃）	23	24	25	26	27	28	29	30
飽和水蒸気量（g）	20.6	21.8	23.0	24.4	25.8	27.2	28.8	30.4

湿度とは，空気１m^3にふくまれている水蒸気の量が，その空気の温度における飽和水蒸気量の何％にあたるかを表した値のことです。式で示すと以下のようになります。

$$\text{湿度（\%）} = \frac{\text{空気1}m^3\text{中にふくまれている水蒸気の量（g）}}{\text{その空気の温度における飽和水蒸気量（g）}} \times 100$$

空気がふくみきれなくなった水蒸気は水滴《すいてき》になります。

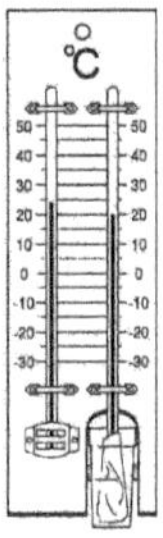

図１

表2

乾球温度計の読み（℃）	乾球温度計と湿球温度計の読みの差（℃） 1	2	3	4	5
15	89	78	68	58	48
16	89	79	69	59	50
17	90	80	70	61	51
18	90	80	71	62	53
19	90	81	72	63	54
20	91	81	73	64	56
21	91	82	73	65	57
22	91	82	74	66	58
23	91	83	75	67	59
24	91	83	75	68	60
25	92	84	76	68	61
26	92	84	76	69	62
27	92	84	77	70	63
28	92	85	77	70	64
29	92	85	78	71	64
30	92	85	78	72	65

図１の左は乾球温度計で，これは気温をはかる温度計です。右は湿球温度計で，温度計の先《せん》端《たん》を水でぬらしたガーゼで包んでいます。この先端部分では水が蒸発しているので熱がうばわれ温度が下がります。周囲の空気の湿度が低いと水はどんどん蒸発して，先端部分から熱をうばっていきますが，空気の湿度が高い場合にはあまり蒸発せず，うばう熱も多くありません。

表２は湿度表といって，乾球温度計の読みと，乾球温度計と湿球温度計の読みの差と，そのときの湿度（％）を示したものです。例えば乾球温度計の読みが20℃で，湿球温度計の読みがそれより３℃低い17℃であったときの湿度は73％です。

(1)　乾球温度計の読みが17℃で，湿度が70％のとき，湿球温度計の読み（℃）を答えなさい。

(2)　乾球温度計と湿球温度計の読みが，ともに22℃のときの湿度（％）を答えなさい。

(3)　ある時刻での気温（乾球温度計の読み）は18℃で湿度が62％でしたが，３時間後には気温が３℃上がり，湿球温度計の値が４℃上がっていました。このときの湿度（％）を求めなさい。

(4)　気温が25℃で，湿球温度計の読みが20℃のとき，この空気１m^3中にふくまれている水蒸気量（g）を求めなさい。答えは小数第１位を四捨五入して整数で答えなさい。

(5)　(4)の空気を５m^3の容器に入れて密閉します。容器の中の空気の温度を変えたときのようすとして正しいものを次のページの①～⑤の中から１つ選び，番号で答えなさい。

① 空気の温度を５℃上げると，容器の中に入れた湿球温度計の読みも５℃上がる。
② 空気の温度を下げると湿度も下がる。
③ 空気の温度を20℃にしたとき，容器の中に入れた湿球温度計の読みは17℃である。
④ 空気の温度を17℃にしたとき，25ｇ以上の水滴があらわれる。
⑤ 空気の温度を15℃にしたとき，５ｇ以上の水滴があらわれる。

【５】 植物の発芽について，次の各問いに答えなさい。なお，ダイコンの種子が発芽し，ふたばが出たものをカイワレダイコンといいます。

(1) ダイコンと食用部分が同じ植物を次の①～⑤の中から１つ選び，番号で答えなさい。

① トウモロコシ　② シイタケ　③ サツマイモ　④ カボチャ　⑤ ギンナン

〔実験１〕 カイワレダイコンを図１のように小さな容器の中に綿《わた》で包んで植えたものを３つ用意し，暗い部屋の中でこれらのカイワレダイコンを横にして固定しました。１つ目には先端《せんたん》の方向から強い光を当て，２つ目には下方向から強い光を当て，３つ目には光を当てませんでした。しばらくした後にカイワレダイコンを観察しました。その結果が図２です。

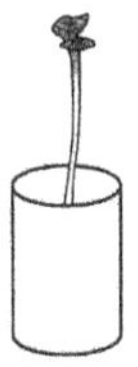

図１

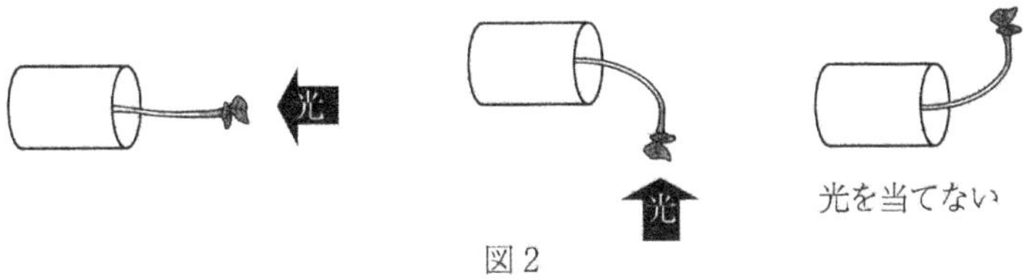

図２

(2) 暗い部屋の中で垂直に立てたカイワレダイコンに横方向から光を当て続けながら放置しました。その後のカイワレダイコンの様子として最もふさわしいものを次の①～⑤の中から１つ選び，番号で答えなさい。

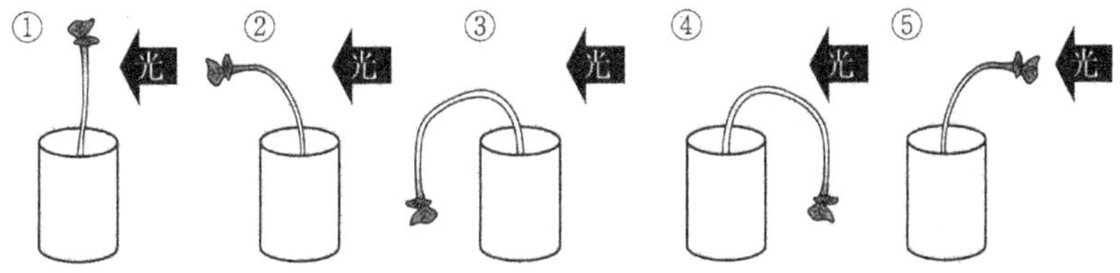

植物の光に対する反応を調べるために，同じような実験をイネのなかまのマカラスムギという植物の芽生え（種子が発芽したばかりのもの）で行いました。

〔実験２〕 地面に対して垂直に生えたマカラスムギの芽生えを４つ用意しました。１つ目には，先端の部分に光を通さないカバーをかけ，２つ目には先端以外の部分に光を通さないカバーをかけ，３つ目には全体に光を通さないカバーをかけ，４つ目には先端の部分に光を通すカバーをかけました。これら４つのマカラスムギに横から強い光を当てて放置し，しばらくした後に観察しました。その結果が次のページの図３です。

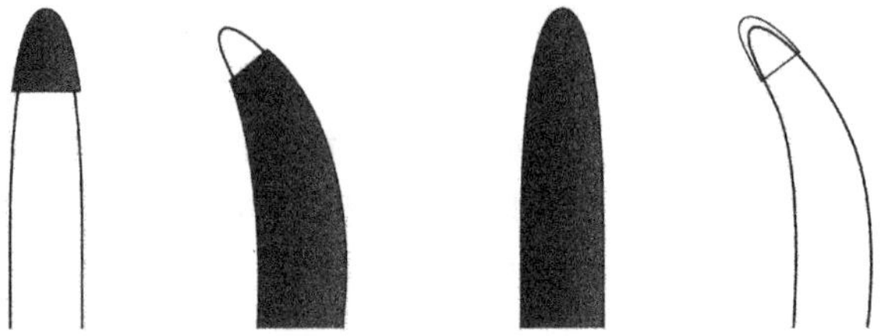

図３

(3)　実験２の結果から考えられることとして，最もふさわしいものを次の①～⑤の中から１つ選び，番号で答えなさい。

①　マカラスムギは芽生え全体で光の向きを感じて曲がる。

②　マカラスムギは芽生えの先端で光の向きを感じて曲がる。

③　マカラスムギは芽生えの先端以外の部分で光の向きを感じて曲がる。

④　マカラスムギは芽生えの先端に何かが触《ふ》れていることを感じて曲がる。

⑤　マカラスムギは芽生えの先端以外の部分に何かが触れていることを感じて曲がる。

地面に対して垂直に生えたマカラスムギの芽生えを暗い部屋で横に倒《たお》すと，カイワレダイコンと同じような結果になりました。この実験からどちらも同じような性質があることが分かりました。そこで，この植物がどのようにして曲がるのかを調べるために次の実験を行いました。

［実験３］　マカラスムギの芽生えの曲がるところの周囲に太いマジックペンで印をつけて，実験１の３つ目のカイワレダイコンと同じように，横に倒したマカラスムギに光を当てずに放置して，曲がる様子を調べました。その結果が図４です。

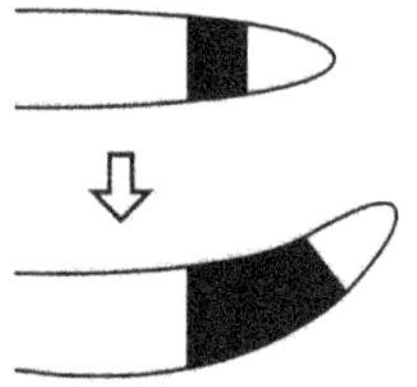

図４

(4)　実験３の結果から考えられることとして最もふさわしいものを次の①～⑥の中から１つ選び，番号で答えなさい。

①　曲がる方向の内側の面の成長がより進んでのびることで曲がる。

②　曲がる方向の内側の面の成長が完全に止まることで曲がる。

③　曲がる方向の内側の面が縮むことで曲がる。

④　曲がる方向の外側の面の成長がより進んでのびることで曲がる。

⑤　曲がる方向の外側の面の成長が完全に止まることで曲がる。

⑥　曲がる方向の外側の面が縮むことで曲がる。

(5)　実験３で横に倒して曲がったマカラスムギの芽生えを，自然の光が当たる場所で立てて成長させたときの様子として，最もふさわしいものを次の①～⑤の中から１つ選び，番号で答えなさい。

①　芽生えの先端が曲がった方向に真っすぐにのびていく。

②　芽生えの先端が地面に向かってのびていく。

③　芽生えの先端が地面と反対の方向に向かってのびていく。

④　芽生えの根元が傾《かたむ》いて，先端が地面と反対の方向に向かってのびていく。

⑤　芽生えの成長は止まる。

【社　会】（40分）　＜満点：50点＞

1　以下の会話は，ＡさんとＫ先生の会話です。これを読み，次の問いに答えなさい。

Ｋ先生：　Ａさんが手に持っているものは香り付きの「練り消しゴム」ですか，懐《なつ》かしいですね。私も子どものころよく集めていました。

Ａさん：　はい，そうです。いい香りにつられてつい買ってしまいました。

Ｋ先生：　いい香りはとても心地のよいものですね。しかし，人によっては不快に感じることもあります。Ａさんは「香害」という言葉を聞いたことがありますか？

Ａさん：　いいえ，初めて聞きました。

Ｋ先生：　最近，［　　　　］など，さまざまな生活用品に香料などの化学物質が使われており，その過剰《かじょう》な香りに苦しむ人が増えているといわれています。

Ａさん：　たしかに人工的な香りで頭がクラクラしたようなことがあります。

Ｋ先生：　屋外でも室内でも，心地のよい香りを感じたり，逆に不快なにおいを感じたりすることがありますよね。

Ａさん：　朝，家を出るときに気にならなかった自宅のにおいが，夕方帰宅したときには気になることがあります。

Ｋ先生：　住宅のにおいの要因には，建物の造りや生活様式の変化が関係しているといわれています。①家族構成の変化により，住宅に人がいない時間が多くなり，窓や扉《とびら》を開ける時間が減ったことなども，においがこもりやすい要因の一つです。

Ａさん：　こうして考えると，身のまわりにはさまざまなにおいがあるものですね。

Ｋ先生：　Ａさんは「におい」や「香り」というと，鼻で嗅《か》ぐことをイメージすると思いますが，古くは色の際立ちや情景の美しい様を言う言葉として使われていました。

Ａさん：　②素晴らしい情景を身体で感じるとき，そこには必ず素晴らしい香りがある，というふうに考えることもできそうですね。

Ｋ先生：　その通りです。③香りは単に鼻で嗅ぐというだけでなく，五感で感じ，生活に彩りや癒《い》やしを与えるものとして，日本の文化に組み込《こ》まれているのかもしれません。Ａさんは香りと日本の文化というと，どのようなことを思い浮《う》かべますか。

Ａさん：　仏壇《ぶつだん》に供える④線香などでしょうか。

Ｋ先生：　仏教におけるお香は，もともとは仏前を清めたり，悪い気をはらうために用いられたそうです。

Ａさん：　そういう歴史があるのですね。ところで先ほど五感で感じるとおっしゃいましたが，料理を味わうことと香りも深い関係がありそうですね。

Ｋ先生：　いいところに気づきますね。食の味わいには，嗅覚《きゅうかく》で感じ取る香りも大きく影響しているのです。

Ａさん：　たしかに，私はカレーライスが大好物ですが，あの独特な香りを嗅ぐだけでお腹がすいてしまいます。

K先生：　カレーライスの独特な香りの正体は，スパイス（香辛料《こうしんりょう》）です。スパイスとは，料理に香りや色，辛《から》みをつけるためのもので，植物から作られます。山椒《さんしょう》，わさび，生姜《しょうが》などは日本でも古くから使われているので，Ａさんも知っていますね。

Ａさん：　はい，知っています。

K先生：　スパイスは古くから世界中で用いられてきました。例えば，広い国土の中で食材を遠くまで運ぶ必要がある地域では，腐敗《ふはい》を防ぐ「保存」のためにスパイスが用いられました。他にも，暑さが厳しい地域では食欲が減退しがちなため，食欲を増進する辛味のスパイスに目が向き，多くの種類が消費されてきました。

Ａさん：　⑤その地域の風土に合わせて，さまざまな使われ方が考えられてきたのですね。

K先生：　その通りです。スパイスの他にも，食べ物をおいしくし，食欲を向上させてくれるものに，着色料，甘味料《かんみりょう》，保存料，調味料，増粘剤《ぞうねんざい》などの食品添加物《てんかぶつ》があります。

Ａさん：　食べ物がおいしくなると食べ残しが減り，廃棄《はいき》量が減ってフードロス削減《さくげん》につながりそうですね。

K先生：　食品添加物はそのままでは食べられない生の食材を，安全に食べられるように，加工したり，長持ちさせたり，おいしく食べられるようにしたりするために用いられています。

Ａさん：　⑥食品添加物というと何となく悪いイメージがありますが，食品添加物が社会貢献《こうけん》につながる例もあるのですね。

問１　文中の空欄《くうらん》 □ にふさわしい語句を，会話文の内容に合うように答えなさい。

問２　下線部①に関連して，あとの２つのグラフから読み取れることとしてふさわしくないものを選び，記号で答えなさい。

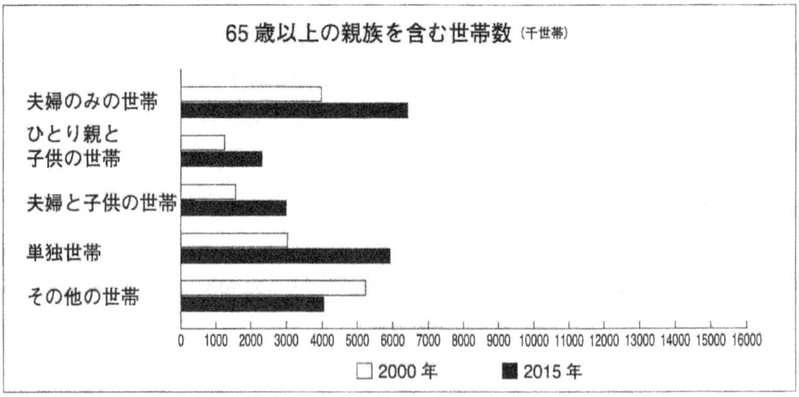

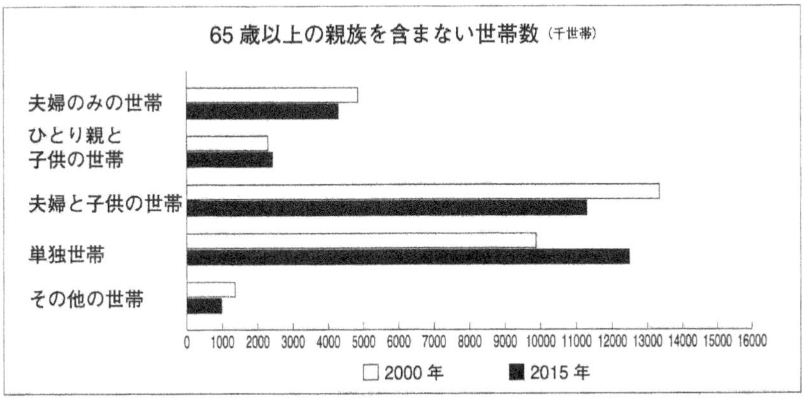

（総務省統計局「平成 27 年国勢調査結果」より作成）

ア．65歳《さい》以上の親族を含《ふく》む世帯では，2000年から2015年にかけて夫婦と子供の世帯が増えているが，65歳以上の親族を含まない世帯では，夫婦と子供の世帯が減っている。

イ．65歳以上の親族を含む世帯では，2000年から2015年にかけて夫婦のみの世帯が増えているが，65歳以上の親族を含まない世帯では減っている。

ウ．ひとり親と子供の世帯は，65歳以上の親族を含む世帯と含まない世帯との両方で増加しているが，その増加率は前者の方がはるかに高い。

エ．単独世帯は，65歳以上の親族を含む世帯と含まない世帯との両方で増加しているが，その増加率は後者の方がはるかに高い。

問３　下線部②に関連して，次の１～４の写真は，環境省が選定する「かおり風景100選」の一部です。それぞれの地名の組み合わせとしてふさわしいものを選び，記号で答えなさい。

１．ラベンダーの香り

２．梅の花の香り

３．茶の香り

４．硫黄《いおう》の香り

（環境省「かおり風景100選」より）

ア．１：茨城県水戸市　２：京都府宇治市　３：神奈川県箱根町　４：北海道富良野市
イ．１：茨城県水戸市　２：神奈川県箱根町　３：北海道富良野市　４：京都府宇治市
ウ．１：京都府宇治市　２：茨城県水戸市　３：北海道富良野市　４：神奈川県箱根町
エ．１：京都府宇治市　２：北海道富良野市　３：茨城県水戸市　４：神奈川県箱根町
オ．１：北海道富良野市　２：神奈川県箱根町　３：茨城県水戸市　４：京都府宇治市
カ．１：北海道富良野市　２：茨城県水戸市　３：京都府宇治市　４：神奈川県箱根町
キ．１：神奈川県箱根町　２：茨城県水戸市　３：京都府宇治市　４：北海道富良野市
ク．１：神奈川県箱根町　２：京都府宇治市　３：北海道富良野市　４：茨城県水戸市

問４　下線部③に関連して，香木《こうぼく》を焚《た》き，その香りを鑑賞する「香道」が，室町時代に確立しました。香道では，香りを「嗅ぐ」のではなく，「聞く」と呼び，香木の香りを聞き，楽しむことを「聞香《ぶんこう》」と言います。

聞香の際，臭覚がにぶるのを防ぐために口にすることから，「香の物」・「お新香」などと呼ばれる食べ物があります。次のうち「香の物」・「お新香」としてふさわしいものを選び，記号で答えなさい。

ア

イ

ウ

エ

問５　次の文章は，下線部④に関連してＡさんがまとめたレポートです。【　】にあてはまる都道府県名を答えなさい。

仏教におけるお香は，日本へ仏教が伝来したころから用いられていたと考えられています。平安時代には，次第に貴族へ広まりました。江戸時代には町人へ広まり，国内で初めて線香が作られたのもこのころといわれています。

【　　】にある右の島は現在，線香の生産が日本一です。瀬戸内海で一番大きな島で，温暖で雨も少なく。一年を通して観光しやすいのが特徴《とくちょう》です。

本州側から世界一長い吊《つ》り橋を渡り，車を少し走らせると，「ニジゲ

ンノモリ」というテーマパークがあります。ここでは，2021年に行われた東京オリンピック開会式の入場曲で話題となったあるゲームの世界を，リアルとデジタルを融合《ゆうごう》させて表現したアトラクションで楽しめます。

問６　下線部⑤に関連して，日本ではスパイスを用いるとしても，わさびや生姜など，素材にアクセントをつける程度に，ごく少量を添《そ》えるような使い方，つまり「薬味」としての使われ方が主流でした。その理由として考えられることを日本の自然地理的条件や日本食の特徴をふまえて説明しなさい。

問７　下線部⑥について，食品添加物が**図１**で示す「持続可能な開発目標（SDGs）」の目標にどのように貢献できると考えられますか。**表１**の食品添加物の種類の中から１つ選び，どのような人々のために，どう使うとよいか，説明しなさい。

表１「食品添加物とその役割」

種類	目的と効果	食品添加物例
甘味料	食品に甘味を与える。	キシリトール など
保存料	カビや細菌《さいきん》などの発育を抑制し、食品の保存性をよくする。	ソルビン酸 など
増粘剤	食品に滑《なめ》らかな感じや、粘《ねば》り気を与える。	ペクチン など
調味料	食品にうま味などを与え、味をととのえる。	Ｌ－グルタミン酸ナトリウム など

（日本食品添加物協会 HPより作成）

図１

2　次のページの地図中の①～⑨は主な都道府県の郷土料理を示したものです。これに関連して，問いに答えなさい。

問１　①では羊肉を焼いて食べる「ジンギスカン」が有名ですが，もともとは，あるものを生産するための羊を，肉としておいしく食べられるよう工夫したのが始まりです。その羊は，もともと何を生産するためのものであったか答えなさい。

問２　②では「こづゆ」と呼ばれるお吸い物が郷土料理として食べられています。そのお吸い物は会津塗のお椀《わん》で食べられることが多いです。次のうち，代表的な漆器とその漆器が作られている都道府県の組み合わせとしてふさわしくないものを選び，記号で答えなさい。

ア．輪島塗－石川県　　イ．木曽漆器－長野県

ウ．津軽塗－青森県　　エ．若狭塗－和歌山県

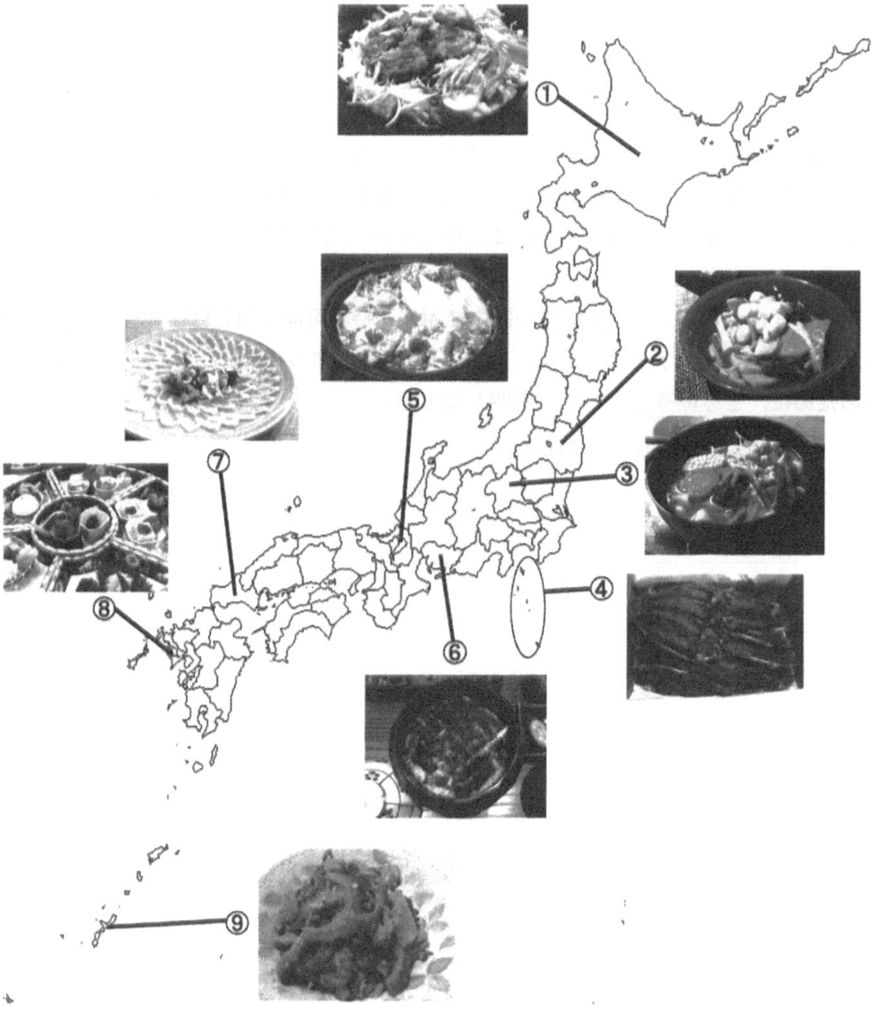

問３　③では「おっきりこみ」と呼ばれる，手打ちの太めに切った麺《めん》を季節の野菜や芋《いも》などと一緒《いっしょ》に煮込《にこ》んだ郷土料理が食べられています。このおっきりこみなどの小麦粉を使った粉食文化が群馬県で根付いた背景としてふさわしくないものを選び，記号で答えなさい。

ア．群馬県は，冬季にからっ風が北西から吹《ふ》き，乾燥《かんそう》するため，その気候が小麦作りに適していたため。

イ．群馬県は，比較的《ひかくてき》冬季の日照時間が長くなるため，同じ耕地で１年に２回違《ちが》う作物を作る二毛作による小麦栽培がさかんになったため。

ウ．群馬県は養蚕がさかんで，女性も働き手として夕方まで働いていたため，素早く作ることのできるおっきりこみは適していたため。

エ．群馬県は利根川が流れており，その水路を使い，昔から小麦を江戸，東京にも運ぶことができ，そこから海外へ輸出しやすかったため。

問４　④について，東京都の伊豆諸島の特産品である「くさや」は，産業として生産が始まったのは江戸時代ですが，くさやの起源は，室町時代までさかのぼります。次の図の中で室町時代に関連するものとしてふさわしくないものを選び，記号で答えなさい。

ア

イ

ウ

エ

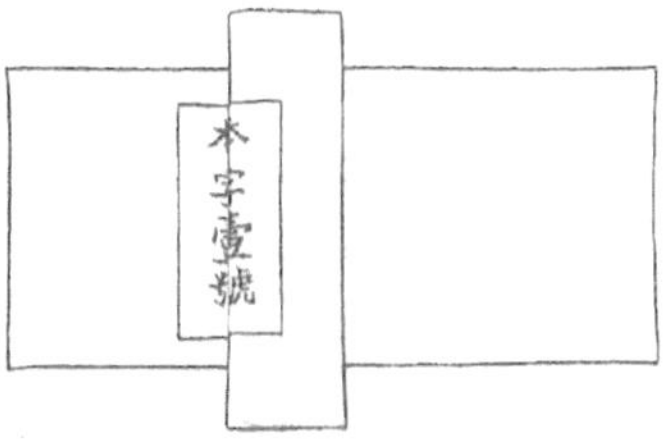

問５　⑤では昔から「鴨鍋《かもなべ》」が欠かせない料理となっています。鴨は冬が近づくとあるところから琵琶湖に飛来してきます。鴨はどこから飛来してくるか最もふさわしいものを選び，記号で答えなさい。

ア．インドネシア　　イ．イタリア　　ウ．オーストラリア　　エ．ロシア

問６　⑥では，うなぎのかば焼きを用いた「ひつまぶし」が有名です。⑥は，うなぎの生産量が全国でも有数を誇《ほこ》っており，他にもキャベツや菊《きく》の生産もさかんです。次のグラフは，これらの生産量上位の都道府県と，全国に占《し》める割合（2018年）を示したものです。品目を正しく組み合わせたものを選び，記号で答えなさい。

A

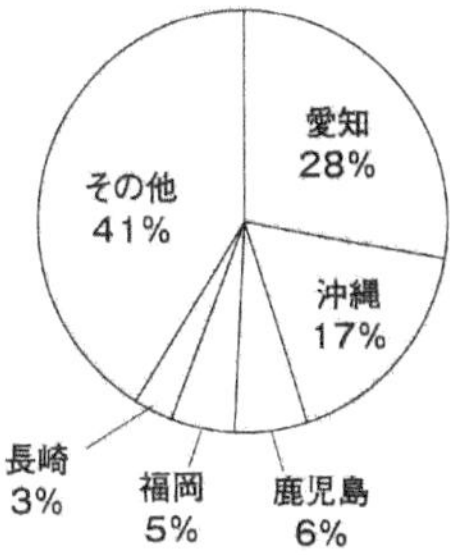

B

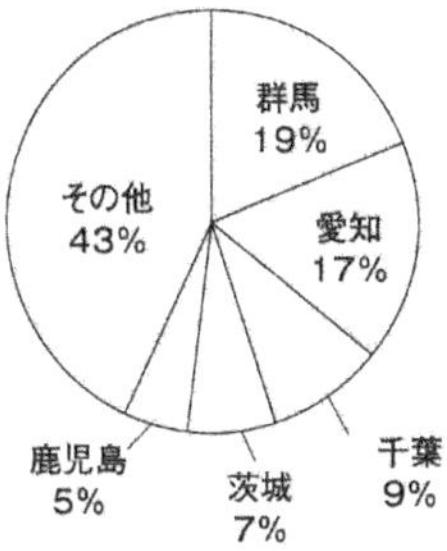

C

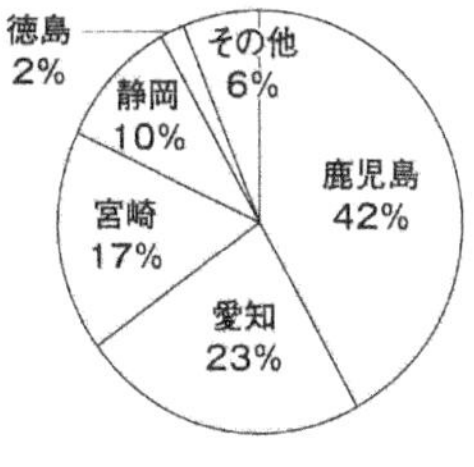

（『地理統計要覧 2021 年版』より作成）

	ア	イ	ウ	エ	オ	カ
A	うなぎ	うなぎ	キャベツ	キャベツ	菊	菊
B	キャベツ	菊	うなぎ	菊	うなぎ	キャベツ
C	菊	キャベツ	菊	うなぎ	キャベツ	うなぎ

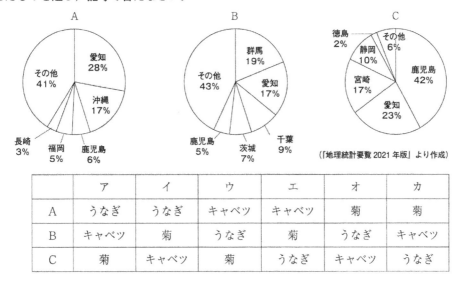

問７　⑦では「ふぐ料理」がさかんです。ふぐに関する以下の文章中の空欄 1 にあてはまる人物名，2 にあてはまる地名をそれぞれ答えなさい。

日本でふぐは縄文時代から食べられていました。しかし，豊臣秀吉が朝鮮出兵をした際，ふぐ毒による中毒死をする兵が続出したため「河豚《ふぐ》食禁止令」を出したと言われています。解禁されたのは初代内閣総理大臣 1 が 2 を訪問したのがきっかけです。1 は旅館で出されたふぐに感動し，山口県令（知事）に働きかけてふぐ食を解禁しました。この旅館は右に示すように，後に日本と清国の間に締結《ていけつ》された日清戦争の講和条約である 2 条約が結ばれた場所としても使われました。

問８　⑧を代表する郷土料理「卓袱《しっぽく》料理」は，別名「和華蘭《わからん》料理」とも言われています。この名前は，かつて長崎だけが中国やオランダなどと交易を交わしたことが由来で，日本料理，中国料理，西洋料理が一堂に会するのが「卓袱料理」です。

次の図１は，江戸時代の長崎を描いた「肥州長崎圖《ず》」で，次のページの図２は現在の長崎市周辺の地図です。どちらの図にも築造された出島や唐人《とうじん》荷《に》物蔵《もつぐら》の周辺が描かれています。この二つの図について述べた文としてふさわしくないものを選び，記号で答えなさい。

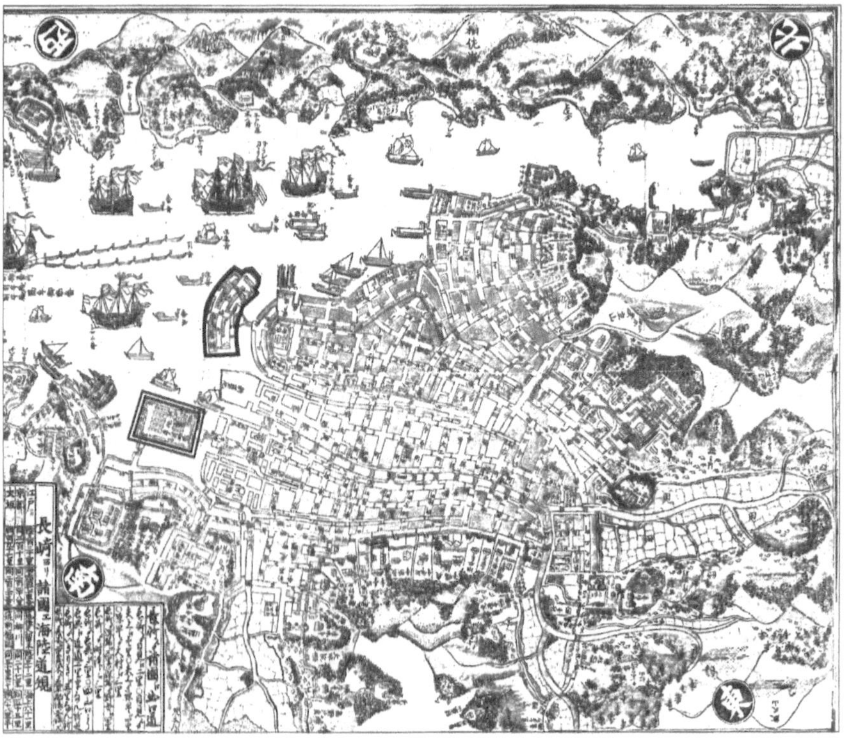

図１

（「肥州長崎圖」より作成）

※出島町阿蘭陀《おらんだ》人屋敷は ▭ で囲ってある。

※唐人荷物蔵は ▭ で囲ってある。

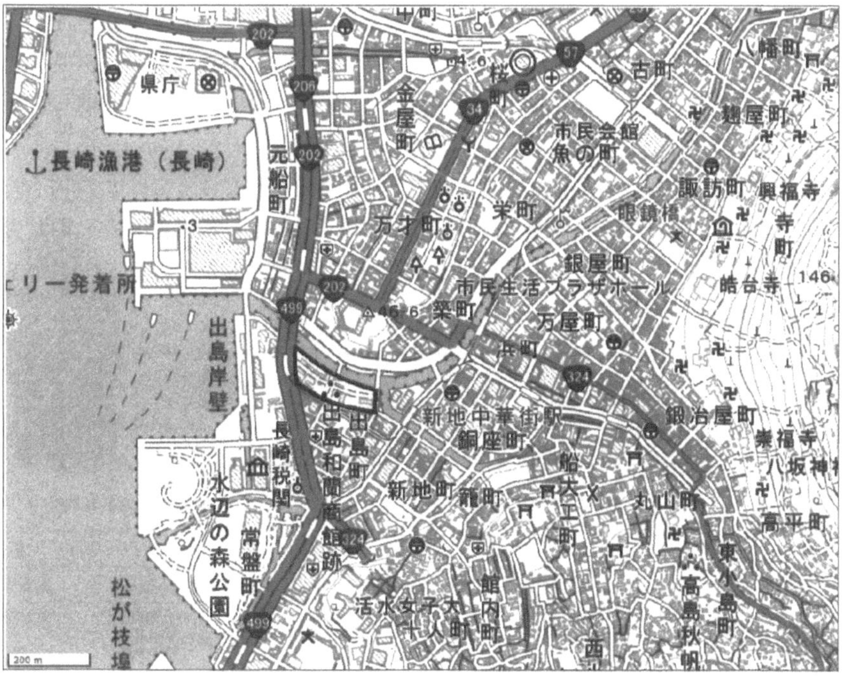

図２

（地理院地図より作成）

※出島和蘭商館跡は□で囲ってある。

ア．地図の東側は傾斜《けいしゃ》地となっており，そのふもとのほうには，現在も多くの寺院が建ち並んでいる。

イ．江戸時代には，数多くの橋がかけられ，現在も改修を重ねながら市民や観光客に利用されている。

ウ．国道499号線から西側は埋《う》め立て地となっており，それより東側は江戸時代からもともとあった土地で当時から建物が多くみられた。

エ．現在の新地中華街駅付近にあった唐人荷物蔵（中国船専用の倉庫）は，出島とともに江戸時代から埋め立てられた土地であったと見られる。

問９　⑨を代表する「ゴーヤチャンプルー」などの料理で知られる沖縄県は，近年人口が増加しています。下の図Ａ～Ｃは，沖縄県，東京都，島根県のいずれかの人口ピラミッドを示しています。次のページの図Ａ～Ｃと都道府県名との正しい組み合わせを選び，記号で答えなさい。

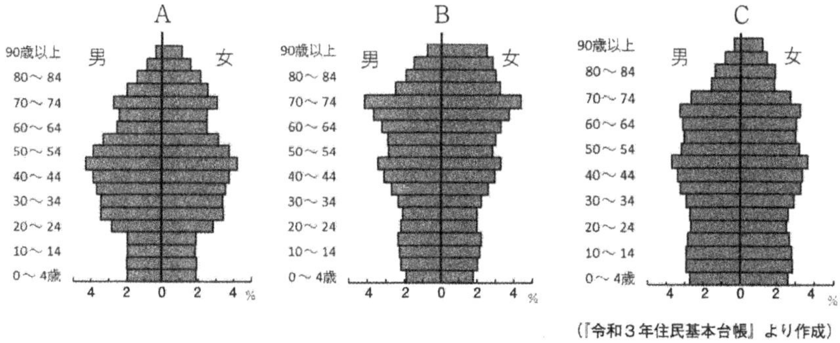

（『令和３年住民基本台帳』より作成）

	ア	イ	ウ	エ	オ	カ
A	沖縄県	沖縄県	東京都	東京都	島根県	島根県
B	東京都	島根県	沖縄県	島根県	沖縄県	東京都
C	島根県	東京都	島根県	沖縄県	東京都	沖縄県

問10　現代では，多くの郷土料理を取り寄せることができる時代になっています。日本では食品も含《ふく》め，多くの品物がさまざまな交通手段によって届けられます。次の表中ア～エは，鉄道，自動車，航空機，船舶《せんぱく》のいずれかの国内貨物輸送量（2019年）を示したものです。自動車と航空機にあてはまるものをそれぞれ選び，記号で答えなさい。

	輸送量（百万トン）	重量×輸送距離《きょり》（百万トンキロ＊）
ア	43	19993
イ	4450	215447
ウ	341	169680
エ	0.9	927

＊トンキロとは、重量（トン）×輸送距離（キロ）で、１トンのものを100キロ先まで届けた場合は100トンキロとなる。

（『日本国勢図会 2021/22』より作成）

問11　日本は，雨のおかげでたくさんの農作物を作ることができ，豊富な食材による食文化を形成してきました。しかし，ひとたび大雨になると，人々にとって脅威《きょうい》となってしまいます。大雨による災害への備えや避難《ひなん》する際の注意点としてふさわしくないものを二つ選び，記号で答えなさい。

ア．今いる場所が晴れていても，上流の局地的豪雨《ごうう》で，一気に川の水が増水することがあるので，枝や落ち葉が大量に流れてきたら，川から出た方が良い。

イ．雨が降り増水すると，川原は川底になる可能性があり，特に中州にいると取り残されやすいので，早めの避難が必要である。

ウ．大雨の際には，避難するタイミングなど早めの判断が必要であるため，用水路や川の見回りを，自分の目で確かめ，頻繁《ひんぱん》に確認した方が良い。

エ．大雨の接近前にハザードマップで浸水《しんすい》や土砂災害のリスクを確認し，避難場所や，そこまでのルートを事前に把握《はあく》した方が良い。

オ．大雨で道路が冠水《かんすい》してしまったら，徒歩での避難は危険なので，車で安全な場所に避難する方が良い。

問12　郷土料理をその土地で食べることが，環境への負荷を軽減することにつながるといわれます。その理由を説明しなさい。

３　次の文章を読んで，問いに答えなさい。

中学生になって学ぶ社会科の歴史は，小学校で学んだ歴史を基本にもう少し詳《くわ》しく学んでゆきます。歴史と言っても宇宙の歴史や地球の歴史というものもありますが，ここでは人類の歴史をさしています。歴史は，人類の過去の足跡《そくせき》を，今日の私たちがさまざまな資料を証拠《しょうこ》として，その資料を評価してまとめたものです。ただ，過去の人類の足跡を羅列《られつ》したものではありません。中学生，高校生と進んでゆく中で歴史を学びますが，まずは資料をもとにして歴史の楽しさを知ってもらえればと思います。

問１　文中の下線部の「さまざまな資料」としてふさわしくないものを選び，記号で答えなさい。

ア．発掘《はっくつ》調査で発見された打製石器　　イ．発掘調査で発見された恐竜の化石

ウ．発掘調査で発見された竪穴《たてあな》住居の跡　　エ．発掘調査で発見された土器の破片

問２　以下は，昨年，ユネスコ世界文化遺産に登録された，北海道・北東北の縄文遺跡群についての記事の一部です。次の問いに答えなさい。

> 自然と共生する社会が長期間継続した，世界的にもまれな文化の普遍的価値が認められた。（中略）
>
> 日本最大級の縄文集落跡である青森県の三内《さんない》丸山遺跡や，ストーンサークルとして知られる秋田県の大湯環状列石など４道県の17遺跡で構成される。
>
> 縄文時代は約１万5000年前から約2400年前まで，１万年以上続いたとされる。人々は狩猟や漁労，採集をしながら □ 生活を送り，自然環境に適応した持続性の高い社会を形成していた。
>
> 農耕や牧畜と □ がセットになっていた，アジア・欧州の大陸における生活様式とは異なる。
>
> 祭祀《さいし》に使われたとみられる環状列石や，人々の祈りが託《たく》された土偶が示すように，精神文化の高さも縄文時代の特色だ。
>
> （以下省略）
>
> **（『毎日新聞』2021年７月30日朝刊　社説より抜粋）**

記事の中の □ には，それまでの旧石器時代の生活と大きく異なる生活様式を表すことばが入ります。ふさわしい語句を答えなさい。

問３　右の写真は，昨年の夏休みにＡさんが家族で東京国立博物館に出かけた時のチケットです。これは，聖徳太子が亡くなって1400年の節目にあたることを記念した「聖徳太子と法隆寺」という特別展でした。聖徳太子や法隆寺にゆかりのある彫刻《ちょうこく》や絵画などさまざまな資料を見ることができました。

さて，次のうち聖徳太子や法隆寺に関係する文として，最もふさわしくないものを選び，記号で答えなさい。

ア．「和を以て貴しとなす」ではじまる十七条の憲法を制定した。

イ．すぐれた人材を登用するために冠位十二階を制定した。

ウ．小野妹子たちを当時の中国の王朝である隋に派遣《はけん》した。

エ．大仏を完成させるために僧侶《そうりょ》の行基を登用した。

問４　下の図は『一遍上人絵伝』という絵巻物の一部です。この場面は中世の武士の館《やかた》を知る上で，遺跡の発掘調査の成果とともに重要な資料となっています。この場面から読み取れる内容としてふさわしくないものを選び，記号で答えなさい。

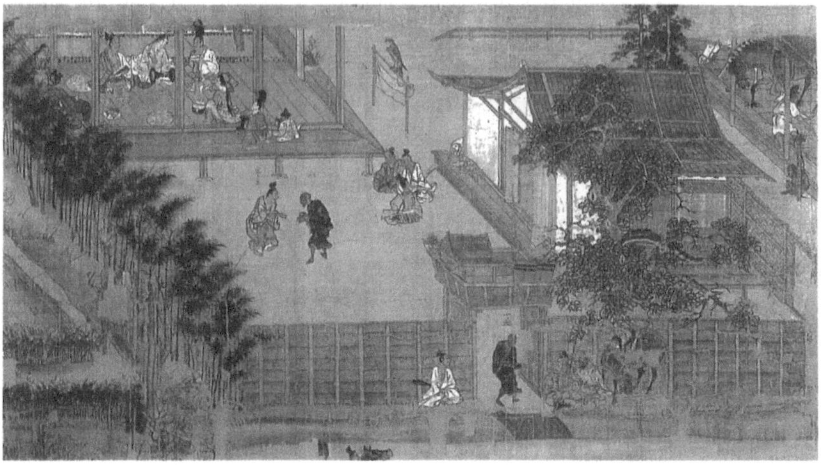

ア．武士の館は戦時の防衛のために，堀《ほり》に囲まれている。

イ．堀の内側には塀《へい》がめぐらされ，門には見張りを立てられるような施設《しせつ》がある。

ウ．館は貴族の寝殿造の流れをくむもので，部屋の中は畳《たたみ》が敷《し》き詰《つ》められている。

エ．戦時の武芸に必要な馬や，武芸訓練も兼《か》ねた狩りに使う鷹《たか》が飼われている。

問５　下のポスターは，昨年，JR中央線の駅で見かけたものです。これを見ると「○○公生誕500年」と書いてありました。500年も前に生まれた人が駅のポスターで紹介《しょうかい》されるほど，今でも地元山梨県では敬愛する人が多いそうです。戦《いくさ》に強かった「○○公」の○○を含むこの人物の名前と，敬愛される理由をこの人物の業績から考えて答えなさい。

（公益社団法人やまなし観光推進機構 HP より
一部改変）

問６　アメリカから近代の銀行制度を取り入れて，500以上の会社の設立にかかわったとされ，2024年度発行予定の新一万円札の肖像《しょうぞう》に決まった人物とは誰《だれ》ですか。次のページのふさわしい写真を選んで，名前も答えなさい。

ア

イ

ウ

エ

問７　写真Ａは，1951年に日本の代表として吉田茂首相が，48カ国とサンフランシスコ平和条約に調印した時の様子です。また，写真Ｂは，同じ日に日本とアメリカとの間で，条約を調印した時の様子です。アメリカ軍が引き続き日本に駐留《ちゅうりゅう》できることを約束したこの写真Ｂの条約名を答えなさい。

写真Ａ

（外務省 HP「写真提供：読売新聞社」より）

写真Ｂ

（朝日新聞「朝日学情ナビ」HP より）

問四　次の①②の――線部は慣用表現になっています。その□に入る漢字1字をそれぞれ記しなさい。

①　見知らぬ人の親切に思わず□が熱くなる。

②　彼《かれ》の作品は、□のうちどころがなく立派だ。

問五　次の文の［　］に当てはまる四字熟語を1つ選び、記号で答えなさい。

日々の努力が功を奏し、［　］の大記録を生み出すことができた。

ア　初志貫徹《かんてつ》　イ　粉骨砕身《さいしん》　ウ　前人未到《みとう》　エ　一心不乱

問六　次の文の――線部のことばを、＝＝線部の人物を敬う表現に改めなさい。

そのプレゼントは先生が私にくれたものです。

と、つつましく暮らしている家族の和を乱しそうな予感がした。

ウ　母は何が目的で自分の前に現れたのかがまったくわからなかったので、母と徳三さんの考えていることに強い警戒心《けいかいしん》を抱いた。

エ　徳三さんがどんな仕事をしているかわからず不安なうえに、あまりにも浮《う》かれている母を見て、この先大きな落とし穴があるに違いないと思った。

問二　――線②とは、どのようなことですか。最も適当なものを次の中から選び、記号で答えなさい。

ア　母親が徳三さんと結婚して得た裕福《ゆうふく》な生活を、ぼくにもさせてくれるということ。

イ　母親は裕福な生活をしていることを、ぼくに見せびらかしているということ。

ウ　母親の努力で得た財産を、ハワイで苦労するぼくにわけてくれるということ。

エ　母親が日本で得た優雅《ゆうが》な生活を、ハワイでぼくにも経験させてくれるということ。

問三　[X]に当てはまることばを文中からひらがな3字で抜《ぬ》き出《だ》して答えなさい。

問四　――線③とは、どのようなことですか。解答らんに合うように40字以上50字以内で答えなさい。

問五　――線④とありますが、その涙の意味として適当でないものを次の中から選び、記号で答えなさい。

ア　くやしさ　イ　うらめしさ

ウ　せつなさ　エ　ねたましさ

問六　――線⑤の解釈《かいしゃく》として最も適当なものを次の中から選び、記号で答えなさい。

ア　マレは思いもかけない出来事に、涙で山頂が見えなくなっている。

イ　母親の身勝手さへの怒《いか》りで、周囲が目に入らなくなっている。

ウ　十ドルという大金を手にして、自分自身動揺《どうよう》してしまっている。

エ　マレの心の曇《くも》りが、そのまま目にする風景に暗示されている。

三　次の問いに答えなさい。〈問題は問一から問六まであります。〉

問一　次の①～⑥について、――線部のカタカナを漢字に直しなさい。

①　アルプスをジュウソウする。

②　文学全集をドクハした。

③　ことばでセイイを示す。

④　文をカンケツにまとめる。

⑤　新記録をジュリツする。

⑥　害虫を取りノゾく。

問二　上のことばと反対の意味になるように、下のことばの□に漢字1字を入れなさい。

生産　⇔　□費

問三　次のことわざと反対の意味になるものを1つ選び、記号で答えなさい。

「立つ鳥あとを濁《にご》さず」

ア　旅の恥《はじ》はかき捨て　イ　急《せ》いてはことを仕損じる

ウ　思い立ったが吉日《きちじつ》　エ　後悔《こうかい》先に立たず

「帰ってきたやつがいるよ。向こうでも外国人だったって。日本語書けなかったから、中学校にはいれなかったって。たぶんだめだよ。ぼくは日本の学校ではやっていけない」

「そんなことないわよ。マレはちゃんと日本語学校に通ってるんだし……」

「そんなんじゃだめなんだよ、歯が立たないんだ」

「試《ため》しに来てみて、だめだったら、またこっちに戻ればいいじゃない」

かあさんはわかってない。

日本にいっぺん行って帰ってきたら、こんどはこっちでも「帰米」として、それまでとはちがう目で見られる。

「ぼくはアメリカ人だ。日本には行かない」

ぼくはそう言って立ちあがった。

「帰るよ」

かあさんは、残念そうに肩《かた》を落とした。

「じゃあ、みさをと広樹に伝えてくれない？　今週末まではここにいるから、会いにきてって」

「自分で言えばいいじゃないか。店に来て」

かあさんが馬鹿《ばか》にする小さな店に、かあさんが捨てた店に、と言いそうになって、そこまで言っては悪いと、なんとか踏《ふ》みとどまった。

「だって……じいちゃんがいるでしょ」

「ぼくは言わないよ。かあさんに会ったことも言わない。手紙書くなり、電報打ってもらうなり、自分でどうにかして」

ぼくはドアのほうに向かった。

「マレ、帰るの？　もうすぐ徳三さんが戻ってくるから、車で送ってあげる」

「いいよ。ひとりで帰れる」

ここから歩いたら、店に着くのは夜になっちゃうな、とぼくは思った。

かあさんはハンドバッグを開いて、ぼくのズボンのポケットにお札をねじこんだ。

「じゃあ、汽車で帰って。遅《おそ》くなるから」

かあさんは涙《なみだ》ぐんでいた。

「マレ、元気でね」

かあさんは、ぼくの肩を抱いた。また香水のにおいがした。

ホテルの玄関《げんかん》を出て、靴《くつ》を返してから、ヒロの駅に向かった。

歩きながら、涙が出た。

かあさんがいなくなって、④寂《さび》しくて泣いていたころとは、ちがう涙だ。

いなくなったうえに、もう一度かあさんに捨てられたような感じだ。

駅で、切符《きっぷ》を買おうとお札をたしかめると、十ドル札だった。みんながやってる耕地の仕事なら、いったい何日分の稼《かせ》ぎだろう。

プラットホームから、マウナケアを仰《あお》いだ。

⑤厚く雲がかかっていて、山頂は見えなかった。

（森川成美『マレスケの虹』による）

問一　――線①の説明として最も適当なものを次の中から選び、記号で答えなさい。

ア　母が昔と違《ちが》ってあまりにも派手な暮らしをしていたので、徳三さんはあまりよくない仕事をしてるのではないかと感じ、何だか心配になった。

イ　とてもお金持ちになっていた母が家族の前に姿を現してしまう

で、汁《しる》の出るマンゴーなんて食べたくない。

「マレ、いっしょに日本に戻ろう」

かあさんは、いきなりそう切りだした。

「え？」

「徳三さんにマレの将来のこと、相談したの。そうしたら、マレの年なら、中学二年に編入させてもらったらいいだろうって、言ってくれたの。徳三さんが言うには、日本では、小学校を出て高等小学校に行く人もたくさんいるけれど、高等小学校ではなくて中学校にはいっておけば、その先、高等学校にも進学できるし、大学にもはいれるからって」

「な、なんでぼく？」

びっくりして、とっさにそう答えた。

これはかあさんが、②もらったお菓子をぼくに分けてくれるっていうことなんだろうか？　それにしても、ねえちゃんでなく、にいちゃんでなく、なぜ、ぼくだけに？

「私、さびしいんだもの」

かあさんは、甘《あま》えるように言った。

「家族がほしいのよ。子どもが結婚するところも見たいし、孫の世話だってしてみたいでしょ」

ぼくは、ほおばったバナナを、むりやり飲みこんだ。

「バナナ、もう一本食べなさいな」

かあさんは言った。

「徳三さんって、なにしてる人なの？」

ぼくはようやくきくべきことを思いついた。

「実業家よ」

「どこで知りあったの？」

「東京で。私が働いているお店に、お客さんで来たの。ハワイに住んでいたって言ったら、ぼくはハワイが好きで、一度行ってみたいんだ、いろいろ教えて、って」

なるほど、とぼくは納得《なっとく》した。

だからあちこち見てまわれて、飛行機にも乗れるんだ。お金がある。

「徳三さんの家はすごく大きいの。メイドさんもいるわ。東京に来れば、マレは自分の勉強部屋を持てるわよ。そして電車で学校に通うといいわ」

「ねえちゃんは？　にいちゃんは？」

「あのふたりは、こっちで暮らすんでしょ。みさをは就職したんだし、広樹は店をつぐんだし」

かあさんはちょっと冷たく言った。

「マレはまだ、どうするか決まってないんだから」

そうか、そういうことか。本土の大学に行けという、じいちゃんと同じだ。

ぼくは将棋《しょうぎ》の持ち駒《ごま》みたいなもんだ。

縛《しば》りがないから、どこにでも打てる。

X の都合で。

そう思うと、なんだか急に腹が立ってきた。

シュンの言葉を思いだす。

③どっちにいても外国人だって。

「日本には行きたくない」

ぼくはぶっきらぼうに言った。

問六　本文の内容に合っているものを次の中から2つ選びなさい。

ア　ハダカデバネズミは普通のネズミと違《ちが》い、酸素が少ない環境では生きられない。

イ　ミツバチの働きバチはフェロモンの働きによって、一時的に卵を産めなくなる。

ウ　すべての生き物にとっての死の意味とは、「変化」と「選択」を実現することにある。

エ　生き物が生まれてくるのは必然だが、死は理由もなく突然《とつぜん》おとずれるものである。

オ　子孫を残さないで死ぬ生き物は、次世代の生き物にとって役に立たないものである。

カ　人はハダカデバネズミのような生活ができたとしても、絆を失う悲しみは消えない。

二

次の文章を読んで、後の問いに答えなさい。〈問題は問一から問六まであります。〉

《本文までのあらすじ》

希典《まれすけ》（マレ）はハワイのヒロに暮らす日系二世の中学生。「じいちゃん」の開いた店の手伝いをしつつ「にいちゃん」（広樹《ひろき》）「ねえちゃん」（みさを）と暮らしている。五年前インフルエンザで父と祖母を失い、「かあさん」は家を出て日本に戻《もど》ってしまった。ある日、じいちゃんから、お前は本土（アメリカ本土）の大学に行けと言われて戸惑《とまど》う。その戸惑いも消えぬうちに、かあさんと偶然《ぐうぜん》再会し、徳三《とくぞう》さんの運転する高級車に乗せられる。かあさんは徳三さんとのハネムーン（新婚《しんこん》旅行）でハワイに来たという。じいちゃんの店をばかにしたり、飛行機で遊覧飛行をしたり、香水《こうすい》をつけて女優のような服装をする母親にマレは違和感《いわかん》を抱《いだ》いた。

かあさんは、どこに行った、なにを食べた、どこで遊覧船に乗った、などとまるで少女のようにしゃべり続けている。

家にいたころのかあさんは、ぼくらみんなのものだった。かあさんは自分がもらったお菓子でも、ぼくらに分けあたえてくれた。たとえ自分は食べなくても。

でも今のかあさんは、もらったものをぼくに見せびらかしている。

あのころより大きくなったぼくは、本当なら、大人っぽく、よかったねと言うべきなんだろう。

でも、なんだか、そんな気になれなかった。

それにしても、と、ぼくはかあさんの話をききながら、徳三という人のうしろ頭を見ていた。

ハネムーンとはいえ、そんな豪勢《ごうせい》な旅ができるなんて。そして、この新型のセダン。借りたんだろうか、買ったんだろうか。

いったいどんな人なんだろう。かあさんが結婚《けっこん》したこの徳三という人は。

①なんだか胸《むね》さわぎがした。

車は、いつの間にかヒロの町にはいり、ロイヤル・ヒロ・ホテルの前に着いた。

《　中略　》

かあさんは、テーブルの上の果物を、食べろと言った。

ぼくはバナナを取って、ソファーに座《すわ》った。こんなきれいなところす。第1章から見てきた通り、生物はミラクルが重なってこの地球に誕生し、多様化し、絶滅《ぜつめつ》を繰り返して選択され、進化を遂《と》げてきました。その流れの中でこの世に偶然にして生まれてきた私たちは、その奇跡《きせき》的な命を次の世代へと繋《つな》ぐために死ぬのです。命のたすきを次に委ねて「※利他的に死ぬ」というわけです。

　生きている間に子孫を残したか否《いな》かは関係ありません。生物の長い歴史を振《ふ》り返《かえ》れば、子を残さずに一生を終えた生物も数えきれないほど存在しています。地球全体で見れば、全ての生物は、ターンオーバーし、生と死が繰り返されて進化し続けています。生まれてきた以上、私たちは次の世代のために死なければならないのです。

「死」をこのように生物学的に定義し、肯定《こうてい》的に捉《とら》えることはできますが、ヒトは感情の生き物です。死は悲しいし、できればその恐怖《きょうふ》から逃《のが》れたいと思うのは当然です。たとえハダカデバネズミ的な生活を真似《まね》ることに見事成功し、健康寿命が延びて理想的な「ピンピンコロリの人生」が送れたとしても、やはり③自分という存在を失う恐怖は、変わりありません。ではこの恐怖を、私たちはどう捉えたらいいのでしょうか。

　答えは簡単で、この恐怖から逃れる方法はありません。この恐怖は、ヒトが「共感力」を身につけ、集団を大切にし、他者との繋がりにより生き残ってきた証《あかし》なのです。

　ヒトにとって「共感力」は、何よりも重要です。これは「同情する」ということだけではありません。ヒトは、喜びを分かち合うこと、自分の感覚を肯定してもらうことで幸福感を得ます。美味《おい》しい料理を二人で食べて「美味しいね」と言うだけで、さらに美味しく感じられるのがヒトなのです。そしてこの共感力はヒトとヒトの「絆《きずな》」となり、社会全体をまとめる骨格となります。

　ヒトにとって「死」の恐怖は、「共感」で繋がり、常に幸福感を与《あた》えていてくれたヒトとの絆を喪失《そうしつ》する恐怖なのです。また、自分自身ではなく、共感で繋がったヒトが亡《な》くなった場合も同じです。そしてその悲しみを癒《い》やす、別の何かがその喪失感を埋《う》めるまで、悲しみは続くのです。

（小林武彦『生物はなぜ死ぬのか』による）

※注　正のスパイラル…良いことが良いことを呼び、それが次々と重なること。
ターンオーバー…古いものを分解して新しく作《つく》り替《か》え、生まれかわること。
利他的…他人の利益を優先するさま。

問一　――線①とありますが、ハダカデバネズミの長寿の原因となる特徴を文中から2つ、それぞれ5字以内で抜《ぬ》き出《だ》して答えなさい。

問二　[A]に入れるのに最も適当なことばを文中から抜き出して答えなさい。

問三　[X]・[Y]・[Z]に入ることばの組み合わせとして最も適当なものを次の中から選び、記号で答えなさい。

ア　X　一方　Y　つまり　Z　また
イ　X　つまり　Y　一方　Z　また
ウ　X　また　Y　つまり　Z　一方
エ　X　また　Y　一方　Z　つまり

問四　――線②とありますが、それはなぜですか。「進化」ということばを必ず用いて25字以上30字以内で答えなさい。

問五　――線③とありますが、人間にとっての死の「恐怖」について簡明に述べている1文を文中から抜き出し、はじめとおわりの3字を記しなさい。

　女王以外の個体は、それぞれ仕事を分業しています。例えば、護衛係、食料調達係、子育て係、布団《ふとん》係などなど、です。布団係はゴロゴロして子供のネズミを温め体温の低下を防ぎます。寝《ね》るのが好きな個体には、人気の職種かもしれません。真社会性の大切なことは、これらの分業により仕事が効率化し、1匹あたりの労働量が減少することです。実際に布団係以外の多くの個体もゴロゴロ寝て過ごす姿が見られます。こうした労働時間の短縮と分業によるストレスの軽減が、寿命の延長に重要だったと思われます。そして寿命の延長により、「教育」に費《つい》やせる時間が多くなり、分業がさらに高度化・効率化し、ますます寿命が延びたというわけです。まさに、寿命延長の※正のスパイラルによって通常のネズミの10倍もの長生きが可能になったわけです。

　そして肝心《かんじん》の死に方ですが、これがまた不思議で、若齢《じゃくれい》個体と老齢《ろうれい》個体でその死亡率にほとんど差がありません。つまり年をとって元気のない個体がいないのです。何が原因で死ぬのかはわかっていませんが、死ぬ直前までピンピンしています。まさにピンピンコロリで理想的な死に方です。

《　中略　》

　ハダカデバネズミの特徴については、第3章でお話ししました。ここではそれをおさらいしながら、ハダカデバネズミのどのような特徴が長寿に結びついたのか、考察してみましょう。

　まず、「進化が生き物を作った」という観点から、どのような選択《せんたく》の結果、長寿になったのか想像していきます。ハツカネズミもハダカデバネズミも、祖先は同じ小型のネズミでした。小型の祖先ネズミは陸上と地下の両方で暮らしていました。地下は巣穴だったのかもしれません。偶然《ぐうぜん》の「変化」が起こり、地下で長く生活できるものが出てきました。ヘビなどの天敵から身を守るための「選択」も働いたのかもしれません。あるいは、環境の変化で地下のほうが快適になったのかもしれません。地下の穴の中でも、また変化と選択が起こり、低酸素でも活動できるもの、栄養が少なくても生きられるもの、そして狭《せま》い穴の中でも仲良く協力して暮らせるものが、選択されてきました。このときに、ネズミの繁殖《はんしょく》力の強さ、世代交代の短さが進化速度を加速したと思われます。

《　中略　》

　これまでお話ししてきたことで、生物共通の「死」の意味が見えてきたでしょうか。生き物にとって死とは、進化、つまり「変化」と「選択」を実現するためにあります。「死ぬ」ことで生物は誕生し、進化し、生き残ってくることができたのです。

　化学反応で何かの物質ができたとします。そこで反応が止まったら、単なる塊《かたまり》です。それが壊《こわ》れてまた同じようなものを作り、さらに同じことを何度も繰《く》り返《かえ》すことで多様さが生まれていきます。やがて自ら複製が可能な塊ができるようになり、その中でより効率良く複製できるものが主流となり、その延長線上に「生物」がいるのです。生き物が生まれるのは偶然ですが、死ぬのは必然なのです。壊れないと次ができません。これはまさに、本書で繰り返してきた「※ターンオーバー」そのものです。

　―― Z 、死は生命の連続性を維持する原動力なのです。本書で考えてきた「生物はなぜ死ぬのか」という問いの答えは、ここにあります。

　②「死」は絶対的な悪の存在ではなく、全生物にとって必要なもので

【国　語】〈五〇分〉〈満点：一〇〇点〉

【注意】句読点（、や。）その他の記号（「や〃など）は1字分として数えます。

一　次の文章を読んで、後の問いに答えなさい。〈問題は問一から問六まであります。〉

ネズミの中には、体が小さいにもかかわらず食われて死なないタイプのものもいます。ハダカデバネズミがそれに当てはまります。ハダカデバネズミは、その名の通り毛がなく出っ歯で、アフリカの乾燥《かんそう》した地域にアリの巣のような穴を掘《ほ》りめぐらし、その中で一生を過ごします。

天敵は時折ヘビが侵入《しんにゅう》してくるくらいで、あまりいません。そのため体長は10センチメートルとハツカネズミとほぼ同じ大きさですが、ハツカネズミ的死に方、つまり、より早く成熟してより多くの子孫を残して食べられて死ぬ、ということにはならずに寿命《じゅみょう》を全《まっと》うできます。その寿命は、なんとハツカネズミの10倍以上の30年。ネズミの仲間では最長です。

①ハダカデバネズミが長寿《ちょうじゅ》になったのは、天敵が少ないためだけではありません。そこには、長寿を可能にする重要なヒントが隠《かく》されています。まず、低酸素の生活環境《かんきょう》です。深い穴の中で、１００匹《ぴき》程度が集団生活を送っているため、酸素が薄《うす》い状態に適応しています。普通《ふつう》のネズミは酸素がなくなると5分程度で死んでしまうのに対し、もともと酸素が少ない環境で生活しているハダカデバネズミは20分以上生きていられます。体温も非常に低く(32度)、そのため体温を維持《いじ》するエネルギーが少なくていいので、食べる量も少なくてすみます。これらの性質はハダカデバネズミの代謝が低い、つまり省エネ体質であることを示しています。

省エネ体質のさらに有利な点は、エネルギーを生み出すときに生じる副産物の活性酸素が少ないということです。活性酸素は、生体物質（タンパク質、ＤＮＡや脂質《ししつ》）を酸化、つまり錆《さ》びさせる作用がある老化促《そく》進《しん》物質です。これらが少ないということは、細胞《さいぼう》の機能を維持する上で有利です。

例えばＤＮＡが酸化されると遺伝情報が変化しやすくなり、がんの原因となりますが、そのリスクが減ります。興味深いことに、実際にハダカデバネズミは全くがんになりません。これは長寿に相当貢献《こうけん》しています。［ X ］、狭《せま》いトンネルの中で暮らしているため、体に多くのヒアルロン酸が含《ふく》まれ、皮膚《ひふ》に弾力性《だんりょくせい》を与《あた》えています。このヒアルロン酸も抗《こう》がんの作用があることが最近の研究で判明しました。

省エネ体質に加えて、もう一つの長寿の原因となる特徴《とくちょう》は、ハダカデバネズミは哺乳類《ほにゅうるい》では珍《めずら》しく真社会性をとる生き物であることです。真社会性とは、ミツバチやアリなどの昆虫《こんちゅう》で見られる女王を中心とした［ A ］制です。ハダカデバネズミは１００匹程度の集団で暮らしていますが、その中で1匹の女王ネズミのみが子供を産みます。ちょうどミツバチの女王バチのようです。ミツバチの場合、働きバチは全てメスで、それらは生まれながら子供を産めません。［ Y ］、ハダカデバネズミの女王以外のメスは、女王ネズミの発するフェロモンによって排卵《はいらん》が止まり、子供が一時的に産めなくなっています。女王ネズミが死んでいなくなるとフェロモンの影響《えいきょう》も受けないため、排卵が復活した別のメスが女王になり、子供を産み始めます。

MEMO

大切なことはメモしておこうネ！

第1回

2022年度

解　答　と　解　説

《2022年度の配点は解答欄に掲載してあります。》

＜算数解答＞

【1】 (1)　11　　(2)　22　　(3)　$1\frac{7}{10}$[1.7]　　(4)　$\frac{1}{2}$[0.5]

【2】 (1)　7.5km　　(2)　月曜日　　(3)　240g　　(4)　190円　　(5)　毎分8m

(6)　25.12cm　　(7)　400m^2

【3】 (1)　24個　　(2)　12個　　(3)　①　9個　　②　29628

【4】 (1)　毎分50cm^3　　(2)　10　　(3)　48　　(4)　10

○推定配点○

【1】　各5点×4　　【2】　各5点×7　　【3】　(3)　各6点×2　　他　各5点×2

【4】　(1)　5点　　他　各6点×3　　計100点

＜算数解説＞

【1】 (四則混合計算，計算の工夫)

基本 (1)　計算の順番を考えてから取り組む。小かっこの中から，かけ算・わり算はたし算より先に計算する。①3＋4＝7，②7×5＝35，③35÷7＝5，④5＋6＝11

基本 (2)　小数は分数にしてから計算する。分数のわり算は逆数をかけ算する。3÷0.25÷0.75×1.375 $=3\div\frac{1}{4}\div\frac{3}{4}\times 1\frac{3}{8}=\frac{3}{1}\times\frac{4}{1}\times\frac{4}{3}\times\frac{11}{8}=22$

(3)　計算の順番を確認してから計算する。分数のわり算は逆数をかけ算する。①$\frac{3}{5}-\frac{1}{8}=\frac{24}{40}-\frac{5}{40}=\frac{19}{40}$，②$1\frac{3}{4}-\frac{7}{6}=\frac{21}{12}-\frac{14}{12}=\frac{7}{12}$，③$\frac{19}{40}\div 2\frac{3}{8}=\frac{19}{40}\times\frac{8}{19}=\frac{1}{5}=0.2$，④$\frac{7}{12}\times 2\frac{4}{7}=\frac{7}{12}\times\frac{18}{7}=1\frac{1}{2}=1.5$，⑤$\frac{1}{5}+1\frac{1}{2}=1\frac{7}{10}=1.7$

(4)　計算の順番を確認してから，小数は分数にしてから計算する。①$\frac{1}{3}-\frac{1}{4}=\frac{4}{12}-\frac{3}{12}=\frac{1}{12}$，②$\frac{1}{8}-\frac{1}{16}=\frac{1}{16}$，③$\frac{1}{12}\times 24=2$，④$\frac{1}{16}\times 16=1$，⑤2－1＝1，⑥$1\times\frac{1}{3}=\frac{1}{3}$，⑦$\frac{5}{6}-\frac{1}{3}=\frac{5}{6}-\frac{2}{6}=\frac{3}{6}=\frac{1}{2}=0.5$

【2】 (縮尺，暦算，濃度，消去算，流水算，図形の移動)

基本 (1)　実際の距離は地図の250000倍，3cm×250000＝750000cm＝7500m＝7.5km

(2)　3月31日は3月1日の31－1＝30(日後)，4月30日は30＋30＝60(日後)，60÷7＝8余り4，60日後が金曜日なので，火水木金より，3月1日は月曜日である。

重要 (3)　8％の食塩水400gに含まれる食塩の重さは400×0.08＝32(g)，32gが全体の5％になるので，全体は32÷0.05＝640(g)，よって加えた水の重さは640－400＝240(g)

(4)　B＝A＋60，C＝A＋80なので，A×2＋B×4＋C×3＝A×2＋(A＋60)×4＋(A＋80)×3＝A×2＋A×4＋240＋A×3＋240＝A×(2＋4＋3)＋240＋240＝1470(円)，A×9＝1470－480＝990，A＝990÷9＝110(円)，C＝110＋80＝190(円)

(5)　1.2km×1000＝1200m，上りの分速は1200m÷50分＝24(m/分)，下りの分速は1200m÷30分＝40(m/分)，川の流れの速さ＝(下りの速さ－上りの速さ)÷2より，川の流れの速さは(40－24)÷2＝8(m/分)

(6)　図形を移動させると図1のようになる。求める部分の曲線は半径3cm中心角120°のおうぎ形の弧の長さの4つ分 $3\times2\times3.14\times\frac{120}{360}\times4=8\times3.14=25.12$ (cm)

図1

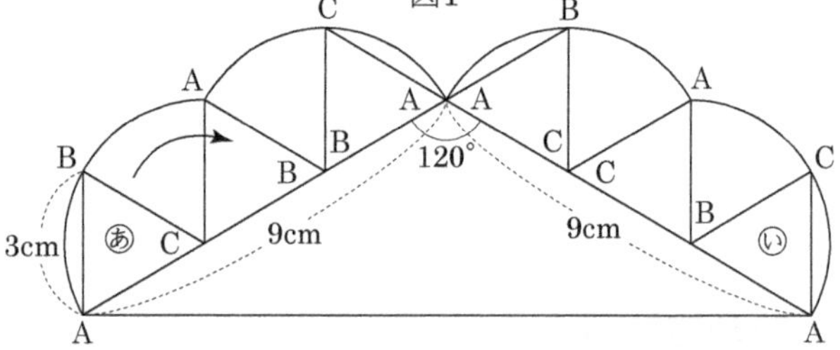

(7)　正面，右から見た図を書いて相似比を利用し，上から見た影がどうなるか書いて考える。図2参照。$(5+10)\times(10+20)-5\times10=450-50=400$ (m²)

図2

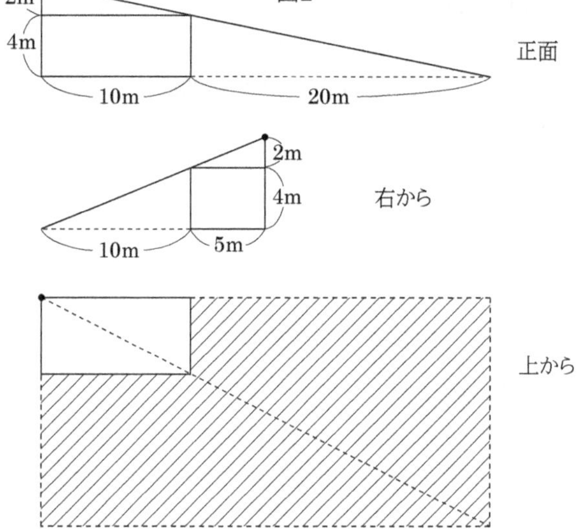

【3】(論理)

基本　(1)　千の位に1を並べた場合，百の位，十の位，一の位の並べ方は234，243，324，342，423，432の6通り，千の位に2，3，4を並べるとそれぞれ6通りづつ整数が作れるので，全部で6×4＝24(通り)

(2)　奇数になるのは，千の位に1を並べた場合，1243，1423の2通り，千の位に2を並べた場合，2143，2341，2413，2431の4通り，千の位に3を並べた場合，3241，3421の2通り，千の位に4を並べた場合，4123，4213，4231，4321の4通り，全部で2＋4＋2＋4＝12(通り)

やや難　(3)　①　書いて調べる。条件にあうのは2143，2341，2413，3142，3412，3421，4123，4312，4321の9通り

②　①で書き出した9つの整数の和を求める。工夫して計算する。千の位は2，3，4が3つずつ，百の位は1，3，4が3つずつ，十の位は1，2，4が3つずつ，一の位は1，2，3が3つずつあるので，(2＋3＋4)×3×1000＋(1＋3＋4)×3×100＋(1＋2＋4)×3×10＋(1＋2＋3)×3＝27000＋2400＋210＋18＝29628

【4】(水位とグラフ)

重要　(1)　水を入れはじめて4.5分間に仕切りより右の部分に高さ1.5cmまで1本の管から入るので，$15\times10\times1.5\div4.5=\frac{15\times10\times\cancel{1.5}^{1}}{{}_{3}\cancel{4.5}}=50$ (cm³/分)

(2)　アの部分に水が入るのにかかる時間は7.5－4.5＝3(分)，アcm：15cm＝3分：4.5分＝2：3，内項の積と外項の積は等しいので，ア＝15×2÷3＝10

(3)　排水が始まるまでに水そうに入る水の体積は(10＋15)×10×4＝1000(cm³)，排水が始まるまでにかかる時間は1000÷50＝20(分)，よって，排水した水の量は15×(60－20)＝600(cm³)，満水までに入った水の量は1000＋(10＋15＋25)×10×4＋600＝3600(cm³)，イ分までは毎分50cm³ずつ，イ分以降は毎分100cm³ずつ入れて，合計60分で満水になる。60分間ずっと100cm³ずつ入れると100×60＝6000(cm³)，実際は3600cm³なので，(6000－3600)÷(100－50)＝2400÷50＝48(分)

やや難 (4) グラフより，管1本で43分間入れその後2本になっているのがわかる。入れた水の量は，50×43＋100×(55－43)＝2150＋1200＝3350(cm^3)，水そうに入る水の量は3000cm^3なので，排水量は3350－3000＝350(cm^3)，350÷(55－20)＝10(cm^3)

★ワンポイントアドバイス★

基礎的な問題を丁寧に取り組むよう日頃から練習すると同時に，応用的な問題も取り組むことが必要だ。応用的な問題では，考え方をわかりやすく書くことを意識して取り組む練習をするとよいだろう。

<理科解答>

【1】 Ⅰ A (1) 酸素 (2) 作用 (3) 二酸化炭素 (4) 地球
(5) ツキノワグマ Ⅱ (1) ⑤ (2) ② (3) ① (4) ⑤ (5) ②

【2】 (1) 前 ⑤ 後 ④ (2) ウ (3) ⑤，⑥ (4) ①，③ (5) ②

【3】 (1) ボーリング (2) 0.6mm (3) ③ (4) 0.4mm (5) 70m

【4】 (1) 2.4秒 (2) 160g (3) 9.6秒 (4) 1.2秒 (5) ⑦

【5】 (1) ④ (2) ろ過 (3) 沸とう (4) ③
(5) ア ④ イ ⑦ ウ ⑪

○推定配点○

【1】 各1点×10 【2】～【5】 各2点×20(【2】(1)・(3)・(4)，【5】(5)各完答) 計50点

<理科解説>

基本 **【1】** (小問集合)

Ⅰ (1) 過酸化水素水(透明な液体)を二酸化マンガン(黒色の固体)が酸素と水に分解する。二酸化マンガンは，自分自身は変化せず，ほかの物質の変化を助ける触媒である。

(2) (おもりの重さ)×(作用点から支点までの距離)＝(力の大きさ)×(力点から支点までの距離)の関係が成り立つので，作用点を支点に近くするほど小さい力で動かすことができる。

(3) 光合成に必要なのは二酸化炭素と水と光のエネルギーである。

(4) 月食は満月のときに地球が太陽の光をさえぎるために起き，左側から欠けていく。

(5) 人里に出没するクマはツキノワグマで，クマの生活圏と人の生活圏が隣接する場所で出没する。

Ⅱ (1) アルコールランプで加熱したとき，水は気体の水蒸気，砂糖水は気体の水蒸気，アンモニア水は気体のアンモニアと水蒸気，ドライアイスは昇華して気体の二酸化炭素をそれぞれ発生する。食塩は気体を発生しない。

(2) オニヤンマなどトンボの幼虫はヤゴで，水中で生活し，さなぎにならず羽化する。

(3) 夕方南中するのは上弦の月のときであり，影は太陽と反対側の左側にできる。

(4) 化石燃料の石油(ガソリン・灯油)・石炭・天然ガスなどは燃焼し二酸化炭素を発生するが，水素は燃焼して酸素と結びつき水となるので二酸化炭素を発生しない。

(5) 発光ダイオードには＋極と－極があり，電流が逆に流れると光らない。手回し発電機は，

ハンドルを回しているときだけ電流が流れ，逆に回すと電流は逆に流れる。

【2】 (生物－動物)

基本 (1) からだの最も前には目が耳より前に，最も後ろには尾がついている。心臓・肺・胃は体の中心部よりやや前方の位置にある。

(2) 中心から前方に向かった両側と言う事は右と左を表している。左右の軸はウである。

(3) 二足歩行の人間の前後を表すからだのつくりとしてふさわしいのは腹と背である。

(4) ★の方向に進むので，①側が前とわかる

重要 (5) ★側が前なので，★側を前として①から③を前後軸として観察すると写真Cに写っている貝殻は左側となる。

【3】 (天体・気象・地形－流水・地層・岩石)

基本 (1) 筒状のものを地面に深く差し込み，地層をそのまま採集して調査する方法をボーリング(調査)という。

基本 (2) 図3では明るい部分と暗い部分の組が10組あることから10年分であることがわかるので，1年間に6mm÷10＝0.6(mm)地層ができることがわかる。

(3) 15m＝15000mmより15000mm÷0.6mm＝25000より2万5千年前に火山灰が積もったことがわかる。

(4) 水月湖は1年間で0.6mm地層が増えるのでそのその体積は水月湖の面積4km^2×0.6mmより，240000000mm^{3}だから山の斜面の面積で割ると240000000mm^3÷600000000mm^2＝0.4mmけずられていることなる。

(5) 水月湖に1年間で周囲の大地の動きにより標高は0.6mm低くなる。加えて，台風などの強い雨によって1年間で0.4mmけずられるので，1年間で0.6mm＋0.4mmで1mm低くなると考えられる。7万年では1mm×7万年＝7万mm＝7000cm＝70(m)低くなると考えられる。

【4】 (力のはたらき－物体の運動)

基本 (1) 表Ⅰより引いた距離が変化しても周期は2.4秒のまま変わらないので，引いた距離が5cmになっても周期は一定で2.4秒である。

(2) 表2より小球の重さが10gから40gで4倍になると周期は2.4秒から4.8秒で2倍に，小球の重さが10gから90gで9倍になると周期は2.4秒から7.2秒と3倍になっている。このことから周期が□倍になるとき小球の重さは□×□倍になることがわかるので，周期を2.4秒から9.6秒の4倍にするためには4×4＝16(倍)の160gの小球の重さが必要である。

(3) ばねcは小球が10gで引いた距離が2cmのとき周期は4.8秒である。引いた距離は周期に関係なく，小球の重さが10gから40gの4倍になると周期は2倍になるので4.8×2＝9.6(秒)となる。

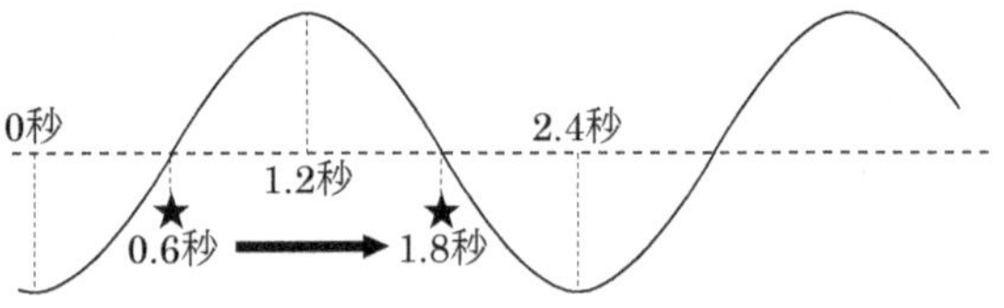

(4) 10gの小球の周期は引く距離に関係なく一定で2.4秒である。ばねを下に引いてからのようすは右図のようになり左が図3の★で，右が図5の★である。はじめを0秒とすると右図のように図4の実線の波形から図5の波形になるまでの時間は1周期の半分と考えられるので2.4秒÷2＝1.2(秒)である。

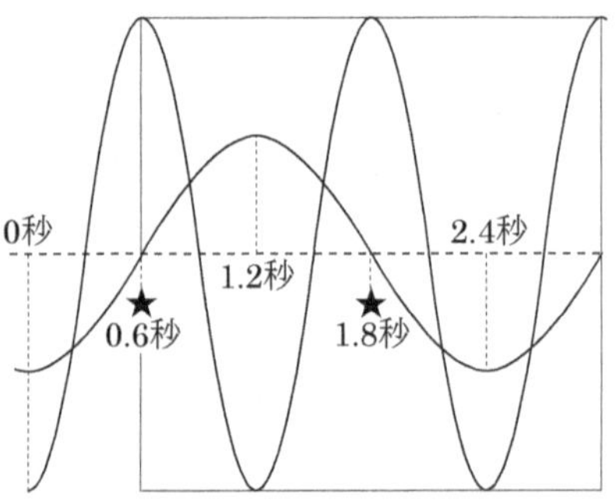

重要 (5) ばねbの周期はばねaの半分で引いた距離が2倍なので振幅は2倍になると考えられる。(4)の図に重ねると，

前ページの図のようになる。図3の曲線になるのはばねaの周期で$\frac{3}{4}$周期で2.4秒×$\frac{3}{4}$＝1.8(秒後)となる。これは，ばねbの周期では1.8(秒)÷1.2(秒)＝1.5(周期後)となるので右図の□で囲った波形となり⑦とである。

【5】(物質と変化－気象)

(1)　①はろ過，②は蒸留，③は蒸発，⑤は温度による溶解度の減少を利用している。④が昆布に含まれているうまみ成分を溶けださせて出汁を取る抽出である。

(2)　コーヒー豆の粉末がフラスコに落ちないようにろ紙のフィルターを使ってろ過している。

(3)　フラスコの下が加熱され，水が沸点に達して水蒸気になっている現象で，沸とうである。

(4)　加熱している間は水が沸とうして水蒸気になり体積が増えるので，フラスコ内の気圧が高くなり上のろうとに水が上がるが，加熱を止めると水蒸気が冷やされて水に戻るので体積が小さくなり気圧が下がり，一気にフラスコにコーヒーがたまる。

(5)　塩酸と石灰石で発生するのは二酸化炭素である。集気びんの中には空気より重い二酸化炭素と空気がたまっている。栓Dを閉じると中央部Bに発生した二酸化炭素が気圧を高くするので塩酸を中央部Bから下部C，上部Aと押し上げる。

★ワンポイントアドバイス★

【2】は，初めて見るような問題だがしっかり問題文を読んで考えよう。【3】と【4】の計算問題は，難しいものもあるので時間をかけすぎないように，場合によっては飛ばして次の問題を解くなどスピーディーに解く工夫をしよう。

＜社会解答＞

[1]　問1　イ　　問2　イ　　問3　木簡　　問4　(例)　竹や紙などの材料の産地が近く，手に入りやすいから。　　問5　(例)　自転車のかごに広告をつけて，レンタルサイクルとして貸し出す。　　問6　エ　　問7　(例)　先進国は，これまで主要な排出国だったから。
(例)　ツバルなどはすでに非常に深刻な脅威にさらされているから。

[2]　問1　ウ　　問2　オ　　問3　ウ→ア→イ→エ　　問4　エ　　問5　日米修好通商条約
問6　ア　　問7　ウ　　問8　ウ　　問9　(例)　天候に左右されにくいから。
問10　エ　　問11　エ　　問12　いわみ　　問13　(例)　チーム名　羽田ブルーウィングス　　由来　空港があるため，青空と飛行機の翼から名付けた。

[3]　問1　ウ　　問2　イ　　問3　ウ　　問4　源頼朝　　問5　(例)　雨天時など川が渡れず，人々が宿場町に留まり，町がうるおうから。　　問6　(例)　道路と鉄道の両方に使われている橋であること。　　問7　イ

○推定配点○

[1]　問3　2点　　問4・問5　各3点×2　　問7　4点　　他　各1点×3

[2]　問3・問5・問12　各2点×3　　問9・問13　各3点×2　　他　各1点×8

[3]　問4　2点　　問5　4点　　問6　5点　　他　各1点×4　　　計50点

＜社会解説＞

1 (三分野総合問題)

問1　移動中の屋外では，日傘が1番必要になる。また，それに加えて車内ではうちわの使用も効果的である。暑さ対策なので，汗ふきシート・爽快シートなどは，どこにいても必要となる。

問2　アは乗用車，イはルームエアコン，ウはパソコン，エは薄型テレビとなる。

やや難　問3　扇子とは，扇(あお)いで風を起こす道具の一つである。また，儀礼や芸能で用いられる。古くは扇(おうぎ)と呼ぶのが普通であった。平安時代にあった木簡を閉じ合わせて，初めて作られたといわれている。

問4　この歌から，団扇を作るために必要な竹や紙などの材料が，香川県丸亀地方に豊富にあったと考えられる。

問5　いろいろ考えられるが，貸し出そうとするものや道具に，その広告などを付けてやると，人々が，その道具などを役立てようという気になると考えられる。

問6　1人あたりの二酸化炭素排出量は，(国の二酸化炭素排出量)÷(国の人口)で算出できる。それによると1位アメリカ合衆国(15.0)，2位ロシア(10.9)，3位日本(8.5)，4位中国(6.7)，5位インド(1.7)となる。

重要　問7　歴史的に見て，地球温暖化の原因である二酸化炭素排出は，先進国によってなされていた。また，温暖化による海面上昇で，ツバル，キリバスなどの太平洋上の小国の中には，存続の危機に面している国がある。

2 (日本の地理―日本の国土と自然，農業，工業，運輸・通信，商業・経済一般，時事問題，地理と歴史の総合問題)

問1　乳用牛・ブロイラーの飼育は，北海道や鹿児島県で特に盛んである。

基本　問2　Aは花笠祭(山形県)，Bはねぶた祭(秋田県)，Cは竿灯祭(青森県)をあらわしている。

問3　ウ：初の武家諸法度(1615年)→ア：参勤交代(1635年)→イ：享保の改革で目安箱設置(1721年)→エ：大政奉還(1867年)。

問4　アは船舶，イは鉄道，ウは自動車，エは航空機である。航空輸送は，高速性，快適性などに優れ，軽くて高価なものや緊急性の高いものを輸送するのに適している。

問5　1858年に日本とアメリカ合衆国の間で結ばれた，日本最初の通商条約が，日米修好通商条約である。当時の日本は，1854年にペリーが来航して結んだ「日米和親条約」で開国をしたばかり。しかし，この時は下田と函館の2つを開港してアメリカの船や人の立ち寄りは許可していたが，貿易自体はしていなかった。そこへアメリカ総領事として下田に着任していたハリスが，通商条約締結を要求・説得してきたことで調印された。

問6　選択肢の中で浜松市以外は，石油化学工業が盛んな代表的な都市である。浜松市は伝統的に繊維，楽器，輸送用機器などの産業を中心とし発達してきた。

やや難　問7　伝統工芸品による各都道府県の特色を広めようとする背景には，伝統技術の後継者の不足，過疎化の進行，伝統文化への関心の高まりなどがあげられる。消費税の引き上げは，その背景とは関連がない。

問8　ウの小豆島は，エの淡路島の西側に位置する。

問9　太陽光や風力の電力供給は，天候に左右されやすいが，地熱発電や温泉発電は気候や天候に左右されずに安定した電力の供給ができる。

問10　富山市は，冬に降水量が多い日本海側の気候で，エに当たる。アは気温が低く，降水量が少ない北海道の気候で札幌市である。イは降水量が少なく，季節による最低気温と最高気温の差が激しい内陸の気候で松本市である。ウは太平洋から吹くしめった季節風により夏に降水量が多く太平洋側の気候で静岡市である。

問11　戦国大名の前田利家は，安土桃山時代に活躍した。当時の桃山文化に属するものは，エの唐獅子図屏風(狩野永徳作)である。

重要 問12　石見銀山は，島根県大田市にある，戦国時代後期から江戸時代前期にかけて最盛期を迎えた日本最大の銀山(現在は閉山)である。最盛期に日本は世界の銀の約3分の1を産出したとも推定されるが，当銀山産出の銀がそのかなりの部分を占めたとされる。

問13　さまざまなチーム名とその由来が考えられるが，歴史的に見てその地方の特色となるものにちなんだチーム名がよい。そして，歴史的な由来が，人々の関心を高める。

3 (日本の歴史―弥生時代から大正時代，歴史と政治の総合問題)

基本 問1　小田原の北条氏は，豊臣秀吉に滅ぼされた。秀吉は北条氏を滅ぼし天下を統一した後で，朝鮮出兵を行った。

問2　三内丸山遺跡は代表的な縄文時代の遺跡である。岩宿遺跡は旧石器時代，登呂遺跡と吉野ケ里遺跡は弥生時代，それぞれのものである。

問3　日本書紀がまとめられたのは奈良時代である。

問4　源頼朝の死因の最有力候補は落馬である。1198年12月2日，頼朝は重臣の稲毛重成(妻は北条政子の妹であり，頼朝の義理の弟)が相模川に掛けた橋の落成供養に赴き，その帰路において，頼朝は落馬した。頼朝の容態は悪化し，約2週間後の1199年1月13日に死去したと言われている。享年53歳であった。これらのことは，鎌倉幕府の歴史書である吾妻鏡に書かれている。

問5　江戸時代に，中山道や東海道など五街道沿いの宿場町は人々が集まらないとにぎわいがないといわれた。そこで，人々を留めるために，大井川などの一級河川に橋をかけなかった。そして，雨天時などは川が渡れずに，人々が宿場町に留まりだした。

問6　瀬戸大橋には道路と鉄道が通り，鉄道道路併用橋としては世界最長で「世界一長い鉄道道路併用橋」としてギネス世界記録(2015年)にも認定されている。

問7　選択肢の中では，日英同盟(1902年)が，1911年以前に起こっている。

★ワンポイントアドバイス★

2問5　日米修好通商条約は，「領事裁判権(治外法権)を認めた」「関税自主権が欠如」の2点において不平等条約であった。　3問7　日英同盟は，日露戦争直前に，ロシアに対処するために，利害が一致する日本とイギリスが結んだ同盟である。

＜国語解答＞

一　問一　あやうさ　　問二　差別　　問三　エ　　問四　イ　　問五　ウ

問六　(例)　人を差別する可能性がある私たちが他者と出会い，理解しつながりたいと思いながらつき合っていること。

二　問一　A　ウ　　B　ア　　問二　イ　　問三　イ　　問四　ぱっと死んで，ぴっと入ってくる(もの。)　　問五　マサオがど　　問六　(例)　(死んだ者は，)生きている者の心の中で思い出となり，そして生き続けていく(ということ。)

三　問一　①　著名　　②　度胸　　③　尊厳　　④　展望　　⑤　熟知　　⑥　預(ける)

問二 イ　問三 ウ　問四 ① 絵　② 水　問五 ア　問六 うかがう

○推定配点○

一 問六 10点　他 各5点×5　二 問六 10点　他 各5点×5

三 問一 各2点×6　他 各3点×6　計100点

＜国語解説＞

一 (論説文－要旨・大意の読み取り，文章の細部の読み取り，指示語の問題，空欄補充の問題)

問一 「差別する可能性」という言葉を手がかりにして読み進めると，中ほどに「『差別する可能性』とは，世の中に息づいている……理解や現実理解をめぐる知や情緒に私たちが囚われてしまう〝あやうさ〟のことです」とある。そして，「こうした知や情緒を……批判的に検討しないで，そのまま認めてしまう〝あやうさ〟のことです」と続けている。「知や情緒」については「根拠のない決めつけや恣意的な思い込み，歪められた知や情緒」と説明している。これは，設問にある文では「身勝手な考え方」と言い換えられている。また，筆者は，「この可能性(＝『差別する可能性』)は『差別をしない可能性』に変貌すると私は考えています」と述べている。これらを整理すると，「差別する可能性」とは〝あやうさ〟のことであり，「差別しない可能性」に変化することもあるということである。

基本 問二 この文章の話題が「差別」であることを押さえる。ハンセン病者と出会って気持ちが悪くなったという感情を学生は「『差別』でしょうか」ともうしわけなく思い，筆者は「『差別』なんかじゃない」と答えている。そして，「そうした感情が固まってしまうとすれば，それは差別的なものになるかもしれない」と述べている。

問三 「構え」とは，からだや心のそなえ。〝差別をめぐる構え〟は，差別について自分がもっている考え方ということである。「こうした」という指示語が指しているのは，直前の二文の内容で，自分が差別をしたと周囲から指摘されると怯える，差別をするかもしれない自分を考え直そうとすると心も身体も緊張して固まるということである。そのような考え方をする人は，エのように差別を悪質な行為と考え，関われば激しい非難をあびると恐れる人である。

やや難 問四 B 直前の「こうした」が指すのは，直前の一文で説明している「ある人々をめぐる……『決めつけ』や恣意的な『思い込み』があり，ある問題や出来事をめぐり『歪められ』『偏った』理解の仕方などがあります」という内容である。この内容は「他者理解や現実理解」についてである。 C 「常識」は，一般の社会人が共通にもっている判断力。「『普通』に生きたいと考える」のは「私たちの『常識』」である。

問五 直後の一文で理由が説明されている。「普通」ということについて筆者は，「さまざまな『ちがい』をもった他者をめぐる思い込みや決めつけ，過剰な解釈など，歪められ，偏り，硬直した知や情緒が充満している」と説明している。これは，問一や問四でとらえた「他者理解や現実理解」であり，それを「『あたりまえ』のものとして受容(＝受け入れること)してしまう時，まさに私たちは『差別的日常』を生きている」というのである。つまり，「『普通』の世界」で「『差別的日常』を生きている」というのである。

重要 問六 「決めつけ」「思い込み」を手がかりにして解答の要素を探す。「決めつけ」「思い込み」について，筆者は「〝均整の取れたこころ〟などというものは果たして存在するのだろうか。それもまた『思い込み』ではないだろうか」と述べている。問一・問四・問五でとらえたように，「決めつけ」「思い込み」が「差別する可能性」につながるのである。〝均整の取れたこころ〟は「どこか均整のとれていないこころ」と対比されて，差別などしない〝均整の取れたこころ〟は存在しないというのである。そして,「差別を考えること」は「他者とつながる〝ちから〟を得る原点だ」としている。「他者とつながることが難しく厳しいものである」けれども「他者を理解しつながりたいという〝意志〟が『わたし』のなかに湧き起ってくる」のである。それは,差別する可能性がある「均整のとれていないこころの持ち主どうしが出会い」,互いに理解しあうために「つながりつづけようと,互いに交信しあっている」姿であるということである。

二 (小説－心情・情景の読み取り,文章の細部の読み取り,空欄補充の問題,ことばの意味)

やや難 問一 A 「必然的」は,必ずそうなると決まっている様子。当然,そうなるということ。年をとると死が近くなってくるのは,当然である。年をとって死が近くなるのは,直感で感じ取るものではないし,何か目に見える形をとって具体的になるものでもなく,何かと比べて違いがはっきりしている対照的なものでもない。 B 「道徳的」は,人が守るべき規範となるものである様子。「兄弟孫ひ孫仲良くいきていきなさい」と言い聞かせている。感傷的になってさびしく悲しくなっているのではない。「兄弟孫ひ孫仲良くいきていきなさい」というのは具体的であり,頭で考えるような抽象的な話題ではないし,日常的な話題でもない。

問二 《中略》のあとに「おれはなあ,死んだらそれっきりだと思っている」とあり,そう思う理由が祖母によって語られている。そう思わないと,南の島のどこかで亡くなった息子のマサオがあまりにかわいそうだというのである。

基本 問三 「とつとつ」は,話したいと思う言葉がすらすらと出ずに,ゆっくりと話す様子。

問四 死についての祖母の会話を追っていくと,まず「死んだら,ぱっと,電気が消えるみてえに,生きてたときのことがみんな消えるんじゃねえかなと,おれは思ってんだ」とある。読み進めて行くと,その思いは戦地へ向かったまま南の島のどこかで死んだ息子であるマサオの死に方を想像したことから生まれた思いであるとわかる。さらに,「『死んだら,ここんところへ,ぴっと入ってくんだ』ぴっと,と言って祖母は,自分の胸を指さした」とある。この二つの祖母が言う「死んだら～」という言葉を受けて,わたしは「ぱっと死んで,ぴっと入ってくる」と祖母のマサオの死に対する思いを表現している。

問五 問四でとらえたように,「ぱっと,電気が消えるみてえに,生きてたときのことがみんな消える」という死に方は,死んだ息子であるマサオの死に方を祖母が想像したことから生まれたものである。傍線④の直前に「南の島のどこかで死んで,いまでも帰りてえなあと思ってるんだべえか」とあり,そうであるならば「マサオがどこかで,いまでも帰りてえなあと思ってたら,あんまり,そりゃあ,かわいそうだんべえ」とマサオの死をかわいそうに思う祖母の思いが語られている。

重要 問六 問四と関連させて考える。直後に「祖母はまた,とんとんと,自分の胸を指でつついた」とあるのは,死んだ者たちは思い出となって胸の中に入ってくるということである。つまり,死んだ者は,生きている者の心の中(胸の中)で思い出となり,生き続けていくということである。

三 (慣用句・四字熟語,熟語の成り立ち,漢字の書き,敬語)

問一 ① 「著名」は,名前が世間に広く知れわたる様子。「著」の訓は「あらわ‐す・いちじる‐しい」。「顕著」「著作」などの熟語がある。 ② 「度胸」は,少しのことにも動じない心。「胸」は「凶」の「メ」を「人」と書かないように注意する。「胸」の訓は「むね・むな」。「胸騒ぎ」「胸元」などの言葉がある。 ③ 「尊厳」は,尊く厳かなこと。「尊」は「酉」の部分の横棒を忘れないこと。「尊」の訓は「たっと‐い・とうと‐い・たっと‐ぶ・とうと‐ぶ」。「厳」には「ゴン」の音もある。訓は「きび‐しい・おごそ‐か」。「荘厳(そうごん)」「厳格」などの熟語がある。 ④ 「展望」は,ここでは社会の出来事などを広くながめること。「展」は,部首の「尸(しかばね)」を「戸」と書かないこと。「展覧」「進展」などの熟語がある。「望」には「モウ」の音もある。訓は「のぞ - む」。「本望(ほんもう)」「望郷」などの熟語がある。　⑤「熟知」は，くわしく知っていること。「熟」の訓は「う - れる」。「成熟」「熟練」などの熟語がある。　⑥「預」の音は「ヨ」。「あず - かる」の訓もある。「預金」「預託」などの熟語がある。

基本　問二　イ「道路」は，「道(みち)」と「路(みちの意味)」の，似た意味の漢字の組み合わせで成り立っている。他は，反対の意味の漢字の組み合わせ。　ア「往(ゆく)」と「復(かえる)」。ウ「問(とい)」と「答(こたえ)」。　エ「因(原因)」と「果(結果)」。

やや難　問三「目を疑う」は，意外なことに遭って，目の前の出来事があり得ないことのように思えるの意味。信じられないということである。

やや難　問四　①「絵にかいた餅」は食べることができない。そこから，計画や想像だけで，実現の可能性がないことのたとえ。　②「立て板に水」は，立てかけてある板に水を流すということ。立て板に水が流れるように，よどみなく話すたとえ。

問五「付和雷同」は「不和」とする誤りが多いので注意する。　イ「疑心暗鬼」は，疑いの心を持つと，存在しないはずの鬼の姿まで見えるようになるということから，一度疑い出すと，なんでもないことまで信じられなくなり，不安に感じられること。　ウ「暗中模索」は，暗闇の中で手探りして物を探すということから，確かな方法がわからないままに，いろいろなことを試みにやってみること。　エ「優柔不断」は，ぐずぐずして，決心がなかなかつかないこと。

やや難　問六「聞く」のは生徒で，聞く相手は先生なので謙譲語を使う。「聞く」の謙譲語は「うかがう」。

★ワンポイントアドバイス★

論説文は，話題についての筆者の考え方をとらえて，その考え方に沿って筆者が具体例を使ってどのように説明を進めているかを読み取っていこう。小説は，行動や会話，出来事などに表現されていることから人物の心情や思いをつかもう。また，場面に沿って言葉や表現の意味をとらえよう。

第2回

2022年度

解 答 と 解 説

《2022年度の配点は解答欄に掲載してあります。》

＜算数解答＞

【1】 (1) 4 (2) 3 (3) $\frac{3}{4}$[0.75] (4) $\frac{4}{25}$[0.16]

【2】 (1) 4 (2) 4.5% (3) 216g (4) 38人 (5) 毎秒$33\frac{1}{3}$m

(6) 18.84cm^2 (7) 753.6cm^2

【3】 (1) Aさん 8段目 Bさん 19段目 (2) グー 2回 チョキ 1回 パー 2回

(3) グー 1回 チョキ 2回 パー 2回 (4) 5つ

【4】 (1) 6秒間 (2) 11cm^2 (3) 10cm^2 (4) ① $7\frac{5}{6}$秒後 ② $12\frac{1}{6}$秒後

○推定配点○

【1】 各5点×4 【2】 各5点×7 【3】 (1) 各3点×2 (3) 6点 他 各5点×2

【4】 (1)・(4)② 各4点×2 他 各5点×3 計100点

＜算数解説＞

【1】 (四則混合計算)

基本 (1) わり算・かけ算はひき算より先に計算する。$13-4\div3\times6-1=13-\frac{4}{3}\times6-1=13-8-1=4$

重要 (2) 小数は分数にしてから計算する。分数のわり算は帯分数を仮分数にし，逆数をかけ算する。かけ算・わり算はひき算より先に計算する。$3\frac{1}{5}-\frac{1}{4}\times\frac{1}{3}\div\frac{5}{12}=3\frac{1}{5}-\frac{1}{4}\times\frac{1}{3}\times\frac{12}{5}=3\frac{1}{5}-\frac{1}{5}=3$

(3) かっこの中を先に，わり算はひき算より先に計算する。計算の順番を考えてから計算する。
①$2-1\frac{3}{8}=\frac{5}{8}$，②$\frac{5}{8}+\frac{5}{6}=\frac{15}{24}+\frac{20}{24}=\frac{35}{24}$，③$\frac{1}{3}\div1\frac{1}{6}=\frac{1}{3}\times\frac{6}{7}=\frac{2}{7}$，④$\frac{4}{5}-\frac{2}{7}=\frac{28}{35}-\frac{10}{35}=\frac{18}{35}$，
⑤$\frac{35}{24}\times\frac{18}{35}=\frac{3}{4}=0.75$

(4) 計算の順番を考えてから計算する。①$2\frac{5}{8}-\frac{2}{5}=2\frac{25}{40}-\frac{16}{40}=2\frac{9}{40}$，②$2\frac{9}{40}\times3\frac{1}{3}=\frac{89}{40}\times\frac{10}{3}=\frac{89}{12}=7\frac{5}{12}$，③$7\frac{5}{12}-1\frac{5}{6}=6\frac{17}{12}-1\frac{10}{12}=5\frac{7}{12}$，④$5\frac{7}{12}-2\frac{2}{3}=4\frac{19}{12}-2\frac{8}{12}=2\frac{11}{12}$，⑤$\frac{7}{15}\div2\frac{11}{12}=\frac{7}{15}\times\frac{12}{35}=\frac{4}{25}=0.16$

【2】 (数の性質，濃度，平均算，過不足算，通過算，平面図形・面積，立体図形・回転体・体積)

基本 (1) 各位の整数の和が9の倍数になればよい。$6+8=14$，$18-14=4$

重要 (2) 6%の食塩水500gに含まれる食塩は$500\times0.06=30$(g)，2%の食塩水300gに含まれる食塩は$300\times0.02=6$(g)，混ぜてできる食塩水の濃度は$(30+6)\div(500+300)\times100=4.5$(%)

重要 (3) りんごを軽い方から①，②，③とし，式を立てる。①＋②＝395(g)，①＋③＝408(g)，②＋③＝419(g)より，(①＋②＋③)×2＝395＋408＋419＝1222，③＝1222÷2－395＝216(g)

(4) 長いすに5人ずつ座ると座席が$5-3+5\times4=22$(席)余り，あと22人座れる。3人ずつ座ると2人座れない。つまり$5-3=2$(人)が□脚集まって

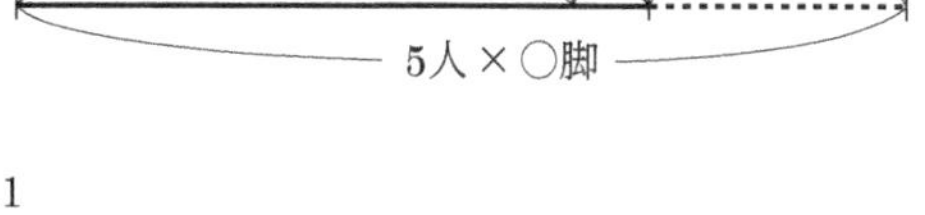

22＋2＝24(人)になる。□＝24÷2＝12，このクラスの人数は3×12＋2＝38(人)

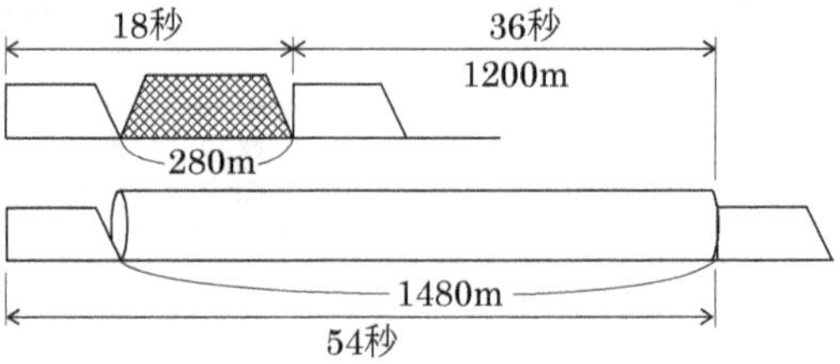

(5)　電車の様子を書いて考える。電車の長さは同じなので，橋とトンネルの長さの差は時間の差に等しくなる。1480－280＝1200(m)進むのに54－18＝36(秒)かかったので，速さは1200÷36＝$\frac{100}{3}$＝$33\frac{1}{3}$(m/秒)

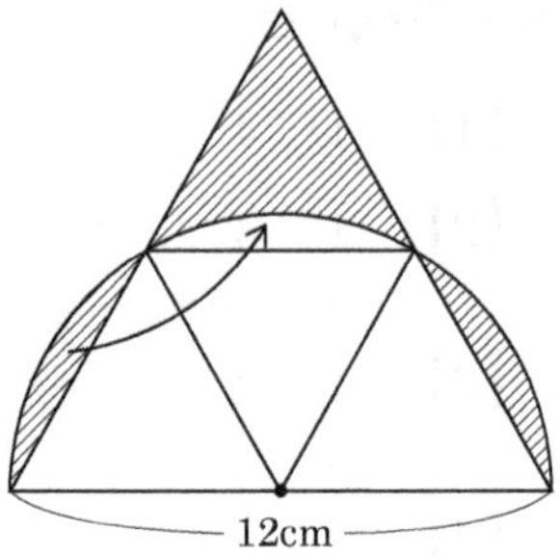

(6)　右図のように正三角形の辺と半円の交点と半円の中心を結ぶ線をひき，同じ大きさの部分を移動して考える。斜線の部分は半径6cm・中心角60°のおうぎ形になる。6×6×3.14×$\frac{60}{360}$＝6×3.14＝18.84(cm^2)

(7)　回転してできる立体は半径6cm・高さ10cmの円柱から半径4cm・高さ10cmの円柱を除いた図形。表面積は半径6cmの円から半径4cmの円を除いた図形2つ分と外側と内側の側面積の和。(6×6×3.14－4×4×3.14)×2＋6×2×3.14×10＋4×2×3.14×10＝{(36－16)×2＋120＋80}×3.14＝240×3.14＝753.6(cm^2)

【3】　(数論)

基本　(1)　Aさんはパーで1回勝ち，Bさんはチョキで1回，パーで1回，グーで2回勝った。5＋8＋3×2＝19，よって求める答えはAさん8段目，Bさん19段目である。

(2)　5回勝って一番少ない場合，3×5＝15(段)，13段目にいるということは，20段目まで行って戻って来たことがわかる。20＋(20－13)＝27，5回勝って27段になるには，27－3＝24より，4回で24段になればよい。グーとチョキが1回ずつとパーが2回で勝つ場合が考えられる。グーは合計2回になる。よって求める答えはグー2回，チョキ1回，パー2回である。

(3)　Aさんは13段目なので，グーで1回，チョキで2回勝ったと考えられる。またBさんは10段目なのでチョキで2回勝ったと考えられる。つまりAさんはパーで負けている。よってAさんが出したのはグー1回，チョキ2回，パー2回である。

やや難　(4)　グーとチョキで1回ずつ勝つのとパーで1回勝つのが同じ段数になるので，あと同じ出し方で勝てば同じ段になる。8＋3＝11，8＋5＝13，8＋8＝16，また8×5＝40より，一方がパーで4回勝ってもう一方がパーで1回勝つ場合，8段目で同じ。また一方がパーで5回勝ってもう一方が1回も勝たない場合も0段目で同じ。よって求める答えは5つである。

【4】　(図形の移動)

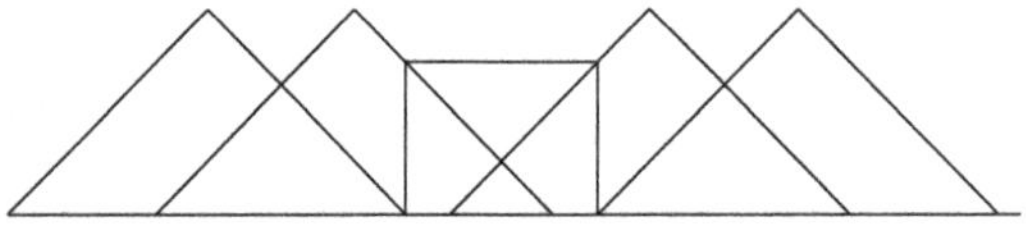

重要　(1)　重なる部分が三角形の形になるのは直角二等辺三角形の右端が長方形の左端と重なる4÷1＝4(秒)たった時から3秒後までの3秒間と，直角二等辺三角形の左端が長方形の左端から1cmのところへきた時から3秒間，よって，3＋3＝6(秒間)

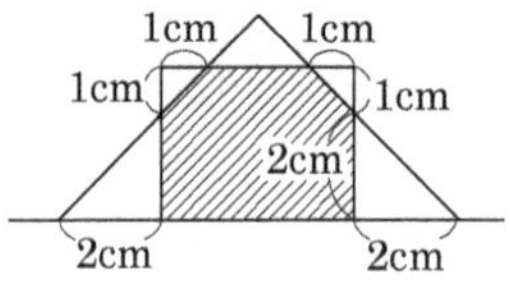

(2)　10秒後の様子を書いて考える。長方形から左上と右上の直角二等辺三角形を除いた図形。3×4－1×1÷2×2＝11(cm^2)

(3)　9秒後の様子を書いて考える。長方形から右上の直角二等辺三角形を除いた図形。3×4－2×2÷2＝10(cm^2)

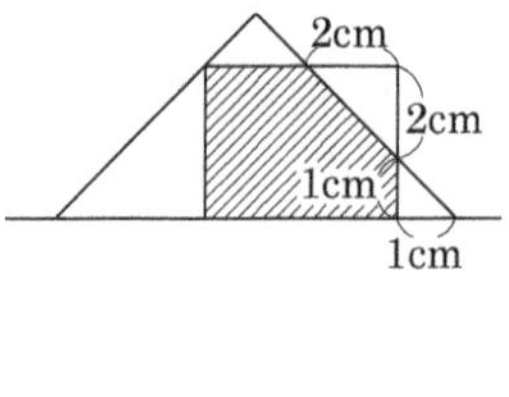

やや難　(4)　①　(1)で考えた三角形の形になっている最後は7秒後で面積は

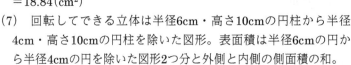

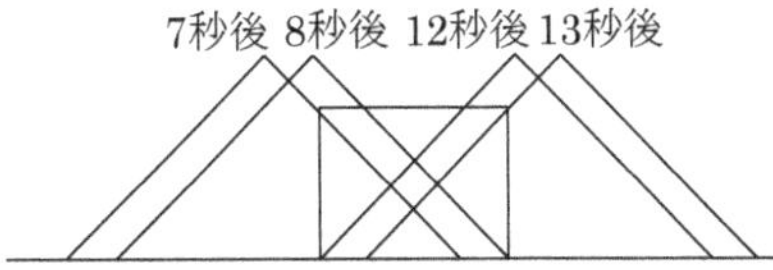

$3\times3\div2=4.5$，その1秒後には$4.5+1\times3=7.5$，この1秒間で3cm^{2}面積が増える。求めたいのは$7-4.5=2.5$(cm^2)面積が増えるのにかかる時間。$2.5\div3=\frac{5}{2}\times\frac{1}{3}=\frac{5}{6}$(秒)，よって，$7+\frac{5}{6}=7\frac{5}{6}$(秒後)

② 2回目に7cm^{2}になるのは右上図より，12秒後から13秒後の間で，13秒後の$\frac{5}{6}$秒前。よって，$13-\frac{5}{6}=12\frac{1}{6}$(秒後)

★ワンポイントアドバイス★

基礎的な問題を丁寧に取り組むよう日頃から練習すると同時に，応用的な問題も取り組んでおこう。考え方をわかりやすく書くために式を立てたり，説明のための文を書くことにも慣れておくとよいだろう。

<理科解答>

【1】 Ⅰ (1) オリオン (2) 青紫 (3) 磁力 (4) カイコガ (5) 発電
Ⅱ (1) ④ (2) ② (3) ⑤ (4) ③ (5) ④

【2】 (1) ⑤ (2) ① (3) ④ (4) ⑥ (5) ②

【3】 (1) ③ (2) 120 (3) b (4) 0.7 (5) 65g

【4】 (1) 14℃ (2) 100% (3) 73% (4) 14g (5) ⑤

【5】 (1) ③ (2) ⑤ (3) ② (4) ④ (5) ③

○推定配点○

【1】 各1点×10 【2】～【5】 各2点×20 計50点

<理科解説>

基本 **【1】 (小問集合)**

Ⅰ (1) ベテルギウスはオリオン座の赤色の1等星で，おおいぬ座のシリウスとこいぬ座のプロキオンとともに冬の大三角を作っている。 (2) ごはんつぶはデンプンなのでヨウ素液で青むらさき色に変化する。 (3) 電流が流れている導線のまわりには同心円状の磁界が生じている。 (4) 絹糸は蚕のまゆをゆでて，まゆから糸を取り出し，よりあわせて作る。 (5) 電気を作り出すことを発電といい，火力発電・水力発電・原子力発電・太陽光発電などの方法がある。

Ⅱ (1) 水溶液の性質は透明であることやどこも同じ濃度であり，時間がたっても溶質が底に沈むことがないことである。また，溶けている溶質が見えなくなっても全体の重さは溶質の重さと水の重さの合計で変化しない。 (2) ほ乳類は胎生であり，卵で生まれるのは鳥類のダチョウである。 (3) イセエビ・ホタテ・バフンウニ・タラバガニは無セキツイ動物で，セキツイ動物の魚類はサバである。 (4) 粒の大きさが大きい順にれき→砂→泥で，粒が大きいほど重いのでこの順に沈む。 (5) 図1はショートしてしまい，Aはつかない。B，C，Dには同じ大きさの電流が流れるので同じ明るさである。

【2】 (物質と変化－気体の発生と性質)

基本 (1) ドライアイスは常温で固体から気体になり，二酸化炭素の固体の状態であるので水に入れると溶けて炭酸水ができるため石灰水を加えると白くにごる。また炭酸水は酸性なので緑色のBTB液を黄色に変える。

基本 (2) 呼気の中には空気より二酸化炭素の量が多いが二酸化炭素より軽いので呼気で作ったシャボン玉は浮く。

(3) ドライアイスの温度は－79℃以下なのでドライアイスの周りの水が冷やされて氷となりドライアイスを包んでしまうことにより，水とドライアイスがふれなくなるとドライアイスは気体になれなくなる。

(4) 白い煙は水滴であり，気体の水蒸気が冷やされて液体の水になったものである。

やや難 (5) ドライアイスの表面の雪のようなものは水蒸気が冷やされできた氷である。白い煙は水蒸気が冷やされてできた水滴である。水蒸気は気体なので目には見えないので②が正しくない。

【3】 (力のはたらき－物体の運動)

基本 (1) ばねばかりの値が40gを超えるまでは引く力＝摩擦力なのでグラフは③となる。

基本 (2) 表1より物体の重さが100gから200gで2倍になると最大摩擦力も80gから160gで2倍になる。したがって物体の重さと最大摩擦力が比例することがわかるので100：150＝80：(ア)より(ア)＝120gとなる。

(3) 表2から物体の重さに対して最大摩擦力が大きい床はbである。

(4) 最大摩擦力は物体の重さに比例することから，床dでは物体の重さが50gのとき最大摩擦力が35gより決まった数＝35÷50＝0.7より最大摩擦力＝物体の重さ×0.7が成り立つ。実験4の場合，上向きの力がはたらいているので(物体の重さと上向きの力の差(g))が比例する。(物体の重さと上向きの力の差)と最大摩擦力はそれぞれ80gのとき56g，60gのとき42g，40gのとき28gで，最大摩擦力＝(物体の重さと上向きの力の差(g))×0.7が成り立つ。

重要 (5) 床cでは表2から物体の重さが50gのときの最大摩擦力が20gなので，20g÷50g＝0.4より最大摩擦力＝(物体の重さと上向きの力の差(g))×0.4が成り立つ。最大摩擦力が54gなので，54＝(物体の重さと上向きの力の差(g))×0.4で(200gと上向きの力の差(g))＝54g÷0.4＝135(g)となり，200g－135g＝65(g)となる。

【4】 (天体・気象・地形－気象)

基本 (1) 表2より乾球温度計の読みが17℃で湿度が70％のとき乾球温度計と湿球温度計の読みの差は3℃より湿球温度計の方が3度低いので17℃－3℃＝14(℃)となる。

基本 (2) 乾球温度計と湿球温度計の読みの差が0℃となるので湿度は100％である。

重要 (3) 表2より乾球温度計の読みが18℃で湿度が62％のとき乾球温度計と湿球温度計の読みの差は4℃より湿球温度計は18℃－4℃＝14(℃)となる。気温が3℃上がり，21℃となり，湿球温度計は4℃上がり18℃となるので，表2より湿度は73％となる。

基本 (4) 気温25℃で乾球温度計と湿球温度計の読みの差は5℃より湿度61％が読み取れる。表1より気温25℃のときの飽和水蒸気量は$1m^3$あたり23.0gだから，含まれている水蒸気の量＝23.0g×0.61＝14.03(g)となり14gである。

重要 (5) 空気の温度が下がると湿度は上がる。含まれている水蒸気の量が14gより露点は16℃と17℃の間になる。したがって空気の温度を17℃にしても水滴はできない。空気の温度が15℃のとき飽和水蒸気量は12.8gなので，現れる水滴の量は(14g－12.8g)×$5m^3$＝6(g)である。

【5】 (生物－植物)

基本 (1) ダイコンの食用部分は根で，トウモロコシ・カボチャは果実，シイタケはカサと軸，ギンナンは種子，サツマイモは根を食べている。

(2) 実験1の結果から光がないときは重力と反対方向に，光があるときは光がある方向にのびるので，⑤が正解となる。

重要 (3) 芽生えの先端に光を通さないカバーをしていると光の向きに曲がらず，芽生えの先端に光を通すカバーをしているときは光の方向に曲がっているので，芽生えの先端で光を感じていることがわかる。

基本 (4) 図4よりどちらの側も成長しているが，内側より外側の方がより進んでのびることで曲がっている。

(5) 光の方向にのびていくと考えられるので，芽生えの先端が地面と反対の方向に伸びていくと考えられる。

★ワンポイントアドバイス★

【3】は，物体の重さと最大摩擦力が比例の関係にあることを利用して解く問題である。与えられた表から，比例の関係にあることを判断して，決まった数をを導き出すことにより，比例式を解けば解答を導き出せる。また【4】は湿度の頻出問題である。与えられた表の値や文中の条件をしっかり把握して計算しよう。

＜社会解答＞

[1] 問1 (例) 香りつきの柔軟剤　問2 エ　問3 カ　問4 ア　問5 兵庫県
問6 (例) 山や海が近く，食材が豊富で，新鮮なまま素材本来の味を活かすため。
問7 (種類) (例) 増粘剤　(使い方) (例) 食事をうまく飲みこめない人のために，スープやみそ汁などに増粘剤を用いてとろみをつけ，飲みこみやすくする。

[2] 問1 羊毛　問2 エ　問3 エ　問4 イ　問5 エ　問6 カ　問7 1 伊藤博文　2 下関　問8 ウ　問9 エ　問10 (自動車) イ　(航空機) エ
問11 ウ，オ　問12 (例) 地産地消により，生産地と消費地の距離を縮めることになり，輸送エネルギーの削減につなげることができる。

[3] 問1 イ　問2 (例) 定住　問3 エ　問4 ウ　問5 (人物名) 武田信玄
(理由) (例) 洪水を防ぐ堤防をつくり，人々の生活を守ったから。
問6 (記号) エ　(人物名) 渋沢栄一　問7 日米安全保障(条約)

○推定配点○

[1] 問1・問5 各2点×2　問6・問7 各4点×2　他 各1点×3
[2] 問12 6点　他 各1点×14
[3] 問2・問6・問7 各2点×3　問5 6点　他 各1点×3　計50点

＜社会解説＞

[1] **(時事問題・総合問題)**

やや難 問1 この空欄を含むK先生の発言は，「香害」の発生についてである。つまり，香りつきの柔軟剤がその原因となっていることを指摘している。

問2 2つのグラフを注意深く考察する。近年は，両世帯で単独世帯が増加しているのがわかるが，特に，65歳以上の親族を含まない世帯の方が増加率が高いことが理解できる。つまり，核家族が増えているということである。

問3　北海道富良野市はラベンダー，茨城県水戸市は梅，京都府宇治市は茶，神奈川県箱根町は硫黄，それぞれが有名で，町おこし等に利用している。

問4　アはたくあんで「香りの物」・「お新香」などと呼ばれる。イは納豆，ウはお吸い物，エは松茸である。

問5　設問の島は淡路島で，兵庫県に属する。ここでは，線香の生産が盛んである。

問6　日本は島国であるので，特に海が近い地域では，食材が豊富で，「薬味」として，食品にそえるのに適当な素材が多く取れる。それらの本来のよき味を活かすために，ごく少量を添えるような使い方が多い。

問7　目的と効果を考察し，どのようなときに有効に使えるかを考案する。例えば，増粘剤は，食品に滑らかな感じを与えるので，それを用いることで，食事を飲みこむのが苦手な人が，食品を飲みこみやすくなる。

2　(日本の地理ー日本の国土と自然，人口，農業，工業，水産業，運輸・貿易，世界の地理，地理と歴史の総合問題，その他)

問1　羊から羊毛は生産される。羊毛はオーストラリアなどで盛んにつくられている。

問2　若狭塗は，福井県小浜市周辺で作られている漆器である。江戸時代初期に，若狭湾のそばに領地があった小浜藩の御用職人が，美しい海底の様子を図案化したものが起源とされている。

問3　群馬県は，小麦の生産はさかんであるが，多く輸出するほどは供給されないので，エは誤りとなる。

問4　イは検地の資料で安土桃山時代のものである。

問5　鴨は，冬の季節風に吹かれてやってくるため，大陸から飛来する。したがって，選択肢の中では，ロシアが正解となる。

やや難　問6　菊の電照栽培は，愛知，沖縄で盛んである。キャベツの生産は，群馬，愛知，千葉などで盛んである。うなぎの生産は，鹿児島，愛知などで盛んである。

問7　設問の画像は，初代内閣総理大臣伊藤博文と外務大臣陸奥宗光が，日清戦争後の下関講和会議で，清国代表李鴻章と話し合いをしているようすを示している。

問8　図1の出島町阿蘭陀人屋敷は海に囲まれているが，図2の出島和蘭商館跡は周囲が埋め立てられたうえで国道499号線の東にある。したがって，ウがふさわしくない。

問9　東京都は生産年齢人口の割合が高いが，島根県や沖縄県は老齢人口の割合が高い。

問10　アは鉄道，イ自動車は，ウは船舶，エは航空機である。

重要　問11　大雨時には，用水路や川は増水するため近づくのは危険なので，ウは誤りとなる。道路が冠水すると車が水没する危険性が高まるので，オは誤りとなる。

問12　地域で生産された農林水産物を地域で消費しようとする取り組みは地産地消といい，食糧自給率の向上に加え，直売所や加工の取り組みなどを通じて農林水産業の活性化を促す。また，流通コストが削減され，輸送距離の短縮による環境への負荷の低減に寄与できる。

3　(日本の歴史ー弥生時代から明治時代)

問1　恐竜は人類史とは関係がないので，歴史を学ぶ資料にはなりえない。

基本　問2　定住生活の有無が，旧石器時代と縄文時代の大きな相違点である。例えば，縄文時代の代表的な遺跡である三内丸山遺跡には，多くの定住の跡があるが，旧石器時代の遺跡には，それが認められない。

問3　エは聖武天皇が行ったことである。

基本　問4　この絵巻物は武士の館を示したもので，貴族の寝殿造の流れをくむものではない。

問5　甲斐の国の釜無川周辺は，御勅使川との合流地点においては，大雨が降るたびに水害にあっていた。そこで信玄は，甲府盆地を水害から守るため，堤(つつみ)を築く工事を行った。工事は，1560年(永禄3年)頃に，ほぼ完成したと言われている。この堤のおかげで水害がおきにくくなり，その後，「信玄堤」とよばれるようになった。この他にも，人びとの生活の安定にも力を入れていたため，信玄は人びとに慕われていた。

問6　渋沢栄一は，富岡製糸場をはじめ，多くの企業を設立し，経済の発展に力をつくした。

重要　問7　日米安全保障条約によって，日本の安全と東アジアの平和を守るという理由から，占領終了後も，アメリカ軍基地が日本国内に残されることとなった。

★ワンポイントアドバイス★

2問7　下関条約で日本は清から賠償金2億両(テール)を受け取った。　3問6　渋沢栄一は日本を代表する経済人として，また初代紙幣頭(後の印刷局長)として日本銀行券(紙幣)の肖像の候補者として何度も選ばれた。

＜国語解答＞

一　問一　省エネ体質・真社会性　　問二　分業　　問三　エ　　問四　(例)　生物は死ぬことで命を次の世代につなげて進化してきたから。　　問五　ヒトに～です。
問六　ウ・カ

二　問一　ア　　問二　ア　　問三　みんな　　問四　(例)　日本へ行っても日本語が書けず，ハワイに戻っても「帰米」と差別されて，どちらの国でも外国人扱いされる(こと。)
問五　エ　　問六　エ

三　問一　①　縦走　　②　読破　　③　誠意　　④　簡潔　　⑤　樹立　　⑥　除(く)
問二　消　　問三　ア　　問四　①　胸　　②　非　　問五　ウ　　問六　くださった

○推定配点○

一　問四　10点　　他　各5点×5(問一・問五・問六各完答)
二　問四　10点　　他　各5点×5　　三　問一　各2点×6　　他　各3点×6　　計100点

＜国語解説＞

一　**(論説文－文章の細部の読み取り，接続語の問題，空欄補充の問題，記述力・表現力)**

基本　問一　長寿の原因として「まず，低酸素の生活環境です」とあり，説明を経て段落の最後で「つまり省エネ体質であることを示しています」とある。読み進めていくと「省エネ体質に加えて，もう一つの長寿の原因となる特徴は……真社会性をとる生き物であることです」とある。

やや難　問二　「真社会性とは……女王を中心とした[A]制です」という説明の仕方に注目する。説明を読み進めていくと，「女王以外の個体は，それぞれ仕事を分業しています」「真社会性の大切なことは，これらの分業により仕事が効率化し，1匹あたりの労働量が減少することです」とある。つまり，真社会性とは「分業制」という特徴をもっているのである。

問三　Xの前では，ハダカデバネズミはがんにならないと述べている。あとの部分でも，ハダカデバネズミの体内にある「ヒアルロン酸も抗がんの作用がある」と述べている。事柄を付け足しているので「また」が入る。Yの前では，働きバチはすべてメスで子供を産めないことを述べ，あとでは，ハダカデバネズミの場合は，女王のネズミの発するフェロモンによって子供が一時的に産めなくなっていると述べている。子供を産めないという点についてハチとハダカデバネズミを比べている。関連する二つを比べて，もう一つの側では，別の方面ではということを表す「一方」が入る。Zの前で述べた「壊れないと(＝死なないと)次ができません」「『ターンオーバー』そのものです」という内容を，あとでは「死は生命の連続性を維持する原動力」と言いかえている。言いかえて説明することを表す「つまり」が入る。

重要 問四　傍線部は「死」について述べている。そして，設問の指示は「『進化』ということばを必ず用いて」ということである。そこで，死と進化の関係について述べている箇所を探せばよい。すると，《中略》のあとに「『死ぬ』ことで生物は誕生し，進化し，生き残ってくることができたのです」とある。さらに，傍線部について説明している，傍線部の直後の箇所には「生物はミラクルが重なってこの地球に誕生し……進化を遂げてきました。その流れの中で……その奇跡的な命を次の世代へと繋ぐために死ぬのです」とある。これらから，解答例のように「生物は死ぬことで命を次の世代につなげて進化してきたから」とまとめることができる。

問五　設問の指示は「人間にとっての死の『恐怖』について」述べている1文を抜き出せというものである。二つ目の《中略》のあとの部分では，「人間」でなく「ヒト」という言葉が使われているが，「ヒト」は人間を生物として見た場合に使われる言葉である。この文章は題名に『生物はなぜ死ぬのか』とあるように，人間を生物として見て説明をしている。つまり「ヒト」＝「人間」と考えてよい。すると，最後の段落の初めの1文に「ヒトにとって『死』の恐怖は，『共感』で繋がり，常に幸福感を与えていてくれたヒトとの絆を喪失する恐怖なのです」とあるのが見つかる。

問六　ウは，二つ目の《中略》のあとに「生き物にとって死とは，進化，つまり「変化」と「選択」を実現するためにあります」とあるのと合う。カは，文章の終わり近くに「(ヒトは)たとえハダカネズミ的な生活を真似ることに見事成功し，健康寿命が延びて……やはり自分という存在を失う恐怖は，変わりありません」とあるのに注目する。さらに問五でとらえたように，死によって絆を失うことは悲しみなのである。本文の内容に合う。　ア　文章の初めで，ハダカデバネズミは「酸素が薄い状態に適応しています」とあるので合わない。　イ　問三のYのところでとらえたように，一時的に子供を産めなくなるのはハダカデバネズミなので合わない。　エ　二つ目の《中略》のあとに，「生き物が生まれるのは偶然ですが，死ぬのは必然なのです」とあるのと合わない。　オ　二つ目の《中略》のあとの文章の半ばに，次世代に命を繋ぐことに関して「生きている間に子孫を残したか否かは関係ありません」とあるのと合わない。

二　(小説－心情・情景の読み取り，文章の細部の読み取り，指示語の問題，空欄補充の問題)

基本 問一　「胸さわぎ」は，心配事や不吉な予感などのために，胸がどきどきすること。直前に「いったいどんな人なんだろう。かあさんが結婚したこの徳三という人は」とある。母に女優のような派手な暮らしをさせ，豪勢な旅ができる徳三さんという人はどんな仕事をしているのだろうかと心配になり不吉な予感がしているのである。エが紛らわしいが，「浮かれている母」や「大きな落とし穴」についての描写はない。

問二　「お菓子」については，文章の初めに「かあさんは自分がもらったお菓子でも，ぼくらに分けあたえてくれた」とある。「もらったお菓子」は，問一でとらえたように徳三さんと結婚したことによって母親が手にしたものをたとえている。具体的には経済的な豊かさ，裕福な生活ということである。その豊かさを分けあたえて，「ぼく」を日本に戻して裕福な生活をさせて，中学・高校・大学という未来をつくってあげようというのかと「ぼく」は思っているのである。

問三 「ねえちゃんは？ にいちゃんは？」という「ぼく」の質問に対して，母親はそれぞれにはハワイでの生活があると答える。そして，「マレはまだ，どうするか決まってないんだから」という母親の言い分を「本土の大学に行けという，じいちゃんと同じだ」と「ぼく」は思っている。「ぼく」には「都合」という「縛りがないから」「みんなの都合で」「どこにでも打てる」というのである。

重要 問四 「どっちにいても外国人」というのは，シュンという人物が言った言葉。日本に行ってハワイに帰ってきた人物が言うには，「向こうでも外国人」，「日本語書けなかったから，中学校に入れなかった」というのである。そして，「日本にいっぺん行って帰ってきた」人物は「『帰米』として，それまでとはちがう目で見られる」というのである。これらの内容をまとめると，解答例のようになる。ここは，日本へ帰ることをうながされている場面で，「ぼく」は断っているので，解答は「日本へ行っても」と書き出して日本での様子を説明する。次に「ハワイへ戻っても」と続けて，差別されて，どちらの国でも外国人扱いされることを説明すればよい。

問五 涙の意味は，直後に「いなくなったうえに，もう一度かあさんに捨てられたような感じだ」と説明されている。捨てられたことを，くやしい・うらめしい・せつないとは感じても，ねたましく感じてはいない。

やや難 問六 情景描写が表しているものを解釈する設問である。「厚く雲がかかっていて」というのだから，空は曇っている。空の曇りは，そのまま心の曇りととらえることができる。「山頂は見えなかった」というのは，景色を見晴らすことができないということで，「ぼく」が未来への展望をもてないでいることを暗示している。

三 (反対語，ことわざ・慣用句・四字熟語，漢字の書き，敬語)

問一 ① 「縦走」は，尾根づたいに歩くこと。「縦」の「糸へん」のない「従」も「ジュウ」なので混同しない。「縦」の訓は「たて」。「縦横」「縦断」などの熟語がある。 ② 「読破」は，最後まで読み通すこと。「読」は「トク・トウ」の音もある。「読本(トクホン)」「読点(トウテン)」などの熟語がある。「破」の訓は「やぶ‐る・やぶ‐れる」。「破損」「走破」などの熟語がある。

③ 「誠意」は，私欲などをまじえず，まじめに行おうとする気持ち。まごころ。「誠」の訓は「まこと」。「誠実」「忠誠」などの熟語がある。 ④ 「簡潔」は，簡単に要領よくまとまっている様子。同音異義語の「完結(すっかり終わること)」と区別する。「簡」には「簡易」「簡便」などの熟語がある。「潔」の訓は「いさぎよ‐い」。「潔白」「純潔」などの熟語がある。 ⑤ 「樹立」は，しっかりとうちたてること。「樹」には「果樹」「樹齢」などの熟語がある。 ⑥ 「除」の音は「ジョ・ジ」。同音で形の似た「徐(ジョ)」と区別する。「解除」「掃除」などの熟語がある。

基本 問二 「生産」は，あるものを新しく作り出すこと。「消費」は，金や物，また時間や力などを，使ってなくすこと。

やや難 問三 「立つ鳥あとを濁さず」は，飛び去る水鳥は水面を汚さないように，人もある所を離れるときは，あとを見苦しくないようにしていくこと。何事も後始末をきれいにすべきであるということ。「旅の恥はかき捨て」は，旅先では自分を知る人もいないから，ふだんは恥ずかしいような行いも平気でできるということ。 イ 「急いてはことを仕損じる」は，物事はあせるとかえって失敗しやすいということ。 ウ 「思い立ったが吉日」は，あることをしようと思い立ったら，その日を縁起のよい日として，すぐそれを実行するのがよいということ。 エ 「後悔先に立たず」は，事が終わった後で悔やんでも取り返しがつかないということ。

問四 ① 「胸が熱くなる」は，感動で感情が高まるという意味。「胸」には，こころ，思いの意味がある。 ② 「非のうちどころがない」は，欠点が全くないの意味。「非」には，欠点の意味がある。「うちどころ(打ち所)」は，しるしをつけるべきところという意味。

問五　「前人未到」は，今までだれも足を踏み入れていないこと。また，今までだれも到達していないこと。　ア　「初志貫徹」は，事を始めるに当たって思い立った純真な志・希望を最後までつらぬき通すこと。　イ　「粉骨砕身」は，骨を粉にし，身を砕くの意味から，力の限りをつくすこと。　エ　「一心不乱」は，心を一つのことに集中して，ほかのことに乱されないこと。

重要 問六　「くれた」のは「先生」なので尊敬語をつかう。「くれる」の尊敬語は「くださる」。

★ワンポイントアドバイス★

論説文は，筆者がどのような例を挙げて，その例をもとに自分の考えについてどのように説明を進めているかを読み取っていこう。小説は，行動や会話，様子などに表現されていることがらから人物の心情や思いをつかもう。また，場面に沿ってたとえや表現の意味をとらえよう。

2021年度

入　試　問　題

2021年度

2021年度

国学院大学久我山中学校入試問題（一般・ＣＣ第１回）

【算　数】（50分）　＜満点：100点＞

【注意】　１．分度器・コンパスは使用しないでください。

　　　　　２．円周率は3.14とします。

【１】 次の計算をしなさい。

⑴　$(1 \div 2 + 3) \times 4 - 5$

⑵　$51 \div 5 \times 2.5 \div 5\frac{2}{3}$

⑶　$1.5 \div \left\{8\frac{1}{4} - 2 \div \left(\frac{2}{3} - \frac{2}{5}\right)\right\}$

⑷　$4.8 - \left\{\frac{1}{4} + \frac{2}{3} \times \left(0.375 - \frac{1}{6}\right)\right\} \times 6$

【２】 次の問いに答えなさい。

⑴　連続する３つの整数があり，その和は123です。この３つの整数のうち，一番大きい整数はいくつですか。

⑵　１個150円の品物Ａと，１個180円の品物Ｂを合わせて18個買ったところ，合計金額は2850円でした。品物Ｂは何個買いましたか。

⑶　子どもにあめを配ります。１人に５個ずつ配ると29個余り，１人に８個ずつ配るとちょうど２人分足りなくなります。あめは全部で何個ありますか。

⑷　あるグループでは，女子は全体の人数の$\frac{1}{4}$より６人多く，男子は全体の人数の$\frac{4}{7}$より４人多いです。このグループに女子は何人いますか。

⑸　長さ100mの列車が，長さ２kmのトンネルに入り始めてから出終わるまでに２分20秒かかりました。列車の速さは時速何kmですか。

⑹　半径２cm，中心角90°のおうぎ形OABがアのように置いてあります。このおうぎ形が，直線ℓの上をすべることなく転がって，はじめてイのようになるまで移動しました。このとき，点Oが動いたあとの線の長さは何cmですか。

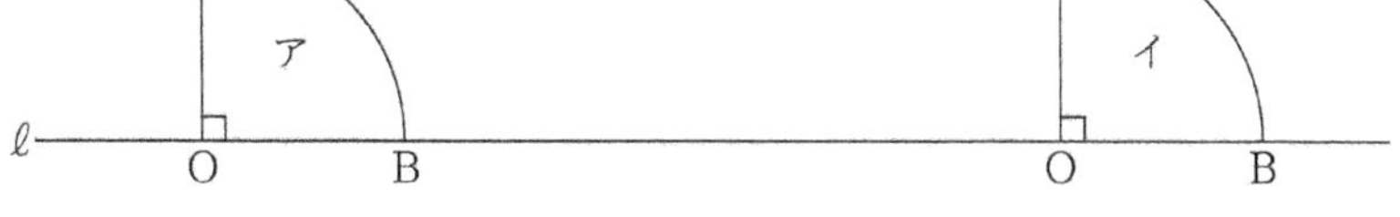

⑺　次のページの図１のような体積が18cm^3の立体の表面に色をぬった後，次のページの図２のように１辺１cmの立方体18個に切りました。この18個の立方体で，色がぬられていない面は全部で

何面ありますか。

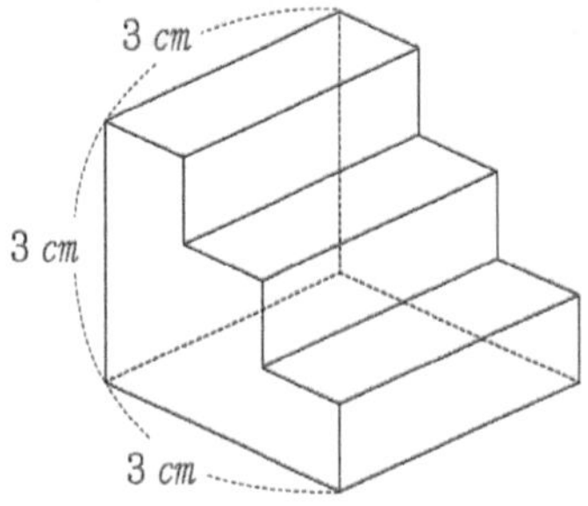

図１

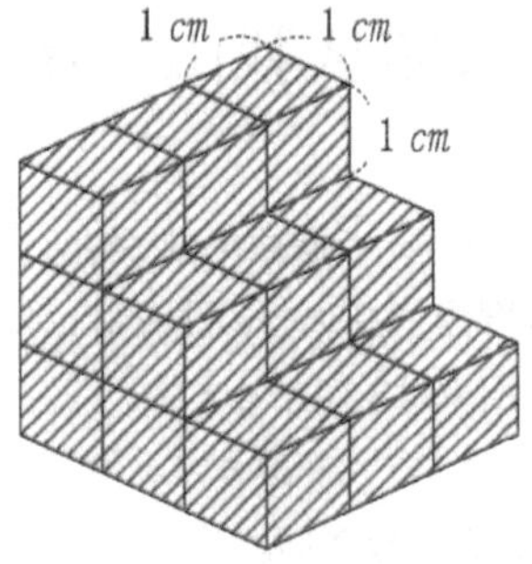

図２

【３】 容器Ａには濃度《のうど》２％の食塩水400ｇ，容器Ｂには濃度８％の食塩水が入っています。はじめに，容器Ｂの食塩水を少しずつ容器Ａに移して，５％の食塩水を作りました。次に，容器Ａにできた食塩水を半分だけ容器Ｂに戻《もど》しました。

このとき，次の問いに答えなさい。

⑴ はじめに容器Ａの食塩水に含《ふく》まれる食塩の重さは何ｇでしたが。

⑵ ① 容器Ｂから容器Ａに食塩水を移している途中《とちゅう》で，移した食塩水の量が80ｇになったとき，容器Ａの食塩水の濃度は何％になりましたか。

② 容器Ａに５％の食塩水ができたとき，容器Ｂに残っていた食塩水の量は，はじめの量の半分でした。はじめに容器Ｂに入っていた食塩水の量は何ｇでしたか。

⑶ 最後に，容器Ｂにできた食塩水の濃度は何％でしたか。

【４】 右の図のような直方体の容器が，まっすぐに立っている長方形の仕切りによって，底面がア，イの２つの部分に分けられています。

管Ａはアの部分の上から，管Ｂはイの部分の上から一定の割合で水を入れます。また，イの部分には排水管《はいすいかん》Ｃがあり，栓《せん》を開くと一定の割合で排水します。管Ａからは１分間に12Ｌ，管Ｂからは１分間に９Ｌ水を入れることができ，排水管Ｃからは１分間に10Ｌ排水することができます。

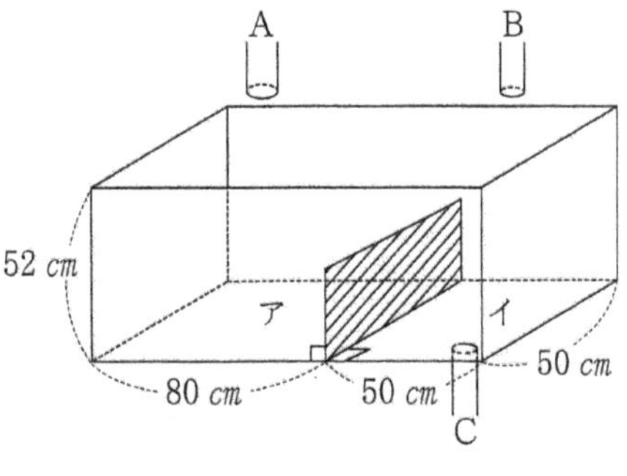

はじめは管Ａのみから水を入れます。しばらくしてから管Ｂからも水を入れ，その後，排水管Ｃの栓を開きます。このとき，水を入れ始めてから満水になるまでの時間とアの部分の水面の高さの関係を表したグラフは次のページのようになりました。アの部分の水面の高さは，水を入れ始めてから10分後までは一定の割合で上がり，10分後からしばらくの間は変わらず，その後は，満水になるまで一定の割合で上がっています。仕切りの厚さは考えないものとして，あとの問いに答えなさい。ただし，途中《とちゅう》の考え方も書きなさい。

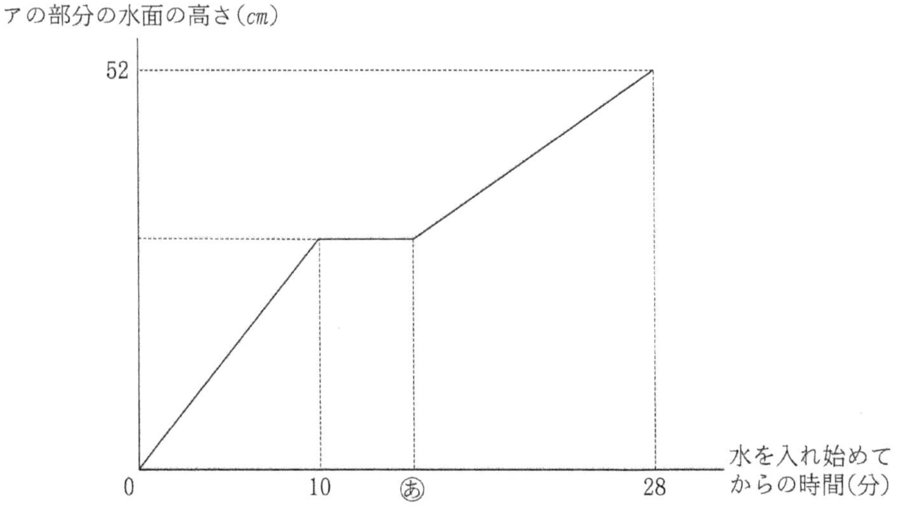

⑴　仕切りの高さは何cmですか。

⑵　グラフの㋐にあてはまる数はいくつですか。

⑶　満水になるまでに，管Ａから入れた水の量と管Ｂから入れた水の量の比が16：７でした。排水管Ｃの栓を開いたのは水を入れ始めてから何分何秒後ですか。

⑷　満水になったと同時に，管Ａ，管Ｂから水を入れるのをやめ，排水管Ｃから排水し続けました。排水管Ｃから排水されなくなるのは，満水になってから何分何秒後ですか。

【理　科】（40分）　＜満点：50点＞

【１】 次のⅠ，Ⅱの各問いに答えなさい。

Ⅰ．次の⑴～⑸の文中の（Ａ）にあてはまる語句または数字を答えなさい。

⑴　同じ温度，同じ体積の水素，ちっ素，酸素，二酸化炭素，空気のうち最も重い気体は（　Ａ　）です。

⑵　メトロノームは（　Ａ　）のきまりを利用して一定のテンポで音を出す道具です。

⑶　けんび鏡で観察するときは（　Ａ　）レンズに目をあてます。

⑷　星の動きは地球が自転しているためにおこる見かけの動きです。北極星のまわりの星は反時計回りに１時間に（　Ａ　）°回転しているように見えます。

⑸　コイやフナなどの魚のなかまは，水中の酸素を（　Ａ　）の血管を流れる血液中にとり入れます。

Ⅱ．次の⑴～⑸について，下の①～⑤の中からあてはまるものを１つ選び，番号で答えなさい。

⑴　船が短く汽笛を鳴らし，その音が岸壁《がんぺき》で反射して５秒後に船上の人が聞きました。船は１秒間で20m進む速さで岸壁に向かって進んでいます。海上には風はなく，音は１秒間で340m進むものとします。汽笛を鳴らしたときの船と岸壁の距離《きょり》として正しいものを選びなさい。

①　300m　　②　600m　　③　900m　　④　1500m　　⑤　2000m

⑵　化石としてだけ見つかるものを選びなさい。

①　シジミ　　②　アサリ　　③　サンゴ　　④　ホタテ　　⑤　アンモナイト

⑶　ほ乳類のなかまを選びなさい

①　ウミガメ　　②　クジラ　　③　ヒトデ　　④　カツオ　　⑤　イセエビ

⑷　音や光の性質について正しくないものを選びなさい。

①　太鼓《たいこ》をたたくと音は発生するが光は発生しない。

②　音も光も鏡で反射する。

③　光と比べて音は伝わるのに時間がかかる。

④　音は空気中では伝わるが水の中では伝わらない。

⑤　風が吹《ふ》いても光の進み方は変わらない。

⑸　アルコールランプについて正しいものを選びなさい。

①　火をつけるときは，火のついていないアルコールランプに，火がついてるアルコールランプを近づける。

②　アルコールランプを使うためにフタを外したら，フタのふちが汚れないように，フタは立たせず横にして置く。

③　アルコールランプの火を消すときは，勢いよく息を吹きかける。それでも消えない場合は，水をかける。

④　アルコールランプの燃料が八分目まで入っていれば，火をつけても芯《しん》がこげることはない。

⑤　アルコールランプの燃料は水を代用することができる。

【２】 回路についてあとの各問いに答えなさい。

電流とは電気の流れのことで，その量は電流計（図１）で測ることができます。電流の単位は〔A〕が使われていて，1000〔mA〕は１〔A〕です。

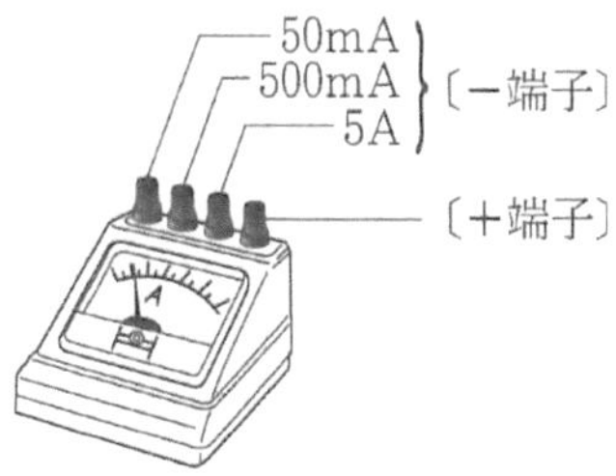

図１

図２の回路で豆電球に流れる電流の大きさを電流計で測ってみたところ，0.32〔A〕でした。

回路に用いる豆電球と電池はすべて同じものとします。

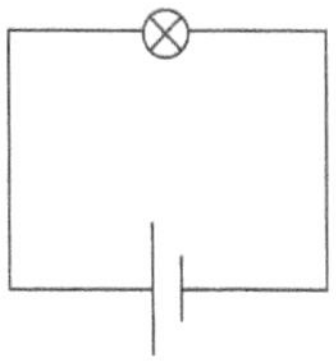
図２

⑴ このとき接続する電流計（図１）の「－端子《たんし》」としてふさわしくないものを次の①～③の中から１つ選び，番号で答えなさい。

① 50mA　② 500mA　③ ５A

⑵ このとき電流計の接続のしかたとして正しいものを次の①～④の中から１つ選び，番号で答えなさい。

① 豆電球に対して並列に，そして電流が電流計の「＋端子」から入って，「－端子」から出ていくように接続する。

② 豆電球に対して並列に，そして電流が電流計の「－端子」から入って，「＋端子」から出ていくように接続する。

③ 豆電球に対して直列に，そして電流が電流計の「＋端子」から入って，「－端子」から出ていくように接続する。

④ 豆電球に対して直列に，そして電流が電流計の「－端子」から入って，「＋端子」から出ていくように接続する。

図３，図４の回路の豆電球ア，イ，ウ，エに流れる電流を測ってみたところ，アとイは0.16〔A〕，ウとエは0.32〔A〕でした。図２の豆電球の明るさと比べてみるとウとエは同じ明るさで，アとイは暗くなっていました。また，図４の電池に流れる電流は0.64〔A〕でした。

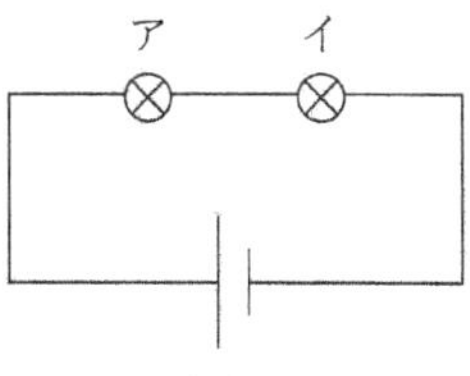

図３

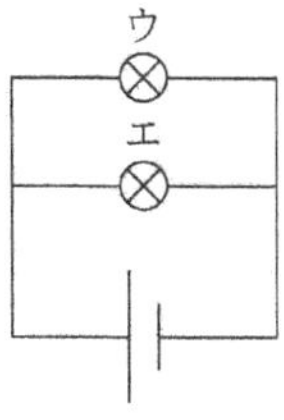

図４

⑶ 図３の電池に流れる電流の大きさ〔A〕を答えなさい。

⑷ ３つの豆電球を用いて図５の回路をつくりました。このとき電池には0.21〔A〕の電流が流れました。図２，図３，図４での豆電球の明るさを参考にして，図５の豆電球の明るさについて正しいものをあとの①～⑤の中から１つ選び，番号で答えなさい。

① オとアは同じ明るさである。

② カとキはウとエより明るい。

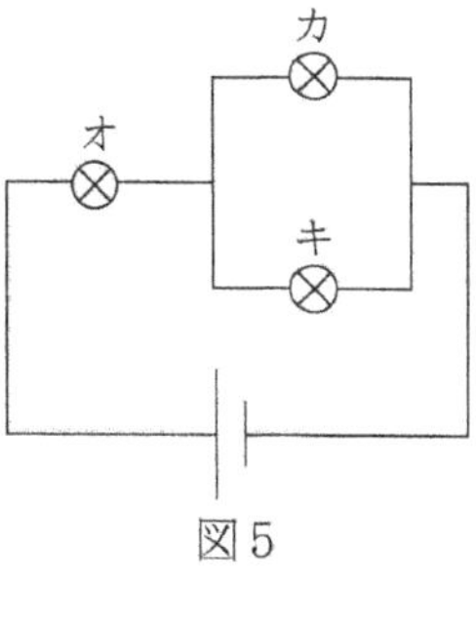

図５

③　オはカとキより暗い。

④　カとキはイと同じ明るさである。

⑤　オはウとエより暗い。

⑸　３つの豆電球に流れる電流の大きさが，すべて0.32〔A〕になる回路として正しいものを次の①～⑤の中から１つ選び，番号で答えなさい。

①

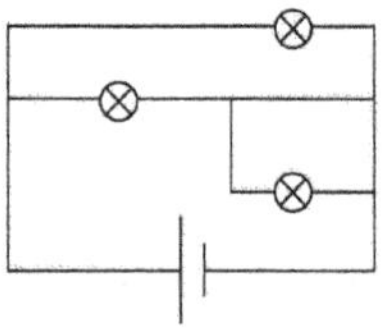

②

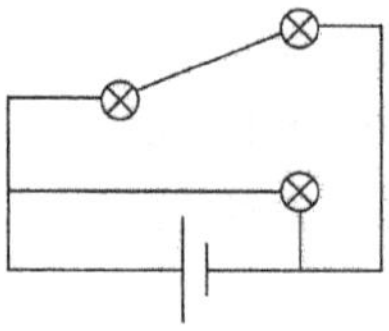

③

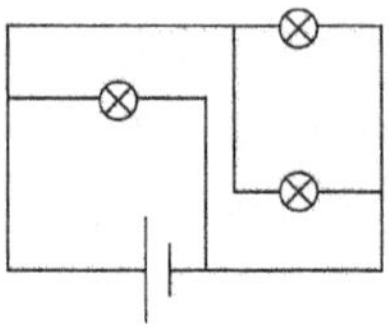

④

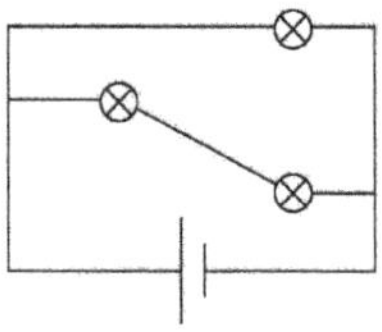

⑤

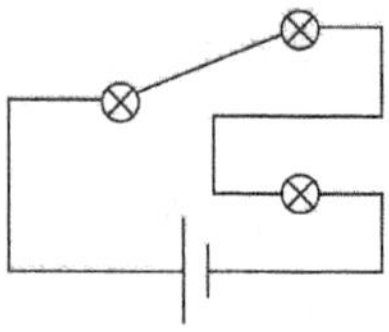

【３】 次の文章を読み，あとの各問いに答えなさい。

水にものがとけた液のことを水よう液といいます。とけているものが食塩ならば食塩水，または塩化ナトリウム水よう液といいます。食塩のほかに，同じように水にとけるものには硝《しょう》酸カリウムがあります。

水の量によってとかすことができる量は異なります。また，食塩と硝酸カリウムでは同じ温度でも同じ量の水にとかすことができる量は異なります。

20℃の水100ｇに硝酸カリウムをとかしていくと32ｇまでとかすことができます。このとかすことができる限界の量を最大量といいます。図１は，水100ｇにとける食塩および硝酸カリウムの最大量〔ｇ〕と温度の関係を示しています。

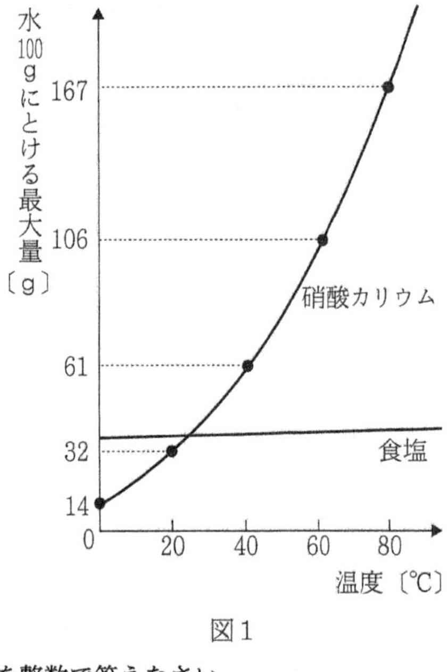

図１

⑴　60℃の水100ｇにとける硝酸カリウムの最大量〔ｇ〕を整数で答えなさい。

〔実験〕 80℃の水200ｇが入ったビーカーに，水分を含《ふく》んで湿《しめ》った硝酸カリウム350ｇをとかし入れ，温度を保ちながらよくかき混ぜました。ビーカー内にあるとけ残り（固体）をすべて取り出し，㋐固体と水よう液に分けました。固体を乾燥《かんそう》させて重さをはかったところ８ｇでした。新たにビーカーを１つ用意し，80℃の水よう液100ｇを取り分け温度を40℃に保ち続けたところ，㋑水よう液中から結晶《しょう》（固体）が出てきました。

⑵　下線部㋐の実験操作には，図２に示すような方法があります。この実験操作の名前を答えなさい。

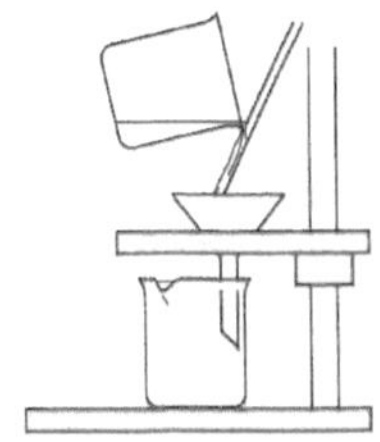

図２

⑶　80℃の水100ｇに，硝酸カリウムが最大量とけた水よう液を40℃まで冷やしたとき，水よう液中から出てくる結晶の重さ〔ｇ〕を整数で答えなさい。

⑷　下線部㋑でみられた水よう液中から出てきた結晶の重さ〔ｇ〕を求め，小数第一位を四捨五入して整数で答えなさい。

⑸　湿った硝酸カリウム中の水分の重さ〔ｇ〕としてふさわしいものを，次の①～⑤の中から１つ選び番号で答えなさい。

①　１ｇ　　②　２ｇ　　③　３ｇ　　④　４ｇ　　⑤　５ｇ

【４】　コケとよばれる生物のなかまに地衣類《ちいるい》がいます。地衣類は光合成により自らが生きるために必要なものをつくることができ，養分を多くふくむ土がなくても岩や木の幹などに張り付くことで生きていくことができます。

地衣類の成長には長い時間が必要です。右の写真は地衣類のなかまであるウメノキゴケで，葉のようにうすいからだをしていて，外側に向かって成長するため，丸い形をしています。その成長は１年間に直径５㎜ほどです。次の各問いに答えなさい。

⑴　光合成で使われるものと光合成でつくられるものの組み合わせとして正しいものを次の①～⑤の中から１つ選び，番号で答えなさい。

	使われるもの	つくられるもの
①	酸素と水	でんぷんと二酸化炭素
②	二酸化炭素と水	でんぷんと酸素
③	酸素と二酸化炭素	でんぷんと水
④	でんぷんと酸素	二酸化炭素と水
⑤	でんぷんと二酸化炭素	酸素と水

⑵　上の写真は直径が５㎝のウメノキゴケです。このウメノキゴケが写真の状態から直径10㎝に成長するまでにかかる時間として，最もふさわしいものを次の①～⑤の中から１つ選び，番号で答えなさい。

①　２年　　②　５年　　③　10年　　④　20年　　⑤　50年

地衣類は森林や海岸などのいろいろな場所でも見られます。しかし，大気汚染《おせん》には弱い種類が多いので，都市部などの自動車の交通量が多く，大気汚染の度合いが高い場所では，見つかる種類の数は少なくなります。

ある地域で観察できる地衣類の種類の数を調べました。調査した場所で見つかった地衣類の種類の数を，０種，１～２種，３～４種，５～６種，７～８種，９種以上の６つの区画にわけて地図にまとめると図のようになりました。

図に示した矢印は地衣類の種類の多かった区画に向かってのびていて，地点Pは地衣類が３～４種類見つかった区画にふくまれています。

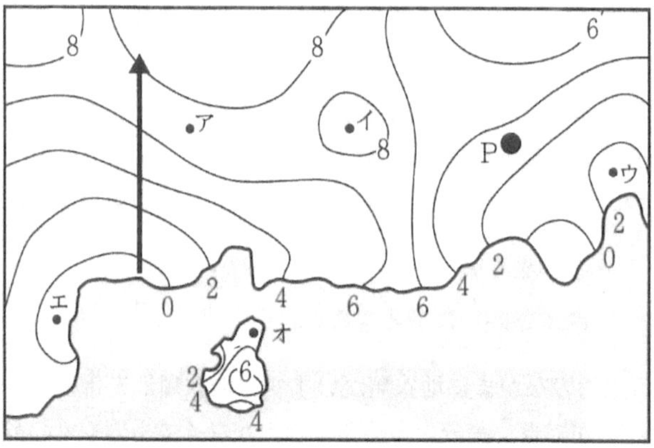

⑶　図の地点アで見つかった地衣類の種類の数として，最もふさわしいものを次の①～⑥の中から１つ選び，番号で答えなさい。

①　０種類　　②　１～２種類　　③　３～４種類
④　５～６種類　　⑤　７～８種類　　⑥　９種類以上

⑷　図の地点ア～オについて説明した文として，最もふさわしいものを次の①～⑤の中から１つ選び，番号で答えなさい。

①　地点アは他のどの地点よりも地衣類の種類の数が多いので，大気汚染の度合いが一番低い地域だと考えられる。

②　地点イは他のどの地点よりも地衣類の種類の数が多いので，大気汚染の度合いが一番高い地域だと考えられる。

③　地点ウと地点エを比べると，地衣類の種類の数が同じ地域なので，大気汚染の度合いは同じだと考えられる。

④　地点ウと地点オを比べると，地衣類の種類の数が同じ地域なので，大気汚染の度合いは同じだと考えられる。

⑤　地点アと地点オを比べると，地衣類の種類の数が同じ地域なので，大気汚染の度合いは同じだと考えられる。

⑸　見つかった地衣類の種類の数から考えて，「自動車の交通量が多い都市」がある場所として最もふさわしいものを図の地点ア～オの中から１つ選び，記号で答えなさい。

【５】　水は地球上のさまざまなところにありますが，雨として降ったり川として流れたり，絶えず移動しています。次のページの図１は地球上の水のありかとその量（体積），そして１年間で移動していく量（体積）を示したものです。図中の□の中の数字はその場所にある水の量を，▢の中の数字はそれぞれの場所から１年間で移動する量を示したものです。この図の数字は１あたり$1000km^3$を表しており，氷や水蒸気は液体のときの量を表しています。例えば 178 は17万$8000km^3$あることを表しています。

あとの各問いに答えなさい。

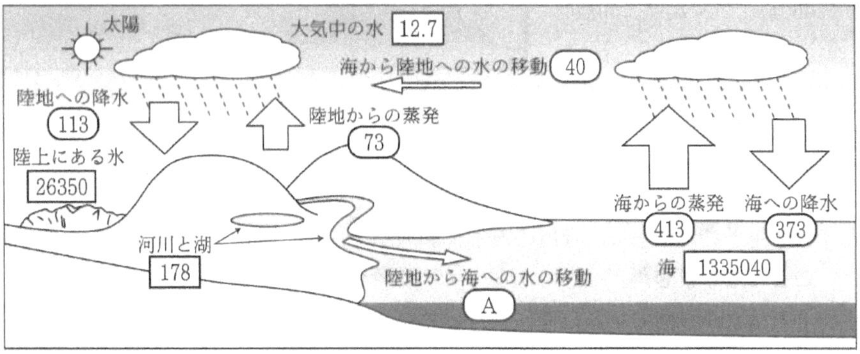

図１

⑴　海の水は大気中の水のおよそ何倍の量になりますか。次の①～⑤の中から正しいものを１つ選び，番号で答えなさい。

①　100倍　　②　1000倍　　③　10000倍　　④　100000倍　　⑤　1000000倍

⑵　図１の中の（Ａ）に入る数字を答えなさい。

地球温暖化によって陸上の氷がとけ，海水面が上昇《じょうしょう》することが予想されています。陸上の氷が全てとけてしまった場合に，海水面がどれくらい上昇するかを考えます。

⑶　図１の陸上にある氷がとけて水になったときの量は，海の水の量のおよそ何％にあたりますか。次の①～⑤の中から最もふさわしいものを１つ選び，番号で答えなさい。

①　１％　　②　２％　　③　５％　　④　10%　　⑤　20%

⑷　陸上にある氷がとけ，すべて海に移動した場合，海水面は何ｍ上昇すると考えられますか。最もふさわしいものを次の①～⑥の中から１つ選び，番号で答えなさい。ただし，海の平均水深は3800m，海水面が上昇しても海の面積は変わらないものとして考えなさい。

①　25m　　②　50m　　③　75m　　④　250m　　⑤　500m　　⑥　750m

⑸　図２は日本の標高別の土地面積の割合を示したものです。陸上にある氷が全てとけ，海水面が上昇したとき，日本の土地面積はどの程度（％）減ることになりますか。最もふさわしいものを次の①～⑥の中から１つ選び，番号で答えなさい。

①　10%　　②　20%　　③　30%

④　40%　　⑤　50%　　⑥　60%

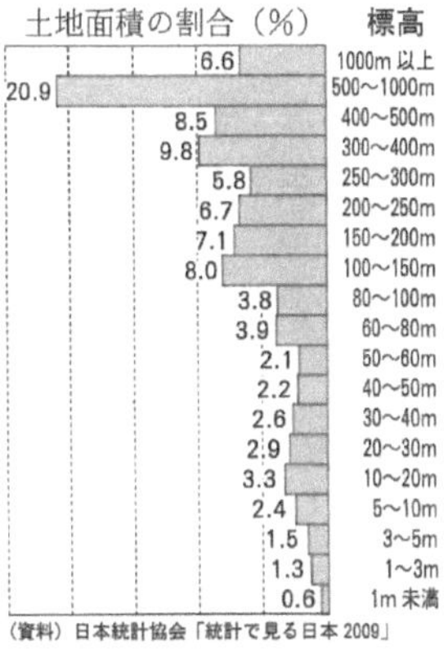

図２

【社　会】（40分）　＜満点：50点＞

1　久我山中学校では，中学３年生になると，「自然と共生する」というテーマのもと北海道で農作業体験などをする，自然体験教室が行われます。以下の会話は，Ｋ先生と生徒Ａさんの会話です。それを読んで問いに答えなさい。

Ａさん：Ｋ先生，こんにちは。今度の自然体験教室で，私たちの班は米農家で稲作《いなさく》を体験することになりました。

Ｋ先生：それはよかったですね。稲作を行っているところは世界各地にありますが，日本では弥生時代以降，急速に各地へと広まり，お米は日本の食文化を語る上で欠かせない存在となっていますね。

Ａさん：単なる「食」という面だけではなく，①税としてもお米が使われていたのですよね。歴史の授業で習いました。

Ｋ先生：その通りです。②稲作やお米と歩みをともにしてきたのが日本という国なのです。このように私たちに身近なお米ですが，Ａさんはお米についてどれくらい知っているでしょうか。さて，次のうち稲はどれですか。

Ⅰ

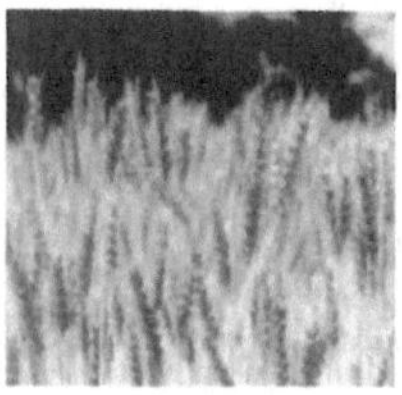

Ⅱ

Ⅲ

Ⅳ

Ａさん：難しい。「Ⅰ」ですか。

Ｋ先生：残念。不正解です。「Ⅰ」は【　あ　】ですね。正解は【　い　】です。秋に実った稲穂《いなほ》は，③刈《か》り取られた後，乾燥《かんそう》，脱穀《だっこく》，籾《もみ》すり，精米などの工程を経て，普段《ふだん》私たちが口にする白米になります。

Ａさん：米作りにはさまざまな工程があるのですね。これらの作業は機械で行うのですか。

Ｋ先生：手作業で行うこともありますが，現在では多くの場合，機械を使います。機械化が進んだことで作業時間が大幅《おおはば》に短縮され，効率が良くなりました。

Ａさん：効率が良くなったとはいえ，米作りは多くの時間や手間がかかる上，予測不能な自然を相手にするものですから，私たちはお米を大切にいただかなくてはいけませんね。

Ｋ先生：その通りです。しかしながら，日本の主食である④お米の消費量は，年々低下しているようです。

Ａさん：日本の人口が減少していることも原因の一つとして考えられそうですね。そのような中で現在はお米と一言で言っても，さまざまな種類が販売《はんばい》されていますね。

Ｋ先生：□□□□が盛《さか》んに行われていますからね。温暖な気候で育つ稲が北海道で栽培《さいばい》できるようになったのも，冷害に悩《なや》まされる東北地方の稲作を救ったのも，実は□□□□のおかげなのです。寒さに強いお米が次々と誕生《たんじょう》しました。

Ａさん：そうだったのですね。しかし近年の気候を考えると，それとはまた別の強さを持ったお米も求められそうですね。

Ｋ先生：毎年のように，さまざまな地域から米粒《つぶ》が白く濁《にご》ってしまう「白未熟粒」の発生が報告されていますからね。これは稲穂が育つ時期に気温が高いと起きやすくなるもので，米粒の見た目に違和感《いわかん》がある他，精米する時に砕《くだ》けやすいので，味や食感を悪くする原因となります。このような問題を乗り越《こ》えるための□□□□も進んでいるのですよ。

Ａさん：そうなのですね。さまざまな研究が進んでいるのですね。

Ｋ先生：ところでＡさん。最近では，⑤消費者の好む食感に合わせたり，料理に合わせた新しいお米が次々と登場しているのは知っていますか。

Ａさん：それは知らなかったです。Ｋ先生，私はお寿司《すし》が大好物なので，それにぴったりなお米を調べてみたいと思います。

Ｋ先生：面白い切り口の調べ学習ですね。私は焼き魚が大好きなので，それにぴったりなお米は何でしょうね。他にもお米を使うさまざまな料理と，それに合うお米は何になるのかを調べてみましょう。

Ａさん：Ｋ先生，とても楽しい調べ学習ができそうです。頑張《がんば》って調べてみたいと思います。今日はありがとうございました。

問１　下線部①に関連して，お米と税について説明した次の文章のうち，ふさわしくないものを選び，記号で答えなさい。

ア．古代の日本では，班田収授法によって６歳以上の男女に口分田が与えられ，収穫された稲の一部を納める「租」という税があった。

イ．豊臣秀吉は，全国で検地を行い，全国の生産力が米の量で換算《かんさん》された石高制を確立させた。

ウ．徳川家康は，全国の大名が農民から集めた年貢（米）を献上《けんじょう》させ，幕府の財源とした。

エ．現在の日本では，国内の米農家を保護するため，海外から輸入する米に関税をかけている。

問２　下線部②に関連して，日本では昔からお米だけでなく，その副産物である藁《わら》や糠《ぬか》を有効に無駄《むだ》なく日常の生活の中で利用してきました。その利用方法の例を１つ答えなさい。

問３　文中の空欄《らん》【あ】にあてはまる作物，【い】にあてはまる会話文中の写真（Ⅰ～Ⅳ）の組み合わせとしてふさわしいものを選び，記号で答えなさい。

ア．【あ】：小麦　【い】：Ⅱ　　イ．【あ】：そば　【い】：Ⅲ

ウ．【あ】：小麦　【い】：Ⅳ　　エ．【あ】：そば　【い】：Ⅳ

問４　下線部③に関連して，次の図は刈り取られた後の稲が，白米になるまでの工程を例示したものです。Ａさんは下線部③の作業を，次のページの**あ**～**え**のような昔ながらの道具を使って体験することになりました。図の工程にしたがって作業を進めるとき，**あ**～**え**の道具はどの工程で使うのが正しいですか，組み合わせとしてふさわしいものを選び，記号で答えなさい。

図

刈り取り →

工程					
乾燥	脱穀	選別	籾すり	選別	精米
稲架《はさ》掛《が》け	①	②	③	④	⑤

→ 白米

あ　　　い　　　う　　　え

	①	②	③	④	⑤
ア	あ	い	え	い	う
イ	い	あ	う	あ	え
ウ	う	え	い	え	あ
エ	い	う	あ	う	え
オ	あ	え	う	え	い
カ	う	あ	い	あ	え

問5　下線部④に関連して，次の空欄にあてはまる文章を考えて答えなさい。

> 　コメの出来具合は全国的には「平年並み」で，北海道や東北などは「やや良」の豊作という。そんな新米にも新型コロナは災難をもたらす。外食の需要《じゅよう》が落ち込み，いつになくコメ余りとなりそうだ。家庭の消費量は増えたものの，［　　　　　　　　］ことが響《ひび》いている。今まで知らず知らずコメを輸出していたようなもので，外国人の舌も楽しませてきた。目減りを補うまではいかずとも新米をなるだけ味わいたい。
>
> （2020年10月11日 朝日新聞「天声人語」より抜粋）

問6　会話文中の□□□□に共通してあてはまる語句を，漢字４字で答えなさい。

問7　下線部⑤に関連して，Ａさんは先生や友人が好きな料理とそれに合うお米を紹介《しょうかい》することにしました。次の表から読みとれることとして最もふさわしいものを選び，記号で答えなさい。

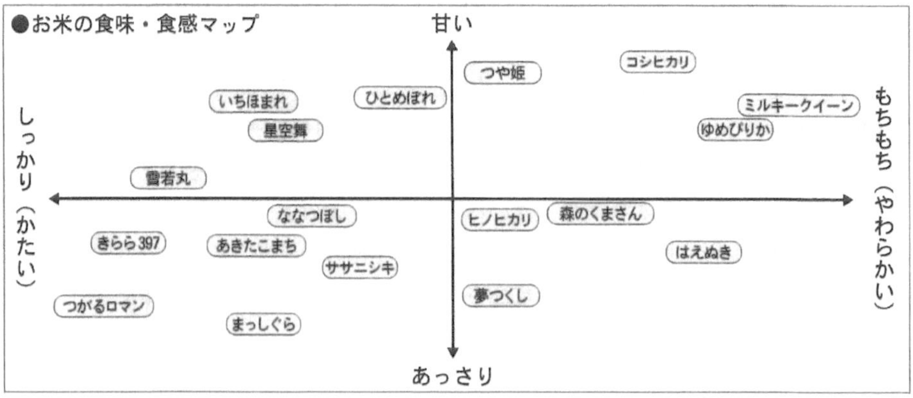

（パナソニックHPより作成）

ア．Ｋ先生の好物の焼き魚は，やわらかくあっさりしたお米が合うといわれているので，「夢つくし」より「ミルキークイーン」が適している。

イ．Ｓ先生の好物のぎょうざは，やわらかく甘みのあるお米が合うといわれているので，「ゆめぴ

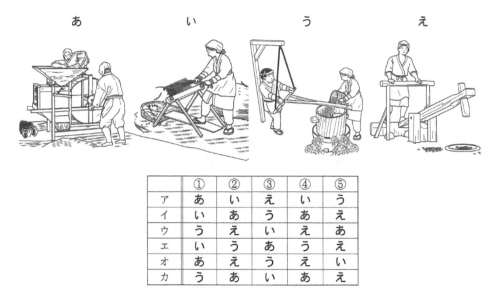

りか」より「ななつぼし」が適している。

ウ．Ａさんの好物のお寿司は，かたくあっさりとしたお米が合うといわれているので，「コシヒカリ」より「ササニシキ」が適している。

エ．Ｂさんの好物のから揚《あ》げは，かたく甘みのあるお米が合うといわれているので，「いちほまれ」より「ヒノヒカリ」が適している。

2　世界自然遺産である小笠原諸島は，今年の６月に登録10周年を迎《むか》えます。次の地図には日本の世界自然遺産が示されています。これについて，以下の問いに答えなさい。

問１　次の雨温図は日本の世界自然遺産が分布する地域のものです。②白神山地（八森）と④屋久島の雨温図を示したものとしてふさわしいものをそれぞれ選び，記号で答えなさい。

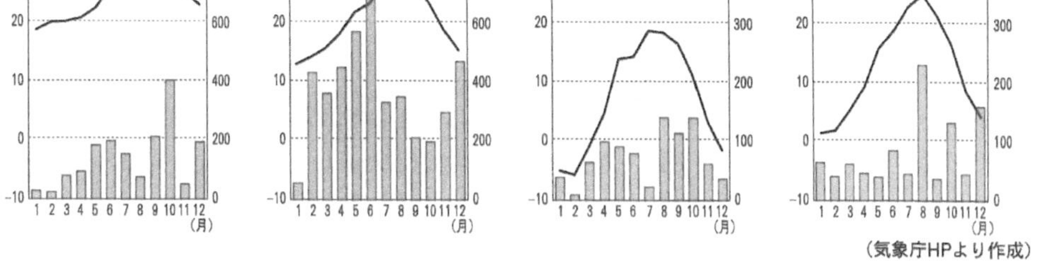

（気象庁HPより作成）

問2　世界自然遺産に登録されている地域に関する次の歴史的なできごとを，年代の古いものから順に並べかえ，解答欄に合うように記号で答えなさい。

ア．ペリー提督は浦賀に来航する前に小笠原に寄港し，数日間滞在《たいざい》した。

イ．ロシア使節のラクスマンが知床沖を通り，根室へ来航した。

ウ．地租改正により，屋久島の山林のほとんどが国有地に編入された。

問3　①について，次のグラフは，オホーツク海の最大海氷域面積の変化を表したものです。このグラフから読み取れることとしてふさわしくないものを選び，記号で答えなさい。

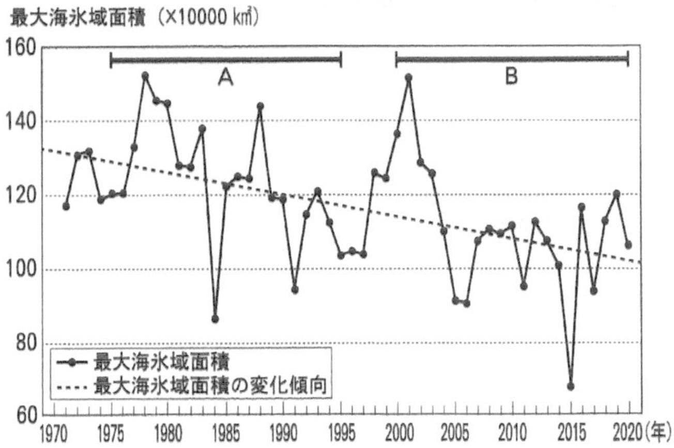

（気象庁HPより作成）

オホーツク海の流氷

ア．オホーツク海の最大海氷域面積は，年によって大きく変動している。

イ．オホーツク海の最大海氷域面積は，長期的に見ると減少している。

ウ．オホーツク海の最大海氷域面積は1984年ごろと2015年ごろに大きく落ち込《こ》んだものの，翌年には回復している。

エ．グラフ中のAとBの時期を比べると，最大海氷域面積が最も大きい年と最も小さい年の差は，Bの時期のほうが小さくなっている。

問4　①について，次の写真は，環境保全活動の１つであるナショナルトラスト運動への参加証明書です。知床でも行われているこの運動は，寄付金を募《つの》り，その土地を買い取ることで環境保全につなげるというものです。ナショナルトラストが生まれたのは，世界に先駆《さきが》けて産業革命を達成し，環境への懸《け》念《ねん》が増大した国でした。この国はどこか答えなさい。

問5　②について，白神山地には，交通手段の１つとして「リゾートしらかみ」という観光列車が走っており，秋田県と青森県を結んでいます。これに関連して，青森県の三内丸山遺跡でみられる大規模集落が形成された時代について述べた文としてふさわしいものを選び，記号で答えなさい。

ア．この時代の人々は，主に狩猟・漁労・採集を行いながら生活していた。

イ．この時代には争いが頻繁《ひんぱん》に起こり，鉄製の武器が使用された。

ウ．同じ時代の遺跡として，野尻湖（湖底）遺跡があげられる。

エ．同じ時代の遺跡として，登呂遺跡が挙げられる。

問６　③について，小笠原諸島がアメリカから日本に返還《へんかん》された1968年はメキシコシティオリンピックが開催《かいさい》された年でもあります。メキシコシティはメキシコの首都ですが，次のうち，開催都市がその国の首都ではないものを選び，記号で答えなさい。

ア．2016年　リオデジャネイロオリンピック　　イ．2004年　アテネオリンピック

ウ．1988年　ソウルオリンピック　　エ．1936年　ベルリンオリンピック

問７　③について，小笠原諸島は，1593年に小笠原貞頼によって発見されたことからその名がついたとされています。これと最も近い時期におこった歴史上のできごととしてふさわしいものを選び，記号で答えなさい。

ア．刀狩が行われた。

イ．島原の乱（島原・天草一揆）がおこった。

ウ．種子島に鉄砲が伝来した。

エ．明暦の大火がおこった。

問８　③について，小笠原諸島では「島レモン」が特産品として知られています。これに関連して，レモンやオレンジなどの柑橘《かんきつ》類は，その性質から，一年を通じて温暖であるとともに，日照時間の長い気候が栽培に適しているとされています。次のうち，柑橘類の栽培に最も適した気候としてふさわしい地域を選び，記号で答えなさい。

ア．石川県　　イ．長野県　　ウ．広島県　　エ．沖縄県

問９　④について，屋久島で使われる電力のほぼすべては水力発電でまかなわれています。これに関連して，次のグラフは日本の発電における電源構成（電気をつくる方法）の推移を表したものです。下のグラフをみると，2011年以降に大きな変化がみられるものがあります。その変化とはどのようなものですか，その背景とともに説明しなさい。

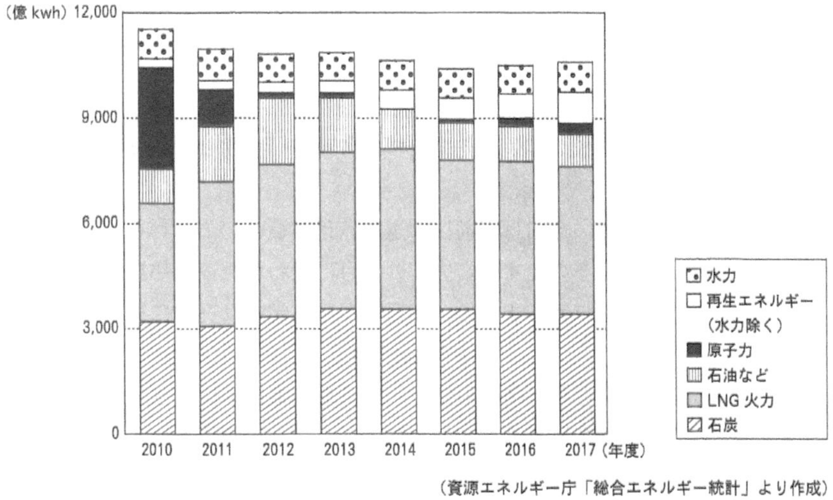

（資源エネルギー庁「総合エネルギー統計」より作成）

問10　④について，屋久島にある永田浜は，アカウミガメが産卵に訪れる海岸として「特に水鳥の生息地として国際的に重要な湿地に関する条約」に登録されています。この条約は採択《さいたく》の地にちなみ，一般的に何と呼ばれていますか。カタカナで答えなさい。

問11　世界自然遺産の例としては，オーストラリアのグレートバリアリーフも有名です。これに関連して，次のページの表は日本が各国から輸入している品目について，上位５品目とそれらが輸入総額に占《し》める割合（％）をまとめたものです。オーストラリアを示したものとして，ふさわしいものを選び，記号で答えなさい。なお，他の３つは，中国・サウジアラビア・ブラジルのものです。

ア	
原油	92.4
揮発油	2.4
有機化合物	1.6
液化天然ガス	1.5
アルミニウムと同合金	0.7

イ	
鉄鉱石	42.1
鶏肉	11.1
有機化合物	5.1
コーヒー豆	4.7
合金鉄	4.4

ウ	
電気機器	29.0
一般機械	17.3
衣類と同付属品	10.1
化学製品	6.7
金属製品	3.5

エ	
石炭	34.1
液化天然ガス	33.2
鉄鉱石	10.1
牛肉	3.7
銅鉱	3.0

（『地理統計要覧2020年版』より作成）

問12　東京から約1000㎞南に位置する小笠原諸島への交通手段は，現在片道約24時間で結ぶ定期船のみとなっています。そのため，近年は移動時間を短縮するために航空路線を開設し，島に空港を建設しようという動きが出てきていますが，さまざまな問題点も指摘《してき》されています。小笠原諸島に空港を建設することに対し，あなたは賛成ですか，反対ですか。解答欄の「賛成・反対」どちらかに○をつけ，その理由を述べなさい。

3　次の文章は久我山中学校３年生の久我山健児くんと担任の三笹先生の会話です。それを読んで，問いに答えなさい。

健児：先生，こんにちは。高校２年生の先輩たちが体育館へ移動していますが，何かあるのですか。

三笹：健児くん，こんにちは。今日は杉並区の選挙管理委員会の方がいらして18歳①選挙権について学ぶ講演会をやるのですよ。去年の７月に行われた東京都知事選挙にも本校の高校３年生の多くが投票に行きました。健児くんも在学中に選挙に行くことになるかもしれませんね。

健児：昨日②70歳の誕生日を迎えた僕の祖父も，東京都知事選挙に行きました。ところで，以前は投票に行くことができるのは20歳からでしたが，投票に参加する年齢を18歳にしたのはどのような意義があるのですか。

三笹：その意味は，総務省・文部科学省の『私たちが拓《ひら》く日本の未来』によると，以下のように説明されています。

　これは，皆さんが，③様々なメディアを通じ多様な情報に接し，自分の考えを育んできた世代であり，また，少子高齢化の進む日本で未来の日本に生きていく世代であることから，現在，また，未来の日本の在り方を決める政治に関与してもらいたいという意図があるのです。

健児：なるほど。選挙年齢の引き下げはそういう意図があるのですね。では，成人式に参加する年齢も引き下げられるのですか。

三笹：その通りです。2022年には成年年齢が18歳に引き下げられます。1898年に施行された④民法では「年齢二十歳をもって，成年とする」と規定しましたが，約130年ぶりに変わります。

健児：ということは18歳になると僕も成年ということになるのですね。もうすぐ大人になるということが想像できません。

三笹：もともと日本では，大人を年齢で区切ることはありませんでした。時代によっても大人として認められるようになるには条件が異なりました。縄文時代は，成人になる際に［　⑤　］という風習があったとされています。これは痛みを与えることによって大人になることを自覚することだと考えられます。

健児：縄文時代の大人になる儀式は本当に痛そうですね…。

三笹：大人になるには責任と覚悟《かくご》が必要だったのでしょうね。また，日本の歴史のなかでは，だいたい男性は15歳前後，⑥女性は13歳前後で大人として扱われるようになります。⑦平安時代の貴族も早ければ15歳ごろに初めて官位をもらい，役人として働き始めていたようです。

健児：ずいぶん早い時期に大人とされたのですね。

三笹：現代に生きる我々からするとそうかもしれませんね。ただ，その時代を生きた人たちからすれば，決して早い年齢ではありません。だからこそ，大人と子どもとの間には明確な違いを設けました。

健児：どんな違いがあったのですか。

三笹：例えば髪型です。江戸時代，⑧武士の家に生まれた男性は15歳前後で「元服」という儀式を行い，前髪をそり落としました。そして，明治時代を迎えて，法律で大人が年齢によって定義されるようになったのです。

健児：なるほど。大人の定義は時代によって様々なものがあるのですね。

問１　下線部①について，日本の選挙権に関する次の文章のうち，ふさわしいものを選び，記号で答えなさい。

ア．1890年の最初の衆議院議員総選挙では，投票に参加できた有権者は人口の約１％にすぎなかった。

イ．1900年に衆議院議員選挙法が改正され，満25歳以上の男子全員に選挙権が与えられた。

ウ．1925年，普通選挙法が成立し，満25歳以上の男女に選挙権が与えられたが，有権者の数はほとんど増えなかった。

エ．1945年，満20歳以上のすべての男女が選挙権を獲得したが，同時に制定された治安維持法により自由な投票は弾圧された。

問２　下線部②に関連して，健児くんの祖父が生まれた年におきたできごととしてふさわしいものを選び，記号で答えなさい。

ア．日本軍は，ハワイのアメリカ軍港やマレー半島のイギリス軍を攻撃した。

イ．中東の戦争がきっかけで石油危機が起こり，世界経済に影響を及ぼした。

ウ．立憲政友会の原敬が内閣総理大臣になり，初の本格的政党内閣を組織した。

エ．サンフランシスコ平和条約が調印され，翌年の日本独立が決まった。

問３　下線部③に関する次の問いに答えなさい。

⑴　メディアの発達していない時代の中で，絵巻物は当時の様子を伝える重要な史料のひとつです。右の絵巻物は『鳥獣戯画』の一部です。この『鳥獣戯画』は12～13世紀ごろの社会を風刺《ふうし》したとされていますが，その時代のできごととしてふさわしいものを選び，記号で答えなさい。

ア．聖徳太子らが天皇中心の新たな政治の仕組みをつくろうとしたが，なかなか進まなかった。

イ．平清盛が，院政を行なっていた上皇の信任を得て，太政大臣に就任し，政治の実権を握るようになった。

ウ．後醍醐天皇が鎌倉幕府を滅ぼし，貴族中心の政治を行ったが，政治の停滞《ていたい》を招いた。

エ．織田信長が天下布武をかかげて勢力を拡大したが，比叡山延暦寺などと対立した。

⑵　次の文章はあるできごとの新聞記事です。このできごとを描いた絵としてふさわしいものを選び，記号で答えなさい。

> 一日正午，富士火山帯を中心として激震は被害の範囲，意外に広く本社がほとんど全滅せる。通信機関の間をぬってあらゆる方法によりかろうじて収集したる情報を総合すれば沼津付近以東御殿場，駿河駅，箱根，熱海方面の温泉地避暑地より横須賀，横浜，東京方面の惨害は想像の外にして家屋の倒壊死傷者おびただしく随所に大火災起こり混乱名状すべがらざるものあり。
>
> （1923年９月２日付　大阪朝日新聞朝刊を一部改変）

ア

イ

ウ

エ

問4　下線部④に関連して，次のうち，民法が施行された年と最も近いできごととしてふさわしいものを選び，記号で答えなさい。

ア．大日本帝国憲法制定　　　　イ．日本の国際連盟加盟

ウ．陸奥宗光による条約改正　　エ．韓国併合

問5　文中の空欄 ⑤ にあてはまる文を考えて答えなさい。

問6　下線部⑥について，次の文章は歴史上活躍したある女性についてのものです。この文章が示す人物は誰か，答えなさい。

> 情熱にあふれた詩を収録した『みだれ髪』を発表し，日露戦争に際しては戦地にいる弟に対して「君死にたまふことなかれ」という詩をつくった。

問7　下線部⑦について，次の文章は平安時代のある貴族についてのものです。この文章が示す人物は誰か，答えなさい。

> この人物は966年に生まれた。父は摂政をつとめた人物であり，兄もいたことから，当初は目立った存在ではなかった。しかし，父の死後，兄も亡くなったため，その地位が高まった。『大鏡』によると，兄の子（甥《おい》）との間で権力争いが起こった際，両者による競弓のなかで，「私が摂政・関白の地位に就《つ》くのであれば，この矢よ中《あた》れ」と言い放って，矢を命中させたとされている。その後，この人物は4人の娘を天皇の后《きさき》にして摂政の地位にも就き，大きな力を持つようになった。

問8　下線部⑧に関連して，鎌倉時代から室町時代にあったできごととしてふさわしくないものを選び，記号で答えなさい。

ア．1232年，鎌倉幕府の執権北条泰時は武士の慣習と源頼朝以来の先例を御成敗式目の形であら

わした。

イ．1274年，文永の役では，九州の御家人竹崎季長らの活躍もあり，博多に来襲した元軍を撃退した。

ウ．1392年に室町幕府３代将軍足利義満によって南北に分裂していた朝廷が合一し，動乱が終結した。

エ．1467年，将軍の後継者争いをきっかけのひとつとして応仁の乱が起こり，武田信玄を中心とした西軍が戦いを優勢に進めた。

問９　次の史料は，江戸時代末期に活躍した福井藩の橋本左内が15歳（満14歳）のときに人生の指針として著したとされる『啓発録』です。福井県内の多くの中学校では，そのことにちなんで「自分の啓発録」を書いています。もしあなたが中学校入学にあたり，「自分の啓発録」を書くとしたら，どのようなことを書きますか。ひとつ考え，自分の言葉で答えなさい。

啓発録

一．稚心を去る
一．気を振う
一．志を立てる
一．学に勉める
一．交友を択ぶ

④　メンミツに打ち合わせする。

⑤　家の土台をホキョウする。

⑥　試験にソナえて勉強する。

問二　次の□にそれぞれ漢字一字を入れ、下の意味になるように、ことばを完成させなさい。

①　この本は、私の長年に及《およ》ぶ研究の□大成だ。（多くのことがらを整理し一つにまとめたもの）

②　彼《かれ》は試験で最高点をとり、有□天になっている。（大得意になっているようす）

問三　上の語と反対の意味になるように、下の語の□に漢字1字を入れなさい。

利益　⇔　□失

問四　次のことわざとほぼ同じ意味のものを、ア～エから一つ選び、記号で答えなさい。

泣き面《つら》に蜂《はち》

ア　ぬかに釘《くぎ》　　イ　弱り目にたたり目

ウ　やぶから棒　　エ　虻蜂《あぶはち》取らず

問五　次のア～エの中に、誤字を含《ふく》む文が一つあります。その文を選び、記号で答えなさい。

ア　彼の案は議会において賛成多数により採用された。

イ　彼は品行方正で人々の信望をあつめる人物である。

ウ　彼は一日千秋の思いで合格通知を待っている。

エ　彼は一念発気し志望校を目指して勉強を始めた。

問六　次のア～エのうち、――線部のことばづかいに誤りがあるものを一つ選び、記号で答えなさい。

ア　先生がおっしゃった通りの結果になった。

イ　先生はすでに教室にいらっしゃいます。

ウ　先生が教室に残っていなさいと申された。

エ　先生がおいしそうにお茶を召《め》し上《あ》がった。

※注　肥後守…鉛筆《えんぴつ》をけずる時などに使う小刀。
　　巡邏…パトロール。

問一　――線①とありますが、このときの「走」の心情を説明したものとして最も適当なものを次の中から選び、記号で答えなさい。

ア　厳格な父親が敗戦を素直《すなお》に受け入れることはないと確信し、今後の生活に何とか目を向けさせようとしている。

イ　敗戦を迎《むか》えたこの夜に父に対するぼんやりとした不安が心の隅《すみ》に宿り、声をかけずにはいられなくなっている。

ウ　巡査《じゅんさ》としてこれまで真面目に生きてきた父親が、生きがいを失いはしないかとおおいに心配している。

エ　穏《おだ》やかな父の表情に安心しながらも、今後の生活が立ちゆかなくなるのではないかと危機《きき》感を覚えている。

問二　――線②とありますが、「走」はなぜこのような態度をとったと考えられますか。その理由として最も適当なものを次の中から選び、記号で答えなさい。

ア　国が敗れるという特別な日においても、冷静にこれからの日本を見つめようとする父の偉大《いだい》さを感じ取ったから。

イ　意に反する勇気ある決断をした父親に対して、改めて尊敬の念を抱《いだ》いたことをどうしても伝えたかったから。

ウ　父親の選択《せんたく》は勇気ある賢明《けんめい》な判断であり、それを自分が積極的に認めていることを伝えたかったから。

エ　たとえ卑怯《ひきょう》な選択であっても、父親が生き延びてくれることを何よりも喜ばしく思っていたから。

問三　――線③とありますが、「何か」を話そうとする「父親」は「走」をどのような存在として扱《あつか》おうとしていますか。本文中から最も適当な一語を抜き出し、解答らんに記しなさい。

問四　――線④とありますが、このことばには父のどのような思いがこめられていますか。最も適当なものを次の中から選び、記号で答えなさい。

ア　戦争に負けて国は変わっても、自分たちを包むこの美しい光景が変わらない限り大丈夫だ。

イ　敗戦などという小さなことにくよくよせず、星々を眺《なが》めて気を紛《まぎ》らわせていけば何とかなる。

ウ　日本が戦争に負けたのは悔《くや》しい出来事だが、日本の美しい自然までは奪《うば》われないから心配するな。

エ　敗戦を迎《むか》えた今日という日から努力を重ねれば、いつか必ずあの星々のようにきらめく国になる。

問五　――線⑤とありますが、「そういうこと」とはどのようなことですか。「空」という言葉を用いないで、30字以上35字以内で解答らんに合うように記しなさい。

問六　□にあてはまる「走」の返事を、文脈をふまえて考え、解答らんに記しなさい。

三

次の問いに答えなさい。〈問題は**問一**から**問六**まであります。〉

問一　次の①～⑥について、――線部のカタカナを漢字に直しなさい。

①　イギのある生活を送る。

②　ヨウイに解決できる問題だ。

③　新たな政策が国民のシジを得た。

で来て、アメリカ兵は十四歳《さい》から四十歳までの女をみんな殺すいうてるらしいけど、ほんまか、わしは六十で大丈夫《だいじょうぶ》やけど、娘《むすめ》も嫁《よめ》も孫もいる、何とかしてえな、と泣きついたからである。

アホなことといいふらしたらあかん、誰がそんなことというとるんや、と父は怒鳴《どな》っていた。そして、今日の昼まで、負けることなど考えたこともない人間が、わずか半日であんな話を作りよる、恐いもんやと嘆《なげ》いていた。

（中略）

自転車は白馬のようであった。周平の漕《こ》ぐ勢いは衰《おとろ》えなかった。生暖かい八月の風を切って走る。本当にこのまま空に浮《う》かびそうだと、走は思う。父はそのつもりかもしれない。

集落一つをつっきり、人家もまばらなあたりになって、周平は港の方へハンドルを切った。海へ行くのかと思ったら、港のちょっと手前で山道を登り始める。途中《とちゅう》で自転車を下り、周平は荒《あら》い息を吐《は》きながら、走に、後を押《お》せ、といった。

着いたのは、港を包《つつ》み込《こ》むような形にある低い山のてっぺんで、港と背中合わせのところは海に突《つ》き出《で》た小さな岬《みさき》で、町の人たちは、鰡《ぼら》の鼻といっている。鰡の頭のような形という意味より、春先、鰡の大群が押《お》し寄《よ》せて来る時、ここに潮見《しおみ》が立つからである。

「ここが、都岐《とき》で一番ええところや」

自転車を停《と》め、周平は適当な岩を探して腰《こし》を下ろす。お前もどこかに座《すわ》れといわれて走も、父の近くの丸い岩に尻《しり》を下ろした。海を眺《なが》める。そして、空を見る。星が出ている。信じられないほどの数の星が瞬《またた》く。

「④きれいなもんやのう。これがおる限り大丈夫《だいじょうぶ》や。なあ、走、そうやろ。戦争に負けて、星が半分の数になったわけやない」

父は、この星を見せたくて、また、このことがいいたくて、このとんでもない日の夜中に連れて来たのだろうか、と走は思う。しかし、それはどうでもいいことで、父に一人前の扱《あつか》いをされていることが嬉《うれ》しくて、うん、と答えた。

「国が戦争に負けたということはな、わしのような人間には空が失くなったことやが、走たちには、そうやない。蓋《ふた》が失くなって空が見えて来るということや。今日はそういう日や。明日から、お前たちの目には、ほんまもんの空の色が見える。⑤そういうことやど」

といった。

波の音がする。無風で波が立つとも思えないのに、奥《おく》の方でドウッと鳴っている気がする。妙《みょう》に悲しい。父と息子《むすこ》がそれに耳を澄《す》まし、泣いてるみたいや、と息子がいう。

「国が滅《ほろ》びる音にも思えるし、国が生まれる音にも思える。どっちや？」

「　　　　」

父の周平が走を抱《だ》きかかえる。いい気持がする。切腹よりずっといい。

しかし、もしかしたら、この星の岬《みさき》での父との何時間かで、悲しみを知る黒点が、走という少年の胸に生まれたのかもしれない。泣かなくなったが、悲しくなった。

八月十五日は、そんなふうにして終わった。走は、明け方、大量の寝小便《ねしょうべん》をしたが、それはもう八月十六日のことであった。

（阿久　悠「ラヂオ」による）

の？　といわないではいられないし、他の言葉もなかった。
「どないするって、何をどないするってことや。今夜これからのことか、それとも、ここから先の長い長い時代のことか？」
「わからんけど、日本負けたんやろ」
　切腹するんかといいかけて、口を噤《つぐ》む。
「そやなあ。わからんなあ。どうなるかはわからんけど、こうなったことは事実や。事実は動かせん。それをちゃんと見つめよう。けど、走、お父ちゃんは腹は切らんぞ。切腹はせん。生きて、この国がどないなるのか見届ける。それでどうや？　そんなのは卑怯《ひきょう》か」
　父の周平が、百代を抱《だ》き上《あ》げて胡座《あぐら》の中に入れ、珍《めずら》しく頭を撫《な》でて可《か》愛《わい》がりながら、なおさらやさしくなった顔でいった。②走は頭を振《ふ》る。思いっきり振る。卑怯やないと伝えたいために懸命《けんめい》に頭を振り、それから、切腹はせんという言葉に安心した。
　台所に母のときがいる。水甕《みずがめ》から竹の柄杓《ひしゃく》で水をすくい、夕食の後片づけをしている。走が水が飲みたいと入って行くと、水ぐらい何ぼでも飲み、ガブガブ飲み、と泣き笑いの顔でいった。
　夜は長かった。周平は一度自転車に乗って町内の※巡邏《じゅんら》に出《で》掛《か》けた。国が敗れた日である。何が起こるかわからない。船が沈《しず》む時には鼠《ねずみ》も騒《さわ》ぐ。不心得者《ふこころえもの》がとんでもないことをしでかす心配もある。しかし、二時間ばかりで帰って来た周平は、割りと静かやった、家の中の灯《あか》りが窓からほのぼのと見えて、こりゃ人間の暮らしやなあと思うた、といった。
　柱時計のゼンマイが緩《ゆる》んでいて、間延《まの》びのした音で九つ鳴った。走は眠《ねむ》れないでいた。泣き過ぎて脱水症状《だっすいしょうじょう》になったのか、国が敗れた恐怖《きょうふ》に襲《おそ》われるのか、父が死ぬことを選ばなかったことに安堵《あんど》したのか、とにかく、体中がわななく感じで眠れなかったのである。
　周平は巡邏の汗を拭《ふ》き、それから、勝利の日の祝い酒のために秘蔵していた五合瓶《ごごうびん》の酒を茶碗《ちゃわん》に注《そそ》いで一気に飲み、
「走、お父ちゃんに、ちょっとつき合え」
　といった。ちょっとって、こんな時間に子どもを連れてどこへ行きますの？　と母のときが仰天《ぎょうてん》する。そして、ふたたび不安な顔をする。まさか、お父さん、この子を連れて、とおそるおそる訊《たず》ねる。
「アホぬかせ。③こんな日や。男の子の走と一緒《いっしょ》に同じ景色を見て、何か話したいと思うやないか。それでも、お前、心配するか？　わしを信用出来んか？」
「いえ」
　ときは首を振り、信用します、信用します、そうですなあ、歴史に残る一日ですものなあ、といった。
「よっしゃ、行くぞ」
　走は周平の漕《こ》ぐ自転車の荷台に跨《またが》った。どこへ行くのかわからない。父は、摑《つか》まっとれというと、尻《しり》を立てて力一杯《ちからいっぱい》にペダルを踏《ふ》み込《こ》み、まるで、このまま風になるか、それとも、空に飛び上がるかという勢いで走った。
　町は暗かった。父がほのぼのとした感じで見えたという窓の灯《あか》りも、もう消えていた。星あかりだけで道が白く見える。人の姿はどこにもない。静かというより、死んだ町のように思える。不心得者よりも、臆病《おくびょう》者《もの》の方が多かったのではないかと思う。みんな息を詰《つ》め、身を縮めて家の中にいる。恐《こわ》いのだ。
　父が巡邏《じゅんら》に出《で》掛《か》けるきっかけになったのも、近所の婆《ばあ》さんが飛《と》び込《こ》ん

ら選び、記号で答えなさい。

ア　ほうびによって人のやる気が上がるかどうか、という問題

イ　どういうほめ方をすると人はやる気を出すのか、という問題

ウ　ほめることによって人はやる気を出すかどうか、という問題

エ　どういうほうびを与えると人はやる気を出すのか、という問題

問二　——線②とは、どういう現象ですか。最も適当なものを次の中から選び、記号で答えなさい。

ア　ほうびを与えられないと子どもはやる気をなくす、という現象

イ　ほうびを約束された子どもはやる気を失ってしまう、という現象

ウ　ほうびをたくさん与えるほど子どもはやる気を出す、という現象

エ　ほうびを与えようが与えまいが子どもには影響《えいきょう》しない、という現象

問三　［③］に入ることばを、文中から抜《ぬ》き出《だ》して記しなさい。

問四　——線④とはどういう「心理」ですか。25字以上30字以内で解答らんに合うように記しなさい。

問五　［A］および［B］に入ることばとして最も適当なものを次の中からそれぞれ選び、記号で答えなさい。

A　ア　望み通りの　　イ　約束された

　　ウ　思いがけない　　エ　ありがたくない

B　ア　大切な　　イ　安っぽい

　　ウ　すばらしい　　エ　小さな

問六　——線⑤とありますが、筆者はなぜこのように言うと考えられますか。解答らんに合うように、文中から7字の語句を抜き出して答えなさい。

二　次の文章を読んで、後の問いに答えなさい。〈問題は問一から問六まであります。〉

合田《ごうだ》家のその夜は淡々《たんたん》としていた。何を食べたのかわからないような夕食のあと、兄の仏壇《ぶつだん》に灯明《とうみょう》が上げられ、周平《しゅうへい》、とき、走《はしる》、百代《ももよ》がそろって手を合わせる。父が、こんなことになってしもうて、と呟《つぶや》く。ときが、あと一カ月やったのに、一カ月生きていてくれたら戦争終わったのに、と泣いた。それに対して、昨日、今日、戦死した人もいるんやからと周平がいうが、それは理屈《りくつ》に合わない慰《なぐさ》めや、と走は思う。

国が敗れた日の庶民《しょみん》に、儀式《ぎしき》があるのかどうか誰《だれ》にもわからない。勝った時の喜び方はいろいろあるが、さて、負けた時に何をすべきなのか、ただの一度も話し合ったことがない。家族そろって白い服を着て、切腹するのだろうかと、走は突然《とつぜん》心配になる。代用教員に抵抗《ていこう》して、※肥後守《ひごのかみ》で腹を突《つ》いたのとわけが違《ちが》う。父の周平は剣道《けんどう》の達人《たつじん》で、やるとなったらスパッと斬《き》るだろうと思う。しかし、なぜか、そんなことはあるまいと打ち消す。家の中が静かで、緊張《きんちょう》が解け、およそ切腹につながるような殺気《さっき》が感じられないのだ。

暑い。夕凪《ゆうなぎ》の時間である。何もしないで座《すわ》っていても、汗《あせ》があふれ出て来る。しかし何をするという意志も働かないので、汗が流れるままにまかせている。

走は、ふと、父の周平は泣いたのだろうかと思う。子どもの自分でさえあれほど泣いたのだから、警官である父はもっと泣いた気がするのであるが、周平は信じられないくらいに穏《おだ》やかな顔をしていた。

「①お父ちゃん、どないするの？」

走が訊《たず》ねた。何を訊《き》きたかったのかわからない。だが、どないする

提示しました。もう一方のグループにはごくわずかな報酬額《ほうしゅうがく》を提示しました。そして作業終了《しゅうりょう》後には全員に、ごみ拾いがどのくらい楽しかったかを10点満点で採点してもらいました。

　すると、謝礼として多めの金額を提示されたグループでは、［　③　］の度合いの平均値は10点満点中2点となったのに対し、ごくわずかな報酬額を提示されたグループでは平均値が8・5点だったのです。

　つまり、何かをさせたいと考えて報酬を高くすると、かえってそのことが楽しさや課題へのモチベーションを奪《うば》ってしまうということが明らかになったのです。

　公園のごみ拾いで高い報酬を提示された人たちは、ごほうびをもらえると言われた子どもたちと同じように「高い報酬をもらえるからには、この仕事はきつい、嫌な仕事に違《ちが》いない」と考え、楽しさが激減してしまったのです。

　逆に、ごくわずかな報酬を提示された人たちには認知的《にんちてき》不協和が生じ、「わずかな金額でも自分が一生懸命《いっしょうけんめい》になっているということは、この課題は楽しい課題に違いない」と自分で自分に言い聞かせるようになったと考えられます。

　類似《るいじ》の実験は課題を変えて何度も再現性が確認《かくにん》されていますが、報酬額や仕事の内容によらず、低い報酬を約束された人は高い報酬の人よりも常に頑張ってしまい、課題の成績も良く、しかも圧倒的《あっとうてき》に楽しいと感じているという傾向《けいこう》が見られます。

　④この心理が、ブラック企業《きぎょう》に利用されているのかもしれません。酷《こく》使《し》されても辞《や》めないケースの中には、低い報酬だからという要因も考えられます。

　私自身も疑問に思い、日本テレビ系列の番組『世界一受けたい授業』の制作スタッフに同様の実験をしてもらいました。すると、やはり報酬額の少ないほうがその課題を楽しく感じる、という結果に変わりはありませんでした。

　人にやる気を起こさせようとするとき、多額の報酬を与えることはほとんど意味がないということがこれでわかります。短期的には馬力を出すための励《はげ》みになるかもしれませんが、長期的に見ればかえって仕事に対する意欲を失わせる原因になってしまう可能性があります。

　人をやる気にさせるのに効果的なのは、その仕事自体が「やりがい」があり、素晴《すば》らしいものだとくり返し伝え続けることと、「『［　Ａ　］』『［　Ｂ　］』プレゼント」です。予測される報酬ではなく気まぐれに与えられること、しかも少額であることが重要です。多額のものでは、せっかく醸成《じょうせい》されたその人のやる気が失われてしまいかねません。

　もともと仕事の内容が嫌なものであることが明らかな場合には、現実的な額の報酬を与え、その後、「あなたのような人でなければできない仕事です」などの心理的報酬、つまり承認《しょうにん》欲求を満たす言葉を上手に使っていくのが効果的です。

　逆を言えば今、⑤給料は少ないし休みもないけれどやりがいがある、という状態にあるとの自覚を持っている人は、一度自分の状態が客観的に見てどうなのかを振《ふ》り返《かえ》ってみることが必要かもしれません。

（中野信子「空気を読む脳」による）

※注　モチベーション…やる気。動機。
　　　タスク…仕事。職務。

問一　――線①とは、どういう問題ですか。最も適当なものを次の中か

【国　語】〈五〇分〉〈満点：一〇〇点〉

【注意】句読点（、や。）その他の記号（「や〃など）は1字分として数えます。

一　次の文章を読んで、後の問いに答えなさい。〈問題は**問一**から**問六**までであります。〉

子どもにやる気を出させたいとき、部下に自発的に頑張《がんば》ってほしいとき、自身を鼓舞《こぶ》したいとき等々、自分も含《ふく》めて誰《だれ》かの※モチベーションを上げたい、という場面には頻繁《ひんぱん》に遭遇《そうぐう》します。

多くの人はそんなとき、目に見える報酬《ほうしゅう》を用意して、モチベーションアップにつなげようとするのではないでしょうか？

たとえば、子どもには「成績が上がれば欲《ほ》しいものを買ってあげよう」と伝えてみたり、部下には昇給《しょうきゅう》や昇進《しょうしん》を約束したり、自分自身にも「自分へのごほうび」を期して何ごとかを頑張ろうとしたりする、などです。

しかし、この方法は本当に良い方法と言えるのでしょうか？

①この問題について、実験的に分析《ぶんせき》した人たちがいます。スタンフォード大学の心理学者レッパーの研究グループです。

実験は、子どもたちに絵を好きになってもらうにはどうしたらよいか、というテーマのもとに立案されました。子どもたちをふたつのグループに分け、片方のグループには「良く描《か》けた絵には素晴《すば》らしい金メダルが与《あた》えられる」ということを前もって知らせておきます。もう一方のグループには、メダルが与《あた》えられるという話は一切《いっさい》しないでおきます。

この操作のしばらくあとに、子どもたちのグループそれぞれに、実際にクレヨンと紙が渡《わた》されます。そして、子どもたちがどれだけ絵に取り組んでいたか、取り組んだ時間の総計と課題に傾《かたむ》ける熱心さを観察します。

すると、メダルを与えると伝えた子どもたちのグループは、メダルのことを何も知らなかった子どもたちよりも、ずっと課題に取り組む時間が少なかったのです。あたかも報酬を与えることそのものが、子どもたちを絵から遠ざけることになってしまったかのような結果でした。

絵を好きになってもらうために、良かれと思ってごほうびを約束したことが、かえって逆効果になってしまったのです。グループを変えて何度実験してもこの結果は変わらず、データには再現性がありました。

なぜ、②このような現象が生じてしまったのでしょうか？　この実験を行った学者たちは次のように述べています。

子どもは、「大人が子どもに『ごほうび』の話をするときは、必ず『嫌《いや》なこと』をさせるときだ」というスキーマ（構造）をそれまでの経験の中から学習してきており、報酬を与えられた子どもは「大人が『ごほうび』の話をしてきたということは『絵を描くこと』＝『嫌なこと』なんだ」と、報酬そのものの存在が※タスクを嫌なこととして認知《にんち》させてしまう要因になると指摘《してき》したのです。

これは、子どもに限った話ではありません。別の研究者による実験では、大人の被験者《ひけんしゃ》を対象に、公園でのごみ拾いという課題に楽しさをどのくらい感じたか、という心理的な尺度が測定されています。

「目的は公園の美化推進を効率的に行うにはどうすればよいかの調査です」と被験者には伝え、絵を描かせる実験と同様に、この実験でも被験者を2グループに分け、片方のグループには報酬として多めの金額を

MEMO

大切なことはメモしておこうネ！

第1回

2021年度

解　答　と　解　説

《2021年度の配点は解答欄に掲載してあります。》

＜算数解答＞

【1】　(1)　9　　(2)　$4\frac{1}{2}$　　(3)　2　　(4)　$2\frac{7}{15}$

【2】　(1)　42　　(2)　5個　　(3)　104個　　(4)　20人　　(5)　時速54km

(6)　9.42cm　　(7)　60面

【3】　(1)　8g　　(2)　①　3%　　②　800g　　(3)　6.5%

【4】　(1)　30cm　　(2)　15　　(3)　13分30秒後　　(4)　21分48秒後

○推定配点○

【1】　各5点×4　　【2】　各5点×7　　【3】　(2)②・(3)　各6点×2　　他　各5点×2

【4】　(1)　5点　　他　各6点×3　　計100点

＜算数解説＞

【1】　(四則混合計算，計算の工夫)

基本　(1)　計算の順番を考えてから取り組む。かっこの中から，かけ算わり算はたし算ひき算より先に計算する。①$1\div2=0.5$　②$0.5+3=3.5$　③$3.5\times4=14$　④$14-5=9$

基本　(2)　かけ算わり算は分数にしていっきに計算する。分数のわり算は仮分数にして逆数をかけ算する。$51\div5\times2\frac{1}{2}\div5\frac{2}{3}=\frac{51}{1}\times\frac{1}{5}\times\frac{5}{2}\times\frac{3}{17}=\frac{9}{2}=4\frac{1}{2}$

(3)　計算の順番を確認してから計算する。①$\frac{2}{3}-\frac{2}{2}=\frac{4}{15}$　②$2\div\frac{4}{15}=2\times\frac{15}{4}=\frac{15}{2}=7\frac{1}{2}$

③$8\frac{1}{4}-7\frac{1}{2}=7\frac{5}{4}-7\frac{2}{4}=\frac{3}{4}$　④$1\frac{1}{2}\div\frac{3}{4}=\frac{3}{2}\times\frac{4}{3}=2$

(4)　計算の順番を確認してから，小数は分数にしてから計算する。①$\frac{3}{8}-\frac{1}{6}=\frac{9}{24}-\frac{4}{24}=\frac{5}{24}$

②$\frac{2}{3}\times\frac{5}{24}=\frac{5}{36}$　③$\frac{1}{4}+\frac{5}{36}=\frac{9}{36}+\frac{5}{36}=\frac{14}{36}=\frac{7}{18}$　④$\frac{7}{18}\times6=\frac{7}{3}=2\frac{1}{3}$　⑤$4\frac{4}{5}-2\frac{1}{3}=4\frac{12}{15}-2\frac{5}{15}=2\frac{7}{15}$

【2】　(分配算，つるかめ算，過不足算，割合，通過算，図形の移動，立体図形)

基本　(1)　連続する3つの整数の真ん中の数が3つの数の平均である。$123\div3=41$　よって，一番大きい整数は$41+1=42$

重要　(2)　もし全部品物Aだとすると，$150\times18=2700$(円)　実際との差$2850-2700=150$(円)が品物Bの個数になるから，$150\div(180-150)=5$(個)である。

(3)　8個ずつ配ると2人分足りなくなるということは，$8\times2=16$(個)不足するということである。5個ずつ配っていたのを3個増やして8個ずつにすると，$29+16=45$(個)多く必要になる。子どもの人数は$45\div3=15$(人)　あめは$5\times15+29=104$(個)

(4)　$\frac{1}{4}+\frac{4}{7}=\frac{23}{28}$　$1-\frac{23}{28}=\frac{5}{28}$　$6+4=10$より，10人は全体の$\frac{5}{28}$にあたる。よって，グループの人数は$10\div\frac{5}{28}=10\times\frac{28}{5}=56$(人)で，女子は$56\times\frac{1}{4}+6=20$(人)である。

(5)　列車は$60\times2+20=140$(秒)の間に$2000+100=2100$(m)進むので，秒速は$2100\div140=15$(m/秒)で，時速は$15\times60\times60\div1000=54$(km/時)

(6)　図形を移動させると右図のようになる。求める部分ア→ウとエ→オの曲線とウ→エの直線は半径2cm中心角90°のおうぎ形の弧の長さ。$2\times2\times3.14\times\frac{90}{360}\times3=3\times3.14=9.42$(cm)

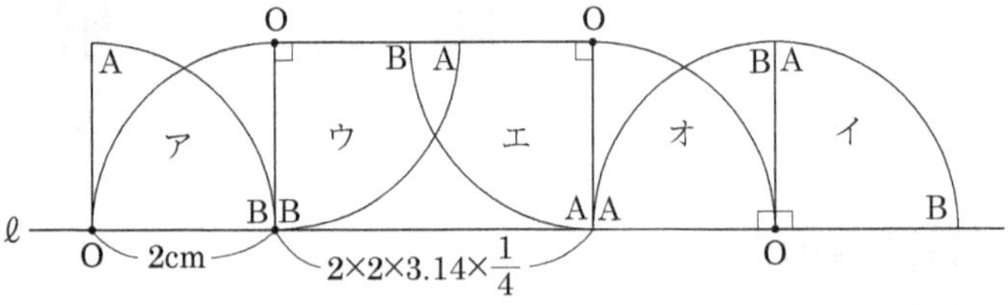

(7)　図2の1辺1cmの立方体18個は1辺1cmの正方形が$6\times18=108$(面)ある。図1の表面は1辺1cmの正方形が$6\times2+9\times4=48$(面)　よって，色のぬられていない面は$108-48=60$(面)

【3】(濃度)

基本　(1)　食塩(g)＝食塩水(g)×$\frac{濃度(\%)}{100}$より，$400\times\frac{2}{100}=8$(g)

(2)　①　8%の食塩水80gに含まれる食塩は$80\times\frac{8}{100}=6.4$(g)　2%の食塩水400gと8%の食塩水を混ぜると$(8+6.4)\div(400+80)\times100=3$(%)の食塩水ができる。

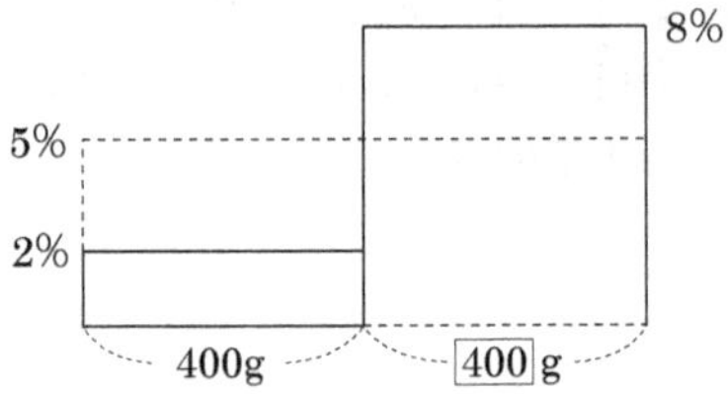

②　濃度2%が5%になったので，食塩水Aに400g×$(0.05-0.02)=12$(g)の食塩が必要。食塩水Bを$12\div(0.08-0.05)=400$(g)混ぜた。400gが半分なので，はじめに入っていたのは$400\div\frac{1}{2}=800$(g)

やや難　(3)　右図のように食塩水をどう混ぜたのか情報を整理する。最後に容器Bにできた食塩水は5%の食塩水400gと8%の食塩水400gを混ぜると，$(400\times0.05+400\times0.08)\div(400+400)\times100=52\div800\times100=6.5$より，できた食塩水の濃度は6.5%である。

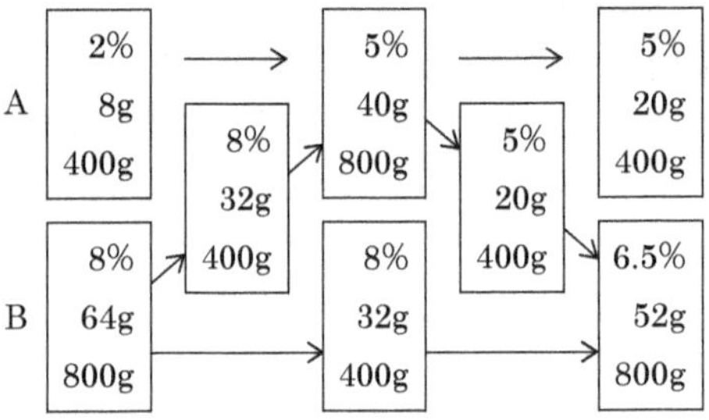

【4】(水位とグラフ)

重要　(1)　水を入れはじめて10分間は一定の割合で水位が上がっている。仕切りを超えて入ることはない。Aから10分間に入る水の量をアの底面積で割ると仕切りの高さがわかる。$12L=12000cm^3$　$12000\times10\div(80\times50)=30$(cm)

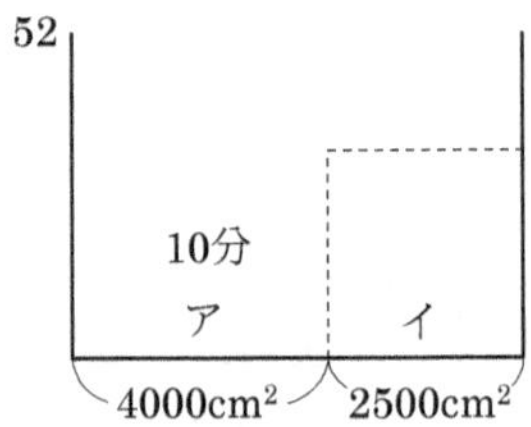

(2)　㋐から28分後までの間は，一定の割合で水位が上がっている。排水管Cを開けたのは㋐より前ということがわかる。仕切りより上の部分の体積を1分あたりに増える水の体積で割れば㋐から満水までの時間がわかる。$(80+50)\times50\times(52-30)\div(12000+9000-10000)=13$(分)　$28-13=15$

(3)　満水までに管Aからは$12000\times28=336000(cm^3)$，管Bからは$336000\times\frac{7}{16}=147000(cm^3)$の水が入る。水そうに入る水の体積は$130\times50\times52=338000(cm^3)$，排水した量は$336000+147000-338000=145000(cm^3)$，排水するのにかかる時間は$145000\div10000=14.5$(分)　$28-14.5=13.5$　0.5分×60＝30秒　よって，栓を開いたのは13分30秒後である。

(4)　排水する水の量はしきりより上の部分全部と仕切りの右側の部分，$130\times50\times(52-30)+50\times50\times30=143000+75000=218000(cm^3)$　$218000\div10000=21.8$(分)　0.8分×60＝48秒　よって求める答えは，21分48秒である。

★ワンポイントアドバイス★

基礎的な問題を丁寧に取り組むよう日頃から練習すると同時に，応用的な問題も取り組むことが必要だ。応用的な問題では，考え方をわかりやすく書ことを意識して取り組む練習をするとよいだろう。

＜理科解答＞

【1】 Ⅰ (1) 二酸化炭素　(2) ふりこ　(3) 接眼　(4) 15　(5) えら
Ⅱ (1) ③　(2) ⑤　(3) ②　(4) ④　(5) ④

【2】 (1) ①　(2) ③　(3) 0.16A　(4) ⑤　(5) ③

【3】 (1) 106g　(2) ろ過　(3) 106g　(4) 40g　(5) ③

【4】 (1) ②　(2) ③　(3) ⑤　(4) ④　(5) エ

【5】 (1) ④　(2) 40　(3) ②　(4) ③　(5) ②

○配点○

【1】 各1点×10　【2】～【5】 各2点×20　計50点

＜理科解説＞

【1】 (小問集合)

基本 Ⅰ (1) 水素は最も軽い気体，空気より酸素が重く，さらに二酸化炭素が重い。 (2) メトロノームはおもりの位置を変えることにより長さを変えテンポ(周期)を変える。 (3) 接眼レンズは目に当てて，観察する物の側が対物レンズである。 (4) 地球は24時間で360度動いているので，星は1時間に360÷24＝15(度)動く。 (5) 魚の仲間はえらにより水中の酸素を血管に取り入れる。

Ⅱ (1) 反射した汽笛の音を聞くまでに船は20×5＝100(m)進んでいる。音が反射して進んだ距離は340×5＝1700(m)なので，合計100＋1700＝1800(m)が岸壁までの往復の距離となる。

基本 (2) アンモナイト以外は，今も生存している生物である。 (3) ウミガメはハチュウ類，クジラはホニュウ類，ヒトデは無セキツイ動物，カツオは魚類，イセエビは甲殻類である。

(4) 火山灰がたい積するのは，流れる水のはたらきと関係がない。 (5) 音は物質を振動させて伝わるので，水中でも伝わる。

【2】 (電流－回路と電流)

基本 (1) 0.32A＝320mAなので，50mAの端子では振り切れてしまう。

(2) 電流計は直列につなぎ，「＋端子」から入って「－端子」に電流が流れるようにつなぐ。

(3) 直列回路に流れる電流はどこも等しいので，回路に流れる電流はア，イと等しい0.16A。

(4) 電池に0.21A流れたのでオにも0.21A流れ，カとキには半分の0.105Aの電流が流れる。豆電球の明るさはカ＝キ＜ア＝イ＜オ＜ウ＝エとなる。

重要 (5) 3つの豆電球の電流がすべて0.32Aになるのは，3つの豆電球が並列につながっているときである。①では1つはつかない。②と④は2つが直列，⑤は3つが直列である。

【3】 (物質の変化－ものの溶け方)

基本 (1) 図1のグラフから読み取ると60℃の水100gに溶ける硝酸カリウムは106gである。

基本　(2)　溶け残った固体を取り出す実験操作は『ろ過』である。

(3)　硝酸カリウムが溶ける最大量の差が出てくる結晶の量である。最大量は，80℃の水100gには167g，40℃の水100gには61gなので，167－61＝106(g)となる。

(4)　下線(ア)の固体と水溶液に分けたとき，固体は8gだから水溶液は200＋350－8＝542(g)である。80℃の水溶液542gには最大量溶けている。水溶液を100g中の水の量は$100\times\frac{100}{100+167}$(g)となる。(3)の結果より100gの水で106gの結晶が出てくるので水1g当たり1.06gとなる。$1.06\times100\times\frac{100}{100+167}=39.7\cdots$より40gが結晶として出てくる。

(5)　固体8gと水溶液542gに分けられたことから考える。80℃の水溶液542g中の水の量は$542\times\frac{100}{100+167}=202.9\cdots$より203gである。含まれていた水は203－200＝3(g)となる。

【4】(生物－植物)

基本　(1)　光合成は水と二酸化炭素を光のエネルギーを利用し，葉緑体ででんぷんと酸素を作り出すはたらきである。

(2)　1年で5mmなので，5cm＝50mmに成長するには50÷5＝10(年)かかる。

(3)　アの地点は6種類より多く8種類以下なので，7~8種類である。

(4)　①　アの地点よりイの地点の方が多い。　②　イの地点は地衣植物の種類が多いので大気汚染の度合いは低い。　③　ウの地点は1種類～2種類，エの地点は0種類である。　⑤　オは3種類～4種類である。

(5)　交通量の多い地点は地衣植物の種類が0種類のエである。

【5】(天体・気象・地形－気象)

重要　(1)　図1より大気中の水は12.7×1000(km^3)，海の水は1,335,040×1000(km^3)だから上から2桁の概数で計算すると1,300,000÷13＝100,000(倍)となる。

(2)　海への降水＋[A]＝海からの蒸発となるので，412－373＝40である。

(3)　陸上にある氷26,350×1000(km^3)，海の水は1,335,040×1000(km^3)だから上から2桁の概数で計算すると26,000÷1300000×100＝2(%)となる。

(4)　(3)より陸上にある氷は海の水の約2%だから，約2%海水面が上昇する。上昇するのはおよそ3800×0.02＝76(m)となるので③である。

(5)　上昇する75mの標高は1m未満から60~80mと考えるとその割合の合計は22.8%となる。

★ワンポイントアドバイス★

【5】では，実際の数値の単位は1000km^3で大きくなる。選択肢から選ぶ問題だから，上から2桁の概数で計算し、スピーディーに解く工夫をしよう。

<社会解答>

[1]　問1　ウ　問2　(例)　わらじを作る[ぬか漬けを作る]　問3　ウ　問4　イ
問5　(例)　海外からの観光客が減った。　問6　品種改良　問7　ウ

[2]　問1　①　エ　④　イ　問2　イ→ア→ウ　問3　エ　問4　イギリス　問5　ア
問6　ア　問7　ア　問8　ウ　問9　(例)　東日本大震災[福島第一原発事故]の発生

を背景に原子力発電が減少した。　問10　ラムサール　問11　エ

問12 (賛成例) 観光客が多く訪れることで，経済の活性化につながるから。

(反対例) 観光客が多く訪れることで，豊かな自然環境が破壊されるから。

3　問1　ア　問2　エ　問3　(1)　イ　(2)　エ　問4　ウ　問5　(例)　抜歯をする。

問6　与謝野晶子　問7　藤原道長　問8　エ　問9　(例)　一，約束を守り，人に迷惑をかけない。

○推定配点○

1　問2・問5　各4点×2　問3　3点　他　各1点×4

2　問2・問4・問10　各2点×3　問9・問12　各3点×2　他　各1点×8

3　問5・問6・問7　各2点×3　問9　3点　他　各1点×6　計50点

＜社会解説＞

1　(総合問題―国民生活，その他)

問1　幕府の財源は諸大名から納められた年貢ではなく，天領の米。

問2　日本では，昔から米の副産物である藁や糠も有効利用する方法があり，藁からわらじを作ったり，糠からぬか漬けをつくったりしていた。

問3　Ⅰ小麦とⅣ稲の画像は区別したい。

問4　脱穀(い：千歯こき)→選別(あ：唐箕)→籾すり(う：土臼(どうす))→精米(え：石臼)である。いずれも，江戸時代の伝統農具である。

重要　問5　新型コロナの世界的な影響で，各国で海外からの観光客が激減している。その影響は様々な面に出ているが，その例として「外食需要の落ち込み」や「コメ余り」などがある。

問6　品種改良とは，生物の遺伝質を改善して作物や家畜の新しい品種を育成，増殖することで，育種とほとんど同義に用いられている。育種には「分離育種」,「交雑育種」,「倍数体育種」,「突然変異育種」等がある。

問7　表を注意深く考察する。「コシヒカリ」より「ササニシキ」の方がかたくあっさりしていることがわかる。したがって，ウが正解である。アは「ミルキークイーン」よりも「夢つくし」の方がやわらかくあっさりしているので誤り。イは「ななつぼし」より「ゆめぴりか」の方がやわらかく甘みがあるので誤り。エは「ヒノヒカリ」よりも「いちほまれ」の方がかたく甘みがあるので誤りとなる。

2　(地理―日本の国土と自然，農業，運輸・通信，時事問題，地理と歴史の総合問題)

問1　白神山地は日本海側の気候に属するため，冬に降水量が多い。選択肢の中では，8月を例外として，エが冬に降水量が多いと考えられる。屋久島は太平洋側の気候で，夏は太平洋からふく湿った季節風のため降水量が多くなる。したがって，イが正解となる。

問2　イ：ロシア使節ラクスマンが根室に来航(1792年)→ア：ペリーが浦賀に来航(1858年)→ウ：地租改正実施(1873年から)となる。

やや難　問3　グラフを注意深く考察すると，Bの方が最大海氷域面積の最大(2001年)と最小(2015年)の差は大きいので，エが誤りとなる。

問4　ナショナルトラスト運動とは，かけがえのない地球環境を無秩序な都市化や開発から守り，自然環境や貴重な歴史的建造物を後世に残していこうとする市民運動である。産業革命がすすむイギリスで，1895年，自然環境や歴史的建造物の破壊を防ぐために「ザ・ナショナル・トラスト」が設立され，この運動が始まった。

問5　三内丸山遺跡は縄文時代の遺跡で，その時代では狩猟や・漁労・採取などが行われており，稲作などはまだ，伝わっていない。この時代では鉄器は使用されていないので，イは誤り。野尻湖遺跡は旧石器時代のものなので，ウは誤り。登呂遺跡は弥生時代のものなので，エは誤り。

基本　問6　リオデジャネイロはブラジルの首都ではない。

問7　刀狩令(1588年)，島原・天草一揆(1637年)，鉄砲伝来(1543年)，明暦の大火(1657年)。

問8　選択肢の中では，広島県が瀬戸内の気候に属し，一年中温暖で降水量が少なく，日照時間が長い気候で，柑橘類の栽培に最も適した地域となる。

問9　2011年3月11日の東日本大震災の津波の影響で，福島第一原発事故が発生した。これを機会に原子力発電の安全性が問われることとなり，原子力発電が減少していった。

問10　ラムサール条約は，1971年2月2日にイランのラムサールという都市で開催された国際会議で採択された，湿地に関する条約である。正式名称は，「特に水鳥の生息地として国際的に重要な湿地に関する条約」といい，採択の地にちなみ，一般に「ラムサール条約」と呼ばれている。

問11　アはサウジアラビア，イはブラジル，ウは中国，エはオーストラリアである。

問12　世界自然遺産である小笠原諸島の豊かな自然を守るという観点では反対の意見になる。一方観光収入による経済の活性化という観点では賛成の意見となる。

3　(日本の歴史―弥生時代から大正時代，歴史と政治の総合問題)

問1　1890年，大日本帝国憲法下での衆議院総選挙では，投票できた有権者は人口の約1%だった。イは「1900年」が「1925年」の誤り。ウは「男女」が「男子」の誤り。エは「同時に制定された治安維持法」という箇所が誤りである。

問2　現在(2021年)から70年前となると1951年である。ア：太平洋戦争始まる(1941年)，イ：石油危機(1973年)，ウ：初の政党内閣である原内閣(1918年)，エ：サンフランシスコ平和条約(1951年)である。したがって，エが正解となる。

やや難　問3　(1)　鳥獣戯画の成立については，各巻の間に明確なつながりがなく，筆致・画風も違うため，12世紀から13世紀(平安時代末期から鎌倉時代初期)の幅のある年代に複数の作者によって，別個の作品として描かれ，高山寺に伝来した結果，鳥獣戯画として集成したとされる。当時に一番近い時期の文章はイの平清盛の平氏政権のころである。アは聖徳太子の時代で7世紀，ウは後醍醐天皇の建武の新政当時で14世紀，エは信長・秀吉の時代で16世紀である。　(2)　これは1923年の関東大震災の新聞記事である。それに関連する資料はエである。

問4　ア：大日本帝国憲法制定(1889年)，イ：日本の国際連盟加盟(1920年)，ウ：陸奥宗光が領事裁判権撤廃(1894年)，エ：韓国併合(1910年)。したがって1898年の民法施行に最も近いのはウである。

重要　問5　抜歯のあとがある縄文人の頭蓋骨が発見されている。抜歯の風習は，縄文人が大人になるときの儀式のようなことで行われたと推察されている。

問6　与謝野晶子は歌人の立場で，日露開戦の主戦論に疑問を投げかけ，日露戦争に出兵した弟を思って「君死にたまふ(う)ことなかれ」という詩を発表して，戦争に反対した。

基本　問7　この文章中の最後の言葉「4人の娘を天皇の后にして摂政の地位にも就き，大きな力を持つようになった」という箇所から摂関政治の最盛期に摂政になった藤原道長であるとわかる。

問8　エは応仁の乱には武田信玄は参加していないので，誤りとなる。武田信玄のような戦国大名が登場するのは応仁の乱以後である。

問9　橋本佐内は，幕末にわずか27歳で切腹を命じられて亡くなった。医師であり，また，優れた思想家であった彼が15歳の時に自分に宛てて残した「啓発録」は5訓ある。「稚心を去る」は，目先の遊びなどは，学問の上達を妨げるので捨て去るべき。「気を振う」は，人に負けまい，恥を知り悔しいと思う心を常に持ち努力する。「志を立てる」は，一度決めたらその決心を失わない。「学に勉む」は，すぐれた人物の素行を見倣い，自らも実行する。「交友を択ぶ」は同年代の友人は大切にしなければいけないが，友人には「損友」と「益友」があるので，その見極めが大切である。以上の5訓と関連する自分の啓発の言葉を考えよう。

★ワンポイントアドバイス★

②問2　ペリーが浦賀に来航した翌年の1854年に日米和親条約が結ばれ，江戸幕府の鎖国体制が崩壊した。③問1　当時，選挙権が与えられたのは直接国税15円以上をおさめる満25歳以上の男子だけであった。

＜国語解答＞

一　問一　ア　　問二　イ　　問三　楽しさ　　問四　(例)　低い報酬を約束された人が仕事や課題を楽しく感じてしまう(という心理。)　　問五　A　ウ　　B　エ
問六　(そういう人は)利用されている(可能性があるから。)

二　問一　イ　　問二　ウ　　問三　一人前　　問四　ア　　問五　(例)　戦争に負けたことで，これまでの時代が終わり明るい新しい時代が始まる(ということ。)
問六　(例)　国が生まれる音や

三　問一　①　意義　　②　容易　　③　支持　　④　綿密　　⑤　補強　　⑥　備(え)
問二　①　集　　②　頂　　問三　損　　問四　イ　　問五　エ　　問六　ウ

○推定配点○

一　問三　5点　　問四　10点　　問五　各3点×2　　問六　6点　　他　各4点×2
二　問三　5点　　問五　12点　　問六　6点　　他　各4点×3
三　問一　各2点×6　　他　各3点×6　　計100点

＜国語解説＞

一　**(論説文－文章の細部の読み取り，指示語の問題，空欄補充の問題，記述力・表現力)**

基本　問一　直前の文には，「この方法は本当に良い方法と言えるのでしょうか？」とある。「この問題」とは，「この方法は本当に良い方法と言えるのでしょうか？」という問題ということである。そこで，「この方法」が指す内容を確かめると，「目に見える報酬を用意して，モチベーションアップにつなげようとする」方法であることがわかる。「この問題」とは，アで説明されている「ほうびによって人のやる気が上がるかどうか，という問題」であるとわかる。

やや難　問二　「このような現象」は，実験に現れた結果としての現象を指している。実験の結果は「報酬を与えることそのものが，子どもたちを絵から遠ざけることになってしまったかのような結果でした」と説明されている。「絵から遠ざける」は，絵を描く気がなくなるということだから，「ほうびを約束された子どもはやる気を失ってしまう」という結果となって現れたということである。

問三　直前に「どのくらい楽しかったかを10点満点で採点してもらいました」とある。「どのくらい楽しかったか」を言い換えれば「楽しさの度合い」である。

重要　問四　どんな心理が，「ブラック企業に利用されているのかもしれ」ないのかを考える。続く文に

「低い報酬だからという要因も考えられます」とあるのも手がかり。前の部分を読むと,「低い報酬を約束された人は高い報酬の人よりも常に頑張ってしまい，課題の成績も良く，しかも圧倒的に楽しいと感じているという傾向が見られます」とある。このような心理がブラック企業に利用されているのかもしれない，と筆者は述べていると判断できる。解答は，低い報酬でも仕事や課題を楽しく感じてしまう，という内容でまとめればよい。

問五　続く文に「予測される報酬ではなく気まぐれに与えられること，しかも少額であることが重要です」とある。「気まぐれに与えられるから」，ウ「思いがけない」のであり，「少額」であるから，エ「小さな」プレゼントと判断できる。

問六 「給料は少ないし休みもないけれどやりがいがある，という状態」は，問四でとらえたように「ブラック企業に利用されているのかもしれ」ない状態である。つまり,「給料は少ないし休みもないけれどやりがいがある」という自覚を持っている人は，利用されている可能性があるから,「一度自分の状態が客観的に見てどうなのかを振り返ってみることが必要かもしれません」というのである。

二 (小説ー心情・情景の読み取り，文章の細部の読み取り，指示語の問題，空欄補充の問題，記述力・表現力)

問一 「お父ちゃん，どないするの？」とたずねたきっかけは，周平が信じられないくらいに穏やかな顔をしていたからである。第二段落の初めに「国が敗れた日」とある。戦争に負けたことで「子どもの自分でさえあれほど泣いたのだから，警官である父はもっと泣いた気がするのであるが」，穏やかな顔をしていたことで，かえって不安になったのである。走は，さらに「『わからんけど，日本負けたんやろ』切腹するんかといいかけて，口を噤む」とある。父親が「走，お父ちゃんは腹は切らんぞ。切腹はせん」と言ったことで，走は「切腹はせんという言葉に安心した」とある。走が「お父ちゃん，どないするの？」とたずねたのは，不安な気持ちからである。

基本　問二 「頭を振る」という動作は，相手の言い分について否定する動作である。ここで，父親は「走，お父ちゃんは腹は切らんぞ。切腹はせん。生きて，この国がどないなるのか見届ける。それでどうや？　そんなのは卑怯か」とたずねている。それに対する否定だから，卑怯ではない，国がどうなるかを見届けるのはよいことだ，ということを父親に伝えようとしているのである。この内容に合うのはウ。イが紛らわしいが，父親は「意に反する勇気ある決断をした」わけではないので誤り。

問三 「男の子の走と一緒に同じ景色を見て，何か話したいと思うやないか」という父親の思いは，岬で海を眺め，星空を見るという行動になって表れている。そして,「きれいなもんやのう。これがある限り大丈夫や。なあ，走，そうやろ。戦争に負けて，星が半分の数になったわけやない」と走に語りかけている。そういう父親の様子は，走の視点から「父は，この星を見せたくて，また，このことがいいたくて，このとんでもない日の夜中に連れてきたのだろうか，と走は思う……父に一人前の扱いをされていることが嬉しくて，うん，と答えた」と表現している。父親は走を「一人前」の存在として扱い，走も父親の思いを受け止めているのである。

問四　問三と関連させて考える。父親は，走と一緒に同じ景色を見て，何か話したいと思っているのである。――線④の「これ」が指しているのは，直前の文で走が見ている「海を眺める。そして，空を見る。星が出ている。信じられないほどの数の星が瞬く」という景色である。そのような美しい景色がある限り，戦争に負けても自分たちは大丈夫だというのである。

重要　問五 「空」がどんなことをたとえているのかをつかんで，解答を考える。父親のような年齢や職業の人間にとっては，国が戦争に負けたことで「空」がなくなるが，走たちには，蓋がなくなって「空」が見えてきたというのである。そう考えると「空」は「希望」のたとえだと判断できる。戦争に負けて，それまでの時代で希望とされていたものはなくなったが，新しい時代の希望が見えてきたということである。解答例は，戦争に負けた・これまでの時代が終わる・新しい時代が始まる，という内容でまとめている。

やや難 問六 「文脈」は，文と文のつながり。「文脈をふまえて」というのは，物語の話のつながりをとらえてということである。問五でとらえたように，父親は希望に満ちた新しい時代が来ることを期待している。そう考えれば，「国が生まれる音や」である。

三 (ことわざ・慣用句・四字熟語，反対語，漢字の書き取り，敬語)

問一 ① 「意義」は，ねうち，価値。「義」を「議」と書かないように注意する。「講義」「義理」などの熟語がある。 ② 「容易」は，簡単ということ。「用意」と書く誤りが多いので注意する。「易」には「エキ」という音もある。訓は「やさ - しい」。「安易」「貿易」などの熟語がある。 ③ 「支持」は同音異義語の「指示」と区別する。「支」の訓は「ささ - える」。「支配」「支流」などの熟語がある。 ④ 「綿密」は，注意が細かく行き届いて手抜かりなどがないこと。 ⑤ 「補」のへんは「ころもへん」。「ネ(しめすへん)」ではないので注意しよう。また，同音で形の似た「捕」を書かないように注意しよう。「補」の訓は「おぎなう」。「補足」「補欠」などの熟語がある。 ⑥ 「備える」は同訓の「供える」と区別する。「準備する」の意味の場合は「備える」を書く。「備」には「そな - わる」の訓もある。音は「ビ」。「設備」「警備」などの熟語がある。

問二 ① 「集大成」は，ばらばらのものを集めて整理し，一つのものにまとめ上げること。「彼の集大成とも言える作品」や「次の作品を集大成にしたい」のように使う。 ② 「有頂天」は，得意・喜びの絶頂にいて他のことを考えないこと。「有頂点」と誤ることが多いことも覚えておこう。

基本 問三 「利益」は，もうけ，得。「損失」は，利益や財産を失うこと。

やや難 問四 「泣き面に蜂」は，不幸・不運の上にまた不幸・不運が重なること。イ「弱り目にたたり目」は，困っている時に，さらに困るようなことが起こること。ア「ぬかに釘」は，いくら努力しても，相手に対して全く手ごたえや効き目がないこと。ウ「やぶから棒」は，突然，物事を行うこと。エ「虻蜂取らず」は，あれもこれもと欲ばって全部失敗すること。

重要 問五 「一念発起(いちねんほっき)」が正しい。「一念発起」は，ある事を成しとげようと決心すること。

基本 問六 ウは，主語が「先生」なので尊敬語をつかう。「言う」の尊敬語は「おっしゃる」。「申す」は謙譲語。

★ワンポイントアドバイス★

論説文は，話題についての筆者の考え方をとらえて，その考え方に沿って筆者がどのように説明を進めているかを読み取っていこう。小説は，行動や会話，出来事などに表現されていることから人物の心情や思いをつかもう。また，場面に沿って表現の意味をとらえよう。

MEMO

大切なことはメモしておこうネ！

収録から外れてしまった年度の
問題・解答解説・解答用紙を弊社ホームページで公開しております。
巻頭ページ＜収録内容＞下方のQRコードからアクセス可。

※都合によりホームページでの公開ができない内容については，
次ページ以降に収録しております。

済的な負担を考えると言えないと思ったから。

イ　ぼっちゃんの病気で自分の女学校どころではなくなり、奥様に通わせてほしいと今さら言えないと思ったから。

ウ　ぼっちゃんの病気がきっかけとはいえ、自分自身すでに女学校に行きたいという気持ちは薄《うす》れてしまっていたから。

エ　マッサージの必要がなくなっても、ぼっちゃまの病気は再発する恐れがあり、その時には自分が必要になるから。

問六　――線④とありますが、「わたし」はその理由をどのように考えましたか。25字以上30字以内でこの後に続く一文を自分で考えて記しなさい。

三　次の各問いに答えなさい。〈問題は**問一**から**問五**まであります。〉

問一　次の①～⑥について、――線部のカタカナを漢字に直しなさい。

①　火星でのタンサを行う。

②　ドクソウ的な発想が求められる。

③　手紙をユウソウする。

④　仏像をオガむ。

⑤　木の切りカブに腰かける。

⑥　被害《ひがい》のキボが拡大する。

問二　次の①②の□に（　）の意味に合うようにそれぞれ漢字1字を入れ、文を完成させなさい。

①　乗りかかった□だと思って最後まで手助けする。
（いったん始めた以上、中止するわけにはいかない。）

②　素《す》晴《ば》らしい演奏に□を巻く。（非常に感心し、驚く。）

問三　次の熟語の中で、成り立ちが違うものを一つ選び、記号で答えなさい。

ア　高貴　　イ　寒冷　　ウ　民衆　　エ　農地

問四　次の①②の□に補うべき漢字をそれぞれ記しなさい。

①　□心不乱

②　花鳥□月

問五　次の文の――線部のことばを、＝＝線部の人物を敬う表現に改めなさい。

先生が本をくれる。

どこへ行くにもごいっしょするようになった。ぼっちゃんをおぶって差し上げなければならないという事情もあった。

夜間女学校の件はその後、誰《だれ》の口からも取りざたされることはなかった。

③一年経《た》って、もう毎晩のマッサージは必要なくなっても、女学校のことを言い出すことはできなかった。その代わりというのもなんだけれど、戦争が激しくなって、女中を置くのは贅沢《ぜいたく》だといわれるようになっても、比較的《ひかくてき》長い間、わたしが平井家にご奉公できたのは、ぼっちゃんの体が弱かったことや、わたしが一生懸命手当てして差し上げたことと、関係があったように思われる。

④奥様は、婦人雑誌やら、女学校時代に読んだ本やらを、しょっちゅうくださったものだった。

（中島京子「小さいおうち」による）

※注　あまつさえ…そればかりか　四肢…両手と両足

問一　【X】・【Y】・【Z】に入ることばの組み合わせとして最も適当なものを次の中から選び、記号で答えなさい。

ア　X　しかも　Y　そして　Z　だから

イ　X　たしかに　Y　ところが　Z　そこで

ウ　X　しかし　Y　そのうえ　Z　それでも

エ　X　ようやく　Y　ところで　Z　しかたなく

問二　――線①とありますが、なぜですか。その理由として最も適当なものを次の中から選び、記号で答えなさい。

ア　ぼっちゃんが大変な状況《じょうきょう》なのに「通学する」という提案をされても素直《すなお》に喜べるはずがないと思ったから。

イ　自分自身考えてすらいなかった「女中が学校に通う」という提案を奥様がしたことが信じられなかったから。

ウ　女中生活への不満から「学校に行きたい」というわがままを通そうとしたことを悟《さと》られてしまったと思ったから。

エ　ひそかに考えていた「学びたい」という気持ちを奥様が感じとっていたことにびっくりしたから。

問三　□に入る表現として最も適当なものを次の中から選び、記号で答えなさい。

ア　わたしは心の底からうれしかった。

イ　わたしは無学を指摘《してき》されて悔《くや》しかった。

ウ　わたしは一層の忙《いそが》しさを思うと辛《つら》かった。

エ　わたしは女中業との両立には自信がなかった。

問四　――線②とありますが、このときの奥様の思いとして適当でないものを次の中から一つ選び、記号で答えなさい。

ア　自分が息子《むすこ》のマッサージをしてやりたい思いもあるのに、それがうまく出来ないことに対する困惑《こんわく》。

イ　息子が、自分のマッサージよりもタキのマッサージの方を良いと感じていることについての疑問。

ウ　女中のタキの方が実の母である自分よりも息子に認められているということに対する嫉妬《しっと》。

エ　タキが実際に自分にマッサージをすることを通じて、タキと自分との違いを知りたいという好奇心《こうきしん》。

問五　――線③とありますが、なぜですか。その理由として最も適当なものを次の中から選び、記号で答えなさい。

ア　奥様は自分を女学校に行かせたいと思っている様子だったが、経高熱の後の、※四肢《しし》のしびれや麻痺症状《しょうじょう》は、子供を持つ親たちを恐怖《きょうふ》のどん底に突《つ》き落《お》としたものである。平井《ひらい》家は大騒《おおさわ》ぎになった。あんなにお気の毒な奥様の姿は、後にも先にもあれきり見たことがない。

わたしは以前、小中先生のお宅に奉公していたころに、日本橋のほうで開業されている小児麻痺の名医のことを、小耳に挟《はさ》んだことがあった。そのことを奥様に申し上げ、奥様はご実家の大奥様《おおおくさま》を介《かい》して小中先生にお手紙を差し上げた。

奥様は小中先生の立派な紹介状《しょうかいじょう》を持って、わたしは恭一ぼっちゃんをおんぶして、日本橋へ、いっしょに駆《か》けつけた。お医者様は、ぼっちゃんの脚に電気を当て、まだ反応があるから早いうちに治療《ちりょう》すればよくなる、毎日通うようにとおっしゃった。

【　Ｚ　】、わたしは毎日毎日ぼっちゃんをおぶってお医者様に通ったのだが、暮れのことで、正月休みが近い。先生がマッサージの方法を伝授するから、今後はお前がするようにと言われたので仰天《ぎょうてん》したが、なにしろ恭一ぼっちゃんの将来にかかわることなので、わたしは必死で按摩《あんま》の方法を覚えたのである。

心臓から遠い、足先のほうから始めて、足の指を一本ずつ指先から根元へ擦《さす》ったり回したり、足の甲《こう》の骨と骨のきわをつかむように押《お》し、くるぶし、すね、ふくらはぎ、太腿《ふともも》の前側、裏返してうつぶせにして、足の裏を拳《こぶし》で押して、とんとんと叩《たた》いてだんだんに骨に沿って上へ、上へ。腰《こし》やお尻《しり》も丹念《たんねん》に揉《も》みあげて、一通り終わると一時間もかかってしまう。

腕《うで》の力加減がちょうどいいのか、ぼっちゃんが、

「おかあちゃまのは、くすぐったい。タキちゃんのほうがいいや」

と言われて、わたしの腕の中ではおとなしく擦られている。それを終えると、ぼっちゃんは安心してお休みになる。

②あるとき、時子奥様は、寝入《ねい》ったぼっちゃんのお顔を見ながら、

「なにが違《ちが》うのかしら」

と、困った表情で、わたしに奥様の脚を擦るようにおっしゃった。

足袋《たび》を脱《ぬ》ぎ、着物の裾《すそ》を捲《まく》られて、同じようにやってみてちょうだいというのだ。わたしは、奥様の乳白色の肌《はだ》の奥に青い血管の浮《う》かぶ細いきれいなおみ足を膝《ひざ》にのせて、こうですよ、こうですよ、と実演して差し上げた。ぼっちゃんのまだ小学校にも上がらない、細い棒切れのような脚と、それはまったく違うものだったが、ともかくわたしは一生懸命《いっしょうけんめい》、揉んで差し上げた。術を施《ほどこ》すと、肌が透《す》き通《とお》るように活力を持った。

「あったかいんだわ」

しばらく黙《だま》って身を任せていた奥様は、ひらめいたように顔を上げた。

「タキちゃんの手、わたしのより、あったかいんだわ」

ね、と言って、奥様は、わたしの手にお手を重ねた。ひんやりとした感触《かんしょく》を、不思議なことにいまでもときどき思い出す。

あの年は、ひたすらぼっちゃんの脚を撫《な》でて過ごした。

恭一ぼっちゃんは小学校入学を一年遅《おく》らせることになった。お医者様がおっしゃるには、一年待てばかなり快復するような話だったので、奥様は、それならいっそのこと家で治療に専念させようと考えられたのだ。

平井家におけるわたしの重要度は、この一件でたいへん高まったように思う。奥様とわたしの絆《きずな》も深まり、ご実家でも、社長さんの家でも、

のを次の中から選び、記号で答えなさい。

ア　Ⅰ→Ⅱ→Ⅳ→Ⅲ　　イ　Ⅰ→Ⅳ→Ⅱ→Ⅲ
ウ　Ⅲ→Ⅳ→Ⅰ→Ⅱ　　エ　Ⅲ→Ⅱ→Ⅰ→Ⅳ

問六　本文の内容に合わないものを次の中から一つ選び、記号で答えなさい。

ア　祭は東京をユニークな大都会にしている。
イ　にぎわいのないお寺のお祭りの中に本来の意味が残されている場合もある。
ウ　古い神話では北極星が地上の世界を支配する王として考えられていた。
エ　竹細工を生業とする人々はイモを「聖なる食物」と考えていた。

二　次の文章を読んで、後の問いに答えなさい。〈問題は**問一**から**問六**までであります。〉

あれは昭和十一年のことであったか、わたしが立ち働いている台所に時子奥様《おくさま》が入っていらして、こんなふうにおっしゃった。

「タキちゃん、来年から夜間女学校に行ったらどうかしら」

時子奥様はときどき人をびっくりさせるようなことを思いつく。

「あなた、雑誌の広告をため息まじりに見ていることがあるでしょう?」

①わたしは驚《おどろ》いて口ごもった。【　X　】そのころ家にあった婦人雑誌には、小学校卒業だけではこれからの世の中に取り残されてしまうから、通信で中学や女学校の勉強をして資格を得よう、という広告がさんざん出ていた。※あまつさえ、苦学して女専に進んだ女中の記事なども、たびたび誌面を飾《かざ》っていたのだ。

実はそれを見るたびに、恭一《きょういち》ぼっちゃんが小学校に上がるようになったら、わたしのように教育のないねえやでは役に立たなくなるのではないかと、ひそかに思い悩《なや》んでいたのである。

「わたし、ちょっとお友達に聞いてみたの。そうしたら、夜間の女学校で一年制のところがあるっていうじゃないの。苦学生のための学校だから、学費は無料なんですって。ちょっとたいへんだけど、タキちゃんさえ、その気なら、うちはかまわないわ。恭一も来年から小学校だし、ちょうどいいじゃないの」

□奥様も、恭一ぼっちゃんのことを考えて、わたしにもう少し教育を受けさせておきたいとお考えになったのかもしれないと思うと、身の引き締《し》まる思いもし、翌年には喜んで夜間女学校へ通わせていただこうと決意した。

わたしはもともと小学校の成績は悪くなかったし、勉強を続けることは憧《あこが》れだった。田舎《いなか》にいたころは奉公《ほうこう》して里帰りをして嫁《よめ》に出るのがあたりまえと思っていたから、そんなに強くも願わなかったが、東京のモダンな空気が、わたしにそれを強く意識させたのだ。

どこそこのお宅の女中さんは高女卒だとか、専検を受けたとか、奉公先の子供たちの勉強も女中が見ているとか、そんな記事を雑誌で読むたびに、どうしてわたしにできないことがあるだろうと、若々しい向上心が頭をもたげたものだ。

【　Y　】その年の暮れに、恭一ぼっちゃんが高熱を出して、一週間ほど寝込《ねこ》み、熱が引くと今度は脚《あし》が動かなくなった。

あのころ、小児《しょうに》麻痺《まひ》くらい怖《こわ》い病気はなかった。

と言われている。鷲はほかのどの鳥よりも高いところを飛び、高い崖《がけ》などに巣をつくる鳥だと考えられていた。すると宇宙の秩序を守っている北極星が、鷲の背中に乗って地上に近づいてくることで、太陽が地上に近づいてくることになる。ここでお酉さまの縁日《えんにち》が、どんな季節におこなわれているかを考えてみる必要がある。それは一年のうちで、日没《にちぼつ》が最も早くなる時期に合わせている。つまり、太陽の力が最も弱くなり、昼と夜の長さのバランスが崩《くず》れてしまう季節を選んで、北極星の神さまは、鷲を連れて地上に来臨し、それによって失われた宇宙のバランスを回復しようとしているのだ。

おまけにである、北極星のことを現在でも、北方の狩猟民《しゅりょうみん》たちは地上の森に棲《す》む、動物たちの王である熊と結びつけて考えている。大空には北極星が、そして地上には熊が、それぞれの世界の秩序を守る王として君臨しているというのが、古い神話の考えなのだった。この図柄には、熊の姿は直接描《えが》かれていない。しかし鷲と北極星が結びつくと、自然にそこに熊が寄ってくるようになる、これが神話の思考である。

【Ⅰ】宇宙のバランスが崩《くず》れると、秩序に裂《さ》け目ができて、そこから自然の奥《おく》に隠《かく》されていた富が、この世界にあふれ出してくる。
【Ⅱ】竹を細工したこの道具をつかって、人々は象徴的《しょうちょうてき》に富を自分のほうに掻き集めようとした。
【Ⅲ】そこで熊手の登場である。【Ⅳ】そのわずかなチャンスをねらって、熊の手で一気に掻き込むわけである。

昔は熊手といっしょに、竹でつくった※茶筅《ちゃせん》をセットにして売っていた。竹細工を生業《なりわい》とする人々は、農業をしなかった、とても古い来歴を持つ人たちである。この人々は縄文《じょうもん》時代以来のイモを、大切な「聖なる食物」と考えてきた。そこで大鷲《おおわし》の背中に乗って、北斗七星《ほくとしちせい》を頭に戴く北極星が地上に近づく祭には、蒸《む》した巨大《きょだい》なイモを戴いてくるというのが、正しい考えだとされたのであろう。鷲と熊とイモは、北極星に導かれるように、こうして一堂に会することになる。

こうして、ぼくたちの目の前で、お酉さまは異様な祭に変貌《へんぼう》をとげていくことになる。この祭の背後には、とてつもなく古い神話の思考法が、活発に働いている。東京はその意味でも、いまだに神話の思考を生きている、ユニークな現代の大都会なのである。

（中沢新一「アースダイバー」による）

※注　殺風景…変化にとぼしく、味わいのないこと。
合理主義…ここでは、むだなものをなくそうとする考え方のこと。
茶筅…お茶を点《た》てるときに使う道具。

問一　□に入ることばを文中から2字で抜《ぬ》き出して記しなさい。

問二　――線①とありますが、「お酉さま」の祭が格別に変わっているのはどのような点ですか。30字以上40字以内で説明しなさい。

問三　――線②とありますが、お酉さまの「本来の意味」を明らかにするために必要なことは何ですか。解答らんに合うように、ここより前の文中から20字以上25字以内で抜きだし、始めと終わりの3字を記しなさい。

問四　――線③とありますが、この図柄は菩薩が何をしようとしている様子だと筆者は考えていますか。解答らんに合うように、文中から20字以上25字以内で抜き出し、始めと終わりの3字を記しなさい。

問五　□内の段落は文の順番が違《ちが》っています。正しく並《なら》べ替《か》えたも

【国　語】（五〇分）〈満点：一〇〇点〉

【注意】句読点（、や。）その他の記号（「や〃など）は1字分として数えます。

一　次の文章を読んで、後の問いに答えなさい。〈問題は問一から問六まであります。〉

東京には不思議な祭が、いまもたくさん続けられている。大根の張りぼてをみんなで担《かつ》いだり、蛙《かえる》のぬいぐるみを着て行進したり、なんとも意味不明な行動を大の大人たちが大まじめで演じているのを見ると、この都市への愛がわいてくる。東京から祭をなくしてしまったら、なんと※殺風景な都市になってしまうことか。祭があるおかげで東京には□の思考が生き続け、この都市を※合理主義の怪物《かいぶつ》の支配から救っている。

しかし、①そういう不思議な祭の中でも、「お酉《とり》さま」はまた格別に変わっている。いまでは「幸運を掻《か》き込《こ》む」という熊手《くまで》を、奮発して買ってきて、飲食店や会社に飾《かざ》るために、人混みに押《お》されながら、神社にお参りするのが、お酉さまということになっている。しかし、よく考えてみると、お酉さまというのはもともと大鷲《おおわし》のことで、どうして鷲《わし》の祭と熊《くま》の手をかたどった竹細工が結びついているのか、意味は不明である。それに神社の入り口には、大きなタロイモの蒸《む》したのを、縁起物《えんぎもの》として売っている。鷲《わし》と熊《くま》とイモが一堂に会して、さていったいなにを主張しようとしているのか。

この謎《なぞ》を解くためには、神社とお寺とを、無理やり分離《ぶんり》してしまった、明治の神仏分離《ぶんり》令よりも以前の、この祭の姿を知る必要がある。明治のはじめに断行されたこの悪法によって、日本人の宗教はずいぶん痛手を被《こうむ》った。それまで日本人が育ててきた、複雑でデリケートな神話的思考が、それによって単純化され、意味不明なものにされてしまった。だから、神社でいまおこなっている祭が、昔からのものだと、思《おも》い込《こ》まないほうがいい。じっさいこのお酉さまの場合など、繁盛《はんじょう》をきわめている神社のほうの祭は、②本来の意味が不明になってしまい、そのそばでちょっといじけた感じでやられているお寺のお祭りのほうに、古い意味が残されているケースもあるからだ。

浅草のお酉さまで有名な鷲《おおとり》神社のにぎわいを通《とお》り越《こ》して、しばらく歩いていくと、別名「酉の寺」とも言われている長国寺という、日蓮宗《にちれんしゅう》のお寺があらわれてくる。お酉さまの縁日《えんにち》には、こちらにも酉の市が立って、熊手が売られている。しかし、神社のほうのあの派手やかさに比べると、なんとなく寂《さび》しく、熊手売りの呼び声も哀愁《あいしゅう》を漂《ただよ》わせている。しかし、お酉さまのほんとうの意味を知るには、こちらのお寺のお祭のほうが、ずっと深いものを伝えている。

③このお寺では、すばらしい図柄《ずがら》の能手を配っている。「鷲妙見大菩《わしみょうけんだいぼ》薩《さつ》」を描《えが》いたこの図柄をよく見ると、七つの星を頭に戴《いただ》いた菩薩さまが、剣《けん》をかざして鷲の背中に乗っているのがわかる。神話のことを少しでも勉強したことのある人なら、この図柄がなにを意味したものであるか、すぐにぴんと来るはずである。鷲の背中に乗っている菩薩《ぼさつ》さまは、北斗《ほくと》七星《しちせい》に取り囲まれた北極星をあらわしている。そして、北極星は天空にあって少しも動くことのない星として、新石器時代の神話では、宇宙の秩序《ちつじょ》そのものをあらわしているのだ。

これにたいして鷲は、太陽に最も近い、高いところを住処《すみか》とする鳥だび、記号で答えなさい。

ア　強い心の痛みを感じているが、身体に謝《あやま》ることで「碧」のけなげさを表現している。

イ　身体の痛みなんかないんだと自分に言い聞かせる「碧」の頑固《がんこ》さが表現されている。

ウ　身体が悲鳴を上げているのに、「碧」の心がそれにふたをしようとする様子が表現されている。

エ　学校に通うつらさよりも身体の痛みのほうが強いと「碧」が自分に言っている様子を表現している。

問六　——線⑤とありますが、なぜですか。25字以上30字以内で解答らんに合うように記しなさい。ただし、「顔」という言葉は用いないこと。

三　次の各問いに答えなさい。〈問題は**問一**から**問五**まであります。〉

問一　次の①～⑥について、——線部のカタカナを漢字に直しなさい。

①　正確なオンテイで歌う。

②　人の道をトく。

③　お菓子《かし》をムチュウになって食べる。

④　炎天下での作業でヒタイに汗をかく。

⑤　前方の席がアく。

⑥　ヨウリョウよく作業をおえる。

問二　次の①②の□に（　）の意味に合うようにそれぞれ漢字１字を入れ、文を完成させなさい。

①　おもしろい話に□を抱《かか》える。（おかしくてたまらずに大笑いする。）

②　母のお小言が□に痛い。（他人の言葉が自分の弱点をついていて聞くことがつらい。）

問三　次の熟語の中で、成り立ちが違《ちが》うものを一つ選び、記号で答えなさい。

ア　巨大　　イ　身体　　ウ　登山　　エ　衣服

問四　次の①②の□には、それぞれ同じ漢字が入ります。ふさわしい漢字を答えなさい。

①　□世□代

②　以□伝□

問五　次の文の——線部のことばを、＝＝線の人物を敬う表現に改めなさい。

お客様の意見を聞く。

――碧、学校では先生の言うことをちゃんと聞いて勉強するのよ。

お母さんが、噛《か》みしめるように言っていた言葉を思い出す。

もう久美ちゃんを待ってなどいられなかった。一人で歩いていると、④石が当たった背中が「痛いよう」と言い出した気がして、「私の背中、ごめんね」と思った。次は右のひじが「痛い痛い」と主張する。擦《こす》れた傷口から血が惨《にじ》み出し、ジャリがめり込むように張りついていた。

公園の水道で傷口を洗っていると、急に情けなくなってきて、涙《なみだ》が出た。でも、周りのみんなに心配させたくない。それにいじめなんてへっちゃらな自分でありたい。お母さんだって、つらいことがあっても黙《だま》って働いている……。

商店街へ入るまでには元気な顔に戻《もど》さないと――。

⑤蛇口《じゃぐち》から出る水で、傷口より、むしろ顔を何度も洗った。

（麻宮ゆり子『碧と花電車の街』による）

※注　長屋…入り口が別々で一棟《とう》に多くの家が隣《とな》り合って住んでいる建物。

名クロ…「名古屋クロニクル」という新聞の通称《つうしょう》。

この店…碧のお母さんが日中働いている「ポンパル」という名の喫茶店《きっさてん》。

興行…人を集めて見世物をすること。

問一　X に入る表現として最も適当なものを次の中から選び、記号で答えなさい。

ア　軽い嫌みを含《ふく》んだ挨拶《あいさつ》　　イ　媚《こ》びるようなはげまし

ウ　悪意に満ちた憎《にく》まれ口　　エ　百パーセント褒《ほ》め言葉

問二　――線①とありますが、なぜですか。その理由として最も適当なものを次の中から選び、記号で答えなさい。

ア　神谷さんの言葉が、思い出すことにためらいを感じている出来事に触《ふ》れたから。

イ　親しい間柄《あいだがら》だが、大人である神谷さんが仕事の話を子どもの自分にしてきたから。

ウ　お母さんに好意を抱《いだ》いている神谷さんの言葉に、何となくいやなものを感じたから。

エ　神谷さんに優《やさ》しく声をかけられたことで、自分の気持ちを正直に伝えたくなったから。

問三　――線②とありますが、なぜ「とてもこのまま座ってはいられなかった」のですか。その理由として最も適当なものを次の中から選び、記号で答えなさい。

ア　赤くなった神谷さんをどうやってからかうか、紅玉さんに相談しようと思ったから。

イ　ひたすら隠《かく》しておこうとした出来事を、神谷さんが熱心に聞き出そうとしていたから。

ウ　お母さんが働いているお店で学校のことは、決して話してはいけない約束になっていたから。

エ　学校で起きた出来事をあらためてつらいことと感じて、落ち着いていられなくなってしまったから。

問四　――線③とありますが、その内容を説明した次の文章の □ に入る一語を本文中から抜《ぬ》き出し、解答らんに記しなさい。

担任の新島先生が、明らかに自分に対してだけ □ を持って応対していることをあらためて感じ、心の動揺《どうよう》を抑《おさ》えることができない状態になってしまっている。

問五　――線④を説明したものとして最も適当なものを次の中から選

……。

「学校のほうはどう？　最近」

②学校という言葉に心が敏感《びんかん》になっていたのか、とてもこのまま座ってはいられなかった。思わず立ち上がる。

「え、どうした？」

「ごめんなさい、ちょっと紅玉さんのとこへ行きます」

「あれ？　紅玉さんって今※興行《こうぎょう》中じゃない？　行っても大丈夫？」

その声を振《ふ》り切《き》って、お母さんと富江さんに気づかれないように店を出た。コーヒー代はいつも通り、富江さんの伝票につけられているはずだ。

昨日のことだ。

放課後、校門の前で久美ちゃんを待っていたときに、突然《とつぜん》、背中を強く打たれたような感じがして、一瞬《いっしゅん》息が止まりそうになった。

「おい、ズロース女」

声がすると同時に、私の足元に石ころが転がった。

振《ふ》り返ると、〈進化途中《とちゅう》の猿〉〈肥満児《ひまんじ》〉〈木製人形〉と名づけた坊主《ぼうず》頭の三人がいて、そのうちの一人がY字型のおもちゃのパチンコを持っている。

おもちゃとはいえ、パチンコは人に向けるような道具ではない。ムカッときたが、こういうやつらは相手にするとますます調子に乗るはず。そう思って無視することにした。

しかし、「ズロース女」「細目のおかちめんこ」「数学三十点」と坊主頭たちに言われて驚《おどろ》いた。どうして私の数学の点を知っているのだろう？　そんな私の表情を読んだのか、〈木製人形〉が言った。

「新島先生が言ってたぞ。野坂碧は数学が三十点だったって。」

「なんでおまえが数学の点知ってるんだ？」と〈進化途中の猿〉が聞くと、

「あの先生、あんまり生徒から人気ないからさ。猫撫《ねこな》で声で近づいてくと、すごく嬉《うれ》しそうにして、なんでも教えてくれるぞ」

「さすが世渡《よわた》り上手」

男子たちの会話を聞きながら気分が悪くなった私は、込《こ》み上げるつばを飲み込んだ。

「何点でも関係ないでしょ？　もうやめてよ、どうして私ばっかり……」

③そこまで言うのが精一杯《せいいっぱい》だった。

男子は新島先生の悪意のある表情を真似《まね》していた。数学の点を勝手にバラされたことが、胸にふたをしてしまったようだった。私、どうしたんだろう？　いつものように、ぽんぽん言葉が出てこない。

「だって、先生も小生意気だって言ってたしな。しょうがないだろ」

「そうだ、先生は正しい」

「だからおまえが悪い、ズロース女。俺《おれ》たちに刃向《はむ》かうなんて調子に乗るなよ」

彼らに背を向けて歩き出すと、突然どんと後ろから鞄《かばん》のような、何か重たいものをぶつけられた。脱力《だつりょく》し、油断していた私は前に倒《たお》れ、右のひじを擦《す》りむいてしまった。

「今の転び方、おもしれぇ」

あははは、と三人の高笑いが聞こえてくる。

にいつまでも汚《よご》れのように残り、そのことを誰《だれ》にも伝えてはいけないと、碧は感じていた。

「やあ」と頭の上から声が降ってくる。「いつ来てもうちの新聞をいちばん楽しそうに読んでくれてるのは碧ちゃんなんだよな」

前に座《すわ》ったのはビン底めがねをかけて、ワイシャツにネクタイを締《し》めた神谷《かみや》さんだった。※名クロの大須担当記者で年は三十八と聞いている。

「おもしろい？　うちの記事」

「うん」

「どんなふうに？」

「全部三面記事みたいなところ」

「いやあ、書きがいがあるなあ」

X だと受け取るところに、調子のいい記者らしい厚かましさがあると思う。神谷さんはおしぼりで首の汗《あせ》をぬぐうとアイスコーヒーを注文した。

「どう最近？　碧ちゃんの周りで何かない？　流行《はや》っていることとか、大事件とか」

そう尋《たず》ねるめがねの奥《おく》の目は、笑っているようでいて鋭《するど》い。

「別に何も……」

①私は左右の膝《ひざ》をくっつけてうつむいた。

実はいまだに、三人の男子から「ズロース女」呼ばわりされて、いやがらせも受けていた。けれど、そんなことは別に「大事件」ではないし、神谷さんに話すほどのことでもない。

でも思い出すと正直気分が悪かった。だからこそ、※この店の騒《さわ》がしさと名クロの記事で、自分のなかのつらさを紛《まぎ》らわせていたのだ。

「どうした？　腕《うで》のとこ」

慌《あわ》てて、まくっていたシャツの袖《そで》をおろす。

「ちょっと転んだだけ」

「赤チンつけないのか？　痣《あざ》みたいになってるし。家にないなら富さんに言えば……」

「大丈夫ですから」

へえ、と洩《も》らし、神谷さんは遠慮《えんりょ》のない視線を私の全身に注いだ。アイスコーヒーを飲むと、彼《かれ》はさりげないフリで店内を見回す。が、目はいつも最終的にお母さんのところで数秒留まる。

「九月になったせいか天気が安定しないなあ。ところで……の、信子さん最近調子はどう？」

「どうしてですか」

「どうしてって、忙《いそが》しそうだからさ。昼も夜も働きづめだろう？　いつも人前に出ているせいかな？　年よりずっと若々しく見える……。前は大阪で女中をしていたんだってね。雇《やと》い主と同じ屋根の下で家事や子守《こも》りをするなんて、つらいことも多かっただろうに。でもそれをこなした経験があるからこそ、この店でも重宝されている。碧ちゃんのためにがんばっているのも、もちろんある。がんばり屋さんだからなあ、の、信子さんは」

「お母さんの名前を言うときだけ詰《つ》まるの、やめてくれませんか」

「なっ、そんなことはないぞう」

普段《ふだん》なら、赤くなる神谷さんをからかうところなのだが、今日はそんな気が起きなかった。情報通の神谷さんと話すのは楽しいはずなのに懸念…不安になること。

問一　次の脱落《だつらく》文は、本文中の【A】〜【D】のどこに入りますか。最も適当な場所を記号で答えなさい。

《脱落文》松食い虫などの森林の虫害の拡大も、森林の管理が行き届かなくなったことが一因とされている。

問二　X・Z に共通して入る言葉として最も適当なものを次の中から選び、記号で答えなさい。

ア　だから　イ　ところが　ウ　たとえば
エ　それから　オ　さて　カ　つまり

問三　――線①とありますが、「同様のこと」とはどういうことですか。最も適当なものを次の中から選び、記号で答えなさい。

ア　里山のキノコやタケノコなどを人間が採取したことでイノシシなどが生活できなくなったが、水田でも人間が自分勝手に水を利用することで魚やトンボなどが姿を消したということ。
イ　里山の資源を人間が利用して生活することでたくさんの生物が生息できるようになったが、水田でもコンクリートで作った用水路に野鳥やトンボなどが集まり繁栄したということ。
ウ　人間が自分達の生活のために里山から木材等の伐採《ばっさい》をすることで森林破壊を生むと同時に、水田でも人間が稲作を始めることで多くの水生生物が住む場所を奪《うば》われていったということ。
エ　人間が生活していくために里山の資源を利用してきた結果、豊富に食料を調達できるようになり、また水田でも人間が稲作を始めることで多くの生物が繁栄することができたということ。

問四　Y に入る言葉として最も適当なものを次の中から選び、記号で答えなさい。

ア　人間が関与する　イ　人間を排除《はいじょ》する
ウ　動物を飼育する　エ　動物が利用する

問五　――線②とありますが、人間の手が加わるとは具体的にどのようなことですか。次の中から最も適当なものを選び、記号で答えなさい。

ア　食料を確保するために農業や放牧を始めること。
イ　作業効率を一番に考えた水田へと改修すること。
ウ　景観の良さを大切にした人工林を植樹すること。
エ　住宅建築のために森林を伐採し宅地にすること。

問六　――線③とはどういうことですか。本文にそって、40字以上45字以内で記しなさい。

二　次の文章を読んで、後の問いに答えなさい。なお、作問の都合上一部省略した部分があります。〈問題は問一から問六まであります。〉

《ここまでのあらすじ》

昭和34年（1959年）。野坂碧《みどり》は、名古屋大須《おおす》商店街の※長屋に母信子《のぶこ》と二人で暮らす13歳《さい》の女の子。母親は昼も夜も働きながら家計を支えていた。また、夜間中学校で学ぶために、碧が眠《ねむ》った後、夜遅《おそ》くまで勉強をしていた。そして、碧と母信子は、大家の富江《とみえ》さんや長屋の住人の紅玉《こうぎょく》さんたちと心温まる交流を続けていた。そんなある日、碧がクラスの男子生徒たちから嫌《いや》がらせを受けて言い争いになっているときに、碧は担任の新島《にいじま》先生から「小生意気なことを言うんじゃない」という言葉を投げつけられる。言われたときのみじめな気持ちは、胸の中

と、水田が氾濫原に代わる役割をし、これらの生物は水田にすみ着き繁《はん》栄《えい》した。コンクリート張りの用水路が整備され、※畦道《あぜみち》などがなくなってしまう前の水田は、生物多様性がきわめて豊かな場所であった。

　鷲谷さんによると、日本にはヨーロッパ全体よりも多い二〇〇種近くのトンボが生息しており、両生類も熱帯に匹敵《ひってき》するほど多い。「トンボと両生類は、幼生期には水の中で生活し、大人になると森に出ていく。この生態が水田に適しているからこれだけ多くの種が生息している」という。トキやコウノトリなどの鳥類も、水田の近くで生息していた生物であった。

　里山や水田、草地などは、[Y]ことで、地域において維持されてきた。森林や草地、畑や水田、河川やため池、湖沼などがモザイクのように入り組んでいる土地利用のパターンが、里山を中心とする日本の豊かな生物多様性を支えてきたのである。里山利用には、日本人にとっての文化的な価値や歴史的な価値があるという研究者もいる。

　[Z]、日本人にとって身近なものだったこの②里山の生態系は今、人間の手が加わらなくなったために危機的な状況にある。

　農業生産を効率化するための水田の「改修」や圃場《ほじょう》整備、戦後の拡大造林による広葉樹林の破壊と単一人工林の拡大、それに続く林業の衰退、地方で急速に進む高齢化と過疎化によって放棄《ほうき》された水田や農地、草地、山林の激増など、その原因は数多い。※宅地開発などによって破壊され、バラバラに分断されてしまった里山も少なくない。【A】

　熊本県の阿蘇山周辺に広がる草地は、非常に豊かな生物多様性が存在する場として知られている。この草地は、放牧や野焼き、農業や草刈《か》りといった人の手が加わることによって維持されてきたのだが、現在ではだんだんとそれがなくなって、藪《やぶ》や低木林に変化し、生物多様性が失われる※懸念《けねん》が高まっている。

　近年のサルやイノシシ、シカなどの野生動物による農業被害《ひがい》の増大や、クマと人間の間で発生するトラブルの増加も、里山の生態系が崩壊《ほうかい》したために、野生動物の行動が変化したことが一因であるといわれる。

【B】

　薪炭《しんたん》の生産量の減少や耕作放棄地面積の拡大の様子などをみると、過去五〇年ほどの間に日本における里山などの自然環境の利用方法がいかに大きく変わってきたかがわかる。

　こうしてみると、人間の暮らしから離《はな》れた場所にすむ生物だけではなく、メダカやタガメ、ダルマガエルなど、ちょっと前ならば身の回りのどこにでもいたような生物が急速に姿を消していることも、日本の生物多様性を取り巻く大きな問題だということが実感できるだろう。【C】

　一方で生物多様性を保全し、人と自然との関係を見直そうとの機運が高まる中で、里山環境の保護や再生の重要性が指摘されるようになってきた。よく調べてみると、このような生態系は、日本以外にも、フランスやドイツ、東南アジアやアフリカなど世界各地に存在し、③人間活動と豊かな生物多様性が共存している場所が少なくないこともわかってきた。【D】

（井田徹治『生物多様性とは何か』による）

※注　瀕して…直面して。　閣議…内閣が行う会議。
外来種…他の地域や国から持ち込まれた生物種。
駆除…追《お》い払《はら》って取り除くこと。　蓄積…たまって大きくなること。
阻害…じゃますること。　氾濫…川の水があふれること。
畦道…田んぼの間の道。　宅地…家を建てるための土地。

【国　語】（五〇分）〈満点：一〇〇点〉

【注意】句読点（、や。）その他の記号（「や〃など）は1字分として数えます。

一　次の文章を読んで、後の問いに答えなさい。〈問題は問一から問六まであります。〉

「海に囲まれ、南北に長く、雨に恵《めぐ》まれた日本で、本来豊かであるはずの生物多様性は、今、危機に※瀕《ひん》しています」――。これが日本政府による、自国の生物多様性に関する公式な見解である。二〇一〇年三月に※閣議決定された「生物多様性国家戦略２０１０」の文言だ。国家戦略は、日本の生物多様性に対する危機には三つの側面があるとしている。

第一の危機は、開発など、人間が引き起こす負の要因である。海岸や河川環境《かんきょう》の破壊《はかい》、魚の乱獲《らんかく》など、数え上げればきりがない。

第二の危機は、これとは逆に、人間から自然に対する働きかけが減ることによる悪影響《えいきょう》である。昔は、近くの森や山に立ち入って、薪《まき》や炭の原料となる木材、屋根を葺《ふ》くための材料や、食料を得てきた。このように人間が関与することによって成り立ってきたさまざまな自然が日本には存在する。「里山」「里地」などと呼ばれるものだ。 X 、過疎《かそ》化や高齢《こうれい》化の進行、農林水産業の衰退《すいたい》などによって人間が利用しなくなった結果、生物の生息状況《じょうきょう》も悪化するようになってきた。

第三の危機は、生物の※外来種や有害な化学物質など、人間が外部から持ち込《こ》むことによって起こる生態系の「攪乱《かくらん》」である。

ブラックバスやブルーギルなどの外来魚は、全国各地の河川や湖沼《こしょう》の生態系に大きな影響を与《あた》え、琵琶湖などでの固有の淡水魚《たんすいぎょ》の個体数の減少を招いたと指摘《してき》されている。ハブの※駆除《くじょ》の目的で持ち込まれたマングースや、ペットとして北米から大量に輸入されて野生化したアライグマなどが各地で問題を引き起こしている。日本固有のオオサンショウウオが近縁《きんえん》のチュウゴクオオサンショウウオと交雑するといった「遺伝子汚染《おせん》」の問題も起こっている。

環境中で分解されにくい農薬やポリ塩化ビフェニル（ＰＣＢ）などの有害物質は、生物の体内に高濃度《のうど》で※蓄積《ちくせき》する。生物が生きていく上で重要なホルモンと似たような働きをして、その機能を※阻害《そがい》する「内分《ないぶん》泌《ぴつ》攪乱物質（環境ホルモン）」や、漁網《ぎょもう》や船の底に貝などが付着するのを防ぐために使われ、ごく微量《びりょう》で海洋生物に悪影響を与える有機スズ化合物など、生物の生息に悪影響を与える化学物質は数多い。これらの三つの危機は別々に発生するわけではなく、多くの場合、複数の危機が同時に一つの場所で起こる。〈中略〉

昔の人々は、里山に入って枯《か》れ葉や柴《しば》、薪などを採取して燃料とし、里山の木々で炭を焼いた。枯れ葉や枯れ枝は肥料として重要だったし、カヤやヨシは屋根材などの建築材料としても貴重なものだった。キノコや木の実、タケノコなどの豊かな食料も採れ、周辺の清流や湖沼では魚などの貴重な動物性タンパク質が得られた。薬草や、道具を作るのに欠かせないタケなども里山の恵みである。

人間が定期的に関与することで維持《いじ》されてきた生物多様性は、里山に限らない。里山の生態学に詳《くわ》しい鷲谷いづみ東京大学教授によると、①水田についても同様のことがいえるそうである。河川の近くには、もともと※氾濫《はんらん》原といって時々水浸《みずびた》しになる場所があり、そこには多くのトンボや水生昆虫《こんちゅう》などがすんでいた。人間が稲作《いなさく》を始めるようになる

三 次の各問いに答えなさい。〈問題は**問一**から**問五**まであります。〉

問一 次の①～⑥について、――線部のカタカナを漢字に直しなさい。

① 雑誌をヘンシュウする。
② タンジュンな色使いの絵。
③ ゴカイを招く言動。
④ 留学の費用をフタンする。
⑤ 思い出を心にキザむ。
⑥ 風邪《かぜ》でのどがイタい。

問二 次の①②の□にそれぞれ漢字1字を入れ、下の意味になるようにことばを完成させなさい。

① □が高い（ほこらしく思うこと）
② 親の□光（立派な親のおかげで子どもが恩恵《おんけい》を受けること）

問三 次の熟語と、成り立ちが同じものを、ア～エから一つ選び、記号で答えなさい。

「鋼鉄」

ア 終始　イ 城門　ウ 帰宅　エ 永久

問四 次の①②の四字熟語にはそれぞれ1字ずつ漢字の誤りがあります。その字を正しい字に改めて解答らんに記しなさい。

① 取捨選択《せんたく》　② 大機晩成

問五 次の文の――線のことばを、――線の人物を敬《うやま》う表現に改めなさい。

先生から歴史の本をもらった。

興奮していたのに、誰も何も話しだせなかった。
しかし、一番小さな長生が「としちゃん、すごいや、とせんに勝つんだもん」と叫んだ途端《とたん》、⑤いっせいに、いままで中継《ちゅうけい》放送のように見てきたことをみんなが口々にしゃべりだした。

（佐藤雅彦『砂浜』による）

問一　X　にあてはまる最も適当な漢字２字を文章内容をよく考え、記しなさい。

問二　――線①とありますが、その理由として最も適当なものを次の中から選び、記号で答えなさい。
ア　大浦まで走って帰るという自分たちなら考えないようなことを、としちゃんが突然やり始めたから。
イ　地元の子ではないとしちゃんだと、大浦にたどり着く前に道に迷ってしまうことが分かっていたから。
ウ　次の渡船を待つことができないくらい、としちゃんが追いつめられているということが伝わってきたから。
エ　自分たちが考えもしない行動を、としちゃんにやらせてしまっているということをはっきり認識《にんしき》できたから。

問三　――線②の　　にあてはまる「渡船の上の少年たち」の「願い」として最も適当なものを次の中から選び、記号で答えなさい。
ア　もうあきらめて次の大浦行きの渡船を待ってほしい
イ　無理をしないで大浦まで歩いて帰ってきてほしい
ウ　大浦の桟橋に渡船が着くのに間に合ってほしい
エ　とにかく怪我《けが》なく大浦にたどり着いてほしい

問四　――線③とありますが、なぜですか。その理由として最も適当なものを次の中から選び、記号で答えなさい。
ア　これまでのようにとしちゃんの走り続ける姿が見られることを、まったく想像していなかったから。
イ　としちゃんの走っている姿が長く見えないあいだも、走っているのにちがいないと信じていたから。
ウ　としちゃんの姿が見えなくなり不安になったが、あきらめずに走り続けていることがわかったから。
エ　歩き始めてしまっているとしちゃんの姿など決して見たくないと、自分たちが強く感じていたから。

問五　――線④とありますが、なぜこのように思えたのですか。25字以上30以内で解答らんに合うように記しなさい。

問六　――線⑤の説明として最も適当なものを次の中から選び、記号で答えなさい。
ア　東京で生活をしている小学４年生とは思えないとしちゃんの行動に驚《おどろ》きを隠せなかったが、「長生」の率直な言葉を聞いて地元の子として冷静に話そうとしている。
イ　としちゃんの行動を目のあたりにして、言葉にならないほどの興奮をおぼえたが、「長生」の純粋《じゅんすい》な言葉をきっかけに、自分たちの思いを懸命《けんめい》に表現しようとしている。
ウ　地元の子でもないとしちゃんが、とんでもないことを達成したことに対してうらやむ気持ちもあったが、「長生」の言葉を聞いて純粋に褒《ほ》めたたえようとしている。
エ　自分たちの願いをさりげなくやり遂《と》げてしまったとしちゃんに、近づきがたいものを感じていたが、「長生」の素直な言葉からいつもの友達として語ろうとしている。

ぎ、そこから続くねくね曲がった岸壁《がんぺき》の細い道を走っていた。すいがんが揺《ゆ》れているのがよく見えた。その辺は山が海までぎりぎりせり出していて、細道の山側にぴったりくっつくように民家があった。

　としちゃんは、その民家の前を次々と走り過ぎ、すこし道がひろくなっている大門と呼ばれる所まで来た。ここは隣《となり》の村に行く山道と合流する所である。

　渡船の上の少年たちは誰も声を立てず、としちゃんの姿をじっと目で追っていた。

　もうすぐ、この村で一番大きい網元《あみもと》の浜徳の網干場にさしかかる。海岸線に広がる網干場に入ると、細長い網の収納庫がしばらく続き、海からの視線をふさぐことになる。

　渡船はもう湾の中央まで来ていた。としちゃんの姿は米粒《こめつぶ》のように小さくなっていた。小さくなったまま、網干場のある所に来て、収納庫の後ろに姿はまったく消えてしまった。渡船の上の少年たちは息をのみ、網干場をじーっと見ていた。そして潮風の音だけがしばらく続いた後、いっせいに歓声《かんせい》が挙がった。

　収納庫と収納庫の間に、としちゃんの走る姿が一瞬《いっしゅん》あらわれたからだ。一瞬ではあったが洋次たちの目は確かにその姿を捉《とら》えた。ゴム草履《ぞうり》までちゃんと見えた。その先にはまだ収納庫が続く。走っているとしちゃんを想像して、収納庫の壁《かべ》を目でなぞると、約束したように次の隙間《すきま》にとしちゃんがあらわれ、また歓声が挙がった。

　網干場を過ぎると、そこからはずっと民家が並んで続き、やはりとしちゃんの姿を隠《かく》した。ほとんどが漁師の家で、海側には船が繋《つな》いであった。しかし、家と家の間には大小の隙間が時折あり、目の追う先々に、としちゃんの走る姿をチラッと短く、時には少し長く見せてくれた。そして、そのたびに甲板の上では歓声が挙がるのであった。

　渡船の上の少年たちは思った。②どうか、としちゃんが、［　　　　　　　　］と。渡船は、湾を大きく廻って、村の中央の入浜桟橋を出たところだった。次はもう大浦だ。

　としちゃんは、民家の密集しているところに入り、姿がまったく見えなくなっていた。いったいどの辺を走っているんだろう。もしかして疲《つか》れて歩いてるかもな、と誰かが言いかけた時、大浦の入り口にとしちゃんの姿が急にあらわれた。③いままでより一段と大きい歓声が甲板の上に挙がった。

　としちゃんは走りつづけていた。そこからはひとつ大きいカーブがあるが、船着き場まではもうすぐである。さすがに疲れ果てたのか足取りは重そうだ。それにひきかえ、渡船はたんたんと船着き場に近づいていく。でも、としちゃんだって負けてはいない、最後の力をふりしぼって走ってくる。漁業組合の製氷のベルトコンベアをくぐり、夏の間だけ出る釣り道具屋も通り過ぎた。もう、あとひといきだ。

　しかし、みんなが甲板にいるのを見つけると、としちゃんは急に桟橋の直前で走るのを止めてしまった。

　まもなくして、洋次たちは渡船の先に付いているゴムタイヤが、コンクリートの岸壁にぶつかる独特の柔《やわ》らかい衝撃《しょうげき》を感じた。５人は次々と渡船から飛び下りた。そして、製氷の建物の方に向かって立った。としちゃんは、肩《かた》ではあはあと大きく息をしながら近づいてきた。

　④間近で見るとしちゃんは、自分たちの知っているとしちゃんではないように思えた。

な白い石を見つけては少し沖《おき》に向かって投げ、誰《だれ》が一番はやく海底の砂地でそれを拾うかという競争をしたり、飛び込み台の下に集まってくる魚や、時にはタツノオトシゴを眺《なが》めたりした。

2センチほどの透明《とうめい》な小さなくらげを捕《と》らえて、すいがんの内側に海水を入れ、くらげを泳がせて見せ合うこともあった。底がガラスなので下からも覗《のぞ》くことができた。

一方、小銭のほうは行き帰りの足代である。小銭は海水パンツの内側についている小さなポケットに入れていった。御浜は洋次たちの住む大浦《おおら》という地区から、子供の足では3、40分かかる距離《きょり》にあり、渡船《とせん》という小型の連絡船《れんらくせん》に乗って往復した。片道が15円で、渡船は夏の間じゅう小さな湾《わん》の内側をバスのように巡回《じゅんかい》していた。入浜《いりはま》、大浦そして御浜といった、村の海辺の要所を順に廻《まわ》るのである。《略》

観光客がどっと増えだす7月の末の頃《ころ》であった。

いつものように、砂浜《すなはま》で思いきり遊んだ6人は、御浜の入り口にある水道場のシャワーであわただしく潮と砂を落とした。役場で取り付けた無料のシャワーはいつになく混んでいた。

それから、船着き場に向かった。見ると、桟橋《さんばし》に渡船が丁度着いている。しかも、洋次たちがひいきにしている金洋だ。金洋丸は他の2隻よりも幅《はば》が狭《せま》く、その分細長い格好をしていた。水色のペンキの少しはげかかったのもかっこよく見えた。金洋が出たばかりだと、他の渡船をやり過ごしてでも、炎天《えんてん》下のなかを、また廻ってくるのを辛抱強《しんぼうづよ》く待つこともあった。

「はやくはやく、金洋だ」

いまにも出そうなエンジンの音がして、走って甲板《かんぱん》にとび乗った。それを待ったかのように、金洋丸はバックしながら桟橋を離《はな》れた。

甲板の上で、まだ自分の居場所を見つけられず、まごまごしていたその時だった。突然《とつぜん》「おーい」という声が聞こえた。洋次たちは振《ふ》り向《む》いて桟橋の方を見た。

としちゃんだった。

としちゃんがひとりでタオルを首にかけ、すいがんを手にぶら下げて茫然《ぼうぜん》と立ちつくしているのが見えた。水道場ではぐれて捜《さが》していたのかもしれない。

渡船に乗っているみんなも「としちゃーん」「としちゃーん」と叫《さけ》んだ。しかし、運転しているおじさんにはエンジンの音で聞こえないらしい。相変わらず後ろの方を向きバックしつづけている。あれよあれよという間に桟橋が遠くになってしまった。

としちゃんは、渡船を見つめたままずっと桟橋の先で小さく立っていた。

どうしよう、おじさんに戻《もど》ってもらうように頼《たの》もうか、それともとしちゃんだって、ここにもう長く居るんだから次の渡船に乗って戻ってくるぐらいはできるだろう、誰もがそんな風に考えだした、その時である。

としちゃんは何を思ったか、急にくるりと背を向けた。そして桟橋にいる他の海水浴客をかき分け、海岸沿いの道に戻り、走りだした。①洋次たちはあっけにとられた。

思いもつかない行動だった。としちゃんは、いつも渡船を降りる大浦をめざして走りだしたのだ。その村は海岸沿いに細い道がずっと廻っていた。おそらく、地元の子でないとしちゃんが自分の足で通るのは初めての道だろう。渡船のみんなは遠くのとしちゃんの姿を追った。

としちゃんは、はやくも御浜の入り口にある富士見館の横を通り過

などと考えるのではなく、

「なんか態度がおかしいな、気分を害するようなことを言っちゃったかな」

「こんなことを言うと感じ悪いかな」

などと、常に自分がどう思われるかに関心があるだけなのである。

④このような人は、今どきのやさしさの基準からすればやさしいとみなされがちだが、ほんとうはやさしいというよりも、自己愛が強いとみなすべきだろう。

（榎本博明『「やさしさ」過剰社会　人を傷つけてはいけないのか』による）

※注　如実…実際の通りであること。

問一　X　にあてはまる表現を、文意をふまえて10字前後で記しなさい。

問二　――線①とありますが、それはどのような問題ですか。その内容に当たる部分を、解答らんに合うように、本文中から35字以上40字以内で抜き出し、そのはじめと終わりの3字を記しなさい。

問三　――線②とありますが、その具体例として最も適当なものを次の中から選び、記号で答えなさい。

ア　先生が、自分の保身に走らず、子どものことをなによりも考えた指導をする。

イ　父親が、自分の子どもに煙《けむ》たがられても、道徳的なことを繰《く》り返《かえ》し教える。

ウ　母親が、その場にふさわしくない子どもの言葉使いを根気強く注意する。

エ　上司が、部下との良好な関係を維持《いじ》していくため、常に優しく接する。

問四　――線③とありますが、筆者がそのように言うのはなぜですか。解答らんに合うように、本文中から13字で抜き出しなさい。

問五　Y　にあてはまる語を本文中から5字以内で抜き出しなさい。

問六　――線④とありますが、それはなぜですか。40字以上45字以内で記しなさい。

二　次の文章を読んで、後の問いに答えなさい。〈なお、設問の都合上、本文を一部省略した箇所《かしょ》があります。問題は**問一**から**問六**までありま す。〉

夏休みに入ると、洋次たちは、毎日毎日飽《あ》きもせず御浜《みはま》へ泳ぎに行った。いつも、同じ顔ぶれの仲間である。洋次、久志、高弘、ちゆき、長生の5人は地元の子であったが、ひとりだけ、東京から避暑《ひしょ》に来ている、としちゃんという小学4年の子が混ざっていた。としちゃんは洋次と同い年のいとこで、毎年夏の間、洋次の家で過ごすのだった。

泳ぎに行くときにはきまって「すいがん」と50円ほどの小銭《こぜに》を持っていった。

すいがんは　X　とでも書くのか、楕円形《だえんけい》のガラスのはまった、まわりが黒いゴムのどこの海の家でも売っているような水中メガネのことである。

御浜へ行くとき、すいがんはなくてはならないものだった。村の子供たちが泳ぎに行くと言えば、「もぐり」に行くことだからである。中学生ともなれば、潜《もぐ》って、いそものという巻き貝やさざえを獲《と》ったりするのだが、小学生の洋次たちは、特に大したことをするわけではなく、手頃《てごろ》

「子どもの言い分を聞いてやる親」よりも「子どもを甘やかさない、きびしい父親」でありたいという者は一七・〇%、「子どもを甘やかさない、きびしい母親」でありたいという者は一一・七%と、非常に少なかった。

　このようなデータは、海外と比べて日本の親が異常に甘く厳しさがないということを※如実《にょじつ》に裏づけるものと言える。

　これは、心理学者エリクソンが成人期の発達課題とした②「次世代育成性」の欠如《けつじょ》と言うことができる。

　エリクソンは、成人期になったら、「自分、自分」と自分のことばかり考えずに、次世代に貢献《こうけん》しようと思うようになるものであるという。したがって、子育てをしたり、近所の子どもたちの世話をしたり、生徒を育てたり、部下を育てたり、さまざまな形で次世代の育成に貢献しようとすることが成人期の重要な課題となる。それができない者は、自分にとらわれ、閉ざされた自己の中で停滞《ていたい》してしまう。

　友だち親子をしてしまう親は、次世代育成性を発揮せず、自分が楽しければいいといった感じで子どもと戯《たわむ》れているのであり、そこには子どものためという視点が欠けており、やさしさとは対極の心で行動しているということになる。

　キタキツネやクマの子別れにみられるように、多くの動物は子どもが自立すべき年頃《としごろ》になると、本能的に子どもを自分の元から無理やり追《お》い払《はら》う。それにより、子どもは自立へと駆《か》り立《た》てられる。

　本能がうまく機能しない人間の場合、親離《おやばな》れ・子離《こばな》れを促《うなが》す文化的な切断装置が必要となる。かつては、それを子ども組や若者組が担っていた。だが、そうした制度が失われた今日、親がそこのところを自覚して、子どものために淋しさに耐えて、あえて突き放《はな》すことが必要になる。③それが愛情であり、やさしさだろう。

　民俗《みんぞく》学者柳田國男も、つぎのように言う。

「日本でも熊《くま》は、仔熊《こぐま》を三歳《さい》までは連れあるくことがあって、四歳の春の雪解けに穴を出るとき、その子と別れることになってゐます。《略》たいていはこわい顔をして咬《か》むのだそうであります。越後《えちご》から会津《あいづ》にかけての山地ではそれをヤラヒといひ、さうして母と別れた子をヤンゴまたはヤラヒゴといふ」（大藤ゆき『児やらい』岩崎美術社）

「何か苛酷《かこく》のやうにも聞えますが、どこかに区切りをつけぬと、いつまでも一人立ちができぬのみならず、親より倍優《まさ》りな者を作り上げることもできなかったのであります。」（同書）

　いつまでも子どもが親である自分を頼《たよ》っているのは、かわいいし、自分も嬉《うれ》しいかもしれない。子どもが力をつけて、自立していくのは淋しいかもしれない。それでも、自分にいつまでも依存《いぞん》させたままにさせずに、子どもを自立へと追い立てる、そのために突き放す、それが親としてのほんとうのやさしさなのではないか。

　世の親たちは、親としての「こうあるべき」という［Y］を取《と》り戻《もど》す必要がある。《略》

　相手が傷つくような厳しいことは言わず、相手の気分がよくなるようなことばかり口にする人物は、人のことを気にしながらも、「相手そのもの」に関心があるわけではなく、「相手の目に映る自分の姿」に関心があるだけなのである。

　つまり、相手に対して、

「元気がないな、何かあったのかな」

「ここでどんなことを言うのが相手のためになるのかな」

【国　語】〈五〇分〉〈満点：一〇〇点〉

【注意】句読点（、や。）その他の記号（「や〃など）は1字分として数えます。

一　次の文章を読んで、後の問いに答えなさい。〈なお、設問の都合上、本文を一部省略した箇所《かしょ》があります。問題は**問一**から**問六**まであります。〉

人間は、元々自己中心的な生き物だ。自分の視点からしかものを見ることができず、利己的な主張をしがちである。

だが、みんなが自分勝手な主張をしていたら、どうにも収拾《しゅうしゅう》がつかなくなる。

日本が平和で争い事が少ない社会を形成していることの背景には、タテマエが利己的な心のブレーキとして機能しているということがあるのではないかというのが私の持論である。

利己的になりがちだったり、安易な方につい流されそうになったりする心に対して、「こうあるべき」というタテマエを掲《かか》げることで、利己的な欲求や安易な方向に流されそうな気持ちにブレーキが掛《か》かる。それによって身勝手な振《ふ》る舞《ま》いをしにくくなり、社会性が注入される。

たとえば、教師であってもただの人間だし、ずるい気持ちが湧《わ》くこともあれば、醜《みにく》い欲望が衝《つ》き上げてくることもある。

そんなとき、「［X］」というタテマエを強く意識していれば、

「教師がそんなずるいことをするわけにはいかない」

「教師として、生徒を犠牲《ぎせい》にして保身に走るなんてみっともないことはできない」

とブレーキが掛かることになる。

ところが、このところ「無理することはない」「ホンネで生きればいい」というようなメッセージが世の中に溢《あふ》れているため、タテマエを捨て去り、

「教師だってただの人間だ」

と開き直り、何か問題が起こると生徒のせいにして保身に走ったり、生徒のためを思わずに上辺《うわべ》だけのやさしさを振りまいて人気取りに走ったりする教師が出てくるのも不思議ではない。

①友人や恋人《こいびと》、親、上司のやさしさをめぐる問題も、「こうあるべき」というタテマエの崩壊《ほうかい》による面が大きいのではないだろうか。

「ホンネで生きればいい」「自分らしくあればいい」といったメッセージが広まったため、「親はこうあるべき」「上司はこうあるべき」「親友ならこうあるべき」といったタテマエが崩壊し、利己的な欲求で動く人間が増えている。

そのために、自分のことしか考えない偽物《にせもの》のやさしさ、いわば利己的なやさしさが世間に増殖《ぞうしょく》している感がある。

今の十代後半から二十代の若者がしつけを受け始めた二〇〇二年の「ＮＨＫ　中学生・高校生の生活と意識調査」に、「どういう親でありたいか」という質問がある。その中で、「子どもに尊敬されるような権威《けんい》のある母親」よりも、「何でも話し合える友だちのような母親」がよいと答えた母親は八二・八％であった。また、「できるだけ指導や注意をおこたらない父親」よりも、「できるだけ子どもの自由を尊重する父親」でありたいと答えた父親は八三・二％に上った。ほとんどの父親や母親が、厳しさのない甘《あま》い親でありたいと答えているのである。

【国　語】〈五〇分〉〈満点：一〇〇点〉

【注意】　句読点（、や。）その他の記号（「や〃など）は一字分として数えます。

一

※問題に使用された作品の著作権者が二次使用の許可を出していないため、問題を掲載しておりません。

二

※問題に使用された作品の著作権者が二次使用の許可を出していないため、問題を掲載しておりません。

三

次の各問いに答えなさい。〈問題は**問一**から**問五**まであります。〉

問一　次の①～⑥について、――線部のカタカナを漢字に直しなさい。

①　インガ関係を明らかにする。

②　アンイな道を選ぶ。

③　狭い道路をカクチョウする。

④　新しいキンム先が決まる。

⑤　畑にヒリョウをまく。

⑥　畑をタガヤす。

問二　次の□に漢字1字を入れ、下の意味になるようにことばを完成させなさい。

①　□が利く。（知名度が高く、特別な扱いを受けられること。）

②　□の知らせ。（なんとなく感じるいやな予感。）

問三　次のア～エのうち、熟語の成り立ちとして他と違うものを一つ選び、記号で答えなさい。

ア　豊富　　イ　温暖　　ウ　退職　　エ　尊敬

問四　例にならって、次の①・②の□に、対になる漢字一字をそれぞれ入れなさい。

（例）　弱肉強食

①　□進□歩

②　□名□実

問五　次の文の――線のことばを、＝＝線の人物をうやまう表現に直しなさい。

先生に自分の意見を言う。

MEMO

大切なことはメモしておこうネ！

解答用紙集

○月×日　△曜日　天気（合格日和）

◆ご利用のみなさまへ

＊解答用紙の公表を行っていない学校につきましては、弊社の責任において、解答用紙を制作いたしました。

＊編集上の理由により一部縮小掲載した解答用紙がございます。

＊編集上の理由により一部実物と異なる形式の解答用紙がございます。

人間の最も偉大な力とは、その一番の弱点を克服したところから生まれてくるものである。 ――カール・ヒルティ――

東京学参株式会社

国学院大学久我山中学校（一般・CC第1回）　2024年度　◇算数◇

※ 123％に拡大していただくと，解答欄は実物大になります。

1	（1）	（2）	（3）	（4）

2	（1）	（2）	（3）	（4）
	個	％	分後	g
	（5）	（6）	（7）	
	個	cm^2	倍	

3	（1）	（2）	（3）
	（4）	（5）	

4	（1）	（2）
	毎秒　cm^3	（考え方）
		（答）　秒後

4

(3)

(考え方)

(答)

秒後

(4)

(考え方)

(答)

毎秒 cm^3

(5)

秒後

国学院大学久我山中学校（一般・CC第1回）　2024年度

◇理科◇

※ 147％に拡大していただくと，解答欄は実物大になります。

【1】

（1）	（2）	（3）	（4）	（5）

（6）	（7）
	倍

【2】

（1）	（2）	（3）
		m

（4）	（5）	（6）	（7）
m			

【3】

（1）	（2）	（3）	（4）	（5）

（6）	（7）

【4】

（1）	（2）	（3）	（4）

（5）	（6）	（7）
の貝殻	%	g

国学院大学久我山中学校（一般・CC第1回）　2024年度　◇社会◇

※ 161％に拡大していただくと，解答欄は実物大になります。

1

問1				問2	問3			

問4

問5	問6

問7

2

問1	問2	問3	問4	問5	問6
					(1)

問6
(2)

問7	問8	問9	問10	問11	問12
		川	世紀		

問13

問14

3

問1

問2	問3	問4	問5	問6	問7
					年

国学院大学久我山中学校（一般・CC第1回）　2024年度

◇国語◇

※ 154％に拡大していただくと，解答欄は実物大になります。

一

問一

（1）Ⅰ

Ⅱ

（2）Ⅲ

問二

問三

問四

問五

問六

・

二

問一

問二

問三

問四

問五

問六

Ⅰ

Ⅱ

三

問一

①

②

③

④

⑤

⑥

問二

問三

問四

問五

①

②

問六

国学院大学久我山中学校（一般・CC第2回）　2024年度　◇算数◇

※ 123％に拡大していただくと，解答欄は実物大になります。

	（1）	（2）	（3）	（4）
1				

	（1）	（2）	（3）	（4）
2	km	個	才	日
	（5）	（6）	（7）	
	人	cm^2	cm^2	

	（1）	（2）	（3）	（4）
3	％	：	％	g

	（1）①	（1）②
4	秒後	（考え方） （答）　秒後　と　秒後

4

（2）①

秒後

（2）②

(考え方)

(答)

cm

国学院大学久我山中学校（一般・CC第2回）　2024年度　◇理科◇

※ 149％に拡大していただくと，解答欄は実物大になります。

【1】	（1）			（2）	（3）
	胸びれ	背びれ	尾びれ		
	（4）	（5）		（6）	
		サケ	アジ		

【2】	（1）	（2）	（3）	（4）
	g			％
	（5）	（6）	（7）	
	g	g	mL	

【3】	（1）	（2）	（3）		（4）
			A　cm	B　cm	
	（5）	（6）	（7）		
	cm	cm	A　cm	B　cm	

【4】	（1）	（2）	（3）	（4）
	座			
	（5）		（6）	
	時～　時		座	

国学院大学久我山中学校（一般・CC第2回）　2024年度　◇社会◇

※ 164％に拡大していただくと，解答欄は実物大になります。

※解答らんが順番通りになっていないところがあるので、注意してください。

1

問1	問2	問3	問7

問4	問5

問6

2

問1	問2
(1)	

問3		問4	問5	問6
(1)	(2)			(2)

問7	問10

問1

(2)

問6
(1)

問8

問9

3

問1	問2	問3	問4	問5	
				(1)	(2)

問6
→ →

問7

国学院大学久我山中学校(一般・CC第2回)　2024年度

◇国語◇

※ 161％に拡大していただくと，解答欄は実物大になります。

一

問一

問二

問三

問四

問五

狩猟採集時代には生態系の一翼を担っていた人間が、

という状態になった。

問六

二

問一

問二

問三

問四

問五

35

問六

三

問一

①

②

③

④

⑤

⑥

問二

問三

問四

問五

①

②

問六

国学院大学久我山中学校（一般・CC第1回）　2023年度　◇算数◇

※ 125％に拡大していただくと，解答欄は実物大になります。

	（1）	（2）	（3）	（4）
1				

	（1）	（2）	（3）	（4）
2	m	倍	%	円
	（5）	（6）	（7）	
	cm^2	：	本	

	（1）	（2）		
3		のらんの　番目の式		
	（3）ア	（3）イ	（3）ウ	（4）

	（1）
4	m

4

（2）

（考え方）

（答）

毎分　　m

（3）

（考え方）

（答）

分後

（4）

（考え方）

（答）

分後

国学院大学久我山中学校（一般・CC第1回）　2023年度

◇理科◇

※ 105％に拡大していただくと，解答欄は実物大になります。

【1】	I		A	II		
		(1)			(1)	
		(2)			(2)	
		(3)			(3)	
		(4)			(4)	
		(5)			(5)	

	(1)	(2)	(3)	(4)	(5)
【2】					

	(1)	(2)	(3)	(4)	(5)
【3】				mA	mA

	(1)	(2)	(3)	(4)	(5)
【4】				g	g

	(1)	(2)	(3)	(4)	(5)
【5】					

国学院大学久我山中学校（一般・CC第1回）　2023年度

◇社会◇

※ 114％に拡大していただくと，解答欄は実物大になります。

1

問1		
（1）記号	理由	（2）

問2

問3	問4			問5	問6

問7

2

問1	問2	問3	問4	問5
				→ → →

問6

問7	問8	問9	問10

問11

3

問1	問2

問3

問4

問5		問6
（1）	（2）	年

◇国語◇

※ 106％に拡大していただくと，解答欄は実物大になります。

一

問一　東京が　〜　ことの例としてあげられている。

問二

問三

問四

問五

問六　こと。

二

問一

問二

問四

問五　子どもたちが　こと。

問六

問三　から。

三

問一　①　②　③　④　⑤　⑥

問二

問三

問四　①　②

問五

問六

国学院大学久我山中学校（一般・CC第2回）　2023年度

◇算数◇

※ 127％に拡大していただくと，解答欄は実物大になります。

	（1）	（2）	（3）	（4）
1				

	（1）	（2）	（3）	（4）
2	個	％		人
	（5）	（6）	（7）	
	時速　km	m^2	cm^3	

	（1）①	（1）②	（2）①
3	個		
	（2）②	（2）③	（3）

	（1）①
4	cm^2

4

（1）②

(考え方)

(答)

cm^3

（1）③

(考え方)

(答)

cm

（2）①

(考え方)

(答)

分

（2）②

分

国学院大学久我山中学校（一般・CC第2回）　2023年度　◇理科◇

※ 105％に拡大していただくと，解答欄は実物大になります。

【１】

Ⅰ	A		Ⅱ		
	（１）			（１）	
	（２）			（２）	
	（３）			（３）	
	（４）			（４）	
	（５）			（５）	

【２】

（１）	（２）	（３）	（４）	（５）
倍		cm	秒後	cm

【３】

（１）	（２）	（３）	（４）	（５）	
g		g	g		g

【４】

（１）	（２）	（３）	（４）	（５）

【５】

（１）	（２）	（３）	（４）	（５）

国学院大学久我山中学校（一般・CC第2回）　2023年度

◇社会◇

※ 109％に拡大していただくと，解答欄は実物大になります。

1

問1

問2

問3

問4		問5	問6			
（1）	（2）					

2

問1	問2			問3
→ →				

問4	問5	問6	問7	問8

問9	問11	問12	
原料を　　　　から		①	②

問10

3

問1	問2	

問3	問4	問6		問7
	→ → →			

問5

国学院大学久我山中学校（一般・CC第2回）　2023年度

◇国語◇

※ 106％に拡大していただくと，解答欄は実物大になります。

一

問一
↓
↓
↓

問二
ということ。

問三

問四
なんでも好きにやっていいという権利のことであるが、
もの。

問五

問六

二

問一

問二
X
Y

問三

問四
と思おうとしていた。

問五

問六

三

問一
①
②
③
④
⑤
⑥

問二

問三

問四
①
②

問五

問六

国学院大学久我山中学校（一般・CC第1回）　2022年度

◇算数◇

※ 125％に拡大していただくと，解答欄は実物大になります。

	（1）	（2）	（3）	（4）
1				

	（1）	（2）	（3）	（4）
2	*km*	曜日	*g*	円
	（5）	（6）	（7）	
	毎分　*m*	*cm*	m^2	

	（1）	（2）	（3）①	（3）②
3	個	個	個	

	（1）	（2）
4	（考え方）	（考え方）
	（答） 毎分　cm^3	（答）

4	
	(3)
	(考え方)
	(答)
	(4)
	(考え方)
	(答)

※ 105％に拡大していただくと，解答欄は実物大になります。

【1】	Ⅰ		A	Ⅱ		
		（1）			（1）	
		（2）			（2）	
		（3）			（3）	
		（4）			（4）	
		（5）			（5）	

	（1）		（2）	（3）		（4）		（5）
【2】	前	後						

	（1）	（2）	（3）	（4）	（5）
【3】		mm		mm	m

	（1）	（2）	（3）	（4）	（5）
【4】	秒	g	秒	秒	

	（1）	（2）	（3）	（4）	（5）		
【5】					ア	イ	ウ

国学院大学久我山中学校（一般・CC第1回）　2022年度

◇社会◇

※114％に拡大していただくと，解答欄は実物大になります。

1

※解答らんの順番に注意してください。

問1	問2	問3		問6

問4

問5

問7
・
・

2

問1	問2	問3	問4	問6	問7
		→ → →			

問5	問8	問10	問11	問12
				銀山

問9

問13	
チーム名	由来

3

問1	問2	問3	問4	問7

問5

問6

※ 106％に拡大していただくと，解答欄は実物大になります。

一

問一

問二

問三

問四

問五

問六

二

問一 A B

問二

問三

問四 もの。

問五

問六 死んだ者は、　ということ。

三

問一 ① ② ③ ④ ⑤ ⑥ ける

問二

問三

問四 ① ②

問五

問六

国学院大学久我山中学校（一般・CC第2回）　2022年度　　◇算数◇

※ 127％に拡大していただくと，解答欄は実物大になります。

1	(1)	(2)	(3)	(4)

2	(1)	(2)	(3)	(4)
		％	g	人
	(5)	(6)	(7)	
	毎秒　　m	cm^2	cm^2	

3	(1)					
	Aさん　　段目			Bさん　　段目		
	(2)			(3)		
	グー　回	チョキ　回	パー　回	グー　回	チョキ　回	パー　回
	(4)					

4	(1)
	秒間

4

（2）

（考え方）

（答）

cm^2

（3）

（考え方）

（答）

cm^2

（4）①

（考え方）

（答）

秒後

（4）②

秒後

国学院大学久我山中学校（一般・CC第2回）　2022年度　◇理科◇

※ 105％に拡大していただくと，解答欄は実物大になります。

【１】	Ⅰ	A		Ⅱ		
		（１）			（１）	
		（２）			（２）	
		（３）			（３）	
		（４）			（４）	
		（５）			（５）	

	（１）	（２）	（３）	（４）	（５）
【２】					

	（１）	（２）	（３）	（４）	（５）
【３】					g

	（１）	（２）	（３）	（４）	（５）
【４】	℃	％	％	g	

	（１）	（２）	（３）	（４）	（５）
【５】					

国学院大学久我山中学校（一般・CC第2回）　2022年度　◇社会◇

※ 109％に拡大していただくと，解答欄は実物大になります。

※解答らんの順番に注意してください。

1

問1	問2	問3	問4	問5

問6

問7	
種類	使い方

2

問1	問2	問3	問4	問5	問6

問7		問8	問9
1	2		

問10		問11	
自動車	航空機		

問12

3

問1	問2	問3	問4

問5	
人物名	理由

問6		問7
記号	人物名	条約

◇国語◇

※ 106%に拡大していただくと，解答欄は実物大になります。

一

問一

・

問二

問三

問四

問五

〜

問六

二

問一

問二

問三

問四

こと。

問五

問六

三

問一

①

②

③

④

⑤

⑥

く

問二

問三

問四

①

②

問五

問六

国学院大学久我山中学校（一般・CC第1回）　2021年度　◇算数◇

※ 127％に拡大していただくと，解答欄は実物大になります。

	(1)	(2)	(3)	(4)
1				

	(1)	(2)	(3)	(4)
2		個	個	人
	(5)	(6)	(7)	
	時速　km	cm	面	

	(1)	(2)①	(2)②	(3)
3	g	%	g	%

	(1)
4	(考え方) (答)　cm

4

（2）

（考え方）

（答）

（3）

（考え方）

（答）

分　　　　　秒後

（4）

（考え方）

（答）

分　　　　　秒後

国学院大学久我山中学校（一般・CC第1回）　2021年度

◇理科◇

※ 106%に拡大していただくと，解答欄は実物大になります。

【1】	Ⅰ	A		Ⅱ		
		（1）			（1）	
		（2）			（2）	
		（3）			（3）	
		（4）			（4）	
		（5）			（5）	

	（1）	（2）	（3）	（4）	（5）
【2】			A		

	（1）	（2）	（3）	（4）	（5）
【3】	g		g	g	

	（1）	（2）	（3）	（4）	（5）
【4】					

	（1）	（2）	（3）	（4）	（5）
【5】					

国学院大学久我山中学校（一般・CC第1回）　2021年度

◇社会◇

※ 109％に拡大していただくと，解答欄は実物大になります。

※解答らんの順番に注意してください。

1

問1	問2		
問3	問4	問6	問7

問5

2

問1		問2	問3	問4
②	④	→ →		

問5	問6	問7	問8	問10	問11
				条約	

問9

問12
賛成・反対

3

問1	問2	問3		問4	問5
		(1)	(2)		

問6	問7	問8

問9
一.

◇国語◇

※ 115％に拡大していただくと，解答欄は実物大になります。

一

問一

問二

問三

問四

という心理。

問五

A

B

問六

そういう人は

可能性があるから。

二

問一

問二

問三

問四

問五

ということ。

問六

三

問一

①

②

③

④

⑤

⑥

え

問二

①

②

問三

問四

問五

問六

MEMO

大切なことはメモしておこうネ！

MEMO

大切なことはメモしておこうネ！

MEMO

大切なことはメモしておこうネ！

MEMO

大切なことはメモしておこうネ！

MEMO

大切なことはメモしておこうネ！

〈ダウンロードコンテンツについて〉

本問題集のダウンロードコンテンツ、弊社ホームページで配信しております。現在ご利用いただけるのは「2025年度受験用」に対応したもので、**2025年3月末日**までダウンロード可能です。弊社ホームページにアクセスの上、ご利用ください。

※配信期間が終了いたしますと、ご利用いただけませんのでご了承ください。

中学別入試過去問題シリーズ

国学院大学久我山中学校（一般・CC）　2025年度

ISBN978-4-8141-3185-3

[発行所] 東京学参株式会社

〒153-0043　東京都目黒区東山2-6-4

書籍の内容についてのお問い合わせは右のQRコードから ⇒

※書籍の内容についてのお電話でのお問い合わせ、本書の内容を超えたご質問には対応できませんのでご了承ください。

2024年5月23日　初版